21世纪
经济管理精品教材
物流学系列

International Logistics Practice

国际物流实务

（第2版）

陈言国◎主编

陈毅通　沈庆琼◎副主编

清华大学出版社

北京

内 容 简 介

本书吸收了国际同类教材和国内现有教材的优点,并结合国际物流的专业特点及岗位的实践技能进行编写,与同类教材相比,编排体系及内容均让读者耳目一新。

全书分为国际物流导论篇、国际运输篇、报关与报检篇、综合篇四篇共十二章,涵盖了国际物流各主要内容,同时加入跨境电商物流、自由贸易区等该领域最新内容。本书精选大量前沿实务案例;对易错与疑难之处进行启发示范,帮助读者理清思路,具有很强的创新性与可阅读性;书中的流程、表格、单据等均来源于企业日常资料,每章安排实践型案例以及1—2个综合性的岗位实训项目,具有很强的实践性与指导性。

本书既可作为本科物流管理、国际物流、国际贸易、国际商务等专业的教材,也可作为高职高专物流管理、国际贸易、国际商务等相关专业的教材,还可作为国际物流企业的员工培训教材及工作参考用书。

图书在版编目(CIP)数据

国际物流实务 / 陈言国主编. —2 版. —北京:清华大学出版社,2020.8(2024.9 重印)

21 世纪经济管理精品教材. 物流学系列

ISBN 978-7-302-56060-9

Ⅰ. ①国… Ⅱ. ①陈… Ⅲ. ①国际物流—高等学校—教材 Ⅳ. ①F259.1

中国版本图书馆 CIP 数据核字(2020)第 126965 号

责任编辑:贺 岩
封面设计:李召霞
责任校对:宋玉莲
责任印制:刘 菲

出版发行:清华大学出版社

网 址:https://www.tup.com.cn,https://www.wqxuetang.com
地 址:北京清华大学学研大厦 A 座 邮 编:100084
社 总 机:010-83470000 邮 购:010-62786544
投稿与读者服务:010-62776969,c-service@tup. tsinghua. edu. cn
质量反馈:010-62772015,zhiliang@tup. tsinghua. edu. cn

印 装 者:三河市天利华印刷装订有限公司

经 销:全国新华书店

开 本:185mm×260mm 印 张:26 字 数:593 千字
版 次:2016 年 5 月第 1 版 2020 年 8 月第 2 版 印 次:2024 年 9 月第 9 次印刷
定 价:65.00 元

产品编号:086135-01

物流专业教师评价推荐

陈言国老师主编的《国际物流实务》是一本兼具理论性与实践性的优秀物流类专业教材。内容全面、体系完整，在阐述国际物流基础理论的基础上，介绍大量的国际物流前沿资讯与知识，同时重点突出实践层面的思维训练及能力提升，将国际物流的学科内容与行业实践有机整合，从而使学生易学、易懂、易掌握。

——浙江大学管理学院刘南教授

陈言国老师主编的《国际物流实务》不仅体现了国际物流的专业特点，更突出了岗位的实践技能。在内容的选择上涵盖了国际物流的各个环节和流程，同时加入跨境电商新业态、自由贸易园区等行业最新内容。

学生在教材的使用过程中，从基础理论到实务知识、再到岗位技能实践，循序渐进，有着很强的逻辑性和条理性。同时每章都配有学习目标、导入案例、本章小结等，既贴近实践，又有可操作性，得到学生的广泛认可。

——华南理工大学经贸学院范璐老师

国际物流是一门实践性强、涉及面广、操作性强的学科。陈言国老师主编的《国际物流实务》一书很好地将物流的基础理论和实践结合起来，每个章节都精心准备了学习目标、案例、基础知识、实务、岗位技能实训等环节，特别是岗位技能实训，使学生在掌握理论的基础上，增强了实践操作能力和对物流流程的理解，有助于培养创新能力、实践能力强的国际物流人才，是一本内容丰富、编排合理的好书，对我的教学帮助很大。

——同济大学交通运输工程学院杨晟老师

《国际物流实务》吸收了国际同类教材和国内现有教材的优点，并结合国际物流的专业特点及行业的实践需要进行编写，具有与本学科发展相适应的较高水平。该书内容包括国际物流导论篇、国际运输篇、报关与报检篇、综合篇四大篇共十二章，基本涵盖了国际物流各主要环节，同时加入跨境电商物流、自由贸易区等该领域最新进展，内容新颖、紧贴行业前沿。同时,本书精选大量实务案例,具有很强的可读性、实践性与指导性。我在上课时选用了该书,得到了物流工程研究生的一致好评。希望能够定期更新有关内容,并建设在线课程,为培养学生自主学习能力提供新途径。

——西安电子科技大学经济与管理学院王方老师

国际物流实务是物流管理等专业的核心课程,陈言国老师主编的该教材结合专业学习要求,具有以下突出特点:(1)结构框架清晰,内容表述简洁。教材首先介绍国际物流基本概念,接着详述国际物流的流程,最后结合电商和供应链概念,介绍了新形势下国际物流与供应链的发展。知识框架清晰、覆盖面广、言简意赅。(2)理论结合实际,案例新颖。教材中每章都引用了丰富的新案例,案例贴合实际,与当前国际物流发展紧密结合。(3)教练结合,巩固学生的学习。教材每章都配套了练习题,列出相关学习要求,在巩固知识的同时启发学生的深入思考。

——黄冈师范学院商学院王金红老师

第 2 版 前 言

党的二十大报告指出，十年来，我们实行更加积极主动的开放战略，构建面向全球的高标准自由贸易区网络，加快推进自由贸易试验区、海南自由贸易港建设，共建"一带一路"成为深受欢迎的国际公共产品和国际合作平台。我国成为一百四十多个国家和地区的主要贸易伙伴，货物贸易总额居世界第一，吸引外资和对外投资居世界前列，形成更大范围、更宽领域、更深层次对外开放格局。

国际产业链供应链竞争日益激烈，安全可靠、畅通高效的全球物流供应链网络对产业链供应链稳定畅通至关重要。党的二十大报告明确提出，"着力提升产业链供应链韧性和安全水平"。国际物流的重要地位持续加强，国际物流供应链是提升产业链供应链韧性和安全水平，支撑构建新发展格局的重要保障。近年来，国家陆续出台了《"十四五"现代物流发展规划》《"十四五"现代综合交通运输体系发展规划》《"十四五"现代流通发展规划》等国家规划，明确了国际物流供应链的具体任务要求，国际物流供应链的体系建设加快推进。

国际物流是一门实践性很强的学科，其业务涵盖了国际贸易、国际运输、国际商务、报关与报检、跨国供应链等诸多方面的知识，对从业人员的基本素质、知识水平、实践经验具有较高的要求。培养面向生产、管理、服务一线的高级应用型人才，需要适用性强的配套教材作为学习的知识载体，不少高等院校在教学中苦于缺少一些理论深度适中、针对性强的应用型教材。要实现培养应用型人才的教学目标，教材的改革与建设是其中至关重要的一环。

在这样的背景下，我们联合企业资深经理策划编写了这本教材，本书是校企合作编写高校应用型教材的有益尝试。主编陈言国老师既有多年世界500强企业物流经理的实践经验，又担任过物流系主任，拥有丰富的高校国际物流教学经验；副主编陈毅通是厦门汉连国际物流公司总经理，具有多年的国际物流业务及管理经验。

本书吸收了国际同类教材和国内现有教材的优点，并结合国际物流的专业特点及行业的实践需要进行编写，加强教材的应用性、科学性和创造性，具有与本学科发展相适应的较高水平。

本书第 1 版于 2016 年 5 月出版发行后,得到业界同行广泛好评并被全国几十所高校选用作为教材,连续印刷并多次售罄,截至 2020 年 1 月总共印刷了 7 次。

本书在第 1 版的基础上做了如下修订:对于本教材的思想性、科学性、适用性主动进行全面审核,规范相关内容表述的严谨性与科学性;结合物流行业、科技成果及学术研究的最新进展充实新的内容;替换了大量的前沿性阅读案例,保证案例的新颖性与实践性;结合教材"互联网+"的变化,通过二维码的方式,每个章节增加多个视频或案例用于读者扩展阅读。

全书共四篇十二章,包括导论篇:认识国际物流、国际物流与国际贸易、国际物流网络;国际运输篇:国际物流海运、国际物流空运、国际物流陆运与多式联运、国际物流运输保险;报关与报检篇:国际物流报关、国际物流报检;综合篇:跨境电商与国际快递、保税物流与自由贸易园区、国际物流与跨国供应链。

本书具有以下鲜明特点:

(1)先进性。坚持理论联系实际,充分反映物流学科教学和科研最新进展,反映经济社会和科技发展对人才培养提出的新要求,完整准确阐述学科专业的基本理论、基础知识、基本方法。结构严谨、逻辑性强,能反映教学内容的内在联系、发展规律及学科专业特有的思维方式。内容积极向上,体现创新性和学科特色,富有启发性,有利于激发学生学习兴趣及创新潜能。

(2)创新性。本书的内容与编排体系具有比较强的创新性,内容新颖、紧贴行业前沿。一是包括跨境电商物流、保税港、自由贸易园区、"一带一路"等最新内容;二是书中加入作者花费大量时间精力整理收录的前沿案例及资讯,使本教材具有很强的可阅读性;三是书中介绍的工作流程,以及引用的数据、表格与单证等,均来源于企业日常使用的最新资料,具有比较强的时效性与前瞻性;四是在编排上创新性地将每章按照基础理论、实务知识、岗位技能实践的框架展开,循序渐进、循循善诱、深入浅出,每章都配有学习目标、导入案例、本章小结、阅读材料、思考与练习、案例讨论等内容,逻辑清晰、条理分明。

(3)实践性。本书在理论知识够用的基础上,突出实际工作中的情境任务。首先是各章穿插安排较多数量的思考+练习型的企业实例,每个企业实例配有解答示范+模拟练习;其次是每章的最后一节都安排 1—2 个综合性岗位实训,这些实训任务具有贴近工作实际、教学可操作性强的特点,让教师的知识讲授更有针对性,让学生更好地理解和掌握所学知识。

全书由陈言国老师负责总体构思、结构安排及最后的统稿,具体编写的分工如下:陈言国(第一章、第五章、第十一章);陈言国、林青(第二章);沈庆琼(第三章、第九章);陈言国、陈毅通(第四章);郝鹭捷(第六章、第十二章);陈雅芹(第七章);陈言国、陈雅芹(第八章);陈言国、范璐(第十章)。另外厦门创煦国际物流福州分公司的陈少燕经理帮忙整理了部分资料,陈言国老师的学生王法垠承担了大量的资料整理等工作,在此表示感谢!

福建省物流协会副会长、嘉里大通物流有限公司南区助理总经理林德娟女士、辛克物流(Schenker)公司东南区总经理张晓兵先生为本书写了推荐意见。浙江大学刘南教授、同济大学杨晟老师、西安电子科技大学王方老师、华南理工大学范璐老师、黄冈师范学院王金红老师等为本书写了使用评价及意见,并结合教材使用过程中存在的不足提出了修订与改进意见。在此一并表示衷心的感谢!

本书既可作为本科物流管理、国际物流、国际贸易、国际商务等专业的教材,也可作为高职高专物流管理、国际贸易、国际商务等相关专业的教材,还可作为国际物流企业的员工培训教材及工作参考用书。

本书在编写过程中参阅了不少同行出版的专著、教材和论文,以及网络上和部分企业的最新资料,在此对这些专家学者及企业经理表示衷心的感谢!

本书提供配套电子课件、习题参考答案、物流视频等教学资料,教师可通过清华大学出版社网站(www.tup.tsinghua.edu.cn),或通过扫描书后二维码获取。

由于水平所限,本书难免存在疏漏和不足之处,敬请各位同行及读者予以批评指正。

陈言国

2024 年 1 月

目录

第二篇　国际运输篇

第三篇 报关与报检篇

第八章 国际物流报关 ·· 238

第四篇　综　合　篇

第一篇

导 论 篇

第一章

国际物流概述

1．了解国际物流的概念、分类及特点；
2．了解国际物流的系统构成；
3．熟悉国际物流的相关企业；
4．理解国际物流的业务活动。

【导入案例】

戴尔公司的物流战略伙伴——伯灵顿物流

伯灵顿是世界500强企业布林克(Brinks)集团的全资公司,2003年已经成为美国最大的大件货物物流企业。作为全球500强企业,伯灵顿在世界各地都有分公司,有着庞大的世界性物流网络。

伯灵顿全球(BAX Global)有限公司是国际著名的物流运输和需求链管理企业,隶属全球500强企业之一。在世界各地设有500多个分支机构,公司致力于为全球贸易提供创新的高品质、全方位的运输和需求链解决方案,成为众多世界著名跨国公司的业务合作伙伴。

伯灵顿公司借助CEPA政策进入中国,成为政策出台后第一家中国政府批准成立独资子公司的全球性物流服务供应商。中国商务部于2004年7月5日更批准其经营范围延伸至国际货代业务。

在中国,伯灵顿公司除在广州设立物流运作中心,充分利用其先进的物流技术,为广州及珠江三角洲企业提供国际物流业务外,还将以广州为基地,争取将其姐妹公司——布林克公司(全球最大的保安运输公司,从事保安运输及高价值物品的仓储物流业务)引入中国,在中国开展高价值物品的库存管理与运输服务。

伯灵顿于1994年在北京建立了它在中国的第一个办事处,并先后在上海、天津、青岛、西安、大连、宁波、厦门和广州、深圳几大重要城市开设了独资公司的代表处。公司现有约500名员工,在全国10个办事机构为广大国际、国内客户提供全程专业物流管理,包括保税仓储、空运、海运、进出口报关代理等方面的服务,目前已在中国的物流行业处于领先地位。

伯灵顿在广州先是开展增值仓储服务,并逐渐将其经营范围延伸至国际货代等多种物流领域,主推供应商管理库存(VMI)、实时库存控制等高增值物流服务。作为外商独资的货代公司,伯灵顿可以直接为客户承办全球国际货代(海运、空运及陆路运输)。另外,也承办国际展品、私人物品及过境货物的国际运输代理业务,其中包括仓储、揽货、托运及中转货物,集装箱拼装拆箱,报关及保险,同时也提供运输咨询服务及有关的国际货代服务。

伯灵顿正致力于把握好在中国市场上的机会,并增强作为领先全球性物流服务供应商的领导地位,积极向伯灵顿全球大客户,特别是IT及医疗行业的一些世界500强企业推介广州的物流环境,争取它们也将其亚太物流基地设于广州。

资料来源:美国物流经典案例,牛鱼龙主编,重庆大学出版社,2006.

 思考题

1. 什么是国际物流?
2. 国际物流企业主要开展哪些业务?

第一节 国际物流的基本概念

一、国际物流的含义

国际物流是相对国内物流而言的,是不同国家(或地区)之间的物流,是跨国界(或地区)的、流通范围扩大了的物品的实体流动,是国内物流的延伸和扩展。

国际物流有广义和狭义之分。广义的国际物流包括贸易性国际物流和非贸易性国际物流。其中贸易性国际物流是指国际贸易货物(进出口货物)在国际间的合理流动,即根据国际贸易的需要发生在不同国家之间的物流。非贸易性的国际物流是指各种展览品、行李物品、办公用品、援外物资等非贸易货物在国际间的流动。

狭义的国际物流是指贸易性的国际物流。具体指当商品的生产和消费分别在两个或两个以上的国家(地区)独立进行时,为了克服生产与消费之间的空间距离和时间间隔,对商品进行时间和空间转移的活动。即卖方交付货物和单证、收取货款,买方支付货款、接受单证和收取货物的过程。由于在国际物流中是以贸易性的国际物流为主体,所以本书所讲的国际物流主要指贸易性的国际物流。

二、国际物流的分类

1. 按照物流的货物流向划分

按照货物流向划分,可以分为进口物流和出口物流。

2. 按照物流的区域范围来划分

按照国际物流所经过的区域来划分,可以分为国家间物流或者经济区域间物流。经济区域主要指单独关税区域,如欧盟、北美自由贸易区等。

3. 按照物流的货物性质来划分

按照物流的对象来划分,可以分为贸易物流与非贸易物流,非贸易物流主要包括国际军火物流、国际邮品物流、国际援助与救助物资物流等。

4. 按照运输方式来划分

按照运输方式来划分,可以把国际物流分为国际海运物流、国际空运物流、国际铁路物流、国际公路物流、国际管道物流等。

三、国际物流的特点

(一)物流环境的差异性

国际物流的一个重要特点是各国物流环境的差异性,即物流软环境的差异。不同国家的物流适用的法律不一致,使得国际物流的复杂性远高于国内物流,各国不同的经济和科技发展水平使国际物流处于不同科技条件的支撑下,不同国家的物流标准,也造成了国际间物流接轨的困难。由于物流环境的差异性,使得国际物流过程需要在多个不同语言、法律、人文、风俗、科技、设施的环境下运行,大大增加国际物流的难度。

(二)物流系统的复杂性

物流本身的功能要素和系统已十分复杂,而国际物流中又增加了不同国家的要素,其地域和空间更为广阔,所涉及的内外因素更多,所需的时间更长,所带来的直接后果是难度和风险性大大增加。

国际物流作为将货物在国际间进行跨境移动的国际商务活动,是一种集各种一般物流功能于一体的开放系统。它既包含一般物流系统的功能要素,如装卸搬运、包装、运输、仓储、流通加工、国际配送、信息等子系统,还涉及海关、商检和国际结算等,这些都使得国际物流系统的复杂性大大提高。

(三)对国际化信息系统的依赖性

国际物流的迅猛发展得益于国际化信息系统的发展,国际化信息系统是国际物流非常重要的支持手段。国际物流是最早发展电子数据交换(EDI)的领域,以 EDI 为基础的国际物流对物流的国际化产生重大影响。

国际化信息系统的建立面临着管理和投资两大困难,再加上世界上有些地区物流信息水平较高,有些地区较低,而导致的信息化水平不均衡现象,使得国际化信息系统的建立更为困难。

(四)国际物流标准化的迫切性

要使国际物流畅通起来,标准化是非常重要也是十分迫切的。可以说,如果没有统一的标准,国际物流水平的提高是无法实现的。目前,美国、欧洲基本实现了物流工具与设施的统一标准,如托盘采用 1000mm×1200mm,集装箱采用几种统一规格及条码技术等。这样既大大降低了物流费用,也降低了转运的难度。而不向这一标准靠拢的国家,必然在货物转运、换装等许多方面要多耗费时间和费用,从而降低其国际竞争力。

四、国际物流的系统构成

(一)运输子系统

国际货物运输系统是国际物流系统的核心系统,国际物流系统依靠运输克服物品在不同国家(或不同地区)的空间距离,创造空间效益,物品通过国际货物运输作业由供方转移给需方。国际货物运输具有线路长、环节多、涉及面广、手续繁杂、风险性大、时间性强等特点,运输费用在国际贸易商品价格中占有很大比重。国际运输管理主要考虑运输方式的选择、运输路线的选择、承运人的选择、运输费用的节约、运输单据的处理以及货物保险等方面的问题。

国际货物运输包括国内运输段(包括进、出口国内)和国际运输段。

1. 国内运输段

出口货物的国内运输,是指出口商品由生产地或供货地运到出运港(站、机场)的国内运输,是国际物流中的重要环节。离开国内运输,出口货源就无法从生产地或供货地集运到港口、车站或机场,也就不会有国际运输段。出口货物的国内运输工作涉及面广、环节多,要求各方面协同努力组织好运输工作,确保出口货物运输任务的顺利完成,减少压港、压站等物流不畅的局面。国内运输段的主要工作包括发运前的准备工作、发运、装车和装车后的善后工作。

2. 国际运输段

国际运输段是整个国际货物运输的重要一环,它是国内运输的延伸和扩展,同时又是衔接出口国和进口国货物运输的桥梁和纽带,是国际物流畅通的重要环节。国际段运输可以采用由出口国装运港直接到进口国目的港卸货,也可以采用中转经过转运点,再运达目的港。运达目的港的货物,一部分在到达港直接分拨出去,送达最终用户;另一部分则需要先送达相关的供应部门,再分运给用户。不论是国际转运还是国内分拨,均应有相应的仓储设施,以备临时存放中转运。

(二)仓储子系统

物品的储存、保管会使物品在流通过程中处于一种或长或短的相对停滞状态,这种储存是完全必要的,因为国际商品流通是一个由分散到集中,再由集中到分散的源源不断的流通过程。例如,国际贸易或跨国经营中的物品从生产厂或供应部门被集中运送到装运港口,通常需要临时存放一段时间,再装运出口,这就是一个集和散的过程。它主要是在各国的保税区和保税仓库进行的,因此会涉及各国保税制度和保税仓库建设等方面的问题。

从现代物流的理念来看,国际运输是克服了外贸商品使用价值在空间上的距离,创造物流空间效益,而储存保管可以克服商品价值在时间上的差异,创造时间价值。

(三)检验子系统

由于国际贸易和跨国经营具有投资大、周期长、风险高等特点,使得商品检验成为国际物流系统中的一个重要的子系统。通过商品检验,可以确定交货品质、数量和包装等条件是否符合合同规定,发现问题、分清责任。在国际货物买卖合同中,一般都订有商品检验条款,主要包括检验时间与地点、检验机构与检验证明、检验标准与检验方法等内容。

(四)通关子系统

国际物流的一个重要特点就是跨越关境。由于各国海关的规定并不完全相同,所以,对于国际货物的流通而言,各国的海关可能会成为国际物流中的"瓶颈"。要消除这一瓶颈,就要求物流经营人熟知有关各国的通关制度,在适应各国的通关制度的前提下,建立安全高效的通关系统,保证货畅其流。

(五)装卸搬运子系统

国际物流运输、储存等作业离不开装卸搬运,因此,国际物流系统中的又一重要子系统是装卸搬运子系统。是短距离的物品搬移,是储存和运输作业的纽带和桥梁。它也能提供空间效益,是保证商品运输和保管连续性的一种物流活动。搞好商品的装卸、进库、出库以及在库内的清点、盘库、转运转装等,对加速国际物流起到重要作用。同时节省装卸搬运费用也是降低物流成本的重要途径之一。

(六)信息子系统

国际物流子系统的主要功能是采集、处理和传递国际物流的信息情报。如果没有功能完善的信息系统,国际贸易和跨国经营就会寸步难行。国际物流信息的主要内容包括进出口单证的作业过程、支付方式信息、客户资料信息、市场行情信息、供求信息以及物品在国际物流环节中的位置和状况等。国际物流信息系统的特点是信息量大、交换频繁、传递量大、时间性强、环节多、路线长。所以,应该建立技术先进的国际物流信息系统。

【阅读案例1-1】

170亿元投资"一带一路"沿线,中国航运巨头重组远航

2016年2月,中国两大航运巨头中国远洋和中国海运选择以重组的方式成立新的中国远洋海运集团(以下简称"中远海运")。这场被称为"国内资本市场有史以来最为复杂的交易",涉及资产交易74项、交易金额600亿元(人民币,下同),却在短短不到一年的时间里,就完成了主要业务板块的整合和新集团的组建。

高效的改革重组为这个航运巨头注入了新的活力。截至2017年底,中远海运经营船队综合运力8635万载重吨/1123艘,排名世界第一。除了集团总运力规模世界第一之外,在运力上,中远海运还拥有3个"世界第一",即干散货、油轮和杂货特种船队运力排名世界第一。2017年,该集团实现利润总额190亿元,同比增长18.2%;实现净利润150亿元,同比增长276.4%,连续两年超额完成国资委考核指标目标。连续亏损多年的航运主业在市场低迷的情况下实现了扭亏为盈。

重组后,中远海运聚焦"一带一路"沿线,提速全球航线网络布局和港口布局,先后入股了国内外多个港口码头。去年,中远海运先后入股青岛港国际、上港集团,收购了西班牙最

大码头运营商 NPH51％股份,控股运营西班牙诸港,收购比利时泽布吕赫码头。这个重新起航的航运"巨无霸"开始逐渐成为中国"海洋强国"和"一带一路"倡议实施的支撑。

除海运外,中远海运也在加大陆上"丝绸之路"的综合物流业务,在海运基础上加强物流、仓储、配送等延伸业务的发展。"一带一路"倡议提出以来,中远海运集团加大了对欧亚海铁联运、欧亚国际班列业务的投入,包括先后开通渝深班列、蓉深班列、"连云港—哈萨克斯坦—欧洲"班列、"印度尼西亚—深圳—赣州"海铁联运通道、"西藏号"班列等近 10 条班列,为客户提供全程一揽子解决方案。

资料来源:中国新闻网

五、国际物流的发展与趋势

(一)国际物流的发展阶段

国际物流活动随着国际贸易和跨国经营的发展而发展。国际物流活动的发展经历了以下几个阶段。

1. 20 世纪 50 年代至 80 年代初

这一阶段物流设施和物流技术得到了极大的发展,建立了配送中心,广泛运用电子计算机进行管理,出现了立体无人仓库,一些国家建立了本国的物流标准化体系等。物流由 PD(Physical Distribution)阶段发展到 Logistics 阶段。物流系统的改善促进了国际贸易的发展,物流活动已经超出了一国范围,但物流国际化的趋势还没有得到人们的重视。

2. 20 世纪 80 年代初至 90 年代初

随着经济技术的发展和国际经济往来的日益扩大,物流国际化趋势开始成为世界性的共同问题。美国密歇根州立大学教授唐纳德•J.鲍尔索克斯认为,进入 80 年代,美国经济已经失去了兴旺发展的势头,陷入长期倒退的危机之中。因此,必须强调改善国际性物流管理,降低产品成本,并且要改善服务、扩大销售,在激烈的国际竞争中获得胜利。与此同时,日本正处于成熟的经济发展期,以贸易立国,要实现与其对外贸易相适应的物流国际化,并采取了建立物流信息网络、加强物流全面质量管理等一系列措施,提高物流国际化的效率。这一阶段物流国际化的趋势局限在美国、日本和欧洲一些发达国家。

3. 20 世纪 90 年代初至今

这一阶段国际物流的概念和重要性已为各国政府和外贸部门所普遍接受。贸易伙伴遍布全球,必然要求物流国际化,即物流设施国际化、物流技术国际化、物流服务国际化、货物运输国际化、包装国际化和流通加工国际化等。世界各国广泛开展国际物流方面的理论与实践的探索和研究。

(二)国际物流的发展趋势

1. 物流企业向信息化、网络化、集约化方向发展

物流企业的信息化已经成为我国物流业更新改造的根本方向之一,我国的国际物流企业作为国际物流的供应商,正逐渐形成在全球范围内能够提供国际物流服务的网络平台。现代国际物流服务,要求的不仅是传统的国际物流服务的粗放式延伸,更重要的是要有现代国际物流服务的集约式扩张,国际物流的过程也是国际物流供求合同各方不断协同共进的结果。

2. 第三方物流快速发展,逐渐占据主导地位

第三方物流(Third Party Logistics)是指独立于供需双方,为客户提供专项或全面的物流系统设计以及系统运营的物流服务模式。第三方物流服务的提供者就是一个为外部客户管理、控制和提供物流服务的公司。它们并不参与客户企业的经营业务,仅是第三方,但作为供应链的合作伙伴、战略联盟,通过提供一整套物流服务来提高供应链的竞争优势。

国际上大多数第三方物流公司大都是由传统的"类物流"业为起点而发展起来的,如仓储业、运输业、空运、海运、货运代理和企业内部的物流部门等,在国际物流不断发展的环境下,它们根据客户的不同需要,在传统业务服务的基础上,通过增加服务内容,提高服务质量,为客户提供各具特色的物流服务,扩展物流服务的业务链,进而向第三方物流服务提供商转化。目前全球的第三方物流市场具有潜力大、渐进性和增长率高的特征,这种状况使第三方物流企业拥有大量的服务客户,并使第三方物流在国际物流服务中占据主导地位。

3. 业务不断多元化,增值服务不断增加

在经济发达国家,随着电子商务、网络技术以及物流全球化的迅速发展,物流服务向上、下游延伸与拓展,呈现相互融合的趋势。这一趋势促使物流企业的业务模式向着多元化的方向发展。

此外,现在的物流服务已经远远超出了传统意义上的货物运送、仓储或者寄存等基本的物流服务的内容。对于现代物流企业来说,传统的业务形式已无法满足客户的需求和适应企业竞争的需要,所以一方面要增加新的业务内容,扩大业务范围;另一方面也要不断地推陈出新,为客户提供增值性服务,以提高自身的竞争能力。

不论是在海运、空运还是陆运,几乎所有和物流有关的公司都在想方设法地提供增值服务。全球性的大运输公司和快递公司选择为顾客提供一站式服务,它们的服务涵盖了每件产品从采购到制造、仓储入库、外包装、配给、发送和管理返修以及再循环的全过程。比如传统的物流企业——船运公司,现在不仅负责运输货物,而且还提供诸如打制商业发票、为货物投买保险和管理运输全程的服务,即提供完整的供应链物流管理服务,使得客户可以在第一时间追踪到自己的货物方位、准确进程和实际费用。

4. 绿色物流、低碳物流成为国际物流追求的要求

物流虽然促进了经济的发展,但同时也给自然环境带来了许多不利的影响,如运输工具的噪声、污染排放等。在绿色经济、低碳经济时代,任何产业的发展必须优先考虑环境问题,国际物流的发展也不例外,需要从环境角度对国际物流体系重新进行改造,在抑制物流对环境造成危害的同时,形成一种适应时代进步、促进经济与消费健康、持续发展的国际物流系统,这种物流管理系统是建立在维护环境和可持续发展基础之上的,能够改变以往发展与物流、消费生活与物流的单向作用关系,即向绿色物流、低碳物流转变,顺应时代对国际物流发展的要求。

5. 跨国公司成为发展国际物流的主要力量

跨国公司是当今推动国际物流发展的主要力量。在经济全球化的今天,任何一种经济潮流都离不开跨国公司的推动。跨国公司在规模和地域上的强大优势使其成为国际物流服务最重要的需求者和供应者,诸如美国沃尔玛、日本丰田、美国通用、德国大众等诸多大型跨国集团都是国际物流服务的需求大户,同时,诸如 UPS、FedEx、马士基、TNT 等国际物流巨头,又是国际物流最重要的供应者。

扩展阅读 1.1

"一带一路"助推全球
物流业发展

第二节　国际物流企业

一、国际物流企业概述

(一)含义

国际物流企业也称国际物流服务商或国际物流服务供应商,是指从事国际物流活动的经济组织。它是独立于生产领域之外,专门从事与国际物品流通有关的各种经济活动的企业,主要经营:国际海运、国际空运、进出口报关、贸易代理、仓储等相关服务。它们在国际贸易往来中起着举足轻重的作用,是国际货运流转中一个必要的环节。

(二)类型

基于不同的角度,国际物流企业的分类方法有多种。比如,按起源分类,可分为起源于运输企业、起源于仓储企业、起源于货运代理公司、起源于货主企业、起源于财务或信息服务公司等五类。按照物流业务范围和功能分类,可分为综合性物流企业和特定功能性物流企业。特定功能性物流企业也叫单一物流企业,即它仅仅承担和完成某一项或几项物流功能;而综合性物流企业能够完成和承担多项甚至所有的物流功能。

1. 综合型物流企业

综合型物流企业的业务范围往往是全国或世界规模,它能应对货主企业的全球化经营对物流的需求,如中远集团、中外运集团等。这类物流企业具有功能整合度高、物流服务广、综合实力强大、能为客户提供全方位综合物流服务的特点。

2. 机能整合型物流企业

机能整合型物流企业是以货物对象、功能或市场为核心,导入系统化的物流,通过推进货物分拣,追踪提供输送服务,如中国邮政速递服务公司(EMS)、中铁快运有限公司(CRE)、中国航空快递有限责任公司(CAE)及众多码头堆场、机场公司等。这类企业能自身承担从集货到配送等物流活动,可以调度实现机能整合。由于企业服务的是特定的货物、功能或市场,所以其服务的范围受到限制。

3. 代理型物流企业

这类企业机能整合度低,但服务范围广,通常自身不拥有运送手段,而是以综合运用铁路、航空、船舶、汽车等各种手段运输,靠经营网络的优势,开展货物混载代理业务。它们具有把不同的物流服务项目组合,以满足客户需求的能力。目前,运输代理企业正在向第三方物流企业发展,即迈向提供物流交易双方的部分或全部物流功能的外部提供者。

二、国际物流相关企业类型

(一)集装箱班轮公司(船公司)

班轮公司是指运用自己拥有或者自己经营的船舶,提供国际港口之间班轮运输服务,并依据法律规定设立的船舶运输企业。

代表性企业:马士基、地中海航运、中远、中海。

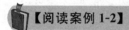 **【阅读案例1-2】**

中国远洋海运集团有限公司

中国远洋海运集团有限公司(以下简称中国远洋海运集团或集团)由中国远洋运输(集团)总公司与中国海运(集团)总公司重组而成,总部设在上海,是中央直接管理的特大型国有企业。

截至2019年10月31日,中国远洋海运集团经营船队综合运力10451万载重吨/1297艘,排名世界第一。其中,集装箱船队规模307万TEU/501艘,居世界第三;干散货船队运力4015万载重吨/420艘,油轮船队运力2532万载重吨/199艘,杂货特种船队运力434万载重吨/161艘,均居世界第一。

资料来源:中国远洋海运集团公司网站

扩展阅读1.2

视频:马士基航运公司

(二)航空公司

航空公司(Airlines)是指以各种航空飞行器为运输工具,以空中运输的方式运载人员或货物的企业。

国际民航组织(International Civil Aviation Organization,ICAO)是联合国属下专责管理和发展国际民航事务的机构。国际民航组织为全球各航空公司指定的三个字母的ICAO作为航空公司代码。国际民航组织还是国际范围内制定各种航空标准以及程序的机构,以保证各地民航航空公司运作的一致性。大部分的国际航空公司都是国际航空运输协会(简称IATA)的成员。

航空公司可以按多种方式进行分类。

(1)按公司规模分,如大型航空公司、小型航空公司。

（2）按飞行范围分，如国际航空公司、国内航空公司。

（3）按运输的种类分，如客运航空公司、货运航空公司等。

代表性企业：中国国际航空、中国东方航空、中国南方航空。

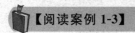 **【阅读案例1-3】**

中国国际货运航空有限公司

中国国际货运航空有限公司简称"国货航"，英文名称为"Air China Cargo Co.，Ltd"，简称"Air China Cargo"，总部设在北京，以上海为远程货机主运营基地，是中国唯一载有国旗飞行的货运航空公司。

国货航成立于2003年12月12日。2011年3月18日，中国国际航空股份有限公司（简称"中国国航"）与香港国泰航空有限公司（简称"国泰航空"）以国货航为平台完成货运合资项目。合资后，国货航中英文名称、企业标识保持不变，注册资本为人民币52.35亿元，员工5200余人。

至2017年12月，国货航拥有8架B777F货机，3架B747-400货机，同时，国货航拥有4架B757-200SF货机投入货邮包机运营。除此之外，国货航还独家经营中国国航全部客机腹舱。

资料来源：中国国际货运航空公司网站

扩展阅读1.3

国货航两地联动保障超重货

（三）船代公司

船代公司全称船舶代理有限公司，英文名：Shipping Agency Ltd。船代，即代理与船舶有关业务的单位，其工作范围有办理引水、检疫、拖轮、靠泊、装卸货、物料、证件等。船代负责船舶业务，办理船舶进出口手续，协调船方和港口各部门，以保证装卸货顺利进行。另外完成船方的委办事项，如更换船员、物料、伙食补给、船舶航修等。有时船方也会委托船代代签提单。

船代公司仅代理与船舶有关的业务，如办理引水、检疫、拖轮、靠泊、装卸货、物料、证件等，代理业务主要包括四个方面：

（1）船舶进出港业务；

（2）供应业务；

（3）货运业务；

（4）其他服务性业务。

代表性企业：中国外代、中外运船代。

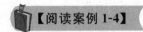

【阅读案例 1-4】

中国外轮代理有限公司

　　成立于 1953 年 1 月 1 日的中国外轮代理有限公司，是中国国际船务代理和国际运输代理行业的领导者，其专业经验和市场地位被业界所公认，"PENAVICO"作为其注册商标，代表着准确、及时、文明、周到的服务。

　　中国外轮代理有限公司总部设在北京，下设 80 多家口岸外代，有遍布全国的 300 多个业务网点，在美国、欧洲、日本、韩国、新加坡及中国香港设有代表处，具有完善的服务网络。

　　中国外轮代理有限公司获得了 GB/T 19001-2000、IDT ISO 9001-2000 质量体系认证。从 1999 年开始，在由业界权威媒体举办的"中国货运业大奖"的历届评选中，中国外代囊括了船代企业评比的各项第一。

　　中国外轮代理有限公司积累了六十多年的服务经验，在此基础上，形成并推出"专家型代理、人性化服务"，统一服务标准，规范服务流程，针对操作难度高、规章复杂、专业知识强的代理业务，以特有的专业能力，提供专家型服务。

资料来源：中国外轮代理有限公司

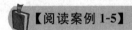

【阅读案例 1-5】

中国外运福建有限公司船代事业部

　　中国外运福建有限公司船代事业部成立于 2008 年 11 月 18 日，是依照中国外运股份有限公司三年发展规划要求，在原福建中外运船务代理有限公司基础上，由中国船务代理有限公司和中国外运福建有限公司联合宣布在全国率先成立的船代事业部，总部设在厦门，是中国外运长航集团下属中国外运福建有限公司船代业务板块的经营管理中心。

　　其主要负责对整个福建地区的外运船代公司进行战略规划和经营管理，通过行政、财务、运营、市场等功能平台，在福建区域内实现外运船代的标准化服务、一体化营销和规模化经营。以下属厦门、福州、泉州各口岸船代为经营利润中心，从上至下形成人员责权利的统一、流程规范的统一和服务水准的统一。

　　福建船代事业部业务范围涵盖福建省内厦门、福州、泉州、漳州、古雷（漳州）、莆田、宁德各口岸，具有代理各种船舶的实力和经验，凭借专业化、标准化的船舶代理工作流程，能够为客户提供衔接紧密、方案周全的个性化船舶代理服务。福建船代事业部与众多国内外航商建立了稳固的长期合作关系，恪守"专业专注，用心服务"的企业宗旨，以服务创造价值，树立了良好的市场声誉。一丝不苟的服务态度、丰富的操作经验、先进的信息技术，以及强大的业务网点和出色的营销队伍，确保了公司在船舶代理行业中保持领先并不断发展。

　　市场定位：传统船舶代理市场，定位为具有国内领先地位且福建排名前三的专业船代服务提供商。

　　经营范围：外籍国际船舶代理业务，货物、集装箱的揽货、订舱、报关、多式联运、代签提单、洽办海商、海事处理、代收、代付款项，代办结算等委托业务。

资料来源：中国外运福建有限公司网站

(四) 国际货代公司

国际货代公司是指接受进出口货物收货人、发货人的委托,以委托人的名义或者以自己的名义,为委托人办理国际货物运输及相关业务并收取服务报酬的法人企业。

从国际货运代理人的基本性质看,货代主要是接受委托方的委托,从事有关货物运输、转运、仓储、装卸等事宜。一方面,它与货物托运人订立运输合同;另一方面,又与运输部门签订合同。因此,对货物托运人来说,它又是货物的承运人。目前,相当部分的货物代理人掌握各种运输工具和储存货物的库场,在经营其业务时办理包括海、陆、空在内的货物运输。

国际货运代理企业作为代理人或者独立经营人从事经营活动,其经营范围包括:

(1) 揽货、订舱(含租船、包机、包舱)、托运、仓储、包装;

(2) 货物的监装、监卸、集装箱装拆箱、分拨、中转及相关的短途运输服务;

(3) 报关、报检、报验、保险;

(4) 缮制签发有关单证、交付运费、结算及交付杂费;

(5) 国际展品、私人物品及过境货物运输代理;

(6) 国际多式联运、集运(含集装箱拼箱);

(7) 国际快递(不含私人信函);

(8) 咨询及其他国际货运代理业务。

根据其经营范围,国际货运代理按运输方式分为海运代理、空运代理、汽运代理、铁路运输代理、联运代理、班轮货运代理、不定期船货运代理、液散货货运代理等;按委托项目和业务过程分为订舱揽货代理、货物报关代理、航线代理、货物进口代理、货物出口代理、集装箱货运代理、集装箱拆箱装箱代理、货物装卸代理、中转代理、理货代理、储运代理、报检代理和报验代理等。

代表性企业:泛亚班那、飞驰、锦程、速传。

【阅读案例 1-6】

锦程国际物流集团

锦程国际物流集团(www.jctrans.cn)创立于 1990 年 6 月,注册资金 10 亿元人民币,是全球最大的国际物流企业之一。在国内主要口岸城市、内陆城市及海外设有 600 家分支及海外代理,与数十家国内外大型船公司、航空公司、港口和陆运公司建立长期战略合作关系,通过覆盖全球的物流服务网络,为近 800 万企业客户提供国际物流服务。

锦程国际物流集团连续 14 年排名位列"中国国际货代物流百强民营第一名",并先后成为中国交通运输协会(CCTA)副会长单位、中国国际货运代理协会(CIFA)副会长单位、中国外经贸企业协会副会长单位、国际货运代理协会联合会(FIATA)联系会员。锦程国际物流集团在行业内率先推出资源整合、电子商务和集中采购的商业模式,为更好实现这一商业模式,锦程国际物流集团设立多个下属专业化企业,提升了核心竞争力。

锦程国际物流在线服务有限公司依托行业内最大规模 24 小时呼叫中心和在线物流服务平台,通过资源整合和集中采购,为客户提供全面的物流解决方案和在线物流服务。

锦程国际物流服务有限公司通过分布在全国范围内的物流服务公司和专业园区,为锦程全球客户提供仓储运输、集散配送、供应链物流和产业配套服务。

锦程物流网络技术有限公司投资运营的锦程物流网是全球最大的网上物流交易市场,已经发展成为集信息查询、物流交易、金融结算于一体的物流行业综合服务平台。

资料来源:锦程国际物流集团网站

(五) 报关行

报关行(customs broker)是指经海关准许注册登记,接受进出口货物收发货人的委托,以进出口货物收发货人名义或者以自己的名义,向海关办理代理报关业务,从事报关服务的境内企业法人。

报关行可以分为以下两种类别。

1. 专业报关企业

系指经海关批准设立,办理注册登记手续,专门从事进出口货物代理报关业务,具有境内法人地位独立核算的经济实体。专业报关企业必须在名称中冠以"×××报关行"或"×××报关服务公司"字样。

2. 代理报关企业

系指经营国际货物运输代理、国际运输工具代理等业务,并接受委托代办进出口货物的报关纳税等事宜的境内法人。

代表性企业:顺通报关行。

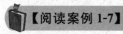 **【阅读案例1-7】**

上海市报关协会

上海市报关协会(以下简称协会)英译名称为 SHANGHAI CUSTOMS BROKERS ASSOCIATION,英译缩写为 SCBA。

协会成立于1999年2月,是全国第一个地方性报关行业协会,协会以服务为宗旨,坚持为行业服务,为会员服务,为政府服务,把服务作为协会工作的出发点和落脚点。协会将始终坚持突出"六项服务",竭诚为会员单位提供"通关服务、帮困服务、咨询服务、培训服务、信息服务、维权服务"。协会的主要任务是监督指导、沟通协调、行业自律、培训辅导、咨询解答、交流合作及创办实体等。协会内设三个部,即综合部、行业部、培训部,各部在秘书长统筹下开展日常工作。

资料来源:中国报关协会网站

(六) 国际快递公司

国际快递公司是指主要经营国际快递业务的企业,主要有四大国际快递公司:UPS、DHL、FedEx、TNT。

代表性企业:DHL。

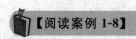

【阅读案例 1-8】

中外运敦豪

中外运敦豪于中国大陆因与中国对外贸易运输集团(中外运)的合作伙伴关系而得名,日常使用的名称是 DHL。

DHL 是全球快递、洲际运输和航空货运的领导者,也是全球第一的海运和合同物流提供商。DHL 为客户提供从文件到供应链管理的全系列的物流解决方案。

2002 年初,德国邮政全球网络成为 DHL 的主要股东。到 2002 年底,DHL 已经100% 由德国邮政全球网络拥有。2003 年,德国邮政全球网络将其下属所有的快递和物流业务整合至一个单一品牌:DHL。2005 年 12 月德国邮政全球网络并购 Exel 的举措进一步巩固了 DHL 的品牌。整合后的 DHL 的专业服务来自由德国邮政全球网络收购的几家公司。DHL 的服务网络遍及全球 220 多个国家和地区。全球约 285 000 名尽心尽职的员工向 120 000 多个目的地的客户提供快捷、可靠的服务。

资料来源:360 百科

(七) 集装箱码头公司

集装箱码头是指包括港池、锚地、进港航道、泊位等水域,以及货运站、堆场、码头前沿、办公生活区域等陆域范围的能够容纳完整的集装箱装卸操作过程的具有明确界限的场所。集装箱码头通常是由一家独立的公司来管理的,如上海浦东国际集装箱码头有限公司、天津港集装箱码头有限公司等。

代表性企业:天津港集装箱码头有限公司、上海集装箱码头有限公司。

【阅读案例 1-9】

天津港集装箱码头有限公司

天津港集装箱码头有限公司(Tianjin Port Container Terminal CO.,LTD.),原名天津港集装箱公司,始建于 1980 年 4 月 1 日,是我国大陆第一个现代化国际集装箱专业码头公司。1997 年资产重组后更名为天津港集装箱码头有限公司,英文缩写 TCT。2006年,作为天津港发展控股有限公司的子公司,成功在香港分拆上市。

TCT 业务范围广泛,可承办各种集装箱船舶的装卸运输,以及各类大型、异型货物的拆装箱、拼箱业务。承办集装箱堆存、衡量、冷藏、保管、检验、清洗、维修业务;公路、铁路集装箱运输和零担货物业务。承办经二连浩特、阿拉山口两条欧亚大陆桥过境联运业务,并开通了直达四川、新疆、宁夏以及全国各地的铁路运输业务。

在天津国际贸易与航运服务中心,TCT 设有完善的"客户服务中心",客户可同时办理船代、货代、商务、外理、运输、报关、保险等多项业务,提高办理业务的效率。TCT 创建30 年来,始终遵循"航陆保兑现,箱货保平安"的质量方针,秉承"效率领先,服务取胜"的经营理念,不断提高企业现代化管理水平。1996 年通过 ISO 9002 国际质量标准认证,2002 年在天津港率先通过 ISO 9001-2000 质量管理体系认证,2005 年通过 ISO 18001-2001 职业健康安全管理体系认证,2006 年通过 ISO 14001-2004 环境管理体系认证,实现了三个体系的整合认证,企业管理实现了规范化、标准化和国际化。

资料来源:天津港集装箱码头有限公司网站

(八)航空港货运站

航空港货运站属于航空港下属管理货运进出及仓储管理的部门,在有些大的空港,货运站也可能是一个独立的公司,如厦门航空港的货运站就是一个合资企业。

航空港货运站的主要业务如下:

1. 国际出港

(1) 出口货物出港及中转操作处理服务;

(2) 出口特种货物处理服务;

(3) 出口货物站台叉车卸车服务;

(4) 出口货物加急服务;

(5) 出口货物信息查询服务;

(6) 出口分单货物进仓、申报、并单服务。

2. 国际进港

(1) 进口货物机场自提服务;

(2) 进口货物拆板箱及优先拆点服务;

(3) 进口班机文件处理服务;

(4) 进口货物卸车服务;

(5) 进口货物查询服务;

(6) 进口特种货物存储服务。

代表性企业:厦门航空港货运站等。

【阅读案例 1-10】

元翔空运货站(厦门)有限公司

元翔空运货站(厦门)有限公司(原厦门国际航空港空运货站有限公司)于 2003 年 9 月 9 日正式运营,是海峡两岸民航界第一个合资项目,其中厦门国际航空港股份有限公司持有 58%股权,台湾华航(亚洲)股份有限公司、长荣航空股份有限公司、台湾航勤有限公司各持 14%股权。

空运货站地处闽南经济区核心地带,交通便利、区位优势明显,是辐射福建全省连接粤北、浙南、赣南的重要航空货运枢纽。空运货站占地 5.9 万平方米,建筑面积 4.1 万平方米,2013 年处理货邮吞吐量 20 万吨,其中国际货物吞吐量列中国大陆机场第五位。2014 年启用国内新货站 2 万平方米,2015 年货邮吞吐量达 30 万吨。

公司经营范围包括:航空货物专业装卸、搬运、分拣、计量、包装、理货、仓储;航空货运信息咨询、查证;仓储设施的建设经营;办公场地出租;分单货物监管库运营等。

公司以"打造专业化区域性航空物流枢纽"为战略目标,持续追求航空货运保障能力和服务品质的提升,致力于为福建全省及江西、广东、浙江等省大部地区提供高品质的物流服务。

资料来源:翔业集团公司网站

三、世界知名集装箱航运公司

(一)马士基航运有限公司(MAERSK SEALAND)

马士基航运有限公司(以下简称马士基航运)是 A. P. Moller 集团旗下一个最大的子公司,创建于 1904 年,总部设在丹麦首都哥本哈根。1999 年 7 月,A. P. Moller 集团和美国 CSX 集团达成协议,马士基航运斥资 8 亿美元收购了 CSX 集团(美国)的下属成员——全球排名第二位的海陆国际集装箱运输公司(Sealand),奠定了马士基航运世界航运公司排名第一的地位。马士基航运的 Logo 如图 1-1 所示。

图 1-1　马士基航运 Logo

2005 年 5 月,马士基航运又以 23 亿欧元(30 亿美元)的价格收购了当时全球排名第三位的班轮公司 P&O Nedlloyd(铁行渣华)。马士基航运成就了全球航运业有史以来最大的一次收购,在航运业内外引起了很大的震撼。马士基航运自此成为世界航运业无可比拟的"巨无霸"。

(二)地中海航运公司(MSC)

地中海航运公司(以下简称地中海航运)成立于 1970 年,总部设在瑞士日内瓦。公司 Logo 如图 1-2 所示。

图 1-2　地中海航运 Logo

20 世纪 70 年代,地中海航运专注发展非洲及地中海之间的航运业务。1985 年,其业务拓展到欧洲,其后更开拓了泛大西洋航线。地中海航运在 20 世纪 90 年代踏足远东地区,并且迅速在远东地区航线领域占有了重要的地位。

1999 年,地中海航运的泛太平洋航线正式起航。如今,它的航线业务遍布世界各地。从投资的规模即可看出地中海航运对航运业的热诚及其发展的速度。开业初期,它只有几艘普通货船,现在地中海航运已经拥有超过 240 艘货柜轮。无论船只数目还是载运能力,地中海航运都稳居全球第二位。

(三)达飞轮船有限公司(CMA-CGM)

总部设在法国马赛的达飞轮船有限公司(以下简称达飞轮船)创建于 1978 年,经营初期主要承接黑海地区业务。20 世纪 90 年代后期,达飞轮船不仅开通了地中海至北欧、红海、东南亚、东亚的直达航线,还分别于 1996 年、1999 年成功收购了法国最大的国营船公司——法国国家航运公司(CGM)和澳大利亚国家航运公司(ANL),正式更名为"CMA-CGM"。其公司 Logo 如图 1-3 所示。

图 1-3　达飞轮船 Logo

1992 年 10 月,达飞轮船正式进军中国市场,成立了达飞轮船(中国)船务有限公司。公司作为中国境内主要的班轮运输经营商,服务网络覆盖中国沿海及内陆各个地区。

(四)长荣海运股份有限公司(Evergreen)

总部位于台北的长荣海运股份有限公司(以下简称长荣海运)创立于 1968 年 9 月 1日。其公司 Logo 如图 1-4 所示。成立之初,长荣海运仅以一艘 20 年船龄的杂货船经营,虽创业维艰,但始终坚持经营定期航线货运服务。长荣海运近年来取得了令人惊讶的优异成绩,一度成为世界第二大集装箱运输公司。

图 1-4　长荣海运 Logo

(五)美国总统轮船公司(APL)

美国总统轮船公司(以下简称美国总统轮船)是一家有 150 年历史的船公司,英文全称为 American President Lines,其前身为始创于 1848 年的太平洋邮船公司。美国总统轮船公司 Logo 如图 1-5 所示。100 多年以来,美国总统轮船经历了一系列变革,从而跻身世界五大航运和物流服务公司之列。

$$APL$$

图 1-5　美国总统轮船 Logo

美国总统轮船于 1997 年被新加坡东方海皇(NOL)集团收购,成为该集团的成员之一。美国总统轮船航线包括太平洋、泛大西洋、亚欧、拉丁美洲、亚洲内支线、地中海地区和澳大利亚等各大干线,主打航线是美国线。

(六)中远集装箱运输有限公司(COSCO)

中国远洋海运集团有限公司(以下简称中国远洋海运集团或集团)由中国远洋运输

（集团）总公司与中国海运（集团）总公司重组而成，总部设在上海，是中央直接管理的特大型国有企业。其公司 Logo 如图 1-6 所示。

图 1-6 中国远洋海运 Logo

截至 2019 年 10 月 31 日，中国远洋海运集团经营船队综合运力 10451 万载重吨/1297 艘，排名世界第一。其中，集装箱船队规模 307 万 TEU/501 艘，居世界第三；干散货船队运力 4015 万载重吨/420 艘，油轮船队运力 2532 万载重吨/199 艘，杂货特种船队运力 434 万载重吨/161 艘，均居世界第一。

中国远洋海运集团完善的全球化服务筑就了网络服务优势与品牌优势。码头、物流、航运金融、修造船等上下游产业链形成了较为完整的产业结构体系。集团在全球投资码头 55 个，集装箱码头超 51 个，集装箱码头年吞吐能力 12589 万 TEU，居世界第一。全球船舶燃料销量超过 2900 万吨，居世界第一。集装箱租赁业务保有量规模达 380 万 TEU，居世界第二。海洋工程装备制造接单规模以及船舶代理业务也稳居世界前列。

（七）赫伯罗特船公司(Hapag-Lioyd)

赫伯罗特是德国运输公司组成的一个货柜航运公司。它成立于 1970 年，是由 1847年的哈帕格和 1856 年的北德意志劳埃德(NDL)两个公司合并的。其公司 Logo 如图 1-7所示。

图 1-7 赫伯罗特 Logo

赫伯罗特是当前世界前五大船公司之一，致力于全球化的集装箱运输服务，在 100 多个国家及地区拥有约 500 家分支机构。赫伯罗特拥有超过 130 艘集装箱船，约 410 000标准箱的装载量。业务遍布于南部欧洲、北部欧洲、北美洲、拉丁美洲和亚洲之间。

截至 2019 年 3 月 31 日，赫伯罗特船队配置的集装箱船有 235 艘。所有的船舶都符合 ISM(国际安全管理)标准，并有经 ISPS 认可的国际船舶保安证书(ISSC)。绝大多数船舶也都经过 ISO 9001(质量管理体系)和 ISO 14001(环境管理体系)认证。

（八）台湾阳明海运集团(YANGMING)

台湾阳明海运集团成立于 1972 年 12 月 28 日，总部位于台湾省基隆市，并于台湾北部之台北市、基隆，中部之台中及南部之高雄设有分公司或办事处，同时阳明海运集团在世界各重要地区均设有代理行，提供坚实有力的全球性海运服务。其公司 Logo 如图 1-8所示。

图 1-8　阳明海运 Logo

(九) 日本邮船公司(NYK)

日本邮船公司(以下简称日本邮船)的前身是三菱公司,1885 年,三菱公司与本国竞争对手"共同运输"合并,正式成立了日本邮船公司。其公司 Logo 如图 1-9 所示。

图 1-9　日本邮船 Logo

1950 年后,日本政府对企业造船计划给予贴息贷款,日本邮船借此机会迅速壮大,号称"不沉的日本邮船"。日本邮船的滚装、散货等业务在业界名列前茅,其滚装船队的规模在世界上是最大的,同时,其散货船和油罐船队也在世界上排名前列。日本邮船(中国)有限公司于 1995 年在上海成立。

(十) 商船三井株式会社(MOSK)

1884 年成立的大阪商船公司是由日本 55 家小船主联合组成的。1964 年,大阪商船公司与三井船舶公司合并,成立大阪三井公司。1999 年 4 月,大阪三井公司再与纳维克斯公司合并,合并后的公司名为商船三井株式会社(以下简称商船三井)。公司总部设立于日本东京,公司 Logo 如图 1-10 所示。商船三井为世界知名的航运公司之一,为客户提供一体化的物流服务及多元化的海上运输服务,业务遍及全球。商船三井(中国)有限公司总部设于上海,为商船三井的全资子公司。

图 1-10　商船三井 Logo

四、世界知名航空公司

(一) 荷兰皇家航空公司(KLM)

荷兰皇家航空公司(KLM)是天合联盟成员之一。2005 年,荷兰皇家航空公司与法国航空公司合并,组成欧洲最大航空集团——法航荷航集团。荷兰皇家航空公司创立于 1919 年 10 月 7 日,其公司 Logo 如图 1-11 所示,它至今一直沿用着同一名称 KLM Royal Dutch Airlines,是世界上历史最悠久,一直拥有定期航班的航空公司,其总部位于荷兰的阿姆斯特丹,荷航具有长达 80 年的优良飞行服务经验。在国际航运公司协会的成员中,荷兰皇家航空公司的国际货运量和飞行里程均名列前茅。

荷兰皇家航空公司的业务范围：民航运输、飞机维修、飞机租赁、航空配餐、空中和地面服务人员培训、医疗服务与航行诊所、全球计算机定位系统及保险。

图 1-11　荷兰皇家航空 Logo

（二）国泰航空有限公司

国泰航空有限公司（以下简称国泰航空，英文名称：Cathay Pacific Airways Ltd）是香港最主要的航空公司，其 Logo 如图 1-12 所示，主要经营定期航空、航空饮食、航机处理及飞机工程业务。其下的子公司包括港龙航空及香港华民航空。为"寰宇一家"航空联盟的重要成员。

图 1-12　国泰航空 Logo

（三）德国汉莎航空股份公司（简称汉莎航空）

汉莎航空公司是德国最大的国际航空公司。其公司 Logo 如图 1-13 所示。总部位于德国科隆。枢纽：法兰克福国际机场、慕尼黑国际机场；重点城市：杜塞尔多夫国际机场、汉堡国际机场。

安全和可靠永远都是汉莎航空的特色。汉莎航空的核心业务是经营定期的国内及国际客运和货运航班。汉莎航空已发展成为全球航空业领导者和成功的航空集团。

图 1-13　汉莎航空

（四）新加坡航空公司

新加坡航空公司及其航空子公司、新加坡航空货运公司和区域航空 Silk Air 公司一起，航线网络发展扩及 40 个国家的 98 个目的地，覆盖亚洲、欧洲、北美、中东、西南太平洋和非洲。在所有主要航空公司中,新加坡航空公司拥有最新式的机队,其机队航机平均仅使用了6年多。其90架客机机队包括:空客A380、B747-400、各种型号的B777和A340-500。其公司Logo如图1-14所示。

SINGAPORE AIRLINES

图1-14　新加坡航空

(五)澳洲航空公司

澳洲航空公司于1920年在澳大利亚昆士兰州创立,是全球历史最悠久的航空公司之一,其公司Logo如图1-15所示。澳洲航空公司是澳大利亚第一大航空公司,是澳大利亚国家航空公司,其母公司为澳洲航空集团。澳洲航空的袋鼠标志,象征着可靠、安全、先进技术及优质服务。

国际业务:澳洲航空公司连同其附属的QantasLink、JetConnect的航线网络覆盖大洋洲,延伸至东南亚、东亚及印度、英国、德国、美国、加拿大、南非等地。澳洲航空的枢纽是悉尼机场和墨尔本机场,澳洲航空运营的国际航班将航线连接到布里斯班、珀斯、新加坡樟宜国际机场、洛杉矶国际机场和伦敦希思罗机场。澳洲航空的国内枢纽是悉尼、墨尔本、珀斯、布里斯班的机场,以及重点城市如阿德莱德、凯恩斯和堪培拉的机场。

中国业务:澳洲航空在飞往中国的航线提供每周5次上海直飞悉尼、每周2次上海直飞墨尔本,及每周3次北京直飞悉尼的航班服务。此外,澳洲航空也提供香港直飞澳大利亚的城市,包括悉尼、墨尔木、布里斯班、珀斯的航班服务。澳洲航空的华语服务员亦将负责迎接由北京、上海、香港及台北飞抵悉尼的乘客,在悉尼机场为有语言沟通问题、需要转乘航机以及有特别需求的乘客提供协助。

图1-15　澳洲航空公司

(六)全日本空输株式会社

全日本空输株式会社(日语:ぜんにっぽんくうゆ,英语:All Nippon Airways Co.,Ltd.)通常简称全日空(ANA),全日空的母公司是"全日本空输"集团,其公司Logo如图1-16所示。1999年10月,全日空公司正式加入"星空联盟"。

全日空公司主要业务包括定期航空运输业务;非定期航空运输;采购、销售、出租和保养飞机及飞机零件业务;航空运输地面支援业务。全日空在日本主要城市之间拥有全面航线网络,其国际航线延伸到亚洲、北美、欧洲等地。全日空航线网络优势在日本国内、亚洲地区。

图 1-16 全日空航空公司

(七) 美国航空公司(American Airlines)

美国航空公司(简称美航)是总部位于美国的一家航空公司,隶属 AMR 公司。公司总部位于得克萨斯州的沃斯堡,紧邻达拉斯—沃斯堡国际机场。美国航空是"寰宇一家"航空联盟的创始成员之一。其公司 Logo 如图 1-17 所示。

图 1-17 美国航空公司

(八) 美国西北航空公司(Northwest Airlines)

美国西北航空公司总部位于美国明尼安纳波利斯国际机场、底特律国际机场、纽约肯尼迪国际机场。其公司 Logo 如图 1-18 所示。

图 1-18 美国西北航空公司

美国西北航空公司是美国西北航空集团(Northwest Airlines Corporation)旗下主要公司。美国西北航空公司于 1926 年开始运营,是美国各航空公司中,沿用同一名称、历史最悠久的航空公司。美国西北航空公司是"天合联盟"的成员航空公司之一。在中国大陆被称为美国西北航空公司,以与原中国西北航空公司区别。

(九) 大韩航空株式会社

大韩航空株式会社(英语:Korean Air,韩语:대한항공 주식회사,通常简称:大韩航空)。大韩航空业务类型涉及乘客、货物航空运输、维护服务、餐饮、酒店等。大韩航空以仁川国际机场为国际枢纽港,而金浦机场则为国内枢纽港。航线延伸至欧洲、非洲、亚洲、

大洋洲、北美洲及南美洲。公司 Logo 如图 1-19 所示。

KOREAN AIR

图 1-19 大韩航空株式会社

(十)港龙航空有限公司(Dragonair)

港龙航空有限公司(全称 Hong Kong Dragon Airlines Limited)是香港第二大航空公司,以香港国际机场作为枢纽。港龙航空每星期提供约四百班航班,客运航点包括亚洲各地,以中国内地为主要市场;货运路线则涵盖欧洲、中东及北美地区。

港龙航空客运机队现时由 33 架空中客车(其中 4 架租借予中国国际航空)组成,分别有空中客车 A320-200,空中客车 A321-200 及空中客车 A330-300。部分 A330-300 航机分三等(头等、商务、经济),其他则分两等(商务及经济)。货运机队由 8 架飞机组成。公司 Logo 如图 1-20 所示。

图 1-20 香港港龙航空公司

(十一)长荣航空公司

长荣航空公司(EVA Air)是一家台湾的航空公司,总部位于桃园县芦竹乡南崁,枢纽机场为台湾桃园国际机场,提供客运和货运的服务,航点遍布亚洲、澳洲、欧洲和北美洲。目前是台湾第 2 大航空公司。自 1989 年创立之后,长荣航空积极拓展空厨业务。长荣航空也是第一个设有豪华经济舱的航空公司,于 1991 年开办。其子公司立荣航空负责岛内和区域性航线。继最大竞争对手——华航加入"天合联盟"后,长荣航空也积极加入国际航空联盟;2012 年 3 月举行入盟"星空联盟"记者会,2013 年 6 月成为正式成员。公司 Logo 如图 1-21 所示。

图 1-21 台湾长荣航空公司

（十二）卢森堡国际货运航空公司

卢森堡国际货运航空公司（Cargolux Airlines International），是一家货运航空公司，枢纽于卢森堡芬德尔国际机场。卢森堡货运在欧洲是最大的定期全货运航空公司。公司Logo 如图 1-22 所示。

图 1-22　卢森堡国际货运航空公司

（十三）中国国际航空股份有限公司

中国国际航空股份有限公司，其前身中国国际航空公司，成立于 1988 年。根据国务院批准通过的《民航体制改革方案》，2002 年 10 月，中国国际航空公司联合中国航空总公司和中国西南航空公司，成立了中国航空集团公司，并以联合三方的航空运输资源为基础，组建新的中国国际航空公司。2004 年 9 月 30 日，经国务院国有资产监督管理委员会批准，作为中国航空集团控股的航空运输主业公司，中国国际航空股份有限公司（以下简称国航）在北京正式成立。2004 年 12 月 15 日，中国国际航空股份有限公司在香港和伦敦成功上市。

国航主要经营国际、国内定期和不定期航空客、货、邮和行李运输；国内、国际公务飞行业务；飞机执管业务，航空器维修；航空公司间的代理业务；与主营业务有关的地面服务和航空快递（信件和信件性质的物品除外）；机上免税品等。公司 Logo 如图 1-23 所示。

图 1-23　中国国际航空公司

（十四）中国南方航空股份有限公司

中国南方航空股份有限公司是由中国南方航空集团公司发起设立，以原中国南方航空公司为基础，联合中国北方航空公司和新疆航空公司重组而成的航空运输公司。中国南方航空股份有限公司 1997 年分别在纽约和香港同步上市发行股票，2003 年在上交所成功上市。中国南方航空股份有限公司与中国国际航空股份有限公司和中国东方航空股份有限公司合称中国三大航空集团。2011 年 10 月 15 日中国南方航空公司在首都机场接收了第一架空客 A380，成为中国首家、全球第七家运营空客 A380 飞机的航空公司。公司 Logo 如图 1-24 所示。

图 1-24　中国南方航空公司

(十五) 中国东方航空股份有限公司

中国东方航空股份有限公司是一家总部设在上海的国有控股航空公司,于 2002 年在原中国东方航空集团公司的基础上,兼并中国西北航空公司,联合云南航空公司重组而成。东方航空是中国民航第一家在香港、纽约和上海三地上市的航空公司,1997 年 2 月 4 日、5 日及 11 月 5 日,中国东方航空股份有限公司分别在纽约证券交易所(NYSE:CEA)、香港联合交易交所(港交所:0670)和上海证券交易所(上交所:600115)成功挂牌上市。是中国三大国有大型骨干航空企业(其余二者是中国国际航空股份有限公司、中国南方航空股份有限公司)之一。公司 Logo 如图 1-25 所示。

图 1-25　中国东方航空公司

五、世界知名国际货代公司

(一) 辛克物流

辛克物流(Schenker)是世界知名的国际货代企业和第三方物流公司,隶属于德国铁路旗下的物流与货运分支机构 DB 集团,提供优秀的海、陆、空运输服务,综合化的物流解决方案,进行全球连锁化管理。

辛克物流业务范围涵盖货代、物流整合服务、供应链管理方案,以及奥运、展会等特殊的物流服务。辛克物流总部设在德国,1979 年进入我国,目前在广州、北京、上海、南京、杭州、成都等大城市设立了 21 个办事处,专业技术人员有 330 多人,是在中国注册的第一批外资国际货代企业。

今天,辛克物流通过与美国伯灵顿全球货运物流有限公司(BAX Global)携手,已成为国际货运行业中的领军力量,在全世界拥有超过 5 万名员工,营业额超过 110 亿欧元。在全球范围内,辛克物流已在 150 个国家设立了超过 1500 个分支机构,并在行业市场中取得了骄人的成绩。辛克物流在欧洲陆运排名首位,全球空运排名第二位,全球海运排名第三位,物流服务排名第六位。

（二）德迅公司

德迅公司（K&N）创立于1890年，本部设在瑞士，是全球最大的国际货代企业之一，也是世界上最大的无船经营的公共承运人。德迅（中国）货运代理有限公司总部设在上海，在全国各大中城市和港口城市拥有分支机构，如大连、天津、北京、青岛、宁波、厦门、广州、深圳等。

如今，该公司向全世界提供高价值的综合物流服务，主要从事海运、空运、第三方物流，在全球100多个国家和地区拥有900个分支机构，超过5.5万名员工。德迅公司进入中国市场从事运输业务也已有20多年的历史，业务种类齐全，网点遍布全球。

（三）丹莎货运集团

丹莎货运集团（Danzas）成立于1815年，总部位于瑞士巴塞尔，现全球拥有员工42 300多人，在全球150个国家设有800个办事处及分公司。丹莎货运集团是一个有着强大计算机网络支持、拥有多种不同运输工具、能够提供全方位货物运输服务的全球知名运输集团公司，主要业务为空运、海运及物流，是全球最大规模的运输集团之一。丹莎货运（中国）有限公司于1995年经中国原对外贸易经济合作部批准在上海成立，并在天津、北京、青岛、宁波、厦门、深圳等全国14个城市分别设有分公司及办事处。

丹莎货运集团与世界上几乎所有主要的航运公司、运输集团都保有非常良好的业务关系，公司信誉卓著、历史悠久，是许多专业海运公司优先选择的合作伙伴。丹莎货运集团亦可利用其全球网络，提供覆盖全球140个国家与地区的"门到门"的运输服务，包括内陆运输、上门取货、进出口报关等。

（四）泛亚班拿公司

泛亚班拿公司（Panalpina）成立于1935年，总部设在瑞士巴塞尔。泛亚班拿公司是世界上最大的货运和物流集团之一，它在全球80多个国家拥有约500家分公司，与其选择的伙伴密切合作。

泛亚班拿公司的核心业务是综合运输业务，所提供的服务是一体化、客户化的解决方案。通过一体化货运服务，将自身定位于标准化运输解决方案和传统货代公司之间。除了处理传统货运以外，泛亚班拿公司还为跨国公司提供物流服务，尤其是汽车、电子、电信、石油及能源、化学制品等领域的公司。

（五）康捷空公司

康捷空公司（Expeditors）是一家提供全球物流服务的公司，该公司注册地为美国，总部设在西雅图。公司的服务内容包括空运、海运及货代业务。该公司在美国的每个办事处及许多海外办事处都提供进出口报关服务，另外还提供配送管理、拼货、货物保险、订单管理及以客户为中心的物流信息服务。

康捷空公司在中国大陆注册的公司名称是北京康捷空国际货运代理有限公司，目前在北京、天津、青岛、上海、宁波、福州、厦门、深圳等地都有分公司或办事处。

康捷空公司的业务范围主要集中在空运、海运和国际货代方面,从地区分布来看,业务主要集中在远东地区,其收入占 56％;在美国、欧洲和中东地区、南美洲及澳大利亚的收入分别占 25％、15％、2％、1％。主要客户有沃尔玛、三星、思科、IBM、APPLE 等公司。

(六) 中远海运国际货运有限公司

中远海运国际货运有限公司(以下简称中远海运国际货运)成立于 1995 年 12 月,是中远集装箱运输有限公司直属的大型国际货代企业。公司经营范围包括国际、国内集装箱货运代理,国际、国内集装箱船舶代理,以及沿海货物运输、拼箱、项目运输、多式联运、报关、供应链融资、货运保险等业务。

中远海运国际货运在中国各地设立了 200 多家网点分公司及子公司,形成了以北京为中心,以大连、天津、青岛、武汉、上海、厦门等城市为龙头,以全国主要城镇货运网点为依托的货运综合服务网络体系。中远海运国际货运在国际货运、集装箱船代、多式联运、拼箱、项目开发等方面,业务规模和综合实力均位居国内同业前列。

中远海运国际货运被中国银行审定为 AAA 级资信企业;1997 年,通过挪威船级社和中国进出口商品质量认证中心 ISO 9002 质量保证体系认证。在全国货运行业各类大型评选活动中,中远海运国际货运连续多年获得多个奖项的桂冠,多次荣获"全国最佳物流企业""最佳货代公司""最佳船代企业"等荣誉称号。

(七) 锦程国际物流集团股份有限公司

锦程国际物流集团股份有限公司(以下简称锦程物流)创立于 1990 年 6 月,注册资金 3 亿元人民币,是中国最大的国际货代企业之一。本着"先做资源整合,再做产业整合"的发展战略,锦程物流以独特的经营理念和不懈的创新精神,在国内主要口岸城市、内陆城市及海外设有 200 多家分支机构及集团成员企业,与数十家国内外大型船公司和航空公司建立了战略合作关系,与海外 300 余家国际物流企业保持着长期稳定的业务合作关系,形成了覆盖全球的服务网络。

锦程物流是 CIFA 副会长单位、FIATA 联系会员。凭借多年物流行业经验、丰富的行业资源和全球的实体物流服务网络,锦程物流在行业内率先推出了资源整合、电子商务和集中采购的商业模式,降低了客户的物流成本,提升了锦程的优质服务,促进了集团的快速发展。为更好实现这一商业模式,锦程物流设立了锦程国际物流服务有限公司、锦程物流在线服务有限公司和大连锦程物流网络技术有限公司等下属企业,提升了锦程物流的核心竞争力。

锦程物流投资建设了全球领先的网上物流交易市场——"锦程物流网"(www.jctrans.com),搭建了中国物流行业名列前茅的电子商务平台,是中国物流行业最大的网络传媒。目前,锦程物流网已经成为汇聚全球物流提供商资源、贸易商资源及行业相关资源的最大行业资源集中地,拥有近千万企业用户,在全世界拥有来自 200 个国家的数百万物流提供商和行业相关者,每天都有几十万家物流供需企业发布供应、运价、招标、代理等重要信息。锦程物流网已经发展成为集信息查询、物流交易、金融结算于一体的物流行业综合服务平台。

（八）中国外运长航集团有限公司

中国外运长航集团有限公司由中国对外贸易运输（集团）总公司与中国长江航运（集团）总公司于 2009 年 3 月重组成立，总部设在北京。中国外运长航是国务院国有资产监督管理委员会直属管理的大型国际化现代企业集团，是以物流为核心主业、以航运为重要支柱业务、以船舶重工为相关配套业务的中国最大的综合物流服务供应商之一。

中国外运长航的物流业务包括海、陆、空货运代理、船务代理、供应链物流、快递、仓码、汽车运输等；在物流领域，中国外运长航是中国最大的国际货运代理公司、最大的航空货运和国际快件代理公司、第二大船务代理公司。中国外运长航的航运业务包括干散货运输、石油运输、集装箱运输、滚装船运输、燃油贸易等；在航运领域，中国外运长航是中国三大船公司之一，是中国内河最大的骨干航运企业集团，也是中国唯一能实现远洋、沿海、长江、运河全程物流服务的航运企业。中国外运长航的船舶工业形成以船舶建造和修理、港口机械、电机产品为核心的工业体系，在国内外享有知名声誉，年造船能力超过 400 万载重吨。

2012 年，中国外运长航的营业收入为 1 066.78 亿元，截至 2012 年年底，资产总额为 1 229.33 亿元，企业员工总数 7 万余人。中国外运长航控股三家 A 股上市公司、两家香港上市公司，下属境内外企业 730 余家，网络范围覆盖了全国 30 个省、自治区、直辖市，以及中国香港、台湾地区，韩国、日本、加拿大、美国、德国等 50 余个国家，与 400 多家知名的境外运输与物流服务商建立了业务代理和战略合作伙伴关系。

（九）港中旅华贸国际物流股份有限公司

港中旅华贸国际物流股份有限公司（以下简称华贸）的大股东是中国港中旅集团公司暨香港中旅（集团）有限公司（以下简称港中旅集团）。港中旅集团植根香港已逾 80 年，是国务院国有资产监督管理委员会管辖的中央骨干企业。

华贸总部设在国际航运中心上海，主业是现代跨境综合物流和供应链贸易服务。华贸于 1984 年在上海注册成立，是中国改革开放后最早经原外经贸部、民航总局、海关总署批准成立的一级货运代理企业之一，在行业内具有悠久的经营历史和市场品牌。

华贸已形成网络化、集约化相结合的经营和发展格局，30 余个分支机构遍布中国主要港口和内陆经济发达城市及纽约、洛杉矶、亚特兰大、法兰克福，长期合作的海外网络遍布世界 150 多个国家和地区，主营业务服务网络遍布中国和世界各大货物集散中心城市。华贸是轻资产型物流企业，在包括大型重资产型物流企业、跨国货代物流企业在内的中国同业百强企业评比中名列第七位，在多个重要港口城市行业内排名长期位列第一或前三名。

第三节　国际物流的业务活动

随着物流全球化的形成，企业物流国际化运作成为必然。但其业务活动较为广泛，远比国内物流复杂，主要业务活动有如下几个方面。

一、进出口业务

一个典型和较完整的进出口物流流程如图 1-26 所示。

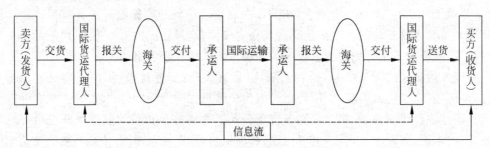

图 1-26　国际物流运作系统

进出口业务涉及的有关参与方有以下几方面：

1. 发货人(shipper)

进出口业务中的发货人即进出口业务的出口商。可能是生产的厂家或贸易公司,有时也可能是货运代理公司。

2. 国际货运代理(forwarder)

国际货运代理是随着国际贸易的发展及运输业务的日益复杂以及承运人(船公司或航空公司)的业务不断专门化,在近二三十年新发展出来的行业。货运代理是介于货主和承运人之间的中间商,它一方面代为货主进行租船订舱;另一方面又代为承运人揽货,从中收取差价或收取佣金。对于承运人而言,货代相当于货主(发货人或收货人);对于货主而言,货代的作用则相当于承运人。

国际货运代理角色的出现,使得整个国际货运行业日趋专业化。目前大多数的进出口货物运输均是与国际货运代理打交道,因此了解国际货运代理的业务,将对企业对国际货运中的成本和时间控制有很大帮助。此外,当前的许多国际货运代理公司正不断地演变成第三方国际物流公司。

3. 承运人(carrier)

承运人是承担运输的主体,在国际贸易运输中主要是指船公司或航空公司。虽然有的承运人也直接面对货主,但多数情况下货主已经不直接与其打交道了。

4. 报关行(customs broker)

虽然各国对进出口货物的管制政策有所不同,但基本上各国海关都要求进出口货物进行申报。有些货主有自己的报关人员,这时就不需要报关行的介入。许多货代也有报关资格,也不需要单独的报关行介入。报关行或货代的报关服务都需要货主提供必要的单据(主要包括进口报关单、提单、商业发票、原产地证书、进口许可证或进口配额证书、品质证书和卫生检验证书等),由他们代理在海关进行申报。有的报关行还提供代为商检等服务工作。海关产生关税单后,由货主缴纳关税(有时还有由海关代收的其他税收)并自行提货或由服务机构代为提送货。关税一般用征税国的本国货币支付。许多国家为吸引海外投资和促进本国进出口贸易的发展还采取了多种报关方式,如电子报关、提前报关实货放行、内陆站点报关等,以缩短货物的在途时间,缓解进出口口岸的交通工具和货物拥挤情况。

5. 收货人(consignee)

提单上所指的收货人情况较为复杂。一般来说,收货人应是货物的进口人。有时由于进口管制的原因,最终的收货人并不体现在提单上。提单上的收货人往往是进口代理商。而在"通知人"(Notify Party)上显示的可能才是真实的收货人。另外,在使用主提单与分提单的情况下,往往分提单上的收货人才是真正的收货人,而主提单上的收货人则往往是货代公司。

进出口业务流程是通过各种业务单证的流转来完成的,业务单证是上述各关系人业务交接、责任划分、风险承担及费用结算的凭证和法律依据。因此,在进出口业务过程中,单证起着重要作用。进出口业务中基本单证有:销售合同(sales contract)、提单(海运的bill of Lading 或空运的 airway bill)、商业发票(commercial voice)、信用证(letter of credit)、保险单(insurance policy)、装箱单(packing list),还有报关单、商检证书、原产地证书等单据。

二、国际运输业务

国际货物运输,就是在国家与国家、国家与地区之间的运输。国际货物运输又可分为国际贸易物资运输和非贸易物资(如展览品、个人行李、办公用品、援外物资等)运输两种。由于国际货物运输中的非贸易物资的运输往往只是贸易物资运输部门的附带业务,所以,国际货物运输通常被称为国际贸易运输,从一国来说,就是对外贸易运输,简称外贸运输。

在国际货物运输中,涉及的运输方式很多,其中包括海洋运输、铁路运输、航空运输、铁路运输、邮政运输、公路运输、管道运输,以及由各种运输方式组合的国际多式联运等。各国际运输服务公司的经营,多以某一种或多种运输方式为主,较常见的是海运或空运,并辅以其他运输方式,从而实现服务范围较大化覆盖。

三、国际仓储业务

国际物流仓储是国际物流中不可缺少的一个环节,也是国际物流中一个较大的成本项。随着国际贸易的发展,完善仓储环节、节省仓储的空间以及时间,将会大大节约企业的物流成本,从而提升整体效益。

国际物流仓储工作同国际物流运输一样,都是对外贸易及国际物流不可缺少的环节,可以起到以下重要作用:

(1)调整商品在生产和消费之间的时间错位。

(2)保证进入国际市场的商品质量。

(3)进行流通加工业务。

(4)调节运输工具承运能力的不平衡。

(5)减少国际物流中的货损货差。

四、包装与搬运业务

保护性包装在跨国经营中所起的作用比在国内更为重要,这是由于货物在途时间长、搬运次数多,要经历更恶劣的天气变化等。通常,跨国性经营的产品的包装会大幅度地增加物流成本,其中一部分是由于特殊的包装要求,此外还有标签和包装标志方面的原因。由于目的国不同,标签要求也不相同。

物料搬运系统在全球各地都不相同,澳大利亚、新西兰、新加坡等国家及中国香港等地的物料搬运系统属于世界上最先进的系统,均已实现了机械化或自动化。然而在许多发展中国家,大多数物料搬运系统仍然是人工的,产品在仓库和工厂中的搬运效率很低。

五、信息管理业务

国际物流中的信息管理主要涉及物流过程中所涉及的各种单据传输的电子化、对于在途货物的跟踪定位以及市场信息的跨国传递。主要信息通信手段包括 EDI(electronic data interchange)以及人造卫星通信系统 GPS(global positioning system)。近年来,各国十分重视信息化方面的建设,在国际物流活动中信息化程度较高。

第四节　岗位技能与实践

岗位技能实训项目:查找国际物流企业的相关资料

● 实训目的

通过查找知名国际物流企业的名单及企业情况,熟悉国际物流相关企业的公司概况、业务范围、主要客户、经典案例等。

● 实训内容

1. 实训任务

(1)上网查找10家以上国外知名国际物流相关企业名单及其概况,10家以上我国知名国际物流相关企业名单及其概况,列一份简单的表格,表格的名称为:国内外知名国际物流企业名录。

(2)选择其中一家有代表性的国际物流企业,每个案例小组做一份宣传该企业的 PPT。

2. 实训教学建议

(1)教学方法

多媒体教学+实践操作

(2)教学课时

实践学时:2课时

(3)教学过程

教师布置任务后,由学生在课外完成,可以安排时间让学生以小组为单位,在课堂进行企业案例分享。

3. 实训成果

（1）企业名录

（2）介绍企业的 PPT

本 章 小 结

本章第一部分介绍了国际物流的概念、分类、特点及历史；第二部分主要介绍国际物流的相关企业，国际物流企业是一个较广的概念，包括了船公司、航空公司、船代公司、货代公司、码头、货运站、报关行等各种企业类型；第三部分主要介绍国际物流的业务活动；第四部分属于岗位实训部分，通过查找知名国际物流企业的名单及企业情况，熟悉国际物流相关企业的公司概况、业务范围、主要客户、经典案例等。

【思考与练习】

一、单选题

1. 国际物流产生和发展的基础和条件是（   ）。

A. 国际货运　　　B. 国际物流　　　C. 国际货物买卖　　　D. 国际贸易

2. 国际物流是（   ）之间的物流活动。

A. 不同国家　　　B. 不同关税区　　C. 不同国家（地区）　　D. 国家与地区

3. 国际物流的发展经历了（   ）个阶段。

A. 1　　　　　　　B. 2　　　　　　　C. 3　　　　　　　　D. 4

4. 许多（   ）正不断发展为第三方的国际物流企业。

A. 报关行　　　　B. 国际货代企业　　C. 国际船公司　　　D. 国际航空公司

5. 国际物流（   ）是国际物流系统的核心子系统。

A. 运输子系统　　B. 仓储子系统　　　C. 通关子系统　　　D. 信息子系统

二、多选题

1. 国际物流按照货物流向划分，可以分为（   ）。

A. 进口物流　　　B. 国家间物流　　C. 不同关税区的物流　　D. 出口物流

2. 国际物流物流的特点包括（   ）。

A. 物流系统范围广　　　　　　　B. 物流环境差异大

C. 标准化要求程度高　　　　　　D. 运输方式的复杂性

3. 以下属于国际物流的相关企业类型有（   ）。

A. 船公司　　　　B. 航空公司　　　C. 货代公司　　　　D. 报关行

三、简答题

1. 国际物流具有哪些特点？

2. 国际物流的发展趋势？

3. 国际物流的相关企业类型主要包括哪些？

4. 世界十大船公司包括哪些？

5. 列出 10 个以上中外知名国际货代公司？

四、案例分析题

2015 年 12 月 9 日全球国际快递及运筹物流品牌 DHL,于新加坡宣布成立亚太创新中心(APIC),在新加坡经济发展局支持下,未来将用自动驾驶车、机器人、物联网以及扩增实境等技术,开发创新的物流解决方案,满足供应链与时俱进的需求。

这项耗资数百万新加坡币的建设是 DHL 在德国境外的首个创新中心,也是亚太地区第一个专门的创新物流服务中心。

APIC 展示多项即将改变物流业营运的创新技术,包括用于堆栈组装线与产品拣选的扩增实境智慧型眼镜、用来递送如药物等时间紧迫物品的无人机,以及无人接驳车等,可以提供更快、更有效率的运输。

思考题:

1. DHL 是国际物流企业吗? 它主要经营哪些业务?

2. 国际物流的发展趋势?

第二章

国际物流与国际贸易

【学习目标与要求】

1. 了解国际贸易与国际物流的关系；
2. 熟悉国际贸易术语；
3. 熟悉国际贸易结算及信用证；
4. 掌握国际贸易单证及制作。

【导入案例】

　　我国某公司以 FOB 条件出口一批冻鸡。合同签订后接到国外买方来电,称租船较为困难委托我方代为租船,有关费用由买方负担。为了方便合同履行,我方接受了对方的要求。但时至装运期我方在规定装运港无法租到合适的船,且买方又不同意改变装运港。因此,到装运期满时货仍未装船,国外买方因销售季节即将结束便来函以我方未按期租船履行交货义务为由撤销合同。

思考题

国外买方撤销合同的要求是否合理？我方应如何处理？

扩展阅读 2.1 视频:自贸中国,造福世界	

第一节　国际贸易与国际物流

一、国际贸易的概念

　　国际贸易(international trade)是指世界各国(地区)之间的商品以及服务和技术的交换活动,包括出口和进口两个方面。从一个国家的角度看这种交换活动,即称为该国的对外贸易(foreign trade);从国际上看,世界各国对外贸易的总和,就构成了国际贸易,也称世界贸易(world trade)。

二、国际贸易的分类

(一) 按货物的流动方向划分

国际贸易按货物的流动方向分,可以划分为出口贸易、进口贸易和过境贸易。

(1) 出口贸易是指将本国所生产或加工的商品(含劳务)输往国外市场进行销售的商品交换活动。

(2) 进口贸易是指将外国所生产或加工的商品(含劳务)购买后在本国市场进行销售的商品交换活动。

(3) 过境贸易是指商品生产国与商品消费国之间进行的商品买卖活动,但其实物运输过程必须穿过第三国的国境,第三国要对此批货物进行海关监督并作为过境贸易额统计。

(二) 按商品形态分

国际贸易按商品形态分,可以分为有形贸易和无形贸易。

(1) 有形贸易即实物商品的贸易。联合国为便于统计,把有形商品分成10类、63章、233组、786个分组和1924个基本项目。

(2) 无形贸易是指在国际贸易活动中所进行的没有物质形态的变易,主要指劳务、技术、旅游、运输和金融等。

另外,依照货物运送方式可分为陆路贸易、海路贸易、空路贸易和邮购贸易。依照有无第三者参加贸易,可分为直接贸易、间接贸易和转口贸易。依照清算工具的不同,可分为自由结汇方式贸易和易货贸易。

三、国际贸易与国际物流的关系

(一) 国际贸易是国际物流的基础

国际贸易是国际物流存在和发展的前提和基础。如果没有国际贸易,也就不存在该种商品在国与国之间的流动和转移问题,不会涉及围绕该种商品流动所需要的跨国运输、仓储、包装、报关、装卸、流通加工等一系列的国际物流活动;因此,国际贸易是国际物流发展的基础和条件,两国或地区间的国际贸易越活跃,对国际物流的运作能力和技术水平的要求也就越高。

(二) 国际物流对国际贸易起保障作用

世界范围的社会化大生产必然会引起不同的国际分工,任何国家都不能够包揽一切,因而需要国际间的合作,国际间的商品和劳务流动是由商流和物流组成,前者由国际交易机构按照国际惯例进行,后者由物流企业按各个国家的生产和市场结构完成。为了克服它们之间的矛盾,就要求开展与国际贸易相适应的国际物流。出口国企业只有把物流工作做好了,才能将国外客户需要的商品按时、保质、保量、低成本地送到,从而提高本国商品在国际市场上的竞争能力,扩大对外贸易,国际物流对国际贸易起保障作用。

(三)国际贸易促进物流国际化

第二次世界大战以后,出于恢复重建工作的需要,各国积极研究和应用新技术、新方法,从而促进生产力迅速发展,世界经济呈现繁荣兴旺的景象。国际贸易也因此发展得极为迅速。同时,由于一些国家和地区的资本积累达到了一定程度,本国或本地区的市场已不能满足其进一步发展的需要。加之交通运输、信息处理及经营管理水平的提高,出现了为数众多的跨国公司。跨国经营与国际贸易的发展,促进了货物和信息在世界范围内的大量流动和广泛交换。物流国际化成为国际贸易和世界经济发展的必然趋势。

(四)国际贸易对国际物流提出新的要求

1. 质量要求

国际贸易的结构正在发生着巨大变化,传统的初级产品、原料等贸易品种逐步让位于高附加值、精密加工的制成品。由于高附加值、高精密度的商品流量的增加,对物流的质量提出了更高的要求。同时由于国际贸易需求的多样化,形成的物流多品种、小批量等趋势,要求国际物流向优质服务和多样化发展。

2. 效率要求

国际贸易活动的集中表现就是合约的订立和履行。而国际贸易合约和履行很大部分是由国际物流活动来完成的,因而要求物流有很高的效率。从输入方面的国际物流来看,提高物流效率最重要的是如何高效率地组织所需商品的进口、储备和供应。也就是说,从订货、交货,直至运输仓储、配送分拨的整个过程,都应加强物流管理。

3. 安全要求

由于社会分工和社会生产专业化的发展,大多数商品在世界范围内分配和生产。国际物流所涉及的国家多,地域辽阔,在途时间长,受气候条件、地理条件等自然因素和罢工、战争等社会政治经济因素的影响。因此,在组织国际物流,选择运输方式和路线时,要密切注意所经地域的气候条件、地理条件,还应注意沿途所经国家和地区的政治局势、经济状况等,以防不可抗拒的自然力和人为因素造成货物灭失。

4. 经济要求

国际贸易的特点决定了国际物流的环节多、备运期长。在国际物流领域,控制物流费用、降低成本具有很大潜力。对于国际物流企业来说,选择最佳物流方案,提高物流经济性,降低物流成本,保证服务水平,是提高竞争力的有效途径。

【阅读案例 2-1】

天津口岸对"一带一路"沿线国家贸易破 3000 亿元

记者从天津海关获悉,2019 年前 10 个月,天津口岸对"一带一路"沿线国家贸易进出口总值达 3 062.7 亿元人民币,比去年同期增长 3.6%。其中,出口 1 970.5 亿元,进口 1 092.2 亿元。

作为 21 世纪海上丝绸之路的战略支点,天津口岸地理位置优越,辐射范围广阔,据统计,前 10 个月,天津口岸外贸进出口总值达 1.13 万亿元,与"一带一路"沿线国家的贸易值占到 27.1%。从贸易伙伴来看,对东盟的进出口占主导地位,前 10 个月对东盟进出口1 271.2 亿元,增长 4.6%,占同期天津口岸对"一带一路"沿线国家进出口总值的 41.5%。同期,对印度、欧盟、阿联酋的进出口也增长较快,增幅分别为 12.8%、7.6% 和 20%。

在进口商品中,原油、农产品和电器电子产品进口额位居前三位。其中原油进口249.2 亿元,增长 21.2%;农产品进口 135.4 亿元,增长 44%;电器电子产品进口 133.5亿元,增长 44.4%。此外,前 10 个月天然气进口达 47 亿元,大幅增长 1.2 倍。出口商品中,机电产品出口额排在首位,达 854 亿元,占同期天津口岸对"一带一路"沿线国家出口总值的 43.3%。

资料来源:天津日报

第二节　国际贸易实务

一、国际贸易术语

(一)贸易术语的概念

贸易术语,又称贸易条件(Trade Terms)或价格条件(Price Terms),它是以简明的外贸语言或缩写的字母或国际代号,来概括说明买卖双方在交易中交货的地点,货物交接的责任、费用、风险的划分,以及价格构成等诸方面的特殊用语。

(二)贸易术语的作用

在国际贸易中,货物一般都需要长途运输。在装运地至最终目的地的运输过程中,要经过运输、储存、装卸搬运、出入关境、进出口商品的许可管理等许多环节,在这些环节中,不仅涉及手续费用的分担问题,而且还涉及风险何时从卖方转移到买方的责任划分。对此,买卖双方在签订一笔具体交易时,必须首先就以下问题做出安排:

(1) 在何地办理交接货物;

(2) 由谁租船订舱,办理货物运输、保险和申领进出口许可证;

(3) 由谁支付上述责任下所产生的费用及其他开支,如运输费、保险费、装卸费等;

(4) 由谁承担货物在运输途中的货损、货差和灭失;

(5) 上述风险在何时何地转移。

对于上述有关责任、风险和费用的划分,买卖双方完全可以通过协商,做出各种不同的安排。在国际贸易的长期实践中,贸易界、法律界对这些问题逐渐形成了一整套的相对固定的习惯做法,并给每一种做法赋予一定意义的名称加以区别。这样,就形成了当前在国际贸易中被广泛承认和采纳的贸易术语。

（三）有关国际贸易术语的国际惯例

目前,在国际上有关贸易术语的惯例有三种。

1.《1932 年华沙-牛津规则》

该规则是由国际法协会(International Law Association)所制定的。该协会于 1928 年在波兰华沙举行会议,制定了有关 CIF 买卖合同的统一规则,共 22 条,称为《1928 年华沙规则》。之后由 1930 年纽约会议、1931 年巴黎会议和 1932 年牛津会议修订为 21 条,更名为《1932 年华沙—牛津条约》(Warsaw-Oxford Rules 1932,简称 W. O. Rules 1932)。

该规则对 CIF 买卖合同的性质做了说明,对 CIF 合同中买卖双方所承担的费用、责任和风险作了具体的规定。

2.《1941 年美国对外贸易定义修正本》

1919 年美国九个大商业团体制定了《美国出口报价及其缩写条例》(The U. S. Export Quotations and Abbreviations)。而后,因贸易习惯发生了很多变化,在 1940 年美国举行的第 27 届全国对外贸易会议上对该定义作了修订,尔后在 1941 年 7 月 31 日经美国商会、美国进口商协会和美国全国对外贸易协会所组成的联合委员会通过,称为《1941 年美国对外贸易定义修正本》(Revised American Foreign Trade Definition 1941),该修正本对以下六种贸易术语作了解释:

(1) EXW(ex Works)(产地交货);

(2) FOB(Free on Board)(运输工具上交货);

(3) FAS(Free along Ship)(运输工具旁交货);

(4) C&F(Cost and Freight)(成本加运费);

(5) CIF(Cost, Insurance and Freight)(成本加保险费、运费);

(6) DEQ(Delivered ex Quay)(目的港码头交货)。

美国对外贸易修订本对 FOB 术语的特殊解释,主要表现在以下几个方面。

(1) 美国对 FOB 笼统地解释为在任何一种运输工具上交货。因此,对美加地区进出口货物签订 FOB 合同时,必须在 FOB 后加上"vessel"(船)字样,并列明装运港名称,才表明卖方在装运港船上交货。

(2) 在风险划分上,不以装运港船舷为界,而以船舱为界,即卖方承担货物装到船舱为止所发生的一切丢失和残损责任。

(3) 在费用负担上,规定买方要支付卖方协助提供出口单证的费用以及出口税和因出口而产生的其他费用。

(4) FOB 有六种不同解释。因此,从美国或美洲地区国家进口货物使用 FOB 术语时,应当在合同及信用证内明确使用的是哪种解释,避免发生纠纷。

3.《2000 年国际贸易术语解释通则》

国际商会自 20 世纪 20 年代初即开始对重要的贸易术语作了统一解释和研究,1936 年提出了一套具有国际性的统一规则的贸易术语解释,定名为《INCOTERMS 1936》,其副标题为 International Rules for the Interpretation of Yale Terms,故译作《1936 年国际贸易术语解释通则》。之后，国际商会为适应国际贸易实践的不断发展，分别在 1953 年、1967 年、1976 年、1980 年和 1990 年对 INCOTERMS 作了五次修订和补充，1990 年修订过的被称为《1990 年国际贸易术语解释通则》（以下简称《1990 年通则》），1999 年 9 月，国际商会又公布了 INCOTERMS 1990 修订的新版本《2000 年国际贸易术语解释通则》（以下简称《2000 年通则》）。成为国际商会第 560 号出版物（INCOTERMS 2000，ICC publication No.560），并于 2000 年 1 月 1 日起生效。

《2000 年通则》仍按《1990 年通则》的做法，将国际贸易中使用的贸易术语归纳为 13 种，并按不同的性质、不同的交货地点，以及买卖双方承担责任、费用、风险的程度，划分为 E、F、C、D 四组。

(1) E 组只有 EXW 一种术语。此术语下，卖方在他自己的处所将货物提供给买方。

(2) F 组包括 FCA、FAS 和 FOB 术语。在 F 组术语下，由买方订立运输合同和指定承运人，卖方必须按买方的指示交运货物。

(3) C 组包括 CFR、CIF、CPT 和 CIP 术语。在 C 组术语下，卖方必须按通常条件自费订立运输合同；若在 CIF 和 CIF 术语下，卖方还必须办理保险并支付保险费。

(4) D 组包括 DAF、DES、DEQ、DDU 和 DDP 术语。在 D 组术语下，卖方必须负责将货物运送到约定的目的地或目的港，并负担货物交至该处为止的一切风险和费用。

故而，按 D 组术语订立的买卖合同属"到货合同"。且除 DDP 外，在 D 组术语下，卖方在边境或进口国交货时无须办理进口清关。

4.《2010 年国际贸易术语解释通则》

2010 年 9 月 27 日，国际商会正式推出《2010 年国际贸易术语解释通则》（简称 INCOTERMS 2010 或《2010 年通则》），以取代已经在国际货物贸易领域使用了近 10 年的《2000 年国际贸易术语解释通则》（简称 INCOTERMS 2000 或《2000 年通则》），INCOTERMS 2010 于 2011 年 1 月 1 日正式生效。[①]

与《2000 年通则》相比，《2010 年通则》取消了"船舷"的概念，以 FOB 术语为例，卖方承担货物装上船为止的一切风险，买方承担货物自装运港装上船后的一切风险；删去了《2000 年通则》的 4 个术语：DAF(Delivered at Frontier，边境交货)、DES(Delivered ex Ship，目的港船上交货)、DEQ(Delivered ex Quay，目的港码头交货)、DDU(Delivered Duty Unpaid，未完税交货)；新增了 2 个术语：DAT(Delivered at Terminal，在指定目的地或目的港的集散站交货)、DAP(Delivered at Place，在指定目的地交货)。即《2010 年通则》用 DAP 取代了 DAF、DES 和 DDU 三个术语，用 DAT 取代了 DEQ，且扩展至适用于一切运输方式。这样，《2010 年通则》由《2000 年通则》的 13 种贸易术语变为 11 种贸易术语，由《2000 年通则》的 E、F、C、D 四组贸易术语变为按照所适用的运输方式划分为两组贸易术语（见表 2-1 和表 2-2）。

---

① 国际贸易惯例本身不是法律，不产生强制性约束力。国际贸易惯例在时间效力上并不存在"新法取代旧法"的说法，即 INCOTERMS 2010 实施之后并非 INCOTERMS 2000 就自动废止，当事人在订立贸易合同时仍然可以选择适用 INCOTERMS 2000。

表 2-1　　INCOTERMS 2010 的贸易术语

组别	术　　语	中　文　解　释	适用方式
第一组	EXW(Ex Works) FCA(Free Carrier) CPT(Carriage Paid to) CIP(Carriage and Insurance Paid to) DAT(Delivered at Terminal) DAP(Delivered at Place) DDP(Delivered Duty Paid)	工厂交货 货交承运人 运费付至目的地 运费/保险费付至目的地 目的地或目的港的集散站交货 目的地交货 完税后交货	任何运输方式
第二组	FAS(Free alongside Ship) FOB(Free on Board) CFR(Cost and Freight) CIF(Cose Insurance and Freight)	装运港船边交货 装运港船上交货 成本加运费 成本、保险费加运费	水上运输方式

表 2-2　　INCOTERMS 2010 的 11 种贸易术语

贸易术语	交货地点	风险转移界限	出口海关的责任、费用负担者	进口海关的责任、费用负担者	适用的运输方式
EXW	货物产地或卖方所在地	买方处置货物后	买方	买方	所有方式
FCA	出口国内地或港口	承运人处置货物后	卖方	买方	所有方式
FAS	装运港船边	货物交于船边后	卖方	买方	水上运输
FOB	装运港船上	货物装于船舶后	卖方	买方	水上运输
CFR	装运港船上	货物装于船舶后	卖方	买方	水上运输
CIF	装运港船上	货物装于船舶后	卖方	买方	水上运输
CPT	出口国内地或港口	承运人处置货物后	卖方	买方	所有方式
CIP	出口国内地或港口	承运人处置货物后	卖方	买方	所有方式
DAT	进口国运输终端	买方处置货物后	卖方	买方	所有方式
DAP	进口国指定目的地	买方处置货物后	卖方	买方	所有方式
DDP	进口国国内指定地点	买方处置货物后	卖方	卖方	所有方式

5．国际贸易惯例的性质与作用

国际贸易惯例是国际组织以及权威机构为了减少贸易争端，规范贸易行为，在长期、大量贸易实践的基础上制定出来的。

国际贸易惯例的适用是以当事人的自治为基础的，惯例本身不是法律，它对贸易双方不具有强制性约束力，所以买卖双方有权在合同中作出与某项惯例不符的规定。一旦合同有效成立，双方均要履行合同规定的义务，一旦发生争议，法院和仲裁机构也要维护合同的有效性。但国际贸易惯例对贸易实践仍具有重要的指导作用。这体现在：若双方都同意采用某种惯例来约束该项交易，并在合同中作出明确规定，那么这项约定的惯例就具有强制性；若双方在合同中既未排除，也未注明该合同适用某项惯例，当合同执行中发生争议时,受理该争议案的司法和仲裁机构往往会引用某一国际贸易惯例进行判决或裁决,这是因为各国立法和国际公约赋予了它法律效力。如我国法律规定,凡中国法律没有规定的,适用国际贸易惯例。另外,《联合国国际货物销售合同公约》(以下简称《公约》)规定,合同没有排除的惯例,已经知道或应当知道的惯例,经常使用反复遵守的惯例适用于合同。所以,国际贸易惯例本身虽然不具有强制性,但它对国际贸易实践的指导作用不容忽视。

(四) 最常用的三种贸易术语

在我国对外贸易中,最经常使用的贸易术语为 FOB、CFR 和 CIF 三种,下面的内容主要介绍这三种贸易术语。

1. FOB

FOB 是 Free on Board 的缩写,意为装运港船上交货。它是指卖方负责办理出口清关手续,将货物在指定的装运港装船后,卖方即完成交货任务。这意味着买方必须从装运港装船起承担货物灭失或损坏的一切风险。该术语仅适用于海运或者内河运输,如果买卖双方当事人无意装船交货,则应使用 FCA 术语。

（1）卖方的基本义务

卖方负责办理出口报关手续,并承担货物到装运港装船为止的一切费用与风险;在约定的装运期和装运港,把货物装到买方指定的船上,并向买方发出货物已装船的通知,同时向买方提交约定的各项单证;在买方要求,并由买方承担风险和费用的情况下,给予买方一切协助。

（2）买方的基本义务

买方负责租船订舱,支付运费,并将船名和装货日期及时通知给卖方;承担货物越过装运港装船后的各种费用及货物灭失或损坏的一切风险;自负风险和费用,取得进口许可证或其他官方证件,并办理货物进口或必要时经由另一国家过境运输的一切海关手续;办理保险,支付保险费用;按合同规定,受领交货凭证和货物并支付货款。

FOB 术语买卖双方的责任义务归纳如表 2-3 所示。

表 2-3   FOB 术语买卖双方的责任

卖　　方	买　　方
交货(按合同规定)、移交单据	付款、接单、提取货物
办理出口清关手续、支付费用	办理进口清关手续、支付费用
	租船订舱、支付运费
	办理保险、支付保险费
承担货物装于船舶之前的一切风险和费用	承担货物装于船舶之后的一切风险和费用

【阅读案例 2-2】

我国黑龙江某外贸公司某年以 FOB 条件签订了一批皮衣买卖合同,装船前检验时货物的品质良好且符合合同的规定。货到目的港后买方提货检验时发现部分皮衣有发霉现象，经调查确认是由于包装不良导致货物受潮引致，据此买方向卖方提出索赔要求。但是卖方认为货物在装船前品质是合格的，发霉在运输途中发生的，因此拒绝承担赔偿责任。对此争议应作何处理？

[案例分析]

尽管发霉是在运输途中发生的，但是产生发霉的原因，即包装不良则是在装船前已经存在了，因此是卖方在履约过程中的过失。卖方有理由提出索赔要求，卖方的拒绝是没有道理的。

资料来源：中华考试网

2. CFR

CFR 是 Cost and Freight 的缩写，意为成本加运费。它是指卖方在装运港将货物装船，并支付将货物运至指定目的港所需的运费，就算完成交货义务。而买方则承担交货后货物灭失或损坏的风险，以及由于各种事件造成的任何额外费用。该术语仅适用于海运或内河运输，在装船无实际意义时，则应使用 CPT 术语。

1）卖方的基本义务

卖方负责租船订舱和支付运费，按时在装运港将货物装船，并及时通知买方；办理出口报关手续，并承担货物在装运港到达船舷为止的一切风险，以及在装运港将货物交至船上的费用；及时向买方提交约定的各项单证。

2）买方的基本义务

买方承担货物在装运港装船后的一切风险和费用；自负风险和费用，取得进口许可证或其他官方证件，并办理货物进口或必要时经由另一国家过境运输的一切海关手续；按合同规定，受领交货凭证和货物并支付货款。

CFR 术语买卖双方的责任如表 2-4 所示。

表 2-4　CFR 术语买卖双方的责任

卖　方	买　方
交货（按合同规定）、移交单据	付款、接单、提取货物
办理出口清关手续、支付费用	办理进口清关手续、支付费用
租船订舱、支付运费	
	办理保险、支付保险费
承担货物在装运港装船之前的一切风险和费用	承担货物在装运港装船之后的一切风险和费用

3）使用 CFR 时应注意的事项

（1）关于风险承担问题。按 CFR 术语成交时，存在着风险划分或费用划分两个分界点。在 CFR 条件下，卖方必须在指定的装运港履行交货义务并负担货物从装运港至约定的目的港的运费，而货物风险的转移，早在货物在装运港装船时即由卖方转移给买方。由此可见，买卖双方风险划分和费用划分的地点是相分离的，即风险划分地点是在出口国家的装运港,而费用划分地点却在进口国家的目的港。

(2) 关于卸货费用的负担问题。大宗商品按 CFR 术语成交,容易在卸货费由谁负担的问题上引起争议。因此,买卖双方应在合同中订明卸货费用究竟由谁负担。在商订合同时,可在 CFR 后附加一些短语,具体内容如下:

① CFR Liner Terms(班轮条件),指买方不负担卸货费。

② CFR Landed(卸至岸上),指由卖方负担卸货费,包括驳船费和码头费。

③ CFR ex Ship's Hold(舱底交货),指货物运到目的港后,由买方自行启舱,并负担货物从舱底卸到码头的费用。

(3) 关于装船通知的问题。按照 CFR 术语成交,要特别注意,卖方在货物装船之后必须及时向买方发出装船通知,以便买方办理投保手续。否则,货物在海运过程中遭受的损失或灭失由卖方负担。

3. CIF

CIF 是 Cost, Insurance and Freight 的缩写,意为成本加保险费加运费。它是指卖方在指定装运港将货物装上船,支付货物自装运港至指定目的港的运费和保险费,但风险自货物在装运港装船时即由卖方转移给买方。该术语仅适用于海运或内河运输,在装船无实际意义时,则应使用 CIP 术语。

1) 卖方的基本义务

卖方承担在 CFR 的基础上增加保险费项,即办理投保手续,支付保险费,提交保险单证。

2) 买方的基本义务

买方承担货物在装运港装船后的一切风险;自负风险和费用来取得进口许可证或其他官方证件,并办理货物进口或必要时经由另一国家过境运输的一切海关手续;按合同规定,受领交货凭证和货物并支付货款。

CIF 术语买卖双方的责任如表 2-5 所示。

表 2-5　CIF 术语买卖双方的责任

卖　　方	买　　方
交货(按合同规定)、移交单据	付款、接单、提取货物
办理出口清关手续、支付费用	办理进口清关手续、支付费用
租船订舱、支付运费	
办理保险、支付保险费	
承担货物在装运港装船之前的一切风险和费用	承担货物在装运港装船之后的一切风险和费用

3) 使用 CIF 时应注意的事项

(1) 关于保险的问题。按《2000 年通则》对 CIF 的解释,卖方只需投保最低的险别,投保的保险金额应按 CIF 价再加成 10%,并应采用合同中的币制。如买方有要求,并由买方承担费用的情况下,可加保战争险、罢工、暴乱和民变险。

(2) 关于风险承担问题。按 CIF 术语成交时,卖方必须在装运港履行交货义务并负担货物从装运港至约定的目的港的运费和保险费,而货物风险的转移,早在货物在装运港装船时即由卖方转移给买方。由此可见,买卖双方风险划分和费用划分的地点是相分离的,即风险划分地点是在出口国家的装运港,而费用划分地点却在进口国家的目的港。这一点同 CFR 术语存在两个分界点的情况是一样的。

【阅读案例 2-3】

某年我国 A 出口公司,对加拿大魁北克 B 进口商出口 500 吨三路核桃仁,合同规定价格为每吨 4800 加元 CIF 魁北克,装运期不得晚于 10 月 31 日,不得分批和转运,并规定货物应于 11 月 30 日前到达目的地,否则买方有权拒收,支付方式为 90 天远期信用证。

B 进口商于 9 月 25 日开来信用证。我国 A 公司于 10 月 5 日装船完毕,但船到加拿大东岸时已是 11 月 25 日,此时魁北克已开始结冰。

承运人担心船舶驶往魁北克后出不来,便根据自由转船条款指示船长将货物全部卸在哈利法克斯,然后从该港改装火车运往魁北克。待这批核桃仁运到魁北克已是 12 月 2 日。

于是 B 进口商以货物晚到为由拒绝提货,提出除非降价 20% 以弥补其损失。几经交涉,最终以我国 A 公司降价 15% 结案,我公司共损失 36 万加元。

[案例分析]

本案中的合同已非真正的 CIF 合同,CIF 合同是装运合同,卖方只负责在装运港将货物装上船,越过船舷之后的一切风险、责任和费用均由买方承担。

本案在合同中规定了货物到达目的港的时限条款,改变了合同的性质,使装运合同变成了到达合同,即卖方须承担货物不能按期到达目的港的风险。

汲取的教训:

(1) 在 CIF 合同中添加到货期等限制性条款将改变合同性质。

(2) 核桃仁等季节性很强的商品,进口方往往要求限定到货时间,卖方应采取措施减少风险。

(3) 对货轮在途时间估算不足;对魁北克冰冻期的情况不了解。

资料来源:根据 2013 年国际商务师理论与实务习题改编

二、国际贸易结算

随着国际贸易的发展,逐渐形成了在国际贸易货物买卖过程中货款结算方式的多样化。不同的结算方式要求在国际货物买卖合同订立不同的支付条款,国际贸易货款的结算主要涉及支付的时间、地点、币种,以及支付的工具和支付的方式等问题。这些问题直接关系到买卖双方的利益,在磋商交易时买卖双方必须取得一致的意见,并在国际货物买卖合同中明确规定下来。

(一) 国际贸易的支付工具

在国际贸易中,作为支付工具使用的主要是货币和票据。货币用于计价、结算和支付。国际贸易货款的收付,采用现金结算的较少,大多使用非现金的票据结算。票据是国际通行的结算和信贷工具,是出口结汇中最重要的单证之一,主要有汇票、本票和支票三种,在国际贸易的货款结算中,以汇票的使用最为广泛,有时也使用支票和本票。

1. 汇票

1) 汇票的含义

按照各国广泛引用和参照的《英国票据法》所下的定义:汇票(Bill of Exchange;Draft)是一个人向另一个人签发的一张无条件的支付命令,要求受票人见票时或在未来指定的或可以确定的某一时间,支付一定的金额给某一特定的人或其指定的人或持票人。

根据我国1995年5月颁布的《中华人民共和国票据法》,对汇票作了如下定义:汇票是出票人签发的,委托付款人在见票时或者在指定日期,无条件地支付确定的金额给收款人或持票人的票据。

各国票据法对汇票内容的规定不同,一般应包括下列基本内容:①应载明"汇票"字样;②无条件支付命令;③一定金额;④付款期限;⑤付款地点;⑥受票人,又称付款人;⑦受款人;⑧出票日期;⑨出票地点;⑩出票人签字。

2) 汇票的种类

汇票可以从不同的角度进行分类。

(1) 按照汇票出票人的不同分,汇票分为银行汇票和商业汇票。

① 银行汇票:指由银行、金融机构签发的汇票,即汇票的出票人是银行,银行汇票的付款人通常也是银行。

② 商业汇票:指由商号企业或个人签发的汇票,即汇票的出票人商号企业或个人。商业汇票的付款人可以是商号企业、个人,也可以是银行。

(2) 按照有无随附商业单据,汇票可分为光票和跟单汇票。

① 光票:指不附带商业单据的汇票。银行汇票多是光票。

② 跟单汇票:指附带有商业单据的汇票,如提单、航空运单或铁路运单等。商业汇票一般为跟单汇票。

(3) 按照付款时间的不同,汇票分为即期汇票和远期汇票。

① 即期汇票:指汇票上规定付款人见票后必须立即付款的汇票。

② 远期汇票:指汇票上规定付款人在指定的日期或未来可以确定的日期支付款项的汇票。远期汇票的付款时间有以下几种规定办法:见票后若干天付款;出票后若干天付款;提单签发日后若干天付款;指定日期付款。

2. 本票

1) 本票的含义

本票是出票人签发的,承诺自己在见票时或在可以确定的将来的时间,对某人或其指定人或持票人支付一定金额的无条件的票据。简而言之,本票是出票人对收款人承诺无条件支付一定金额的票据。

2) 本票的种类

本票可分为商业本票和银行本票。由工商企业或个人签发的称为商业本票或一般本票。由银行签发的称为银行本票。商业本票又可按付款时间分为即期和远期本票两种。

即期本票就是见票即付的本票,而远期本票则是承诺于未来某一规定的或可以确定的日期支付票款的本票。银行本票都是即期的。

3) 本票与汇票的区别

本票与汇票的主要区别有以下三个:

(1) 基本当事人不同。本票只有两个当事人,即出票人和收款人;而汇票则有三个当事人,即出票人、付款人和收款人。

(2) 本票无须承兑;而远期汇票通常要经过承兑,并且可能会被保留性承兑,甚至被拒绝承兑。

(3) 本票的出票人是绝对的主债务人;而远期汇票一旦经付款人承兑后,承兑人就成为主债务人,出票人则转为从债务人。

(4) 本票只能签发一式一份,不能多开;而汇票通常签发一式两份或多份(银行汇票除外)。本票的签发人称作 Maker,而汇票的签发人称作 Drawer。

3. 支票

1) 支票的含义与内容

支票是出票人签发的,委托办理支票存款业务的银行或者其他金融机构在见票时无条件支付确定的金额给收款人或持票人的票据。

出票人在签发支票后,应负票据上的责任和法律上的责任。前者是指出票人对收款人担保支票的付款;后者是指出票人签发支票时,应在付款银行存有不低于票面金额的存款。如存款不足,支票持有人在向付款银行提示支票要求付款时,就会遭到拒付,这种支票叫作空头支票,开出空头支票的出票人要负法律上的责任。

2) 支票的种类

按我国《票据法》,支票可分为现金支票和转账支票两种。支取现金或是转账,均应分别在支票正面注明。现金支票只能用于支取现金;转账支票只能用于通过银行或其他金融机构转账结算。但有些国家规定,支取现金或是转账,通常可由持票人或收款人自主选择。但一经划线就只能通过银行转账,而不能直接支取现金。因此,就有"划线支票"和"未划线支票"之分。另外,按有无收款人姓名记载,可以分为记名支票和不记名支票。

(二)国际贸易的支付方式

国际贸易支付的基本方式有汇付、银行托收和银行信用证三种,其中使用最多的是银行信用证方式。

1. 汇付

1) 含义

汇付,也称汇款,是指付款人通过银行将货款汇交收款人的一种结算方式。采用汇付方式结算货款时,卖方将货物直接交付给买方,由买方通过银行将货款汇交给卖方,货运单据由卖方寄送买方。在实践操作中,可能先发货后收款,也可能先收款后发货。

汇付业务涉及的当事人有 4 个:付款人(汇款人)、收款人、汇出行和汇入行。

2) 方式

根据汇出行向汇入行发出汇款委托的方式,汇付可分为三种方式:

（1）电汇（T/T）。电汇是汇出行应汇款人的申请，拍发电报或电传给收款人所在地的汇入行，委托汇入行解付一定金额的款项给指定的收款人的一种汇款方式。

电汇的优点是交款迅速，在三种汇款方式中，电汇使用最广，也最受收款人欢迎，但电汇费用较高。

（2）信汇（M/T）。信汇与电汇类似，只是不使用电讯，而是使用信汇委托书或支付通知书，由汇出行通过航空信函的形式，指示收款人所在的汇入行解付一定金额的款项给收款人的汇款方式。因信汇方式人工手续较多，而且速度较慢，目前欧洲银行已不再办理信汇业务。

（3）票汇（D/D）。票汇是以银行即期汇票为支付工具的一种汇付方式，一般是汇出行应汇款人的申请，开立以其代理行或其他往来银行为付款人的"银行即期汇票"，列明收款人名称、汇款金额等，交由汇款人自行寄给收款人，由收款人凭票向汇票上的付款行取款的一种汇付方式。

2. 托收

1）含义

托收是指出口人于货物装运后，开具以进口人为付款人的汇票，连同有关单据（主要是提单、发票和保险单等）委托当地银行通过其在进口地的分行或代理行向进口人收取货款的方式。

2）种类

（1）跟单托收。跟单托收是用汇票连同商业单据向进口行收取款项的一种托收方式，有时为了避免印花税，也有不开汇票，只拿商业单据委托银行代收的。

跟单托收又可以分为：

① 即期付款交单（D/P at Sight），是指开出的汇票是即期汇票，进口商见票，只有付完货款，才能拿到商业单据。

② 远期付款交单（D/P after Sight），是指由出口商开出远期汇票，进口商向银行承兑，并于汇票到期日付款，付款后交单的托收方式。

③ 承兑交单（D/A），是代收银行在进口商承兑远期汇票后向其交付单据，汇票到期日再付款的一种方式。

（2）光票托收（Clean Collection）。光票托收指汇票不附带货运票据的一种托收方式。主要用于货款的尾数、样品费用、佣金、代垫费用、贸易从属费用、索赔及非贸易款项的收取。

3）特点

托收属于商业信用，银行办理托收业务时，既没有检查货运单据正确与否或是否完整的义务，也没有承担付款人必须付款的责任。出口人向进口人收取货款靠的仍是进口人的商业信用。

托收对进口人比较有利，可以免去开证的手续及预付押金，还有可以预借货物的便利。当然托收对进口人也不是没有一点风险。如进口人付款后才取得货运单据，领取货物，如果发现货物与合同规定不符，或者根本就是假的，也会因此而蒙受损失，但总的来说，托收对进口人比较有利。

3. 信用证

1) 含义

信用证是银行(即开证行)依照进口商(即开证申请人)的要求和指示,对出口商(即受益人)发出的、授权出口商签发以银行或进口商为付款人的汇票,保证在交来符合信用证条款规定的汇票和单据时,必须承兑和付款的保证文件。

2) 特点

信用证是一种最常见的国际贸易支付方式,是一种有条件的银行付款承诺,它的特点主要有以下三个方面:

(1) 信用证是一种银行信用

信用证支付方式是由开证银行以自己的信用作保证,所以,作为一种银行保证文件的信用证,开证银行对之负首位的付款责任。信用证开证银行的付款责任,不仅是首要的而且是独立的、终局的,即使进口人在开证后失去偿付能力,只要出口人提交的单据符合信用证条款,开证行也要负责付款,付了款后如发现有误,也不能向受益人和索偿行进行追索。

(2) 信用证是一项自足文件

信用证虽然是根据买卖合同开立的,但信用证一经开立,就成为独立于买卖合同以外的约定。信用证的各当事人的权利和责任完全以信用证中所列条款为依据,不受买卖合同的约束,出口人提交的单据即使符合买卖合同要求,但若与信用证条款不一致,仍会遭银行拒付。

(3) 信用证是一种纯单据的业务

出口商交货后提出的单据,只要做到与信用证条款相符,"单证一致,单单一致",开证银行就保证向出口商支付货款。银行处理信用证业务时,只凭单据,不管货物的状况如何,它只审查受益人所提交的单据是否与信用证条款相符,以决定其是否履行付款责任。

在信用证业务中,只要受益人提交符合信用证条款的单据,开证行就应承担付款责任,进口人也应接受单据并向开证行付款赎单。如果进口人付款后发现货物有缺陷,则可凭单据向有关责任方提出损害赔偿要求,而与银行无关。

此外,需要特别注意的是,银行虽只根据表面上符合信用证条款的单据承担付款责任,但这种符合的要求却十分严格,在表面上决不能有任何差异。也就是说,银行在信用证业务中是按"严格符合的原则"办事的。"严格符合的原则"不仅要求"单证一致",而且还要求各种单据之间的一致,即所谓的"单单一致"。

【阅读案例2-4】

进口方开证时临时指定唛头,出口方该如何处理?

国内某出口公司与日本某公司达成一项出口交易,合同指定由我方出唛头。因此,我方在备货时就将唛头刷好。但在货物即将装运时,国外开来的信用证上又指定了唛头。

请问:在此情况下,我方应如何处理?

[案例分析]

我方可以通知买方要求其修改信用证,使信用证内容与合同相符,如买方同意改证,卖方应坚持在收到银行修改通知书后再对外发货;或者我方在收到信用证以后,按信用证规定的唛头重新更换包装,但所花费的额外费用应由买方负担。我方切记,在收到信用证与合同不符后,不要做出既不通知买方要求其改证,也不重新更换包装,而自行按原唛头出口的错误行为。

资料来源:三亿文库

3) 主要类型

(1) 跟单信用证:是凭跟单汇票或仅凭单据付款的信用证。这里的单据是指代表货物所有权或证明货物已经装运的货运单据,即运输单据以及商业发票、保险单据、商检证书、产地证书等。国际贸易结算中所使用的信用证绝大部分是跟单信用证。

(2) 光票信用证:是指开证行仅凭受益人开具的汇票或简单收据而无须附带货运单据付款的信用证。

(3) 可撤销信用证:是指开证行对所开信用证不必征得受益人同意有权随时撤销的信用证。这虽然是 UCP500 中的概念,在 UCP600 下已经没有可撤销的信用证了,但我们还是需要掌握它。

(4) 不可撤销信用证:是指信用证一经通知受益人,在有效期内未经受益人包括开证行、保兑行的同意的话,既不能修改也不能撤销的信用证。

(5) 保兑信用证:是指经开证行以外的另一家银行加以保证兑付的信用证。保兑信用证主要是受益人(出口商)对开证银行的资信不了解,对开证银行的国家政局、外汇管制过于担心,怕收不回货款而要求加具保兑的要求,从而使货款的回收得到了双重保障。

(6) 即期信用证:是开证行或付款行收到符合信用证条款的汇票和单据后,立即履行付款义务的信用证。

(7) 远期信用证:是开证行或付款行收到符合信用证的单据时,不立即付款,而是等到汇票到期才履行付款义务的信用证。

4) 支付程序

信用证收付的一般程序如图 2-1 所示。

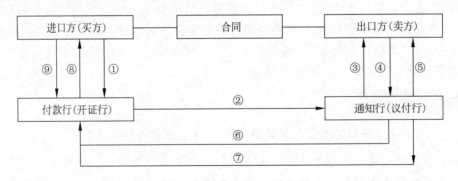

图 2-1　信用证收付的一般程序

图 2-1 中各序号说明如下:

① 进口方(买方)按照合同规定向所在地银行提出申请,并提供若干押金或其他担

保，要求银行(开证行)向出口方(卖方)开出信用证。

②　开证行将信用证寄给出口方所在地的分行或代理银行(通知行)。

③　通知行将信用证转递给出口方(受益人)。

④　出口方经审查信用证并认可后，即可按规定条件装货。出口方发货后，备妥信用证规定的货运单据，开具汇票，在信用证有效期前送当地的银行(可以是通知行，也可以是其他银行，称为议付行)议付。

⑤　议付行将所收单据与信用证核对，确认汇票与货运单据符合信用证规定后，按汇票所开金额，扣除若干利息或手续费后垫付给出口方。

⑥　议付行将汇票、货运单据等寄给开证行(或其指定的付款行)索偿。

⑦　开证行(或其指定的付款行)经审核单据无误后，付款给议付行。

⑧　开证行在办理转账或汇款给议付行的同时，通知进口方付款，赎回单据。

⑨　进口方付款并取得货运单据后，凭此向承运人在进口地的机构或代理人提货。

三、国际贸易单证

(一)主要单证介绍

1. 商业发票

商业发票(Commercial Invoice)简称发票，是卖方向买方开立的载有货物名称、规格、数量、单价、总金额等方面内容的清单。商业发票是出口交易中最重要的单据之一，也是全套出口单据的核心。商业发票供国外买方收货、支付货款和报关完税使用，是对所装运货物的总说明，虽然商业发票不是物权凭证，但如果出口单据中缺少了商业发票，就不能了解该笔业务的全部情况。

商业发票在国际贸易的重要作用，主要有以下几个方面：

(1) 交接货物的依据

发票是一张详细记载货物情况的清单，上面列明了货物的名称、规格、数量、单价和总值等内容。卖方提交商业发票凭以说明实际交付货物的情况，买方据此审核并与合同相核对，以确认货物是否符合要求。

(2) 登记入账的依据

商业发票是卖方销售货物、买方购买货物的凭证，双方均需根据商业发票的内容登记入账。卖方通过商业发票了解该批货物的销售收入，进行成本核算，掌握盈亏情况。买方则通过商业发票的入账了解购货成本，支付货款。

(3) 报关纳税的依据

商业发票是买卖双方办理进出口报关、申请货物出入境必不可少的一张单据。商业发票中载明的货物价值和有关货物的说明，也是海关确定税金、征收关税的重要依据。

(4) 替代汇票作为付款的依据

在有些交易中，买方不要求卖方提供汇票结算货款，此时，商业发票取代了汇票作为支付货款的凭证。

商业发票没有统一的格式，由出口企业自行拟制，但基本内容大体相同，主要内容包括发票编号、地点及日期、合同号、信用证号、收货人/抬头人、起运及目的地、唛头及件数、数量及货物描述、单价、总值、声明文句、出单人签名或盖章等。

2. 装箱单

装箱单(Packing List)又称包装单,是用以说明货物包装细节的清单。装箱单是发票的补充单据,它详细记载包装方式、包装材料、包装件数、货物规格、数量、重量等内容,便于进口商以及海关检查和核对货物。

装箱单的各项数据和内容必须与提单等单据的相关内容一致,还要与货物实际装箱情况相符合。其主要包括包装单名称、编号、日期、唛头、货名、规格、包装单位、件数、每件的货量、毛净重以及包装材料、包装方式、包装规格及签章等。

3. 提单

提单(Bill of Lading)简称B/L,是指在国际货物运输中,运输部门承运货物时签发给发货人的一种凭证。承运人凭此交付货物,提单持有人可凭此提取货物,也可凭此向银行押汇,还可在载货船舶到达目的港交货之前进行转让。

4. 保险单

保险单(Insurance Policy)简称保单,是保险人与被保险人订立保险合同的正式书面证明。保险单必须完整地记载保险合同双方当事人的权利、义务及责任。保险单记载的内容是合同双方履行的依据,保险单是保险合同成立的证明。但根据我国《保险法》规定,保险合同成立与否并不取决于保险单的签发。只要投保人和保险人就合同的条款协商一致,保险合同就成立,即使尚未签发保险单,保险人也应负赔偿责任,保险合同双方当事人在合同中约定以出立保险单为合同生效条件的除外。

保险单主要记载保险人和被保险人的名称、保险标的、保险金额、保险费、保险期限、赔偿或给付的责任范围以及其他规定事项。保险单是当被保险人在保险标的遭受意外事故而发生损失时向保险人索赔的主要凭证,同时也是保险人收取保险费的依据。

5. 出口许可证

出口许可证(Export Licence)指在国际贸易中,根据一国出口商品管制的法令规定由有关当局签发的准许出口的证件。出口许可证制是一国对外出口货物实行管制的一项措施。

一般而言,某些国家对国内生产所需的原料、半制成品以及国内供不应求的一些紧俏物资和商品实行出口许可证制。通过签发许可证进行控制,限制出口或禁止出口以满足国内市场和消费者的需要,保护民族经济。此外,某些不能复制、再生的古董文物也是各国保护的对象,严禁出口。根据国际通行准则,鸦片等毒品或各种淫秽品也禁止出口。

根据国家规定,凡是国家宣布实行出口许可证管理的商品,不管任何单位或个人,也不分任何贸易方式(对外加工装配方式按有关规定办理),出口前均须申领出口许可证;非外贸经营单位或个人运往国外的货物,不论该商品是否实行出口许可证管理,价值在人民币1000元以上的一律须申领出口许可证;属于个人随身携带出境或邮寄出境的商品,除符合海关规定自用、合理数量范围外,也都应申领出口许可证。

6. 进口许可证

进口许可证(Import Licence)是指进口国家规定某些商品进口必须事先领取许可证

才可进口,否则一律不准进口。进口许可证分为自动许可证和非自动许可证。自动许可证不限制商品进口,设立的目的也不是对付外来竞争,它的主要作用是进行进口统计。非自动许可证是指须经主管行政当局个案审批才能取得的进口许可证,主要适用于需要严格数量质量控制的商品。非自动许可证的作用包括管制配额项下商品的进口、连接外汇管制的进口管制、连接技术或卫生检疫管制的进口管制。只有取得配额、取得外汇或者通过技术检查和卫生检疫才能取得许可。进口许可证极易被乱用而成为贸易壁垒。

(二)商业发票的填制

1. 发票名称(Name of Invoice)

发票名称通常用英文粗体标出"Commercial Invoice"或"Invoice"字样。实践中经常在发票名称上方印刷有出票人的名称、地址和联系电话等内容。

2. 出票人(Issuer)

用英文填写出票人的名称和详细地址。出票人就是合同的卖方或信用证的受益人。有时该项省略。

3. 抬头人(To)

填写发票抬头人的名称与地址。采用信用证方式支付时,如信用证有指定抬头人,则按信用证规定填写,否则填写开证申请人(即进口商)的名称和地址。

托收方式下,填写合同买方的名称和地址。填写时注意:名称和地址不能写在同一行,要分行放置。

4. 运输方式和路线(Transport Details)

填写装运港、目的港的名称及运输方式。运输线路、起运地、目的地必须与其他单据上显示的相一致,并且要打明具体的地名,不要用统称,如信用证中只标明国名,在发票制作时,应打上具体的地点。

5. 发票号码(Invoice No.)

填写商业发票的号码。发票号码由出口商自行编制,一般采用顺序号,是全套单据的中心编号。

6. 发票日期(Date)

填写出口商出票的具体时间。发票日期在各种结汇单据中是最早的,但不得早于合同签订日期,其他单据的签发日期要以发票日期为参照。

7. 合同号(S/C No.)

填写相关销售确认书或者合同号码。

8. 信用证号(UC No.)

填写进口地银行开具的信用证号码,若不是信用证方式付款,本栏留空。

9. 支付方式(Terms of Payment)

填写该业务的付款方式,如 L/C,D/P,D/A,T/T 等。

10. 唛头和件号(Marks and Numbers)

填写合同或信用证规定的唛头。唛头通常由 4 个部分组成:收货人简称、参考号、目的地和货物总件数。

11. 包装种类、件数和货物描述(Number and Kind of Package;Description of Goods)

此栏填写货物的包装种类、包装件数、货物的品名和品质等内容。

发票中的货物描述是发票的中心内容,在信用证项下,必须与信用证中的描述严格一致,增加或减少货名的任何一个词或句,都会造成单证不符而遭到开证行的拒付。如为其他支付方式,则货物描述应与合同规定的内容一致。

12. 货物的数量(Quantity)

填写实际装运货物的数量,必须与合同或信用证对数量的规定相符,与其他单证一致。

13. 单价(Unit Price)

填写出口货物的单位价格,包括计价货币、单位数额、计价单位和价格术语4项内容。

14. 总值(Amount)

总值是发票的主要项目,必须准确计算、正确缮制,并认真复核,特别注意小数点的位置是否正确,金额和数量的横乘、竖加是否有矛盾。

15. 总计(Total)

填写12,14栏数量和金额的总和,在填写时竖加一定要正确,小数点的位置一定要正确。

16. 总金额(Total Amount in Words)

用英文大写填写货物总金额,例如货物的金额是 456 000 美元,那么应在本栏填写:SAY US. DOLLARS FOUR HUNDRED AND FIFTY SIX THOUSAND ONLY.

17. 总毛重(Total Gross Weight)

填写出口货物的总毛重。货物重量在单据中是一项不可忽视的内容,除了重量单、装箱单上应注明毛、净重外,商业发票也应打明总的毛重、净重。

信用证上明确要求在发票上需列明货物重量或以重量计价的商品,在缮制发票时,应详细列明毛、净重。发票上的重量应与其他单据上的重量一致。

18. 总包装数量(Total Number of Package)

填写货物外包装数量。

19. 特别内容(Special Contents)

此处填写合同或信用证所要求的特别条款。在有些信用证中,除了要求一般的发票内容外,还要求在发票加注某些特别的信息,如某种参考号、原产地等,制单时必须根据要求一一填写。常见的加注内容有:

We hereby certify that the contents of invoice herein are true and correct.

(兹证明发票中的内容是真实正确的。)

We hereby certify that the above mentioned goods are of Chinese origin.

(兹证明上述货物原产地是中国。)

This is to certify that two copies of invoice and packing list have been airmailed direct to applicant immediate after shipment.

(兹证明发票和装箱单复印件这两份文件一旦装船后立即航空邮寄给开证人。)

20. 出票人及签名

此栏的填写方法是:先打上出口公司(即信用证受益人)的名称,然后由经办人签名或盖章。公司名称要与第 2 栏的出票人的名称一致。

具体填制如表 2-6 所示:

表 2-6　进出口商业发票样单

江苏东星进出口公司

Jiangsu Easter Import and Export Corporation

40 Mochou Load，Nanjing China

商　业　发　票

COMMERCIAL INVOICE

To J. L. Colebrook (Division of G-Ⅲ Apparel Group Limited) 345 West 37th Street，New York， N. Y. 10018 U. S. A	日期 Date	APR. 28，2009
	发票号 Invoice No.	E-30585-2009
	合约号 S/C No.	09DGU208

信用证号 L/C No.	X150374	至	
装由 Shinment From	NANJING	To	NEW YORK

唛　头 SHIPPING MARK	货 名 数 量 QUANTITIES AND DESCRIPTIONS	单　价 UNIT PRICE	金　额 AMOUNET
			CFR NEW YORK
G-Ⅲ NEW YORK	MENS NYLON DOWN JACKETS JHD-001 J7612NY 1800PC HS NO. 6201931000	USD 21. 68	USD39024. 00

(三) 装箱单的填制

1. 出口商名称和地址(Name and Address of Exporter)

此栏填写中文、英文名称和地址,一般事先都印刷好。

2. 装箱单名称(Packing List)

单据名称通常用英文粗体标出。常见的英文名称有:Packing List(Note)，Packing Specifications,Detailed Packing List。实际使用中,应与信用证要求的名称相符,倘若信用证未作规定,可自行选择。

3. 出单人(Issuer)

此栏填写出口商的名称与地址,其内容应与相对应的发票的出票人一致。在信用证结算方式下,此栏应与信用证受益人的名称和地址一致。有时该项省略。

4. 受单人(To)

此栏填写买方的名称和地址,应与发票相同栏目内容一致。有时该项省略。

5. 装箱单号(No.)

此栏填写装箱单编号,应与发票号一致。

6. 制单日期(Date)

此栏填写缮制装箱单的日期:制单日期一般应与发票日期相同,也可略迟于发票日期,但不能早于发票日期。

7. 销售合同号(S/C No.)

此栏填写买卖双方签订的销售合同的编号。

8. 装运地或港(From)

此栏填写货物实际的起运地(港),应与发票和提单相应栏目的内容一致。

9. 目的港或地(To)

此栏填写目的地(港)及运输方式,如有转运,还应填写中转地(港)。应与发票和提单相应栏目的内容一致。如:FROM GUANGZHOU TO SAN ANTONIO W/T HONG KONG BY VESSEL.

10. 包装总数大写(Total Packages)

此栏填写该批货物最大包装件数,要用英文大写表示。如:SAY ONE HUNDRED AND FIFTY CARTONS ONLY.

11. 唛头(Marks & Numbers)

此栏填写货物包装的唛头,应与发票和提单相应栏目的内容一致。有时此栏不填写实际唛头,而是填写"AS PER INVOICE NO."。

12. 包装种类与数量;货物描述(Number and Kind of Packages;Description of Goods)

此栏填写货物运输包装的方式和最大包装单位的数量,以及商品的名称和规格。应与合同或信用证的货物描述完全一致。

13. 数量(Quantity)

此栏填写货物的实际件数,即按计价单位计算的件数。如果货物的品质规格不同,应分别列出,并累计其总数。

14. 毛重(G. W.)

此栏填写每个最大包装件的毛重及总毛重。不同的规格、品种、花色应分别列出,然后在合计栏处累计其总量。

15. 净重(N. W.)

此栏填写每个最大包装件的净重及总净重。不同的规格、品种、花色应分别列出,然后在合计栏处累计其总量。

16. 尺码(Measurement)

此栏填写每个最大包装件的体积,并标明总体积。不同的规格、品种、花色应分别列出,然后在合计栏处累计其总量。

17. 合计(Total)

此栏填写第14、15、16、17栏的合计数,注意要上下对齐。

具体填制如表 2-7 所示。

表 2-7　进出口装箱单样单

江苏东星进出口公司

Jiangsu Easter Import and Export Corporation

40 Mochou Load，Nanjing China

装　箱　单

PACKING LIST

| 合约号
S/C No. | X150374 | | 至 | |

| 装由
Shinment From | NANJING | | To　NEW YORK | |

| Invoice No. | E-30585-2009 | Date： | APR. 28,2009 | |

唛头及箱号 MAKS & NUMBERS	品名及规格 QUANTITIES AND DESCRIPTIONS	数　量 QUANTITY	毛重 G. W	净重 N. W	尺　码 MEASUREMENT
G-Ⅲ NEW YORK 2*40CONTAINS APLU2911652 APLU8874832	MENS NYLON DOWN JACKETS	150CTNS	16200kgs	14400kgs	25m³
TOTAL		150CTNS	16200kgs	14400kgs	25m³

四、国际贸易合同的履行

(一)出口合同的履行

在国际贸易中,买卖双方经过交易磋商达成了协议,签订了合同,其目的就是为了履行合同,实现商品或劳务的交换。履行出口合同的程序,一般包括备货、催证、审证、改证、租船订舱、报关、报验、保险、装船、制单、结汇等工作。这些工作可概括为:货(备货)、证(催证、审证、改证)、船(租船订舱、装船)、款(制单结汇)四个环节。

1. 备货

备货是指在订立合同之后,出口企业为保证按时、按质、按量完成合同的交货义务,按合同和信用证的要求,进行准备货物的工作。

出口企业在货物备妥后,凡属国家规定法定检验的商品,或需经检验检疫的动植物及其产品,或合同规定必须经国家出入境检验检疫机构检验出证的商品,应向商品检验检疫机构申请对出口商品进行检验。经检验合格后取得检验合格证书,海关才予以放行。

【知识链接】

备货工作的注意事项

在备货过程中应注意以下几个问题：

（1）货物的品质、规格应按合同或信用证的规定进行生产。

（2）货物的数量应符合合同或信用证的要求。要注意适当留有余地，以弥补装运时发生意外。

（3）备货时间要有利于船货衔接。

（4）有关货物的包装问题，内外包装必须符合合同的规定，还要考虑进口国对包装内容、标识、用材等方面的规定。为了最大限度地使货物保持完好无损，尽量采用集装箱或托盘。

2. 催证、审证、改证

以信用证方式支付贷款的出口合同，能否取得买方开立的符合合同要求的信用证，直接关系到卖方能否安全收汇。因此，落实信用证就成为买方出口合同履行的一个重要工作，其包括催证、审证和改证三个方面。

（1）催证

在按信用证付款条件成交时，买方按约定的时间开证是履行出口合同的前提条件。在正常情况下，买方信用证最少应在货物装运期前15天（有时也规定30天）开到卖方手中，但在实际业务中，国外客户在遇到市场发生变化或资金短缺时，拖延开证的事时有发生。卖方应注意向买方发出函电提醒或催促对方及时开出信用证。

（2）审证

出口商在收到买方开来的信用证后，应对照销售合同并依据《跟单信用证统一惯例》进行审核。审证的基本原则是，信用证的内容必须与销售合同的规定相一致，否则会直接影响出口商安全收汇和履行合同。

（3）改证

对信用证进行全面的审核以后，如果未发现与合同有不符之处，就可按信用证条款发货、装运、制单结汇。如果审证后发现来证内容与合同条款不一致，此时应根据具体情况，及时通知对方办理改证手续。

【知识链接】

对于信用证该重点审核哪些内容？

出口企业审核信用证时侧重审查信用证的内容是否与销售合同一致，一般主要审核下列内容：

（1）审核信用证的价格条款、金额与货币。信用证的价格条款应与合同规定一致，如合同中规定的价格术语是CIF某某港，信用证就不能写成CFR某某港。信用证的总金额及币种应与合同金额及币种一致，总金额的阿拉伯数字和大写数字必须一致。如果合同订有溢短装条款,那么信用证金额还应包括溢短装部分的金额。

（2）审核装运期和有效期。装运期是对货物装运时间的规定,原则上必须与合同规定一致。信用证的有效期与装运期应有一定的合理间隔,一般为 10—15 天,以便在货物装船后有足够的时间进行制单结汇等工作。如信用证有效期与装运期规定在同一天,习惯上称为"双到期",这种规定方法不合理,受益人应视具体情况提请对方修改。

（3）审核信用证的到期地点。议付到期是指受益人向议付银行交单,要求议付的最后期限,到期地点通常在出口企业所在地。如果信用证中的议付到期地点不在我国而在国外,那么有关单证必须在到期日前寄达开证银行或指定付款银行,我国外贸公司就要承担邮递迟延、邮件遗失等风险,对议付到期地点在国外的信用证,一般应提请对方修改。

（4）审核开证申请人和受益人的名称和地址。要仔细审核开证申请人的名称和地址,以防错发错运。受益人的名称和地址也必须正确无误,而且前后要一致,否则会影响收汇。

（5）审核有关货物的记载。审核来证中有关品名、品质、规格、数量、包装、单价、金额、佣金、目的港、保险等是否与合同规定一致,有无附加特殊条款及保留条款。如果指定由某轮船公司的船只载运,或要求出具装运船只的船龄不超过 15 年的证明,商业发票或产地证书须由国外的领事签证等,这些都应慎重审核,视具体情况作出是否接受或提请修改的决策。

（6）审核运输条款,转船和分批装运等。转船是指货物从装运港或发运地至卸货港或目的地的运输过程中,从一种运输工具转至另一种相同类型的运输工具上。如果允许转船,还应注意在信用证中允许转船后面有无加列特殊限制或要求,如指定某转运地点、船名或船公司。对这些特殊限制应考虑是否有把握办到,否则,应及时通知对方改证。

分批装运是一笔成交的货物分若干批次装运,如果合同中规定分批、定期、定量装运,那么在审核来证时,应注意每批装运的时间是否留有适当的间隔。因为按照惯例,若任何一批未按期装运,则信用证的本批和以后各批均告失效,所以审证时,应认真对待。

（7）审核装运单据。要仔细审核来证要求提供的单据种类、份数及填制方法等,如信用证中有不利出口企业顺利履行、安全收汇的条款,应要求开证行修改。

（8）审核其他事项

信用证中优势加列一些合同中未规定的特殊条款,如指定船籍、船龄、船级等;要求提供装运通知电报、电传副本,要求刷制指定的运输标志或其他标志等。出口企业应认真审核,如果办不到,应要求开证行修改更正。

以上是审证过程中需要注意的几个方面,在实际工作中,可能还会遇到意想不到的问题。如果认真仔细地逐条审核来证条款之后,仍有把握不住的内容,一定要向经验丰富的业务人员及有关方面的专家咨询,因为任何疏漏都有可能影响到安全结汇。

3. 租船订舱和装船

（1）租船订舱 2①

当货物备妥，信用证经审核修改无误后，出口合同履行即进入租船订舱和装船（机）的阶段。按 CIF 或 CFR 条款成交时，由出口方办理租船订舱，出口方应及时办理相关工作。

（2）报关

除了 EXW 条件外，均由出口方负责出口报关。出口货物在装船（机）前，应向海关办理报关手续，按照我国海关法的规定，凡是进出国境的货物必须由货物的发货人或其他代理人向海关如实申报，经过海关放行后，货物才可以提取或装运出口。

（3）投保

以 CIF 或 CIP 方式成交时，投保手续由出口方负责，出口企业在货物装船（机）前，应及时办理投保手续、取得保险单。

（4）装船

海关放行后，托运人或其代理人将盖有海关放行章的装货单交港口或机场的理货部门，由理货人员将货物装船（机）。

4. 制单结汇

制单结汇是出口合同履行的最后一个重要环节。出口货物装船（机）后，出口公司即应按照信用证的规定，正确缮制各种单据，在信用证规定的交单有效期内，递交银行办理议付结汇手续。

【知识链接】

我国出口结汇的主要方式与单据

1. 结汇的主要方式

（1）收妥结汇，是指议付行收到外贸公司的出口单证后，经审查无误，将单据寄交国外付款行索取货款，待收到付款行将货款拨入议付行账户通知书时，即按当时外汇牌价，折成人民币拨给外贸公司。

（2）押汇，又称买单结汇，是指议付行在审单无误的情况下，按信用证条款买入受益人（外贸公司）的汇票和单据，从票面金额中扣除议付日到估计收到票款之日的利息，将余款按议付日外汇牌价折成人民币，拨给外贸公司。

（3）定期结汇，是议付行根据向国外付款行索偿所需时间，预先确定一个固定的结汇期限，到期后主动将票款金额折成人民币，拨付外贸公司。

2. 结汇的主要单据

结汇的主要单据有汇票、发票、提单、保险单、产地证明书、装箱单或重量单、检验证书等。在以信用证作为支付方式下，以上单据的缮制应严格按照信用证规定办理。

---

① 租船订舱应理解成一种广义的名称，其包含海运、空运、铁路、陆运等国际物流方式的托运订舱。

（二）进口合同的履行

由于贸易术语、支付方式等贸易条件的不同,进口方履行合同所要做的工作是不同的,其国际物流的过程也是不同的。下面以 FOB 及信用证支付条款为例,说明进口合同的履行程序。

1. 开立信用证

进口合同签订后,进口方应当按合同规定向银行办理开证手续。出口方在收到信用证后,有可能提出改证的要求,对于出口方发出的修改通知书,经审核如属于合理要求,进口方需要办理改证手续。

2. 租船订舱

以 FOB 术语签订的进口合同,由进口方安排运输和负责投保。进口方在接到出口方的备货通知后,即可办理租船订舱及托运手续。办妥托运手续后,要将船名、航次及船期及时通知出口方,以便对方备货、报关及装船。货物装船后,出口方应及时向进口方发出装船通知,以便进口方及时办理保险和接货等项工作。

3. 审单与付款

以信用证方式结算,出口商必须提交与信用证相符合的单据。货物装船后,出口方即凭提单等有关单据向当地银行议付货款,当议付行寄来单据后,经银行审核无误即通知进口方付款赎单。如经银行审核发现单证不符或单单不符,应视情况进行处理。处理办法有多种,例如拒付货款;相符部分付款,不符部分拒付;货到检验合格后再付款;凭卖方或议付行出具担保付款,在付款的同时提出保留索赔权。

4. 报关提货

进口方付款赎单后,应及时向海关办理申报手续。我国《海关法》规定,进口货物收货人应当自载运该货物的运输工具申报进境之日起 14 日内向海关办理进口申报手续。超过 14 日期限的,从第 15 日起按日征收完税价格 5‰的滞报金。

海关接受申报后,经查验、缴纳关税后,由海关在货运单据上签章放行后,即可凭以提货。

5. 验收和索赔

凡进口货物,应认真验收,如发现品质、质量、包装有问题时应及时取得有效的检验证明,进口方可据此向有关责任方提出索赔。

第三节　岗位技能与实践

一、岗位技能实训项目:装箱清单与商业发票的制作

● 实训目的

进一步熟悉进出口装箱清单及商业发票的内容与形式,掌握如何填制装箱清单以及商业发票。

● 实训内容

1. 工作情境

2015 年 9 月,福建省服装进出口公司与新加坡某公司签订一项出口合同,成交总价为 3400 美元,成交条款为 CFR,运输方式是海运,货物必须于 2015 年 12 月 1 日前装船。

卖方:

福建省服装进出口公司

FUJIAN GARMENT IMPORT & EXPORT CO. ,LTD

168 HUDONG ROAD, FUZHOU FUJIAN,CHINA.

买方:

PANMARK IMPEX PTE LTD

432 BELESTIER ROAD PUBLIC MANSION

♯6-440E SINGAPORE 329813

TEL:441-375-85606　　FAX:441-375-843600

合同情况:

男式夹克:100 件,每件 10 美元;

男鞋:300 双,每双 8 美元;

价格条款:CFR SINGAPORE

发票号:E30585-2015

合同号:GM103

装箱情况如下:

货物:10 纸箱;

男式夹克　每箱 20 件,共装了 5 箱,装箱编号为 1~5 箱;

男鞋　　　每箱装 60 双,共装 5 箱,装箱编号为 6~10 箱;

TOTAL:N. W:100kgs　　　G. W:110kgs

2. 实训任务

请你根据以上材料制作一式两份进出口装箱单与商业发票,附商业发票(表 2-8)与装箱单(表 2-9)空白表格,直接填制在表格里。

3. 实训教学建议

(1) 教学方法

多媒体演示教学+实践操作

(2) 教学课时

实践学时:2 课时

(3) 教学过程

上课时首先由教师介绍任务背景,进行任务描述,提出完成任务的目标和要求,而后学生独立完成情境式工作任务。建议:可直接填制在教材的空白样单上,在课堂完成工作任务。

表 2-8　进出口商业发票空白格式

福建省服装进出口公司
FUJIAN GARMENT IMPORT & EXPORT CORPORATION
168 HUDONG ROAD FUZHOU FUJIAN CHINA

商 业 发 票
COMMERCIAL INVOICE

To

日期
Date

发票号
Invoice No.

合约号
Contract No.

信用证号
L/C No. _____

至
_____

装由
Shinment From _____

To _____

唛　头 SHIPPING MARK	货 名 数 量 QUANTITIES AND DESCRIPTIONS	单　价 UNIT PRICE	金　额 AMOUNET

表 2-9　进出口装箱单空白格式

福建省服装进出口公司
FUJIAN GARMENT IMPORT & EXPORT CORPORATION
168 HUDONG ROAD FUZHOU FUJIAN CHINA

装　箱　单
PACKING LIST

Invoice No.　E30585-2015　　　　　Date：　2015-11-28

标志及箱号	品名及规格	数　量	毛　重	净　重	尺　码
NO：1-5 NO：6-10	MEN'S JACKETS MEN'S SHOES	100PCS/5CTN 300PCS/5CTN			
TOTAL		400PCS	110kgs	100kgs	

4. 实训成果

（1）商业发票

（2）装箱单

二、岗位技能实训项目：信用证的审核

● 实训目的

进一步熟悉信用证相关条款，掌握信用证的审核工作的主要内容。

● 实训内容

1. 工作情境

根据所给合同条款，审核信用证条款：

合同条款：

Summary of the S/C No. 02/1287 dated Oct. 15,2013 for your reference：

（1）Name of Commodity：White Poplin,polyester/Cotton 65/35%.

（2）Quantity：40,000 yards,5% more or less at sellers option.

（3）Packing：In bales.

（4）Unite Price：Can $ 0.66 per yard CIF Montreal,including 3% commission.

（5）Insurance：To be effected by the sellers covering W. A. and War Risks for 110% of the invoice value.

（6）Payment：By Irrevocable L/C payable at sight.

（7）Shipment：During November/December,2013.

（8）Sellers：China National Textiles I/E Corp,Beijing,China.

（9）Buyers：Kanematsu-Gosho(Canada) Inc. ,Montreal,Canada.

信用证如下：

THE CHARTERED BANK, TORANTO

Date，October 22,2013

To：China National Arts & Crafts I&E Corp, Beijing ,China

Advised Through Bank of China，Beijing

Documentary Letter of Credit No. 02/1909

Dear Sirs，

You are authorized to draw on Kanomatsu — Gosho（Canada）Inc. ，Montreal，Canada for a sum not exceeding CAN MYM 25,608.00（Say Canadian Dollars twenty five thousand six hundered only）available by your drafts drawn in duplicate on them at 90 days after sight accompanied by the following documents：

—Full set of clean on board bills of lading made out to order and blank endorsed, marked "Freight Prepaid" dated not later than December 31,2002 and notify accountee.

—Signed commercial invoice in quadruplicate.

—Canadian customs invoice in quadruplicate.

—Certificate of origin form a (generalized system of preferences).

—Insurance policy or certificate in duplicate covering OMCC all risks dared 1-1-81 of PICC and war risks as per ocean marine cargo war risks clauses dated 1-1-76. f PICC, for full CIF invoice value plus 30％, claims payable at destination.

—Evidencing shipment from Chinese port to Vancouver, Canada of the following goods：

About 40,000 yards white poplin, 100％ cotton CAN＄0.66 per yard CIFC3 Montreal, details as per Your S/C No. 02rr1287 dated October 10, 2002 to be effected in two shipments during November, December, 2002.

Partial shipments are not allowed. Trans-shipment is allowed.

This credit expires on December 31,2002 at our counter.

We hereby engage with the drawers, endorsers and bona fide holders t. hat drafts drawn and negotiated in conformity with the term of this credit will be duly honoured on prsentation and that drafts accepted within the terms of this credit will be duly honoured on this maturity.

This credit is subject to UCP600.

> Yours Faithfully
>
> （Signed）

2．实训任务

审核信用证,指出需要修改的地方。

3．实训教学建议

（1）教学方法

多媒体演示教学＋实践操作

（2）教学课时

实践学时：2课时

（3）教学过程

建议先安排信用证审核知识的讲解,之后由学生进行课堂模拟练习。

4．实训成果

信用证修改意见

本 章 小 结

本章第一部分介绍了国际贸易的基本概念及其分类,阐述了国际物流与国际贸易的关系。国际贸易是国际物流的基础。国际物流是国际贸易的保障,同时国际贸易又对国际物流提出了新的要求。

本章第二部分介绍了国际贸易术语、国际贸易结算、国际贸易单证、国际贸易的合同履行等实务知识。这些知识与国际物流关系密切,掌握好 FOB、CIF、CFR 等国际贸易术语,熟悉信用证等国际结算知识,熟悉国际贸易的流程,才能够使国际物流顺利地运作,有效地实现其服务功能。

本章第三部分的实训部分主要有两个内容,一是装箱清单与商业发票的填制,通过实践训练,进一步熟悉进出口装箱清单及商业发票的内容与形式,掌握如何填制装箱清单以及商业发票。二是信用证的审核,通过实践训练,进一步熟悉进出口装箱清单及商业发票的内容与形式,掌握如何填制装箱清单以及商业发票。

【思考与练习】

一、单选题

1. 国际贸易按照是否有第三方参与,可以分为直接贸易、间接贸易和(　　)。

A. 商品贸易　　　　B. 转口贸易　　　　C. 技术贸易　　　　D. 服务贸易

2. 货交承运人贸易术语的英文缩写是(　　)。

A. FAS　　　　B. FCA　　　　C. FOB　　　　D. DES

3. 由买方负责办理运输手续,缴纳运费的贸易术语是(　　)。

A. FOB　　　　B. CFR　　　　C. CIF　　　　D. CPT

4. 以下贸易术语中,(　　)是工厂交货贸易术语的英文缩写。

A. CFR　　　　B. CIF　　　　C. EXW　　　　D. FOB

5. (　　)是包括内容最多、使用范围最广和影响最大的一种。

A.《1933 年华沙 牛津规则》　　　　B.《1942 年美国对外贸易定义修订本》

C.《1990 年国际贸易术语解释通则》　　D.《2000 年国际贸易术语解释通则》

二、多选题

1. 我们说将 CIF 称作"到岸价"是错误的,这主要是因为(　　)。

A. CIF 条件下,卖方交货地点是在装运港而不是目的港

B. 卖方不负担将货物从装运港运往目的港的责任和费用

C. 卖方不负责办理从装运港到目的港的货运保险

D. 卖方承担的风险在装运港越过船舷后即转移给买方

2.《2000 通则》中的 CFR 和 CPT 术语的相同之处表现在(　　)。

A. 按这两种术语成交的合同均属于装运合同

B. 采用这两种术语时,卖方都是在装运港交货

C. 卖方都要自费订立从交货地到目的地的运输合同

D. 出口报关均由卖方负担,进口报关均由买方负担

三、简答题

1. 什么是国际贸易?

2. 国际贸易与国际物流的关系?

3. FOB 术语条件下买卖双方的责任?

4. CFR 术语条件下买卖双方的责任?

5. CIF 术语条件下买卖双方的责任?

四、案例分析题

1. 美国某公司与我国某公司签订一份 CFR 合同,由美国公司向我国公司出口化工原料。合同规定:美国公司在 2007 年 4 月交货。美国公司按合同规定时间交货后,载货船于当天起航驶往目的港天津。5 月 8 日,美国公司向我国公司发出传真,通知货已装船。我国公司于当天向保险公司投保。但货到目的港后,经我国公司检查发现,货物于 5 月 5 日在海上运输途中已经发生损失。

思考题:上述期间发生的损失由哪一方承担?

2. 某进出口公司以 CIF 条件出口一批货物,卖方按时将货物装船并提交了所需的各项单据,不料船舶离港数小时后触礁沉没,次日卖方凭符合规定的全套货运单据要求买方付款时,买方以货物已经灭失为理由,拒绝接受单据并拒绝付款。

思考题:请说明买方的做法是否合理,并阐明理由。

3. 我国某公司与日本某公司签订了一份 CIF 合同,进口电子零部件。合同订立后,日本公司按时发货。我国公司收到货物后,经检验发现,货物外包装破裂,货物严重受损。日本公司出具离岸证明,证明货物损失发生在运输途中。对于该批货物的运输风险双方均未投保。

思考题:该风险损失由谁承担?

第三章

国际物流网络

【学习目标与要求】

1. 了解国际物流网络的内涵；
2. 了解国际物流节点的内涵；
3. 了解口岸的概念与分类；
4. 掌握港口、空港、保税区、自由贸易区等国际物流节点实务；
5. 掌握国际海运基本港、国际航空三字代码等实践技能。

【导入案例】

互联网＋港口物流时代

提到"互联网＋港口物流"如何落实，中国电子商务研究中心主任、中国首套"互联网＋"智库丛书总编辑曹磊指出，"互联网＋港口"构成联通港航物流业的电子商务，从而再造和改造了原有港口服务模式，使港口服务模式从原有的链条式变为平台式，是一种扁平化的过程。

1. 宁波港——海铁联运加快融入"互联网＋"时代

宁波港综合五个子系统，实现数据互通。综合原先的货运制票系统、装卸车系统、钩计划无线传输系统等五个子系统，实现了海铁联运等业务操作、现场控制的信息化和网络化，也与国铁、船公司、兄弟单位实现了数据互通。同时融入物联网、大数据的概念，发挥港口连接功能。铁路生产业务系统大大加快海铁联运融入以物联网、大数据为代表的"互联网＋"时代的步伐，将有效发挥港口铁路在海铁联运中连接"一带一路"的枢纽作用和集疏运功能。今后业务人员只需轻点鼠标，宁波港海铁联运集装箱的在途情况便尽收眼底。

2. 日照港——"自动思考"的智慧港口

日照港自主研发了一套融合了GPS定位、无线通信、物流网和移动互联网等信息技术为一体的管理系统。其微信公众平台实时查询车辆等候情况，智能化系统带来流程再造。同时网上预约提货，打印提货单，提供精准信息支撑。共享大数据、延伸服务链，建设信息交换平台，实现信息双向沟通。推进电子商务下的"物流单证"，进行货物信息查询、跟踪，形成"港口阿里巴巴"。充分利用物联网、移动互联网等信息技术，帮助决策层、管理层战略分析、优劣势分析。

在港口面临转型升级的今天，固守传统的港口经营管理思维方式不但拯救不了已有传统业务和传统经营模式，难以实现港口转型，而且会在港口市场竞争中为那些采用了"互联网＋"的挑战者创造机会。

港口拥抱"互联网＋"是实现转型升级的必然选择，其实质就是要使港口由海运物流链条上的空间节点升级为信息服务节点。尽管"互联网＋"对港口转型升级将带来的巨大推动作用还需进一步观察，但可以肯定的是，"互联网＋"是实现"智慧港口"的基础，也是信息化时代港口转型升级必然选择。

资料来源：中国海事服务网

 思考题

1. 什么是物流节点？
2. 宁波港和日照港的港口发展有何特点？
3. 国际港口的发展经历哪些阶段？有何特点？

第一节　国际物流网络概述

国际物流网络通过其所联系的各个子系统发挥各自的功能：这些功能包运输功能、仓储功能、装卸和搬运功能、流通加工功能、商品检验功能、商品包装功能以及信息处理功能等，协同实现国际物流系统的要求，以实现最低、合理的国际物流费用，较高的顾客服务水平，从而最终达到国际物流系统整体效益最大的目标。为了达到这一目标，建立完善的国际物流网络系统十分重要。

国际物流系统是以实现国际贸易、国际商品流通大系统的总体目标为核心的。国际商品交易后合同的签订和履行过程，就是国际物流系统的实施过程。国际物流系统在国际信息流系统的支撑之下，借助运输和仓储等作业的参与，在进出口中间商、国际货代、承运人的通力协助下，借助国际物流设施，共同完成一个遍布国内外、纵横交错、四通八达的物流运输网络。

一、国际物流网络

(一)国际物流物理网络

国际物流网络是指由多个收发货的"节点"和它们之间的"连线"所构成的物理网络以及与之相伴随的信息网络组成的有机整体。

收发货节点是指进、出口过程中所涉及的国内外的各层仓库，如制造厂仓库、中间商仓库、货运代理人仓库、口岸仓库、国内外中转点仓库以及流通加工配送中心和保税区仓库。为了实现国际物流系统的时间效益，克服生产时间和消费时间上的分离，促进国际贸易系统的顺利进行，国际贸易商品就是通过这些仓库的收进和发出，并在中间存放保管。

连线是指连接上述国内外众多收发货节点的运输连线,如各种海运航线、铁路线、飞机航线以及海、陆、空联合运航线。这些网络连线是库存货物移动(运输)轨迹的物化形式。线路与结点相互关联组成了不同的国际物流物理网络。国际物流物理网络水平的高低、功能的强弱则取决于网络中这两个基本元素的配置。

(二)国际物流信息网络

国际物流信息网络主要是由各类信息系统组成,一般由以下子系统组成,包括:管理信息子系统、采购信息子系统、库存信息子系统、生产信息子系统、销售信息子系统、报检报关子系统、国际运输信息子系统、财务信息子系统、决策支持子系统。在国际物流信息系统结构中,应确定各子系统间的信息流与数据接口(包括通信协议和数据标准定义)满足各子系统间为实现数据交换的通信要求。

国际物流信息网络也可理解成由"节点"和它们之间的"连线"所构成。连线包括国内外的邮件或某些电子媒介(如电话、电传、电报、EDI 等),其信息网络的节点则是各种物流信息的汇集及处理之点,如员工处理国际订货单据、编制大量出口单证、准备提单或用电脑对最新库存量进行记录。

国际物流物理网络和国际物流信息网络并非各自独立,它们之间是密切相关的,共同构成国际物流网络,如图 3-1 所示。

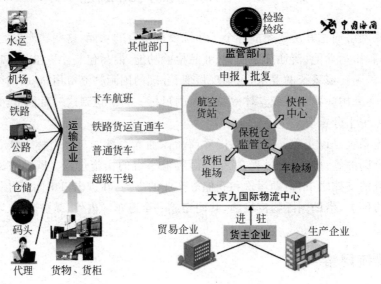

图 3-1 国际物流网络图

二、国际物流节点

(一)国际物流节点的含义

国际物流节点是指那些从事与国际物流相关活动的物流节点,如制造厂商仓库、中间商仓库、口岸仓库、国内外中转点仓库,以及流通加工配送中心和保税区仓库、物流中心、物流园区等。国际贸易商品或货物通过这些仓库和中心的收入和发出,并在中间存放保管来实现国际物流系统的时间效益,克服生产时间和消费时间上的分离,促进国际贸易系统顺利运行。

国际物流节点是一个广泛的概念,作为物流场所,甚至一个城市或一个大的区域都可看成国际物流节点。物流线路上的活动也是靠节点组织和联系的,如果离开节点,物流线路上的运输就必然会陷入瘫痪。

(二) 国际物流节点的分类

根据其主要功能,国际物流节点可分以下四类。

1. 转运型节点

指以连接不同运输方式为主要职能的节点,如货站、编组站、车站、货场、机场、港口、码头等。

2. 储存型节点

指以存放货物为主要职能的节点,如储备仓库、营业仓库、中转仓库、口岸仓库、港口仓库、货栈等。

3. 流通加工型节点

指以组织货物在系统中运动为主要职能,并根据需要对货物施加包装、分割、计量、组装、刷标志、商品检验等作业的节点,如流通仓库、流通中心、配送中心就属于这类节点。

4. 综合性节点

指多功能的国际物流节点,往往表现为一个大区域,如国际物流中心、出口加工区、国际物流园区、自由经济区等。综合性节点是为适应国际物流大量化和复杂化的趋势而产生的,它使国际物流更为精密准确,在一个节点中要求实现多种转化而使物流系统简化,是国际物流系统节点的重点和发展的方向之一。

(三) 国际物流节点的功能

国际物流节点的功能是综合性的,可以说包含了所有物流的基本功能。国际物流节点的功能可概括为以下四项。

1. 作业功能

一般来讲,国际物流节点可承担各项物流作业功能,如储存、包装、流通加工、装卸、搬运、配送、信息处理等。但由于定位和目标不一,其基本作业功能可多可少或有所侧重。

2. 衔接功能

国际物流节点一般采取以下手段来衔接物流:

(1) 通过转换运输方式,衔接不同的运输手段;

(2) 通过加工,衔接干线物流及配送物流;

(3) 通过存储,衔接不同时间的供应物流与需求物流;

(4) 通过集装箱、托盘等集装处理,衔接整个"门到门"运输,使之成为一体。

3. 信息功能

国际物流节点是国际物流信息的集散地,在国际物流系统中每一个节点都是物流信息的一个点。

4. 管理功能

国际物流节点大都是集管理、指挥、调度、信息、衔接及货物处理等功能于一体的物流综合设施,整个国际物流系统的运转有序化、正常化和效率高低取决于各物流节点的管理水平。

三、国际物流口岸

(一)口岸的概念

口岸是国家指定的对外往来的门户,是国际货物运输的枢纽。口岸原指由国家指定的对外通商的沿海港口。但现在,口岸已不仅仅是经济贸易往来的商埠,还是政治、外交、文化、科技、旅游和移民等方面的外来港口。随着海、陆、空交通运输的发展,对外贸易的货物、进出境人员,及其行李物品、邮件包裹等,可以通过铁路、公路和港口直达一国腹地。因此,口岸是由国家制定对外经贸、政治、外交、科技、文化、旅游和移民等来往,并提供往来人员、货物和交通工具出入国(边)境的港口、机场、车站和通道。简单说,口岸是国家指定对外往来的门户,从某种程度上说,它是一种特殊的国际物流节点。

(二)口岸的分类

1. 口岸按开放程度分

按照批准开放的程度分为一类口岸和二类口岸。

一类口岸时指由国务院批准开放的口岸(包括中央管理的口岸和由省、自治区、直辖市管理的部分口岸),它允许中国籍和外国籍人员、货物、物品和交通工具直接出入国(关、边)境的海(河)、空客货口岸(国家另有规定的除外)。

二类口岸是指由省级人民政府批准开放并管理的口岸。它允许中国籍人员、货物、物品和交通工具直接出入国(关、边)境的海(河)、空客货口岸,以及允许毗邻国家双边人员、货物、物品和交通工具直接出入国(关、边)境的铁路车站,界河港口和跨境公路通道。

2. 按出入国境的交通运输方式划分

按出入国境的交通运输方式划分,可将口岸分为港口口岸、陆地口岸和航空口岸。

港口口岸是国家在江河湖海沿岸开设的供货物和人员进出国(关、边)境及船舶往来挂靠的通道。

陆地口岸是国家在陆地上开设的供货物和人员进出国(关、边)境及陆上交通工具停站的通道,包括铁路口岸和公路口岸。

航空口岸是国家在开辟有国际航线的机场上开设的供货物和人员进出国(关、边)境及航空器起降的通道。

口岸是一个主权国家根据自己的政策需要和具体的地理条件而设置的,是一个国家对外交往的门户。在和平时期,口岸是国内外人员交往、对外贸易货物和交通工具出入境的场所,是增加国家财政收入的渠道。每个主权国家在口岸上都设置有检查检验机关。这些检查检验机关既要为外贸货物和交通工具的出入和国内外人员的交往提供服务、提供方便,又要为国家严格把关,维持口岸的正常工作秩序,制止非法出入境,缉毒缉私,防止传染病传入传出,维护国家主权和国家的安全。在爆发国际战争的非法时期,有的口岸将奉命关闭,转为保卫祖国的前沿阵地。

第二节 国际物流网络实务

港口历来在一国的经济发展中扮演着重要的角色。运输将全世界连成一片,而港口是运输中的重要节点。世界上发达国家一般都具有自己的海岸线和功能较为完善的港口。港口不仅是货物水路空运输的中转地,而且提供了发展转口贸易、自由港和自由贸易区的机会,在现代国际生产、贸易和运输系统中处于十分重要的战略地位,发挥着日益重要的作用。现代物流发展过程中,港口在国际贸易和国际物流方面的作用不断突出,港口商业化的趋势进一步在增强,港口物流成为现代物流发展的重要领域。

一、国际港口

(一) 港口的内涵和分类

1. 港口的内涵

港口是水、陆、空交通的集结点和枢纽。工农业产品和外贸进出口物资的集散地、船舶停泊(飞机起降)、装卸货物、上下旅客以及补充给养的场所。正由于港口是联系内陆腹地和海洋运输(国际航空运输)的一个天然界面,因此人们也把港口作为国际物流的一个特殊结点。我国《港口法》对港口所作的定义为港口是指位于江河、湖泊和海洋沿岸,具有船舶进出、停泊、靠泊、旅客上下、货物装卸、驳运、储存等功能,并具有相应设备的由一定范围的水域和陆域组成的场所与基地。

2. 港口的分类

位于江、河、湖、海沿岸,具有一定设施和条件,供船舶进行作业的及在恶劣气象条件下的靠泊,旅客上下,货物装卸,生活物料供应等作业的地方。它的范围包括水域和陆域两部分。一般设有航道、港池、锚地、码头、仓库货场、后方运输设备、修理设备(包括修理船舶)和必要的管理、服务机构等。港口按所在地理位置分,有海港、河口港、河港、湖港、水库港等。按性质和用途分,有商港、军港、工业港、渔港等。

1) 按所在地理位置分

(1) 海港

在自然地理条件和水文气象方面具有海洋性质的港口。又可分为:①海岸港:位于有掩护的或平直的海岸上。属于前者大都位于海湾中或海岸前有沙洲掩护。如旅顺军港、湛江港和榆林港等,都有良好的天然掩护,不需要建筑防护建筑物。若天然掩护不够,则需加筑外堤防护,如烟台港。位于平直海岸上的海港一般都需要筑外堤掩护,如塘沽新港。②河口港:位于入海河流河口段,或河流下游潮区界内。历史悠久的著名大港多属此类。如我国的海港黄埔港。国外的鹿特丹港、纽约港、伦敦港和汉堡港均属于河口港。由于海港受风浪、潮汐、沿岸输沙等的影响,一般利用海湾、岛屿、岬角等天然屏障,或建造防波堤等人工建筑物作为防护;港内有广阔的水域和深水航道,可供海船进出停泊,进行各种作业,补给燃料、淡水和其他物品,躲避风浪等。它是沿海运输和各种海上活动的基地。优良的海港通常是沟通国内外贸易的枢纽。

(2) 河港

位于河流沿岸,且有河流水文特征的港口成为河港。如我国的南京港、武汉港和重庆港均属于此类。它可供内河运输船舶编解队,装卸作业,旅客上下和补给燃物料等。河港直接受河道径流的影响,天然河道的上游港口水位落差较大,装卸作业比较困难;中、下游港口一般有冲刷或淤积的问题,常需护岸或导治。

(3) 水库港

建于大型水库沿岸的港口。水库港受风浪影响较大,常建于有天然掩护的地区。水位受工农业用水和河道流量调节等的影响,变化较大。

(4) 湖港

位于湖泊沿岸或江河入湖口处的港口。一般水位落差不大,水面比较平稳,水域宽阔,水深较大,是内河、湖泊运输和湖上各种活动的基地。

2) 按性质和用途分

(1) 商港

以一般商船和客货运输为服务对象的港口。具有停靠船舶、上下客货、供应燃(物)料和修理船舶等所需要的各种设施和条件,是水陆运输的枢纽。如我国的上海港、大连港、天津港、广州港和湛江港等均属此类。国外的鹿特丹港、安特卫普港、神户港、伦敦港、纽约港和汉堡港也是商港。商港的规模大小以吞吐量表示。按装卸货物的种类分,有综合性港口和专业性港口两类。综合性港口系指装卸多种货物的港口;专业性港口为装卸某单一货类的港口,如石油港、矿石港、煤港等。一般说来,由于专业性港口采用专门设备,其装卸效率和能力比综合性港口为高,在货物流向稳定、数量大、货类不变的情况下,多考虑建设专业性港口。

(2) 工业港

为临近江、河、湖、海的大型工矿企业直接运输原材料及输出制成品而设置的港口。如大连地区的甘井子大化码头,上海市的吴泾焦化厂煤码头及宝山钢铁总厂码头均属此类。日本也有许多这类港口。

(3) 渔港

是为渔船停泊、鱼货装卸、鱼货保鲜、冷藏加工、渔网修补、渔船生产及生活物资补给的港口,是渔船队的基地。具有天然或人工的防浪设施,有码头作业线、装卸机械、加工和储存渔产品的工厂(场)、冷藏库和渔船修理厂等。

(4) 军港

供舰艇停泊并取得补给的港口,是海军基地的组成部分。通常有停泊、补给等设备和各种防御设施。

(二) 港口的组成部分

港口由于其性质、功能和历史条件等多种因素,其组成部分既有共同之处也有各自的特点,港口的组成主要包括以下几部分:

1) 港口水域

港口水域指港界线以内的水域面积,供船舶航行、运转、锚泊、停泊装卸使用,要求有适当的深度和面积、水流平缓。它一般须满足两个基本要求：船舶能安全地进出港口和靠离码头；能稳定地进行停泊和装卸作业。主要包括码头前水域、进出港航道、船舶转头水域、锚地以及港池等几部分。

2）港口陆域

港口陆域指的是港界线以内的陆域面积，供旅客上下船、货物装卸、堆存和转载使用，要求有适当的高程、岸线长度和纵深，并配有仓库、堆场、铁路、公路、装卸机械和各种必要的附属设备。一般包括装箱作业地带和辅助作业地带两部分，并包括一定的预留发展地。装卸作业地带布置有仓库、货场、铁路、公路、站场、通道等设施；辅助作业地带布置有车库、工具房、变(配)电站、机具修理厂、作业区办公室、消防站等设施。

3）港口配套设施

港口配套设施主要为装卸、起重、搬运机械及其为装卸生产服务的各种配套设施，如能源动力系统、机械修造厂和保养车间、港内运输设备(汽车、机车、拖驳船队等)、船舶航修站等。

4）港口工程建筑

（1）航标

航标是指以特定的标志、灯光、响声或无线电信号等供船舶确定船位和航向，避离危险，使船舶沿航道或预定航线顺利航行的助航设施。设置航标的目的在于针对港口水域中暗藏的如浅滩、拦门沙或航道弯段等危险给予船舶警告，使船舶能安全、迅速地到达目的地。

（2）防波堤

在暴风季节，沿海港口面临大海巨浪的袭击，港内船舶不能安全地停靠和作业，因此需要在港口水域中的适当位置建筑防波堤，以使港口在恶劣天气条件下水面保持平稳，生产作业照常进行。此外，防波堤还兼有防水流、泥沙、冰凌等自然因素对港口和航道产生干扰的作用。

（3）码头

是指供船舶停靠、装卸货物和上下游客的水工建筑物，它是港口的主要组成部分。

（4）码头岸线

指码头建筑物靠船一侧的竖向平面与水平面的交线，即停靠船舶的沿岸长度，它是决定码头平面位置和高程的重要基线。构成码头岸线的水工建筑物为码头建筑物。港口各类码头岸线的总长度是港口规模的重要标志，说明它能同时停靠码头作业的船舶数量。

（5）泊位

指一艘设计标准船型停靠码头所占用的岸线长度或占用的囤船数目。泊位的数量与大小是衡量一个港口或码头规模的重要标志。一座码头可能由一个或几个泊位组成，视其布置形式和位置而定。

5）港口管理与装卸生产组织机构

它一般可分为行政管理和生产管理两部分。行政管理(政府)部门代表国家或政府管理港口，主要包括港务监督、船舶检验、水上公安机关、水上法院等港政部门。同时，还设置港口建设与发展规划、港湾环境监督与保护等部门。港口生产管理部门主要包括各装卸公司、轮驳公司、仓储公司、公路铁路运输公司、机械公司、理货公司等。

(三)港口功能的发展演变

港口是运输网络中水陆运输的枢纽,是货物的集散地以及船舶和其他载运工具的衔接点。它可以提供船舶靠泊、旅客上下船、货物装卸、储存、驳运以及其他相关业务。

港口划分为第一、二、三代和现在提出的第四代,是从港口功能的角度来考虑的,联合国贸易与发展会议对前三代港口都有定义。

第一代港口指在20世纪50年代前的港口,其主要功能特点是海陆中转,是当时较简单地处理运输和装卸活动的接口,主要从事运输和装卸。

第二代港口指在20世纪50至80年代的港口,此时世界经济开始复苏,港口功能逐步扩大,已逐渐发展成一个为运输工业和商业服务的中心。

第三代港口指20世纪80年代开始的港口,此阶段目前仍在继续。港口已成为一个国际性生产活动和经济活动的节点,即国际经贸活动的"后勤服务总站"。

目前,世界大多数现代港口都在第三代或向超出第三代发展。其中在第三代港口中处领先地位的国际大港已体现出超越第三代港口功能的趋势。第四代港口的概念最初来自联合国贸易与发展会议(UNCTAD,1999),但这一概念本身仍处于形成的过程中。第四港口更多的是由国际码头经营人和船舶公司拓展业务,经由共同的经营人将多个码头联系起来。世界范围的集装箱船东联盟的出现导致更大集装箱船舶的推出。支线网络以及枢纽港的发展持续不断地要求有更高的生产率、更低的运价费率。现代港口功能发展演变如表3-1所示。

表 3-1　现代港口功能发展演变

	第一代港口	第二代港口	第三代港口	第四代港口
发展时期	20世纪50年代	20世纪50至80年代	20世纪80年代以后	21世纪初
货物类别	件杂货	件杂货、液体散货、干散货	干散货、液体散货、集装箱	大宗集装箱货保鲜品、大宗干液体散货、海洋产业
功能	简单的换装单一功能	具有部分流通功能、相关产业功能和城市社区功能	具有世界全程运输服务中心和国际商贸后勤基地功能	具有世界全程运输服务中心,供应链的重要环节,以服务业为中心,绿色港口
主要业务	货物装卸、储存、船舶服务	第一代功能＋货物改装和产业活动	第二代功能＋货物信息配送、全面物流	前面三代的功能＋不同地区港口的整合和联营
战略重点	战后经济的回复	面向工业	面向商业	面向商业的服务
组织管理	港口内独立活动、生产封闭管理与客户维持非正式关系	与客户关系比较密切	与客户形成统一的港口共同体,增值服务的发展	全方位对外开放;港口群体、形成综合流通网络一体化、区域经济技术文化礼仪共同体;港口经营企业综合化、大型化
服务方式	港到港	点到点(部分联运)	门到门(多式联运)	全程、全网、多层面、个性化服务、网到网

续表

	第一代港口	第二代港口	第三代港口	第四代港口
生产特点	货物流、简单的个性服务、低增值	货物流、货物加工、综合服务,增值服务增加	货物流、信息流、货物配送等一揽子服务,增值服务大量增加	以人为本、持续发展、非核心业务大量外包,组织自治化、生产自动化、经营集约化、管理信息化、信息产业化、环境生态化
地位作用	水路交通枢纽	城市依托港、水路交通枢纽、传统物流分运中心	综合物流分运、分拨、配销、信息等综合服务中心,综合交通运输主枢纽	综合流通主枢纽、世界或地区性国际电子贸易信息中心、国际海洋经济中心
核心竞争力	劳动力、资本	资本	技术、信息	技术、人才、环境、决策

由表 3-1 可以看出各代港口体现的时代特征不同,其功能在不断递进,服务对象和内容不断增多。各代港口发展的战略重点各有差异。各代港口发展空间不断延伸,发展的决定因素也各不相同,其服务方式由第一代单项服务港到港、第二代部分联运点到点到第三代的多式联运门到门。各代港口发展的决定性因素则由劳动力和资本(第一代)、资本(第二代)到技术与信息(第三代),到技术、人才、环境、决策(第四代)。

(四)世界主要海港简介

世界航运和港口吞吐量是世界经济的晴雨表。进入新世纪以来,世界经济强劲复苏,全球贸易额快速增长,为国际航运业尤其是集装箱运输带来了强劲的需求。近年来全球集装箱港口体现出"强者恒强"的态势,2018 年十大港口平均增幅高达 3.8%,"全球十大港口"的标准门槛已从 2013 年的 1300 万 TEU,升至 2018 年的 1500 万 TEU。在作为世界制造中心不断高涨的中国经济的驱动下,东亚特别是中国港口持续呈现蓬勃发展的繁荣景象。表 3-2 列出的 2017—2018 年世界集装箱吞吐量前 10 位,港口排名凸显了这些特点。

表 3-2　2017—2018 年世界港口集装箱吞吐量前 10 名　　(单位:万 TEU)

排名	排名变化	港口名称	2018 年	2017 年	增速
1(1)	—	上海 Shanghai	4201	4023	4.42%
2(2)	—	新加坡 Singapore	3660	3367	8.70%
3(4)	↑	宁波-舟山 Ningbo	2635	2461	7.07%
4(3)	↓	深圳 Shenzhen	2574	2521	2.10%
5(7)	↑	广州 Guangzhou	2192	2037	7.61%
6(6)	—	釜山 Busan	2159	2049	5.38%
7(5)	↓	中国香港 Hong Kong	1959	2077	−5.68%
8(8)	—	青岛 Qingdao	1930	1832	5.46%
9(10)	↑	天津 Tianjin	1600	1507	6.17%
10(9)	↓	迪拜 Dubai	1495	1540	−2.90%

资料来源:中国交通部 www.moc.gov.cn 和《中国港口年鉴》2018 版和 2019 版,www.amz123.com,整理所得。

2018年,全球十大集装箱港排行榜中,包括香港港在内的中国港口共包揽七席,余下的第二、第六、第十名分别由新加坡港、韩国釜山港、阿联酋迪拜港摘得。前十大港口中,中国港口"军团"完成的集装箱吞吐量所占比重为70.1%,与上年70.7%的水平基本持平。我国的上海港2018年依然稳居世界第一大集装箱港口,完成4201万TEU的吞吐量,以4200万TEU量级的巨大体量傲视全球,连续9年稳坐全球第一的宝座。目前,全球2000万标箱以上港口共6个,3000万标箱以上港口为2个。

1. 上海港

上海是世界上最具经济活力的国际大都市之一。上海港位于我国东部,长江经济带和沿海经济带的交汇处,是国家综合运输大通道和国内、国际物流的重要节点,具有对内、对外双向辐射的区位优势。目前,上海港范围包括市辖长江口南岸、黄浦江两岸和杭州湾北岸,崇明岛、长兴岛、横沙岛沿岸,洋山深水港区,以及上海内河港区。2018年世界第一大集装箱港口仍为我国的上海港,完成4201万TEU的吞吐量,以巨大体量傲视全球,连续9年稳坐全球第一的宝座。

截至2018年年底,上海港拥有各类码头泊位1097个,码头总延长107.23公里,其中,万吨级泊位232个,最大设计靠泊能力码头泊位为30万吨级。进出口的货物包括大宗货类煤炭及制品、石油天然气及制品、金属矿石、钢铁、矿建材料、机械设备电器、化工原料及制品。上海港已与西雅图、新奥尔良、纽约、大阪、横滨、安特卫普、釜山、马赛及温哥华等港缔结为友好港,国际航线可直达世界140多个国家和地区的440多个港口。

2017年12月10日世界最大全自动化码头:上海洋山深水港四期自动化码头正式开港投入运营。这座被称为"魔鬼码头"的无人码头是目前全球最大规模、自动化程度最高的集装箱码头。洋山港四期港区采用无人运营、无人作业,海关也首次在无人码头使用自动化监管设备,实现通关验放自动化。全自动化码头,是港口业发展的新趋势。国内的厦门和青岛、国外的鹿特丹等港口,都在探索这一方向。上海洋山港四期则将以全球最大的规模和体量,成为全自动化码头的"集大成者"。

扩展阅读 3.1

视频:上海港洋山港区——世界最繁忙的码头

2. 新加坡港

新加坡港位于新加坡的南部沿海,西临马六甲海峡(Straits of Malacca)的东南侧,南临新加坡海峡的北侧,是亚太地区最大的转口港,也是世界最大的集装箱港口之一。该港扼太平洋及印度洋之间的航运要道,战略地位十分重要。它自13世纪开始便是国际贸易港口,目前已发展成为国际著名的转口港。新加坡港也是该国的政治、经济、文化及交通的中心。新加坡港主要进出口货物为石油、机械设备、电子电器、化肥、水泥、谷物、糖、橡胶、面粉、化工产品、矿砂、工业原料、食品、木材、椰油、椰干、棕榈果、水果等。

3. 宁波-舟山港

宁波-舟山港是中国浙江省宁波市、舟山市港口,位于中国大陆海岸线中部、"长江经济带"的南翼,为中国对外开放一类口岸,中国沿海主要港口和中国国家综合运输体系的重要枢纽,中国国内重要的铁矿石中转基地、原油转运基地、液体化工储运基地和华东地区重要的煤炭、粮食储运基地;该港作为上海国际航运中心的重要组成部分,是服务长江经济带、建设舟山江海联运服务中心的核心载体,浙江海洋经济发展示范区和舟山群岛新区建设的重要依托。2018 年宁波舟山港的货物吞吐量 10.84 亿吨,同比增长 7.4%,全球排名实现"十连冠"。宁波舟山港集装箱吞吐量 2635.1 万 TEU,同比增长 7.1%,排名跃居全球第三位,全国第二位,后劲十足。宁波港的进港航道水深在 18.2 米以上,25 万吨级以下船舶可以自由进出,25 万吨至 30 万吨级超大型船舶可以候潮进港。而依托中国最大的群岛舟山群岛的舟山港更是拥有世界罕有的建港条件,水深 15 米以上的岸线200.7 公里,水深 20 米以上的岸线 103.7 公里,穿越港区的国际航道能通行 30 万吨级以上的巨轮。据 2019 年 8 月宁波舟山港公司官网信息显示,宁波舟山港共有生产泊位 620多座,其中万吨级以上大型泊位近 160 座,5 万吨级以上的大型、特大型深水泊位 90 多座。进出口货物主要包括:煤炭及制品、石油天然气及制品、金属矿石、矿建材料、化工原料等。

4. 深圳港

深圳港包括蛇口、盐田和赤湾等港区,地处广东珠江三角洲南部,珠江入海口东岸,毗邻香港,是我国发展最快的港口。根据已发布的《深圳港总体规划》(2035 年),至 2018 年底,深圳港相继建成了盐田、南山、大铲湾、大小铲岛、宝安、大鹏六个港区。深圳港全年货物吞吐量 2.51 亿吨,完成集装箱吞吐量 2574 万 TEU,同比增长 2.09%。全港共有码头泊位 156 个,其中万吨级以上泊位 75 个,集装箱专用泊位 45 个,客运泊位 19 个,油气化工泊位 22 个,其中最大为 22 万吨级的邮轮泊位。生产性码头泊位岸线总长度为 32.93公里。目前,深圳港共开通国际集装箱航线 223 条,通往 100 多个国家和地区的 300 多个港口,形成完善的航运网络。世界许多著名大航运公司在深圳港开辟航线,深圳港国际班轮航线近百条,是我国内地班轮航线最多的港。

5. 广州港

广州港地处珠江入海口和我国外向型经济最活跃的珠江三角洲地区中心地带,濒临南海,毗邻香港和澳门,东江、西江、北江在此汇流入海。通过珠江三角洲水网,广州港与珠三角各大城市以及与香港、澳门相通,由西江联系我国西南地区,经伶仃洋出海航道与我国沿海及世界诸港相连。港区分布在广州、东莞、中山、珠海等城市的珠江沿岸或水域,从珠江口进港,依次为虎门港区、新沙港区、黄埔港区和广州内港港区。

广州港是华南地区综合性主枢纽港,国际海运通达 100 多个国家和地区的 400 多个港口,并与国内 100 多个港口通航,是中国华南地区最大的对外贸易口岸。2018 年广州港国际大港地位持续巩固提升,港口货物和集装箱吞吐量排名实现历史性突破,双双进入国内前 4、全球前 5。集装箱网络布局更加完善,外贸班轮航线总数超过 200 条。绿色平安港航建设扎实推进,全港配备岸电设备的各类码头泊位 180 多个。2018 年广州港货物吞吐量 5.93 亿吨,累计完成集装箱吞吐量 2037 万 TEU,完成港口旅客吞吐量 92 万人次,完成成品油吞吐量 2132 万吨,完成煤炭吞吐量 8115 万吨,金属矿石吞吐量完成 755万吨,粮食吞吐量完成 2449 万吨,滚装汽车吞吐量完成 196 万辆。

6. 釜山港

釜山港位于韩国东南沿海,东南濒朝鲜海峡,西临洛东江,与日本对马岛相峙,是韩国最大的港口,也是世界第六大集装箱港。它是韩国海陆空交通的枢纽,又是金融和商业中心,在韩国的对外贸易中发挥着重要作用。工业仅次于首尔,有纺织、汽车轮胎、石油加工、机械、化工、食品、木材加工、水产品加工、造船和汽车等,其中机械工业尤为发达,而造船、轮胎生产居韩国首位,水产品的出口在出口贸易中占有重要位置。港口距机场约28km。进口货物主要有原油、粮食、煤、焦炭、原棉、原糖、铝、原木及化学原浆等。目前釜山港担负着韩国全国海上运输货物一半以上的运量,其中集装箱货物处理量占韩国的81%,水产品货物占韩国的 42%。东亚,中国远洋运输公司(COSCO)及丹麦马士基航运公司(MAERSK)均有班轮直挂釜山港。

7. 香港港

香港港是中国天然良港,为远东的航运中心。香港地处我国与邻近亚洲国家的要冲,既在珠三角入口,又位于经济增长骄人的亚洲太平洋周边的中心,可谓是占尽地利。香港是两种不同模式海上交通工具的交汇处——从太平洋驶来的巨型远洋船和从珠江驶来的较小型沿岸内河船——更是新加坡与上海之间唯一充分开拓的现代化深水港,因而成为华南所有海上贸易活动的集中地。香港港是全球最繁忙和最高效率的国际集装箱港口之一,也是全球供应链上的主要枢纽港。香港港有 15 个港区:香港仔、青山(屯门)、长洲、吉澳、流浮山、西贡、沙头角、深井、银矿湾、赤柱(东)、赤柱(西)、大澳、大埔、塔门和维多利亚。其中维多利亚港区最大,条件最好,其平均超过 10 米深的港内航道,使大型远洋货轮可随时进入码头和装卸区,为世界各地船舶提供了方便而又安全的停泊地。香港港的货物装卸作业素以高效见称,货柜船在港内的周转时间平均约为 10 小时。可同时容纳上百艘船舶靠泊和进行装卸作业。香港港不仅拥有集装箱码头,而且还拥有石油、煤炭、水泥等专用码头。其港口费率在世界上属于最低的。受到全球贸易疲软、码头用地不足、内地码头崛起等诸多因素影响,2018 年,香港港码头集装箱吞吐量被广州港赶超,全球排名进一步下滑至第七位。

香港国际集装箱堆场的活动均以自动化系统进行计划、协调和监督,电脑系统有每个集装箱的详尽资料,提供多种查询、报告及分析工具,协助管理集装箱储存。自动化系统与"信息交换服务"和闸口程序自动化系统联通,并具有显示堆场三维地图的特别功能,能随时提供码头最多 9 万个标准箱的准确位置。通过这些先进技术,码头实现了缩短船只靠泊时间的目的,加快集装箱车在码头的周转,并对客户的特别要求做出弹性处理。

8. 青岛港

青岛港位于山东半岛南岸的胶州湾内,始建于 1892 年,由大港港区、黄岛油港区、前湾港区、董家口港区等四大港区组成。青岛港是中国第二个外贸亿吨吞吐大港,是太平洋西海岸重要的国际贸易口岸和海上运输枢纽。港内水域宽深,四季通航,港湾口小腹大,是我国著名的优良港口。青岛港现拥有泊位长度 28378 米,泊位 109 个。其中万吨级以上深水码头世界上有多大的船舶,青岛港就有多大的码头,包括可停靠 19100TEU 船舶的世界最大的集装箱码头、40 万吨级矿石码头、30 万吨级原油码头。其中,可停靠 5 万吨级船舶的泊位有6 个,可停靠 10 万吨级船舶的泊位有 6 个,可停靠 30 万吨级船舶的泊位有 2 个。

青岛港主要从事集装箱、煤炭、原油、铁矿、粮食等进出口货物的装卸服务和国际国内客运服务。与世界上 130 多个国家和地区的 450 多个港口有贸易往来,被国务院明确定位为现代化的综合性大港和东北亚国际航运枢纽港。2018 年港口集装箱吞吐量突破 1930 万标准箱,进口原油吞吐量居中国港口第一位,集装箱装卸效率、铁矿石卸船效率始终保持世界第一。目前,智慧化港口加快建设,青岛已正式运行 2 个自动化码头,并再开工建设 2 个自动化码头,进口集装箱设备交接单和提货单实现电子化,干散货、件杂货系统改造上线运行,拖轮、集疏运车辆实现智能化调度,物流电商平台车辆突破 10 万辆。

2017 年 5 月 11 日,全球领先、亚洲首个真正意义上的全自动化码头——青岛港全自动化集装箱码头一期工程投入商业运营。该码头岸线长 660 米,建设 2 个泊位,设计吞吐能力 150 万标准箱/年,配备 7 台双小车岸桥(STS)、38 台高速轨道吊(ASC)和 38 台自动导引车(L-AGV)。截止到 2019 年 11 月 26 日,一期工程累计完成船舶装卸 1846 艘次,完成集装箱吞吐量 285.4 万标准箱,船舶准班率 100%。其中,码头平均装卸效率由开港时的 24.2 自然箱/小时提升到 36.2 自然箱/小时,最高效率达到 43.8 自然箱/小时,比全球同类码头高 50%,是首个超过人工码头作业效率的自动化码头。

9. 天津港

天津港,也称天津新港,位于天津市海河入海口,处于京津冀城市群和环渤海经济圈的交汇点上,是中国北方最大的综合性港口和重要的对外贸易口岸。天津港是在淤泥质浅滩上挖海建港、吹填造陆建成的世界航道等级最高的人工深水港。根据天津港的地理位置、腹地经济发展需求以及在我国和区域综合运输体系中的地位和作用,天津港是我国沿海主枢纽港和综合运输体系的重要枢纽,是京津冀现代化综合交通网络的重要节点和对外贸易的主要口岸,是华北、西北地区能源物资和原材料运输的主要中转港,是北方地区的集装箱干线港和发展现代物流的重要港口。

2018 年天津港沿海泊位长度 40252 米,主要规模以上港口码头泊位 167 个,其中,万吨级以上泊位 120 个,港口货物吞吐量为 50773.75 万吨,集装箱吞吐量 1601 万 TEU,煤炭及煤炭制品 8371 万吨,同比下降 -13.7%,主要原因是天津港在京津冀港口中率先实现港口汽运煤禁运及下一步矿石"公转铁"政策实施,煤炭、钢铁等大宗散货吞吐量明显下降或增速缓慢。

10. 迪拜港

迪拜港位于阿联酋东北沿海,濒临波斯湾的南侧。又名拉希德港,并与 1981 年新建的米纳杰贝勒阿里港同属迪拜港务局管辖,是阿联酋最大的港口,也是集装箱大港之一。该港地处亚、欧、非三大洲的交汇点,是中东地区最大的自由贸易港,尤以转口贸易发达而著称。它是海湾地区的修船中心,拥有名列前茅的百万吨级的干船坞。主要工业有造船、塑料、炼铝、海水淡化、轧钢及车辆装配等,还有年产 50 万吨的水泥厂。迪拜港曾经连续 3 年被《亚洲货运新闻》杂志评为"中东地区最佳港口",迪拜港务局被第十一届 AFIA (ASIAN FREIGHT INDUSTRY AWARDS)评为"最佳集装箱码头经营者"。其远期目标是把迪拜建设成为类似于远东的香港和新加坡的全球型航运枢纽。

港区主要码头泊位有 12 个,岸线长 2285m,最大水深 11.5m。装卸设备有各种岸吊、可移式吊、集装箱门吊、装卸桥、跨运车及滚装设施等,其中集装箱门吊最大起重能力达 90 吨。油码头最大可靠 7 万载重吨的油船,有油管与油罐相接。迪拜港 2018 年集装箱吞吐量为 1495 万 TEU,世界排名第十位,一直位居中东地区首位。这主要是由于其得天独厚的地理位置,背靠阿拉伯地区的广袤市场。迪拜港除了石油不进口,其他什么货物都进口,每年进口货物中的一半直接留在拥有 1400 万人口的迪拜市及其周边地区。

【知识链接】

基本港:是指船公司的船定期挂靠的港口。基本港大多数较大,港口设备条件较好,货载多而稳定。只要规定为基本港,就不再限制货量。运往基本港的货物一般为直达运输,无须中途转船。

非基本港:凡基本港以外的港口都称为非基本港。非基本港一般除了基本收费外,还需要另外加收转船附加费,达到一定货量时改为加收直航附加费。

表 3-3 给出美国西部口岸的主要船公司挂靠的基本港。

表 3-3 美西基本港

船 公 司	基 本 港
ZIM	西雅图、洛杉矶、长滩
CMA	长滩、洛杉矶
万海	洛杉矶、奥克兰
中海	西雅图、洛杉矶、奥克兰、长滩
APL	长滩、洛杉矶、旧金山
NORASIA	洛杉矶、西雅图、长滩
COSCO	洛杉矶、奥克兰、长滩
P&O	洛杉矶、奥克兰、长滩
COSCO	纽约、查尔斯顿、巴尔的摩
中海	萨凡纳、诺福克、纽约
长荣	纽约、查尔斯顿
ZIM	萨凡纳、纽约

资料来源:陈言国. 国际货运代理实务(第2版)[M].北京:电子工业出版社,2017.

扩展阅读 3.2

"一带一路"下中国港口的国际化之路

二、国际航空港

(一)航空港的内涵

国际民航组织将机场(航空港)定义为供航空器起飞、降落和地面活动而划定的一块地域或水域,包括域内的各种建筑物和设备装置,是保证飞机安全起降的基地和空运旅客、货物的集散地。在日常生活中,航空港与机场几乎是同义词,但从专业角度来看,它们是有区别的。所有可以起降飞机的地方都可以叫机场,而航空港则专指那些可以经营客货运输的机场。旅客乘坐飞机旅行所使用的机场都是航空港。航空港必须设有候机楼以及处理旅客行李和货物的场地和设施。由于航空港的规模较大,功能较全,使用较频繁,地面交通便利,所以通常选择运输机场开展航空货物运输服务。2013 年 3 月 7 日,国务院正式批复了《郑州航空港经济综合实验区发展规划 2013—2025 年》。这是全国首个上升为国家战略的航空港经济发展先行区,并于 2014 年 9 月 25 日提前实现自贸区功能。

航空港按照所处的位置分为干线航空港和支线航空港。按业务范围分为国际航空港和国内航空港,其中国际航空港需经政府核准,可以用来供国际航线的航空器起降营运,空港内配有海关、移民、检疫和卫生机构;而国内航空港仅供国内航线的航空器使用,除特殊情况外不对外国航空器开放。

(二)航空港的组成

通常,航空港内的主要建筑和设施有:飞机跑道、停机坪、停车场、候机楼、指挥塔和机库等,此外还有货运站、中转旅馆以及各种公共设施等。它的组成部分包括飞行区、客货运输服务区和机务维修区三个部分。

1.飞行区

飞行区是航空港的主要区域,占地面积最大。飞行区域有跑道、滑行道和停机坪,以及各种保障飞行安全的设施、无线电通信导航系统、目视助航设施等,在航空港内占地面积最大。航空港内供飞机起降用的跑道根据飞行量和风向、风力条件可以设置一条或多条。为保证飞机安全起飞和着陆,在飞行区上空划定净空区,即在机场及其邻近地区上空根据在本机场起降飞机的性能规定若干障碍物限制,不允许地面物体超越限制面的高度,根据机场起降飞机的性能确定这些限制面以上的空域为净空区。净空区的规定可以随飞机的发展而改变。

2.客货运输服务区

客货运输服务区是旅客、货物、邮件运输服务设施的所在区域。主体是候机楼,此外还有客机坪、停车场、进出港道路系统等。货运量较大的航空港还专门设有货运站。客机坪附近配有管线加油系统,其特点是使用高压油泵,在 30 分钟内向飞机加注的燃油有时高达几十吨。区内还配备有旅馆、银行、公共汽车立占、进出港道路系统等。

3.机务维修区

机务维修区是维修厂、维修机库、维修机坪等设施的所在区域,区内还有为保证航空港正常工作所必需的各项设施,如供水、供电、供热、供冷、下水等各种公用设施以及消防队、急救站、自动电话站、储油库、铁路专用线等。

【知识链接】

新加坡樟宜空港物流园区、香港国际机场物流园区和法兰克福空港物流园区在大力发展航空货运过程中,在区位条件、货物品类、交通网络等因素上具有很多相同之处,同时也各有特点,如表3-4所示。例如,在航空城的发展方向方面,新加坡樟宜机场最早提出建设航空城并已初具规模,香港在 2020 年规划提出把香港国际机场建设成航空城。

表 3-4　国内外空港物流园区对比分析

因素 / 园区		樟宜机场	香港机场	法兰克福机场
区位条件	相同	区域性航空枢纽		
	异同	亚太区、联结欧、亚、澳三大洲	东亚、东南亚为主,所处区域空域资源紧张	欧洲金融中心,位于欧洲的心脏地区
货物品类	相同	品种多样,以中转为主		
	异同	以电子产品为主	马匹为特色之一,珠三角产业结构调整会对其产生影响	鲜活品位特色
	原因分析	东南亚乃至全球最为著名的电子产业总部聚集地之一	70%左右的航空货运来自珠三角地区	欧洲的花卉中心,专设有鲜活品处理中心
交通网络	相同	综合交通枢纽		
	异同	便捷的陆路交通为主	海空联运不断加强,辐射珠三角地区	铁路枢纽、公路网络发达
作业效率和处理费用	相同	快速高效的通关流程,先进的设施设备,一流的工作人员,高效率、高质量、节约成本、费用均低于区域内平均水平		
	异同	按照商业模式来运作,处理费用比香港低	区域内 A320 收费较高	处理费用远低于欧洲的平均水平
	原因分析	发展较早,经验丰富	地面可供发展跑道的空间有限,扩建第三条跑道成本超资	欧洲一半以上的航空货物,保障其充足的货源
物流强度	相同	物流强度均较高		
	异同	航空货流流程设计合理	容积率高,单位面积处理量大	邮件处理能力强
	原因分析		一方面采用先进设施设备,高素质的工作人员,其次是土地资源的紧缺,空间利用率高	邮件运输 50%以上采用全货机,邮件处理系统先进,并与德国邮政国际邮件分拣中心衔接

资料来源:舒慧琴. 空港物流园区影响因素分析及规模确定方法研究[D].同济大学.

(三) 世界著名航空港简介

　　国际机场理事会发布了 2018 年世界机场货邮吞吐量 20 强排行榜,如表 3-5 所示。航空货运是经济发展的晴雨表。作为全球最大的两个经济体,美国和中国在 2018 年世界机场货邮吞吐量 20 强排行榜上所占席位最多,其中美国占 6 席,中国占 5 席。就全球区域布局而言,亚太地区上榜的机场最多,占 8 席,北美地区占 6 席,均为美国机场,欧洲地区占 4 席,中东地区占 2 席。进一步分析发现,上榜机场货邮吞吐量差距较大,500 万吨以上的机场只有一个,300 万吨以下的机场 17 个。香港国际机场 2018 年的货邮吞吐量达 512.1 万吨,已连续多年排名世界第一,高出排名第二的孟菲斯机场 65 万吨,更是高出排名第 20 的阿姆斯特丹史基浦国际机场 338.3 万吨,是名副其实的全球航空货运枢纽。事实上,2018 年上榜的这 20 座机场正是 2017 年上榜的机场,而且前 7 名的排名没有任何变化。其中,名次上升最快的是多哈国际机场,由第 16 名上升到第 11 名,上升了 5 名;洛杉矶国际机场由第 13 名上升到第 10 名,上升了 3 名;芝加哥奥黑尔国际机场上升了 2 名。同时,名次下降最多的是巴黎戴高乐国际机场,由第 10 名下降到第 14 名;法兰克福国际机场和伦敦希思罗国际机场均下降了 2 名。

值得注意的是,前 20 名机场 2018 年货邮吞吐量的增速低于全球航空货运需求增长。数据显示,这 20 座机场 2018 年货邮吞吐量合计约 5137.6 万吨,比 2017 年增长 1.5%。2018 年以货运吨公里计量的全球航空货运需求同比增长 3.5%,说明前 20 名机场的货运增速低于全球航空货运发展速度,同时也说明全球机场货物和邮件的集中度在下降。

表 3-5　2018 年世界机场货邮吞吐量排名(前 20 名)

2018 年排名	机 场 名 称	2018 年货邮吞吐量(万吨)	同比(%)
1	香港国际机场	512.1	1.40
2	孟菲斯机场	447.1	3.10
3	上海浦东国际机场	376.9	−1.50
4	首尔仁川国际机场	295.2	1.00
5	安克雷奇国际机场	280.7	3.50
6	迪拜国际机场	264.1	−0.50
7	路易斯维尔机场	262.3	0.80
8	台北桃园国际机场	232.3	2.40
9	东京成田国际机场	226.1	−3.20
10	洛杉矶国际机场	221	2.40
11	多哈国际机场	219.8	8.80
12	新加坡樟宜国际机场	219.5	1.40
13	法兰克福国际机场	217.6	−0.80
14	巴黎戴高乐国际机场	215.6	−1.80
15	迈阿密国际机场	213	2.80
16	北京首都国际机场	207.4	2.20
17	广州白云国际机场	189.1	6.20
18	芝加哥奥黑尔国际机场	186.9	3.60
19	伦敦希思罗国际机场	177.1	−1.30
20	阿姆斯特丹史基浦国际机场	173.8	−2.70

资料来源:民航资源网

2018 年全球十大繁忙机场合计旅客吞吐量为 8.5 亿人次,同比增长 3.4%,也就是说谁想排名有所提升,至少要比这个速度快;想进入这个排名榜的机场,速度更要比这个快得多才行。十大机场中增速最快的是中国上海浦东国际机场和北京首都国际机场两大机场,同比增长都达到 5.0% 以上,如表 3-6 所示。

表 3-6   2017—2018 年全球十大机场旅客吞吐量排名情况表 (单位:万人次)

2017 年排名	2018 年排名	机场名称	2018 年	同比(%)
1	1	美国亚特兰大哈兹菲尔德-杰克逊机场	10 739	3.30
2	2	北京首都国际机场	10 098	5.40
3	3	阿联酋迪拜机场	8914	1.00
5	4	美国洛杉矶机场	8753	3.50
4	5	日本东京羽田机场	8713	2.00
6	6	美国芝加哥奥黑尔机场	8333	4.40
7	7	英国伦敦希思罗机场	8012	2.70
8	8	中国香港国际机场	7451	2.60
9	9	上海浦东国际机场	7400	5.70
10	10	法国巴黎戴高乐机场	7222	4.00
		合计	85 635	3.40

资料来源:国际机场协会(ACI)2019 年发布

1. 美国亚特兰大哈兹菲尔德-杰克逊机场

亚特兰大哈兹菲尔德-杰克逊国际机场(IATA 代码:ATL)建立在美国亚特兰大市南区与乔治亚大学城相邻的地方。亚特兰大机场是世界旅客转乘量最大、最繁忙的机场,年旅客吞吐量达到 10739 万人次,吞吐量排名全球第一位。机场邻近的市镇有福尔顿(Fulton)、凯尔顿(Clayton)等,而和亚特兰大市连接的市镇除了大学城,还有东中心(East Point)、哈皮维利(Hapeville)等。哈兹菲尔德-杰克逊机场里主要的航空公司除了达美航空和穿越航空外,还包括有达美连航(Delta Connection)、大西洋东南航空(Atlantic Southeast Airlines)等。哈兹菲尔德-杰克逊国际机场占地 580 万平方英尺,占地面积位居世界第三,仅次于香港国际机场和曼谷国际机场。亚特兰大杰克逊机场接待了大量来自美国其他城市的航班,成为了美国南部主要的航班中转站,机场提供飞往北美、南美、美国中部、欧洲、亚洲和非洲的航班服务,是国际乘客抵达美国的第七大入境机场。

2. 北京首都国际机场

北京首都国际机场(IATA 代码:PEK)是"中国第一国门",是中国最重要、规模最大、设备最先进、运输生产最繁忙的大型国际航空港,是中国的空中门户和对外交流的重要窗口。北京首都国际机场建成于 1958 年,目前拥有三座航站楼,两条 4E 级跑道,一条 4F 级跑道,长宽分别为 3800×60 米、3200×50 米、3800 米×60 米;是中国国内仅有的拥有 3 条跑道的国际机之一场。改革开放以来,随着中国经济的快速发展,并得益于北京得天独厚的政治、经济、文化和地理位置优势,北京首都国际机场的年旅客吞吐量从1978年的103万人次增长到2018年的10 098万人次,排名全球第2位,亚洲第1位。2018年货邮吞吐量达到207万吨,全球排名第16位。截至2018年12月,北京首都国际机场有国内(含地区)航点160个,国际航点136个,共开通国内航线132条、国际航线120条。中国有十多个汽车整车进口口岸,多为海港口岸,而北京首都国际机场是中国首家空港型整车进口口岸。北京天竺综合保税区管委会与相关部门,于2013年6月前完成有关部门对整车进口口岸的联合验收工作,使之投入运营。口岸建设仅涉及的设施投入资金就达到近10亿元人民币。消费者可直接在北京口岸办理各种手续并取车,不仅降低因中转环节产生的运费等各种成本,而且时间可减少一半以上。

3. 阿联酋迪拜机场

迪拜国际机场(IATA代码:DXB)是位于阿拉伯联合酋长国人口最多的城市、中东最富裕的城市、中东地区的经济和金融中心、阿联酋"贸易之都"——迪拜市以东4.6公里处的一座民用国际机场,归迪拜市政府所有,由迪拜机场公司运营管理,为迪拜市提供航空服务。在客运量方面,它是世界第三繁忙的机场,2018年旅客吞吐量达到8914万人次;在货运量方面,是世界第六繁忙的货运机场。此外,迪拜国际机场也是阿联酋航空公司的枢纽港,可起降目前所有的机型。它是中东地区重要的航空中途站之一,许多来往于亚洲、欧洲及非洲间的飞机中停于此。作为迪拜市主要的空中门户,迪拜国际机场主营国内、地区和国际定期的客货运航线,每日近300多个迪拜航班飞往世界各地,机场每年可容纳9000万人次的乘客。近年来,阿联酋迪拜政府已经开始在迪拜修建世界上规模最庞大的机场,投资330亿美元兴建的这座世界上最大的机场,起名为迪拜世界中央国际机场(Dubai World Central International Airport),将是全球最大、最先进的机场,建成后新迪拜国际机场的大小将同英国伦敦希思罗国际机场和美国芝加哥奥黑尔国际机场加起来一样大,它的总吞吐量是迪拜国际机场总吞吐量的10倍。

4. 美国洛杉矶机场(IATA代码:LAX)

洛杉矶机场建于1948年,是位于美国加利福尼亚州具有"天使之城""科技之城"和"名人之城"之称的洛杉矶市西南26公里处的一座民用国际机场,拥有4条跑道,1个主体航站楼,9个航厦排列成马蹄形,是美国西部最大的国际门户。洛杉矶国际机场紧邻太平洋,归洛杉矶市政府所有,由洛杉矶国际机场有限公司运营管理,为大洛杉矶地区提供航空服务。当地人一般皆以洛杉矶国际机场的代号"LAX"来称呼该机场。洛杉矶国际机场不但是加州最繁忙的客运机场,也是美国第三大机场。在客运量方面,它是世界第四繁忙的机场,2018年旅客吞吐量达到8753万人次;在货运量方面,是世界第十繁忙的机场,2018年货邮吞吐量为221万吨。往来洛杉矶国际机场的航班遍及北美洲、拉丁美洲、欧洲、中东、亚洲和大洋洲,机场有59家客运航空公司提供服务。洛杉矶国际机场是连接欧洲和部分岛屿国家,如斐济和新西兰的主要机场之一。该机场是阿拉斯加航空、美国航空、大湖航空、美国联合航空、维珍美国航空和阿特拉斯航空的枢纽机场。

5. 日本东京羽田机场

东京羽田航空港,即东京羽田国际机场(IATA代码:HND),又称东京国际航空港。位于东京市大田区东南端,多摩川河口的左岸,总面积408万平方米。与全国主要城市——札幌、福冈、大阪、广岛、那霸、青森等 37 个空港有航班往返。每天约有 230 个航班进出港,起落约 460 次。2018 年往来旅客人数约 8700 万人,占全国国内航空旅客人数的半数以上。此机场在二次世界大战前的国际线主要由日本航空输送及满洲航空负责营运,战后依然是东京唯一的国际空港,负责由世界各国飞来的国际线。但自 1978 年新东京国际机场(即现今的成田国际机场)启用后,现在基本只为国内线专用机场,在羽田机场起降的国际线只会以包机形式出现。羽田机场所获荣誉包括:2014 年,羽田机场被 Skytrax 评选为五星级机场(排名第一)以及世界最佳国内线机场(排名第一);2013 年、2014 年在清洁及舒适性方面被评为全球最佳,多年被评为世界百佳机场;2019 年 9 月 16 日,国际机场协会(ACI)发布了"2018 年全球机场客流量榜单",东京羽田国际机场位列第 5 名;2019 年 11 月,英国航空调查公司"Skytrax"公布的世界机场排行榜中,日本羽田机场入选五星级机场。

6. 美国芝加哥奥黑尔机场

奥黑尔国际机场(IATA 代码:ORD)是美国伊利诺伊州芝加哥市的主要机场,位于市中心西北 27 公里。曾经是世界上客流量最大的机场。1998 年后,亚特兰大哈兹菲尔德-杰克逊国际机场在客运流量上超过奥黑尔。目前,奥黑尔仍是世界上起降次数最多的机场。奥黑尔机场是美国第四大国际航空枢纽,排在肯尼迪国际机场、洛杉矶国际机场和迈阿密国际机场之后。奥黑尔机场是美国联合航空的第二大基地和中转枢纽,也是美国航空的第二大枢纽。作为全球最繁忙的机场之一,奥黑尔机场拥有 7 条跑道和 1 个庞大的整体式航站楼,主营国内、地区和国际定期的客货运航线,通航至全球各大洲各国和地区的主要城市,为全球超过 70 家航空公司提供服务。每天大概 2800 架次航班在这里起降,每年大约有 7200 多万名乘客经该机场来往穿梭于世界各地,2018 年的旅客吞吐量达到 8333 万人次。曾获得 2014 年的全球最繁忙的客货运机场头衔。

7. 英国伦敦希思罗机场

伦敦希思罗国际机场(IATA 代码:LHR)通常简称为希思罗机场,位于英国英格兰大伦敦希灵登区,离伦敦市中心 24 公里(15 英里)。伦敦希思罗国际机场由英国机场管理公司(BAA)负责营运,为英国航空和维珍航空的枢纽机场以及英伦航空的主要机场,为伦敦最主要的联外机场,也是全英国乃至全世界最繁忙的机场之一。希思罗机场分为四个航站,其中第四航站是英国航空公司的专用航站,其他三个航站通往世界各大城市。希思罗国际机场为全球 90 家航空公司所用,可飞抵全球 170 余个机场,2018 年旅客吞吐量已达 8012 万人次,由于机场有众多的跨境航班,因此以跨境的客流量计算,希思罗机场的跨境客流量是全球最高的。

8. 中国香港国际机场

中国香港国际机场(IATA 代码:HKG)是重要的国际客货运枢纽之一。位于中华人民共和国香港特别行政区新界大屿山赤鱲角,距香港市区 34 公里,为 4F 级国际民用国际机场;拥有两座航站楼,共有两条跑道,跑道长度为 3800 米;停机位 182 个;通航城市超过 220 个。拥有完善的货运设施,每年能够处理 300 万吨的货物,最终达到每年处理 900 万公吨的目标,而这些货运设施均以专营权或特许经营牌照方式批授予第三方服务商经营。中国香港国际机场世界最繁忙的航空港之一,全球超过 100 家航空公司在此运营,

2018 年旅客吞吐量位居全球第 8 位,货邮吞吐量 512.1 万吨,同比增长 1.7％,货邮吞吐量连续 20 年全球第 1 位。中国香港国际机场被 Skytrax 评为五星级机场,曾 8 度被评级为全球最佳,4 度被评级为中国最佳机场,连续 10 届获得最佳机场。

9. 上海浦东国际机场

上海浦东国际机场(IATA 代码:PVG)位于上海市浦东新区,距上海市中心约 30 公里,为 4F 级民用机场,是中国三大门户复合枢纽之一、长三角地区国际航空货运枢纽群成员、华东机场群成员、华东区域第一大枢纽机场、门户机场。现往来于上海的大部分国际航班都在浦东机场起降,亦有国内航班,而上海市的另一家机场——上海虹桥国际机场则以中国国内航线为主。上海浦东国际机场于 1999 年建成,2005 年 3 月 17 日第二跑道正式启用,2008 年 3 月 26 日第二航站楼及第三跑道正式通航启用,2015 年 3 月 28 日第四跑道正式启用。浦东机场有两座航站楼和三个货运区,总面积 82.4 万平方米,有 218 个机位,其中 135 个客机位,拥有跑道四条。浦东机场已吸引了 37 家航空公司在此运营全货机业务,全货机通航 31 个国家、112 个通航点,每周全货机起降近 1000 架次。2018 年,浦东机场年旅客吞吐量 7400 万人次,年货邮吞吐量 376.9 万吨,全球排名第三。

浦东国际机场的货物以出口产品为主,主要来自现有货运站受理的货物。其中,一个货运站由中国东方航空公司所属并经营,另一个由上海机场集团(51％)、汉莎航空货运公司(20％)和上海锦海捷亚国际货运有限公司(21％)合资组建的浦东国际机场货运站有限公司经营。浦东国际机场货运站有限公司成立于 1999 年,占地 14.7 万平方米,在陆运作业区和空运作业区共有 34 个装运平台。除此之外,浦东国际机场货运站公司还在航空作业区搭建了一处大棚区,用于存放更多的货物以减轻货运站内部的压力。

10. 法国巴黎夏尔·戴高乐机场

巴黎夏尔·戴高乐机场(IATA 代码:CDG),中文多简称为戴高乐机场,它是以法国第五共和国第一任总统夏尔·戴高乐的名字命名的。该机场是欧洲乃至世界主要的航空中心之一,是法国最大最主要的国际机场,也是达美航空的欧洲航空枢纽,是地中海航空、易捷航空和伏林航空服务的重点城市。戴高乐国际机场有三个航站楼,2 号航站楼专为法国航空公司建造,但现在也同样供其他航空公司使用,3 号航站楼主要接待包租飞机。欧洲总部云集巴黎,也为戴高乐机场带来了大量高质量的旅客和货物运输服务。有数据显示,巴黎机场服务地区创造了法国 GDP 的 30％,戴高乐机场是该地区具有竞争力的关键因素之一。基础设施方面,戴高乐机场与区域快铁(RER)系统以及高速铁路 TGV 系统相连,每小时可提供三或四班次列车前往巴黎市区。按提供的停机位数量计算,夏尔戴高乐机场以 235 个停机位在世界上排名第三。按提供的登机口数量计算,夏尔戴高乐机场以 210 个登机口在世界上排名第一。客运量方面,2018 年戴高乐机场以 7222 万人次旅客吞吐量排名欧洲第二,世界第十,货邮吞吐量 215.6 万吨,世界排名第 14 位,增幅达到 4.0％。

 【知识链接】

欧洲部分国家的 IATA 机场三字代码

机场三字代码简称"三字代码",由国际航空运输协会(International Air Transport

Association,IATA)制定。国际航空运输协会(IATA)对世界上的国家、城市、机场、加入国际航空运输协会的航空公司制定了统一的编码。在空运中以三个英文字母简写航空机场名,称"机场三字代码"或"三字代码"。

IATA 机场代码,它刊登在 IATA 机场代码目录中,是最常用的机场代码,多用于对公众的场合。机场代码一般原则是先注册,先使用,没有规划性。下表给出了欧洲部分国家的航空港三字代码以及运价。表 3-7 为欧洲部分国家的航空三字代码及运价。

表 3-7 欧洲航空港三字代码和空运价格

所属区域	国家名称	City Name	城市名称	三字码	45kgs	100kgs	300kgs	500kgs	1000kgs
欧洲	德国	Frankfurt	法兰克福	FRA	27.50	19.50	19.50	19.00	19.00
		Hamburg	汉堡	HAM	38.50	22.00	21.00	20.00	19.00
		Hanover	汉诺威	HAJ	28.00	16.30	15.30	13.80	13.80
		Breme	不来梅	BRE	28.50	21.00	19.00	17.00	16.00
		Berlin	柏林	BER/TXL	28.00	20.50	19.00	18.00	17.50
		Colonge	科隆	CGN	28.00	21.00	19.50	17.50	16.50
		Dusseldorf	杜塞尔多夫	DUS	28.00	16.30	15.30	13.80	13.80
		Dresden	德累斯顿	DRS	28.00	20.50	20.50	18.00	17.50
		Leipzig-Halle	莱比锡-哈勒	LEJ	28.00	19.50	19.00	17.00	16.50
		Munich	慕尼黑	MUC	28.00	16.30	15.30	13.80	13.80
		Munster	明斯特	FMO	28.00	20.50	19.50	18.50	18.50
		Nuremberg	纽伦堡	NUE	28.00	16.30	15.30	13.80	13.80
		Stuttgart	斯图加特	STR	28.00	16.30	15.30	13.80	13.80
欧洲	荷兰	Amsterdam	阿姆斯特丹	AMS	28.00	20.00	18.50	13.80	13.80
		Eindhoven	埃因霍温	EIN	28.00	21.00	19.50	17.00	16.50
		Maastricht	马斯垂克	MST	28.00	21.50	20.00	17.50	16.00
		Rotterdam	鹿特丹	RTM	28.00	19.70	19.7	17.00	16.00

资料来源:http://www.hlhkys.com 上海航领货物运输代理有限公司,并整理所得。

(四)中国著名航空港简介

航空运输在 20 世纪迅速崛起,是运输行业中发展最快的行业,在我国交通运输业中的地位日益增强。1990—2018 年,我国航空运输总周转量成倍增长,国际、国内航线形成了较密集的网络,定期航班航线由 437 条增加到 4945 条,年均增长 9.1%;定期航班航线里程从 50.68 万千米增加到 837.98 万千米,年均增长 10.6%;定期航班通航机场由 94 个增加到 233 个,年均增长 3.3%;民用飞机由 503 架增加到 6134 架,年均增长 9.3%。

改革开放以来,航空运输在我国国民经济建设和国际交往中作用日益明显。航空港是航空线的枢纽,具有执行客货运输业务和保养维修飞机、起飞、降落或临时使用的功能。一般习惯上把航空港统称为机场。机场不仅是航空枢纽,更是区域经济发展的助推器。根据不久前发布的《新时代民航强国建设行动纲要》,到 2035 年我国运输机场数量将达到 450 个左右,地面 100 公里覆盖所有县级行政单元,民航旅客运输量将占到全球四分之一。1978—2018 年,民航客运量由 231 万人增加到 61174 万人,占客运量的比例由 0.1% 提高到 3.4%;旅客周转量由 28 亿人千米增加到 10712 亿人千米,占旅客周转量的比例由 1.6% 提高到 31.3%;货运量由 6.4 万吨增加到 738.5 万吨,占货运量的比例由 0.002% 提高到 0.01%;货物周转量由 1.0 亿吨千米增加到 262.5 亿吨千米,提高到 0.13%。

据统计,机场每新增 10 万名旅客,将创造 800～1000 个工作岗位;每新增 10 万吨货物,将创造 800 个工作岗位。按此比例测算,2018 年我国机场客运量约可提供 48.9 万～61.1 万个工作岗位,货运量约可提供 5.91 万个工作岗位。其次,航空港与区域经济发展是相互促进的。依托民用航空业使人流、物流、信息流、资金流等要素迅速向机场周边聚集,逐渐形成航空经济这种新的经济形态。依据国际经验,航空经济是产业形态演变和运输方式变革的共同产物,它的出现表明一个国家或地区的经济发展达到了一定水平。表 3-8 给出了 2018 年我国内地十大集成旅客吞吐量和货邮吞吐量排名,可以看出在旅客吞吐量和货邮吞吐量前三名的都是北京首都机场、上海浦东机场、广州白云机场。

表 3-8　2018 年中国内地十大机场旅客吞吐量和货邮吞吐排名表

名次	机场	旅客吞吐量(万人次)	同比增速(%)	排名	货邮吞吐量(万吨)	同比增速(%)
1	北京/首都	10 098	5.4	2	207.4	2.2
2	上海/浦东	7400	5.7	1	376.8	−1.5
3	广州/白云	6972	5.9	3	189.1	6.2
4	成都/双流	5295	6.3	5	66.5	3.5
5	深圳/宝安	4935	8.2	4	121.8	5.1
6	昆明/长水	4709	5.3	8	42.8	2.5
7	西安/咸阳	4465	6.7	13	31.3	20.3
8	上海/虹桥	4363	4.2	9	40.7	−0.1
9	重庆/江北	4159	7.4	10	38.2	4.3
10	杭州/萧山	3824	7.5	6	64.1	8.7
总计		56 220	6.3			5.1

资料来源:中商情报网:http://www.askci.com

 【知识链接】

北京大兴国际机场

北京大兴国际机场,是建设在北京市大兴区与河北省廊坊市广阳区之间的超大型国际航空综合交通枢纽。作为献礼新中国成立70周年的国家标志性工程,北京大兴国际机场定位为辐射全球的大型国际枢纽机场,承载着推动京津冀协同发展的历史使命。

被誉为新世界七大奇迹之首的北京大兴国际机场于2019年9月25日正式通航,标志着该机场正式投入运营。机场建成后,将大大缓解北京首都国际机场面临的空域资源紧张局面。一直以来,首都机场有"两大难":由于空域资源紧张、航班时刻饱和,航空公司面临着"申请航线难、申请时刻难"困局。首都机场每天大约有300个飞行架次无法安排,每年近1000万人次的潜在需求被"拒之门外"。

两个机场,南北相对,可以实现空域优化。在跑道构型方面,新机场建设4条跑道,采用三纵一横"全向型"构型,这在国内尚属首次,如图3-2与图3-3所示。全向型跑道构型可节省飞机飞行时间,遇极端天气侧向跑道可提升机场运行能力。这种构型适合京津空中运行特点,为空管运行提供了多种可行方案,最大限度地利用了北京地区紧张的空域资源,减少航空器地面滑行时间。

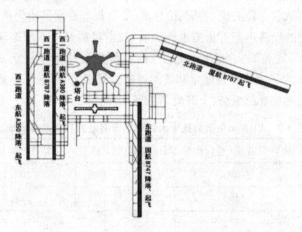

图 3-2　北京大兴机场三纵一横跑道分布图

图 3-3　北京大兴机场三纵一横跑道夜景图

"一市双场"乃至"一市多场",是全球民航大国航空运输发展的必然产物,包括美国芝加哥、洛杉矶、纽约,法国巴黎,英国伦敦,俄罗斯莫斯科,中国上海,韩国首尔和日本东京等。

20 年内全球范围规划新建设的最大机场中,包括阿联酋迪拜世界中心、土耳其伊斯坦布尔第三国际机场和北京大兴机场三大机场。中国是全球人口最多的国家,未来 20 年内将成为航空运输量第一航空大国,这是北京"一市双场"发展的最大动力。而"一市双场"模式的成功,归根结底要靠市场决定性作用与政府管理能力良性互动这一"中国优势"。

2019 年建成的部分为新机场一期,即:新机场北航站楼,满足年吞吐量 4500 万人次的需求,一期完成后二期将同步开建,于 2025 年达到 7200 万人次的吞吐量。但在短期内,该机场无法超越北京首都国际机场。长期来看,该机场距离市区更远,未来一定是主营国际航班,因此,远期吞吐量将超越首都机场。

三、保税区

保税区与经济特区、经济技术开发区等特殊区域一样,都是经国家批准设立的实行特殊政策的经济区域。改革开放以来,中国各地区政府为了加快本区经济发展,纷纷开展各类经济区建设活动。保税区作为我国对外开放的门户,也成为诸多具备相应条件的地方政府提升区域经济的首选。以免证、免税、保税政策开发的保税区,极大地影响着各地经济的启动,并成为国内外经济交通的窗口,创造了诸多地方经济奇迹和财富神话。

(一)保税区的定义及特点

1. 保税区的定义

保税区也称保税仓库区,级别低于综合保税区。这是一国海关设置的或经海关批准注册、受海关监督和管理的可以较长时间存储商品的特殊区域。是经国务院批准设立的、海关实施特殊监管的经济区域。我国最早设置的保税区是 1990 年建立的上海外高桥保税区。按我国规定,建立保税区需经国务院批准,保税区与中华人民共和国境内的其他地区(非保税区)之间,应设立符合海关监管要求的隔离设施,并由海关实施封闭式管理。目前,国务院已批准建立了上海、天津、大连、张家港、宁波、福州、厦门、青岛、广州、珠海、深圳(沙头角、福田、盐田)、汕头及海口等 15 个保税区,主管部门是海关总署。十多年来,全国 15 个保税区的保税仓储、转口贸易、商品展示功能有了不同程度的发展,具备了一定规模的国际物流基础。到 2013 年底国务院正式批准的全国综合保税区共 33 家。保税区的功能定位为"保税仓储、出口加工、转口贸易"三大功能。保税区具有进出口加工、国际贸易、保税仓储商品展示等功能,享有"免证、免税、保税"政策,实行"境内关外"运作方式,是中国对外开放程度最高、运作机制最便捷、政策最优惠的经济区域之一。

2. 保税区的特点

保税区一般建立在具有优良国际贸易条件和经济技术较为发达的港口地区,国家建立保税区的目的是通过对专门的区域实行特殊政策,吸引外资,发展国际贸易和加工工业,以促进本国经济。在国际上与保税区具有类似经济功能的有"自由港""自由贸易区""出口加工区"等,这些特殊区域尽管名称各异,各国对其实行的管理措施也各不相同,但其具有的两个基本特点是相同的,即"关税豁免"和"自由进出"。保税区作为这种特殊经济区域的一种形式,也具备这两个基本特点。

(1) 关税豁免

关税豁免即对从境外进口到保税区的货物以及从保税区出口到境外的货物均免征进出口关税。这是世界各国对特殊经济区域都实行的优惠政策,目的是吸引国内外厂商到区内开展贸易和加工生产。我国保税区的税收优惠政策也与国际上通常做法基本一致。

(2) 自由进出

自由进出即对保税区与境外的进出口货物,海关不做惯常的监管。这里的"惯常监管"是指国家对进出口的管理规定和进出口的正常海关手续。由于国际上将进入特定区域的货物视为未进入关境,因此可以不办理海关手续,海关也不实行监管。我国保税区根据本国情况,对进出保税区货物参照国际惯例,大大简化了进出货物的管理及海关手续。

(二) 保税区有关管理规定

1. 进出口税收方面

从境外进入保税区的货物,除法律、行政法规另有规定外,其进口关税和进口环节税的征免规定为:

(1) 保税区内生产性的基础设施建设项目所需的机器、设备和其他基建物资,海关予以免税。

(2) 保税区内企业自用的生产、管理设备和自用合理数量的办公用品及其所需的维修零配件,生产用燃料,建设生产厂房、仓储设施所需的物资设备,予以免税。

(3) 保税区行政管理机构自用合理数量的管理设备和办公用品及其所需的维修零配件,予以免税。

(4) 保税区内企业为加工出口产品所需的原材料、零部件、元器件、包装物料,海关予以保税。

(5) 上述第(1)至(4)项范围以外的货物、物品从境外进入保税区,海关依法征税。保税区内企业加工的制成品运往境外,除法律、行政法规另有规定外,免征出口关税。转口货物和在保税区内储存的货物,海关按保税货物管理。

2. 进出口许可证方面

(1) 从境外进口供保税区内使用的机器设备、基建物资等,免领进口许可证。

(2) 为加工出口产品所需进口的料件以及供储存的转口货物,免领进口许可证。

(3) 保税区内加工产品出口,免领出口许可证。

3. 保税区人员居住方面

保税区内仅设立行政管理机构及有关企业。除安全保卫人员外,其他人员不得在保税区内居住。在保税区内设立国家限制和控制的生产项目,须经国家规定的主管部门批准。

4. 货物进出方面

国家禁止进出口的货物、物品不得运入、运出保税区,其目的在于销往境内非保税区的货物不得运入保税区。

5. 汽车进口方面

除国家指定的汽车进口口岸的保税区(天津、大连、上海、广州、福田)外,其他保税区均不得允许运进转口方式的进口汽车,对保税区内企业自用的汽车,也应由指定的口岸办理进口手续。

6. 特殊产品管理方面

保税区内设立生产受被动配额许可证管理的纺织品和可生产化学武器的化学品、化学武器关键前体、化学武器原料及易制毒化学品等商品的企业时,应报国家主管部门批准。产品出境时,海关一律凭出口许可证验放。

7. 激光光盘管理方面

保税区内设立生产激光光盘的企业,应报国家主管部门批准,海关按现行对该行业的监管规定管理。

(三)保税区货物的进出

1. 保税区单位注册和运输工具备案

(1)保税区内设立的企业(包括生产企业、外贸企业、仓储企业等)及行政管理机构,须经所在地人民政府或其指定的主管部门批准,并持有关批准文件、工商营业执照等有关资料向保税区海关机构办理注册登记手续。

(2)进出保税区的运输工具(指专门承运保税区进出口货物的运输工具和区内企业、机构自备的运输工具)须经所在地人民政府或其指定的主管部门批准,并由运输工具负责人、所有人或其代理人持有关批准证件及列明运输工具名称、数量、牌照、号码和驾驶员姓名的清单,向保税区海关机构办理登记备案手续。海关核准后,发给《准运证》。保税区外其他运输工具进出保税区时,应向海关办理临时进出核准手续。

2. 保税区与境外之间进出货物的申请

(1)保税区与境外之间进出的货物,改变传统的单一报关方式,海关实行备案制与报关制相结合的申报方式。

(2)对保税区内加工贸易企业所需进境的料件、进境的转口货物、仓储货物以及保税区运往境外的出境货物,进出境时实行备案制。由货主或其代理人填写《中华人民共和国海关保税区进(出)境货物备案清单》,向保税区海关机构备案。

(3)对保税区内进口自用合理数量的机器设备、管理设备及办公用品,以及工作人员所需自用合理数量的应税物品,实行报关制。由货主或其代理人填写《中华人民共和国海关进(出)口货物报关单》向保税区海关机构申报。

3. 保税区与非保税区进出货物

海关对保税区与非保税区之间进出的货物,按国家有关进出口管理规定实行监管。从保税区进入非保税区的货物,按进口货物办理手续。从非保税区进入保税区的货物,按出口货物办理手续,出口退税按国家有关规定办理。

(1)从非保税区(指我国境内的保税区以外的其他地区)运入保税区的供加工生产产品用的货物(原材料、零部件、元器件及包装物料等),视同出口。有关发运企业或其代理人应向保税区海关机构或其主管海关办理申报出口手续,填写出口货物报关单,提供有关单证。属国家许可证管理商品,还应提交出口许可证。属应征出口税商品,应缴纳出口关税。海关审核无误后,验放有关货物,运入保税区。

(2)从非保税区运入保税区供区内企业、机构自用的机器设备、管理设备及其他物资,由使用企业或机构向保税区海关机构申报,填写运入货物清单,经海关核准验放后运入保税区。

（3）从非保税区运入保税区的已办妥进口手续的进口货物，原已征进口税款，不予退税。

（4）从非保税区运入保税区委托区内生产企业加工产品的货物，生产企业应事先持委托加工合同向保税区海关办理登记备案手续，凭海关核准的登记备案手续向保税区海关机构申报运入区内。委托加工货物需在合同期限内加工产品返回非保税区，并在海关规定期限内向保税区海关机构办理委托加工合同核销手续。

（5）从保税区运出销往非保税区的货物，视同进口。由发货人或其代理人向保税区海关机构办理进口申报手续，填写进口货物报关单，属国家实行配额、许可证、特定登记进口、机电产品管理及其他进口管理的商品，应提供配额证明、进口许可证或其他有关批件，并交纳进口关税和进口环节增值税、消费税，海关审核无误后，验放有关货物运出保税区。

（6）保税区内生产企业将进口料件加工产品运出销往非保税区时，企业或其代理人应向保税区海关机构办理进口申报手续，填写进口货物报关单，提供有关许可证等进口批件，补交所使用的进口批件的进口关税和进口环节增值税、消费税。如对产品中所含进口料件品名、数量、价值申报不清的，则应按制成品补缴税款。

（7）保税区内生产企业将进口料件运往非保税区委托加工产品时，生产企业应事先持委托加工合同向保税区海关机构办理登记备案手续，凭海关核准的登记备案手续向保税区海关机构申报运出区外。委托非保税区企业加工的期限为 6 个月，因特殊情况向海关申请延期的，延期期限不得超过 6 个月。在非保税区加工完毕的产品应运回保税区，并在海关规定期限内向保税区海关机构办理委托加工合同核销手续。保税区与非保税区的区别如表 3-9 所示。

表 3-9　保税区与非保税区的区别

项目	保税区	非保税区
海关管理	实行保税制度，货物从境外运入保税区或从保税区运往境外，免进口税，免许可证。	只是对保税仓库或保税工厂实行保税制度。
	货物从保税区运往国内非保税区，视同进口；货物从国内非保税区运入保税区，视同出口。	国外货物到达口岸后必须办理进口手续；国内货物离开口岸必须办理出口手续。
	区内企业与海关实行电脑联网，货物进出采取 EDI 电子报关。	只有少数大企业实行 EDI 电子报关。
	以《保税区海关监管办法》为法规保障。	
外汇管理	外汇收入实行现汇管理，既可以存入区内金融机构，也可以卖给国内指定银行。	经常性外汇收入实行强制结汇，外汇必须卖给指定银行。
	无论是内资企业，还是外商投资企业，均可以按规定开立外汇账户；不办理出口收汇和进口付汇核销手续。	内资企业未经批准不得保留外汇账户；企业必须办理出口收汇和进口付汇核销手续。
	经常项目下的外汇开支，中资企业和外商投资企业实行统一的管理政策，由开户银行按规定办理。	内资企业在结、售汇等方面都与外商投资企业有区别。
	以《保税监管区域外汇管理办法》为法规保障。	

四、出口加工区

(一)出口加工区的发展演变

出口加工区是指专为发展加工贸易而开辟的经济特区。出口加工区的产生和发展是国际分工的必然结果,是全球经济一体化的重要表现。第二次世界大战后,西方工业国家的经济出现了相对稳定的发展时期,特别是科学技术的巨大进步,使西方工业国家的生产力和对外贸易空前发展,并导致了资本与技术过剩。同时,国际分工从过去的产业间分工发展为产业内部的分工,劳动密集型产业从发达国家逐步向发展中国家(地区)转移。一些工业发达国家和地区从输出商品到输出资本,进而发展到在东道国开办工厂。

20世纪60年代前后,不少发展中国家(地区)大力发展出口加工制造业,以增加外汇收入,出口加工区由此应运而生。1959年,爱尔兰在香农国际机场创建了世界上第一个出口加工区,中国台湾高雄在60年代建立出口加工区。此后的40多年来,出口加工区在全球遍地开花,成为所在国或地区吸引外资最多、对外贸易最为活跃的区域,有力地促进了各国或地区经济的发展。出口加工区一般选在经济相对发达、交通运输和对外贸易方便、劳动力资源充足、城市发展基础较好的地区,多设于沿海港口或国家边境附近。

20世纪80年代以来,全球出口加工区出现了新的发展趋势。部分出口加工区的出口加工业由劳动密集型转向技术密集型,纷纷建立新的技术型的出口加工区。部分出口加工区的企业和高等院校、科研机构密切结合,形成雄厚的科技力量,以科技为先导,大力开发技术、知识密集型的新兴产业和高附加值的尖端产品,成为引起世界瞩目的知识型出口加工区——科学工业园区。科学工业园区同出口加工区一样,通过划出一个地区,提供多方面的优惠待遇,吸引外国的资本和技术,但其从事的是高技术产品的研制,促进技术、知识密集型产品的发展和出口。

2000年4月,为进一步促进我国加工贸易健康发展,规范管理,带动区域经济发展,国务院批准设立了大连、天津、上海松江和江苏昆山等15个出口加工区。经过多年的发展,我国出口加工区加工贸易成功走出了一条具有中国特色的发展道路,出口加工区发展到了63个,分布在23个省(自治区、直辖市),形成了以长江三角洲地区为主,珠江三角洲和环渤海地区为辅,兼顾东北和中西部地区中心城市的格局。我国出口加工区发展最快最好的是长江三角洲地区,主要是上海(6个)、江苏(16个)和浙江(4个),占全国63个国家级出口加工区的四成多,尤其是江苏,占比超过四分之一。其中,西藏、宁夏、甘肃、青海、黑龙江、贵州和海南没有国家级出口加工区。

(二)我国出口加工区的特点

出口加工区是实行全封闭、卡口管理的海关特殊监管区。出口加工区与境外之间进、出的货物,除国家另有规定外,不实行进出口配额、许可证件管理。国家禁止进、出口的商品,不得进、出出口加工区。出口加工区外禁止开展的加工贸易业务也不得在出口加工区内开展,法律、法规另有规定的除外。规定出口加工区内不得开展拆解、翻新业务。出口加工区的基本政策是按照"境内关外"的思路进行设计的。其主要特点如下:

1. 硬件建设规范、统一,设施先进

出口加工区实行统一规划,分期开发。已验收的区块,基础设施完备,为入区投资者提供了良好的条件。出口加工区的监管设施技术先进,为既要高效快捷运行又能实现有效监管提供了充分的保障。比如在货物进、出通道卡口安装集装箱和车牌识别系统、电子地磅及电子闸门放行系统,大大提高了卡口的通关效率。在出口加工区海关建立计算机局域网系统,可实行计算机联网管理和无纸化报关,既简化了手续,又保证了严密监管。

2. 管理和运行,有较健全的法规,可实现规范管理和依法行政

国务院批准实施的《中华人民共和国海关对出口加工区监管的暂行办法》,对出口加工区的性质、功能、实行的主要政策,出口加工区与境外、区外及区内货物监管等都做了明确规定。为进一步加强出口加工区的法制建设,国务院法制办已将《出口加工区条例》列入立法计划,有关部门正在进行调研起草。

3. 实行一系列税收、外汇管理等优惠政策

中国加入世贸组织后,按世贸组织规则办事,只有出口加工区和保税区在特定区域中实行进口税收优惠政策。这些政策的要点是:区内生产性的基础设施建设项目所需的机器、设备和建设生产厂房,仓储设施所需的基建物资,予以免税;区内企业生产所需的机器、设备、模具及其维修用零配件,予以免税;区内企业为加工出口产品所需的原材料、零配件、元器件、包装物料及消耗性材料,予以保税;区内企业和行政管理机构自用合理数量的办公用品,予以免税;国家对区内加工产品不征收增值税;从区外进入加工区的货物视同出口,区外企业可凭有关单证向税务机关申请办理出口退税;区内企业收付汇手续较区外企业简便。区内机构的所有外汇收入均可以存入外汇账户,所有外汇支出均可以从外汇账户支付。出口收汇和进口付汇均不需办理核销手续。这些政策使得区内生产的出口产品不含有任何税赋。

4. 货物通关最快捷,对企业的管理手续最简便

海关对出口加工区内企业的加工贸易管理模式进行了重大改革。货物进出出口加工区,企业只需在加工区海关"一次申报",海关"一次审单、一次查验"即可放行。有的出口加工区卡口,在货物进出上,已实现了视同于口岸的延伸(如上海松江、大连等出口加工区)。区内企业免设保证金台账,取消登记手册,通过计算机联网,实现了无纸报关。区内企业从事加工贸易的审批和管理手续极为简便,为提高企业在国际市场上的竞争能力创造了非常有利的条件。

5. 有特定功能,进区企业是有条件

出口加工区是一个有特殊功能的区域,不可能包罗万象。入区的企业必须具备两个条件,即:企业类型必须是生产加工型的(或为其服务的仓储企业、运输企业);企业生产的产品必须是面向国际市场、以出口为主的。而且主要有以下几类:产品在国际市场竞争激烈、接到订单后要求在很短期间内交货的企业;原材料、零部件品种繁多,单耗核定复杂的企业;出口产品的龙头企业;产品总装在加工区,配套在区外的企业。

6. 企业加工产品可部分内销

在出口加工区监管办法中,没有不允许内销的规定。由出口加工区运往区外的货物即为进口,要按规定办理进口报关手续,按进口状态征税,如属许可证管理商品还应向海关出具有效证件。区内所有生产要素(厂房、设备、材料等)都是不含税的,从进出口税收角度讲,与在海关关境之外生产的产品是一样的,内销时理所当然要像进口一样征税和管理。

7. 实现加工贸易规范管理

由于加工贸易范围广泛,几乎涉及海关税则所列的所有大类商品,再加上各地经济发展和产业结构的差异,加工贸易的规模大小、产业结构、具体形式各不相同,因此海关的管理难度也是很大的。海关监管有一条基本原则是既要做到严密有效监管,又要最大限度简化手续,达到高效快捷。出口加工区就是能够实现这二者结合的一种很好的管理模式。在管理的严密性、规范性以及最大限度抑制走私行为发生方面,是任何其他管理方式都无法相比的,同时又是手续最简便、通关最快捷、管理最宽松的监管方式。在经济全球化和国际市场剧烈竞争的形势下,出口加工区可以成为促进加工贸易健康发展、提高企业在国际市场上竞争能力的非常有效的措施和手段。

(三)出口加工区向综合保税区的转型升级

随着国际金融危机深入,世界经济发展严重受阻,贸易壁垒日渐频繁,劳动力成本逐步提高,我国出口加工区加工贸易的国际分工层次低、企业大多受控于外方、来自周边国家竞争压力加大等弊端也逐渐暴露。为保持我国出口加工区加工贸易良好的发展势头,扩大区内高技术高附加值产品加工贸易所占的比例,全面提高产品出口竞争力,我国出口加工区加工贸易客观上应进入转型升级阶段,必须随着资金、技术优势的逐步积累和关联产业的形成与发展,在全球化产业链条中由零部件的生产和出口,渐次向中间产品、整件产品的生产和出口阶段提升。

出口加工区的设立初衷主要是开展两头在外的出口加工制造等保税加工业务,同时兼顾一定的保税物流、保税服务功能,其功能相对单一,当前已经不能满足部分企业的快速发展要求。2015 年 8 月 28 日,国务院办公厅印发了《国务院办公厅关于加快海关特殊监管区域整合优化方案》(国办发〔2015〕66 号,以下简称《方案》),全面系统部署海关特殊监管区域整合优化工作。《方案》提出要将符合条件的海关特殊监管区域逐步整合为综合保税区,对新设海关特殊监管区域统一命名为综合保税区。《方案》提到的"海关特殊监管区域"包括六大类:保税区、出口加工区、保税物流园区、保税港区、综合保税区和跨境工业区。其中,出口加工区又是数量最多,但是功能较为单一的海关特殊区域。根据《方案》的要求,63 个出口加工区中的一部分已经转型为"综合保税区"。比如:国务院国函〔2015〕13 号文件批复同意江苏省吴中、吴江、常州、常熟、镇江、武进和浙江省嘉兴出口加工区整合优化为综合保税区;国务院国函〔2016〕22 号文批复同意泉州出口加工区整合优化为综合保税区;国务院国函〔2016〕92 号文件正式批复同意威海出口加工区整合优化为威海综合保税区等。

出口加工区升级为综合保税区后,不仅可以吸引更多数量和类型的企业入驻,而且在开放层次、政策优惠、产业政策方面,入区企业可以得到更多实惠。入区企业在区内可以开展加工制造、研发、维修、检测、物流、贸易、保税仓储、国际中转、配送、商品展示等多项业务,有助于区内企业由原来的纯加工制造销售向区域性总部、售后服务、贸易展示等高附加值、高技术含量的产业端延伸,进一步提升外向型经济发展的综合竞争力。

【知识链接】

从出口加工区到综合保税区转型升级

2019年3月,上海首批获得国务院批准转型的海关特殊监管区域漕河泾和奉贤综合保税区正式揭牌。随着国家新政的落地,综保区在助力上海扩大对外开放、培育外贸竞争新优势和外向型经济提质升级中发挥重要作用。

海关特殊监管区域(以下简称"特殊区域")是经国务院批准,设立在中华人民共和国关境内,赋予承接国际产业转移、连接国内国际两个市场的特殊功能和政策,由海关为主实施封闭监管的特定经济功能区域。在我国对外开放过程中,保税加工贸易的发展是其中一个重要的形态,特殊区域正是承载了企业的各类保税需求,其发展受到了广大进出口企业的普遍欢迎,在我国对外开放当中发挥了积极作用。

从1990年开始,国家先后推出六种形态的特殊区域,从最早的保税区设立到后来的出口加工区、保税物流园区、保税港区以及综合保税区和跨境工业区等六种类型的特殊区域。现在的综合保税区是特殊区域的最高形态,是我国开放层次最高、优惠政策最多、功能最齐全、手续最简化的特殊区域。截至2018年底,我国已批准设立140个特殊区域,特殊区域以占二万分之一的国土面积,实现了六分之一的外贸总量,足以说明它的贡献和作用。

2019年初,国务院印发了《国务院关于促进综合保税区高水平开放高质量发展的若干意见》(以下简称《若干意见》)。《若干意见》为特殊区域特别是综保区发展指明了方向,即培育综合竞争新优势,发展成为具有全球影响力和竞争力的加工制造中心、研发设计中心、物流分拨中心、检测维修中心、销售服务中心等"五大中心"。上海市认真贯彻落实国家战略,积极推进特殊区域转型升级和综合保税区发展,目前,漕河泾综合保税区、奉贤综合保税区已完成转型。

从上海地区来看,自1990年我国首个特殊区域上海外高桥保税区成立,上海地区先后设立了5类10个特殊区域,目前总验收面积38.786平方公里,分别是:1个保税区(外高桥保税区),4个出口加工区(松江、金桥、青浦、嘉定出口加工区),1个保税物流园区(外高桥保税物流园区),1个保税港区(洋山保税港区)和3个综合保税区(浦东机场、漕河泾、奉贤综合保税区)。

漕河泾综合保税区挂牌运作,将提升临港浦江国际科技城的园区品质。有利于园区统筹国际和国内两个市场,向保税加工、保税展示、保税物流、保税服务等多元化方向发展。也将助力临港浦江国际科技城在"先进制造、生命健康、文化创意、电子商务、检验检测"等方面打造特色产业集群。奉贤综合保税区的特色和产业发展定位是打造全国一个以美丽健康为主导的综合保税区。奉贤综保区在原有基础上叠加保税区、保税物流园区、保税物流中心(B型)的核心政策和功能,实质扩大了出口加工区入区企业的经营范畴。

资料来源:网易新闻 http://dy.163.com.

五、自由贸易区

(一) 自由贸易区的内涵

自由贸易区(Free Trade Area / Free Trade Zone)有"大区"和"小区"两个概念之分,

都是按照国际惯例设立的。一个是 FTA(Free Trade Area)，另一个是 FTZ(Free Trade Zone)。由于按其字面意思中文翻译都一样，常会造成理解和概念上的混乱。现实中学术界和有关方面经常混淆使用的一对概念是一字之差的"自由贸易区"和"自由贸易园区"。

"自由贸易区"(Free Trade Area，FTA)源于 WTO 有关"自由贸易区"的规定，最早出现在 1947 年的《关税与贸易总协定》，它是指两个以上的主权国家或单独关税区通过签署协定，在世界贸易组织最惠国待遇基础上，相互进一步开放市场，分阶段取消绝大部分货物的关税和非关税壁垒，改善服务和投资的市场准入条件，从而形成的实现贸易和投资自由化的特定区域。

目前，世界上已有欧盟、北美自由贸易区等 FTA，还有中国—东盟自由贸易区也是典型的 FTA。迄今，我国已与东盟、巴基斯坦、智利、新西兰等签署自由贸易协定，从而建立起了涵盖我国和对方全部关税领土(注：我国关税领土不含香港、澳门和台湾地区)的"自由贸易区"。

目前中国在建自贸区(FTA) 19 个，涉及 32 个国家和地区。其中，已签署自贸协定 14 个，分别是我国与东盟、新加坡、巴基斯坦、新西兰、智利、秘鲁、哥斯达黎加、冰岛、瑞士、韩国和澳大利亚的自贸协定，内地与香港地区、澳门地区的更紧密经贸关系安排(CEPA)，以及大陆与台湾地区的海峡两岸经济合作框架协议(ECFA)。

"自由贸易园区"(Free Trade Zone，FTZ)来源于世界海关组织的前身——海关合作理事会所解释的"自由区"。该组织于 1973 年 5 月 18 日在日本京都签署《京都公约》(全称是《关于简化和协调海关制度的国际公约》)。作为全球唯一全面规范海关制度和做法标准的国际性法律文件，按照《京都公约》的解释："自由区(Free Zone)是指缔约方境内的一部分，进入这一部分的任何货物，就进口税费而言，通常视为在关境之外，并免于实施通常的海关监管措施。"

自由贸易园区可理解为在某一国家或地区境内设立的在货物监管、外汇管理、税收政策、企业设立等领域实行特殊关税管理体制和特殊政策的特定区域。其特点是一个关境内的一小块区域，是一个主权国家(地区)的行为，一般需要进行围网隔离，且对境外入区货物的关税实施免税或保税。目前在许多国家境内单独建立的自由港、自由贸易区都属于这种类型。如德国汉堡自由港、巴拿马科隆自由贸易区，以及中国的上海、天津、广东、福建四个自贸区都是典型的 FTZ。

本章节主要介绍自由贸易区(FTA)，自由贸易园区(FTZ)的相关内容在本书的后续章节进行介绍。表 3-10 为两者的差异与相同对比。

表 3-10　FTA 与 FTZ 的差异与相同对比

		FTA	FTZ
差异	设立主体	多个主权国家(或地区)	单个主权国家(或地区)
	区域范围	两个或多个关税地区	一个关税区内的小范围区域
	国际惯例依据	WTO	WCO
	核心政策	贸易区成员之间贸易开放、取消关税壁垒，同时又保留各自独立的对外贸易政策	海关保税、免税政策为主，辅以所得税税费的优惠等投资政策
	法律依据	双边或多边协议	国内立法
相同		两者都是为降低国际贸易成本，促进对外贸易和国际商务的发展而设立的	

(二)世界自由贸易区的分布

据统计,全世界目前大约有各种形式、各种名称的自由贸易区 700 多个,遍及 5 大洲 100 多个国家和地区。

1. 欧洲的自由贸易区

欧洲已有 20 多个国家和地区设立了 100 多个自由贸易区,其中以南欧、中欧、西欧最为集中,东北欧的密度较低。南欧的西班牙最多,为 18 个。中欧的瑞士有 28 个自由贸易区。西欧的英国、法国、德国、爱尔兰和荷兰共设有 24 个。

2. 美洲的自由贸易区

北美洲以美国设立最多,到 1990 年已超过 200 个,遍及全国各个地区。拉丁美洲的自由贸易区基本上呈从南到北的线状分布,到目前为止已发展到 26 个国家共 100 多个自由贸易区。其中较为成功的主要有巴西的马瑙斯自由贸易区、墨西哥的下加利福尼亚自由贸易区、巴拿马的科隆自由贸易区和海地的太子港自由贸易区等。在拉美国家中墨西哥设立的自由贸易区最多。

3. 亚洲的自由贸易区

世界上的自由贸易区集中在亚太地区,其中东盟地区(菲律宾、马来西亚、新加坡、印度尼西亚和泰国等)的自由贸易区密度很高,在世界自由贸易区中占有重要地位。

4. 非洲的自由贸易区

自 20 世纪 70 年代以来,非洲已有 20 多个国家设立了 130 多个自由贸易区,主要集中在毛里求斯、突尼斯和埃及 3 个国家。

5. 大洋洲的自由贸易区

1986 年 6 月澳大利亚政府在达尔文市创办了大洋洲第一个自由贸易区。1988 年,斐济宣布设立自由贸易区。自由贸易区在大洋洲正处于日益发展之中。

我国的自由贸易区起步较晚,改革开放以来相继建立了经济特区、经济技术开发区等,但这些区域在运作和形式上与国际上通行的自由贸易区还有很大差别。1990 年,我国开始设立严格意义上的保税区,现已发展到了 15 个。根据党中央和国务院的战略部署,上海国际航运中心将在 2020 年建成。而上海航运中心建设的重要内容就是建设上海的自由港——芦洋航运特区,其特征是拥有能够全天候接纳第五、第六代集装箱船舶的深水航道与深水泊位,并要建成亚洲一流的航运交易中心、航运信息中心和亚洲最大的物流转运中心。

(三)自由贸易区的一般规定

许多国家对自由贸易区的规定大同小异,归纳起来,主要有以下几点:

1. 关税方面的规定

对于允许自由进出自由贸易区的外国商品,不必办理报关手续,免征关税。少数已征收进口税的商品如烟、酒等再出口,可退还进口税。但是,如果港内或区内的外国商品转运入所在国的国内市场销售,即必须办理报关手续,缴纳进口税。这些报关的商品,既可以是原来货物的全部,也可以是一部分;既可以是原样,也可以是改样;既可以是未加工的,也可以是已加工的。有些国家对在港内或区内进行加工的外国商品往往有特定的征税规定。例如美国政府规定,用美国的零配件和外国的原材料装配或加工的产品进入美国市场时,只对该产品所包含的外国原材料的数量或金额征收关税。同时,对于该产品的增值部分也可免征关税。又如奥地利政府规定,外国商品在其自由贸易区内进行装配或加工后,商品增值 1/3 以上者,即可取得奥地利原产地证明书,可免税进入奥地利市场。增值 1/2 以上者,即可取得欧洲自由贸易联盟原产地证明书,可免税进入奥地利市场和其他欧洲自由贸易联盟成员国市场。

2. 业务活动的规定

对于允许进入自由贸易区的外国商品,可以储存、展览、拆散、分类、分级、修理、改装、重新包装、重新贴标签、清洗、整理、加工和制造、销毁、与外国的原材料或所在国的原材料混合、再出口或向所在国国内市场出售。

由于各国情况不同,有些规定也有所不同。例如在加工和制造方面,瑞士政府规定除存在区内的外国商品不得进行加工和制造,如要从事这项业务,必须取得设立在伯尔尼的瑞士联邦海关厅的特别许可,方可进行。但是,在第二次世界大战后,许多国家为了促进经济与对外贸易的发展,都在放宽或废除这些规定。

3. 禁止和特别限制的规定

许多国家通常对武器、弹药、爆炸品、毒品和其他危险品,以及国家专卖品如烟草、酒、盐等禁止输入或凭特种进口许可证才能输入。有些国家对少数消费品的进口要征收高关税。有些国家规定对某些生产资料在港内或区内使用也应缴纳关税,例如意大利规定在的里雅斯特自由贸易区内使用的外国建筑器材、生产资料等也包括在应征收关税的商品范围之内。此外,有些国家如西班牙等,还禁止在区内零售。

第三节　岗位技能与实践

一、岗位技能实训项目:查询各大船公司的基本港

● 实训目的

锻炼学生动手查阅资料能力,综合运用所学过的知识,加强对国际物流网络节点的认识,掌握欧洲海运基本港及船期时间等。

● 实训内容

1. 工作情景

深圳福海国际货运代理有限公司的业务员小王主要负责开拓欧洲货运市场。小王最近接到客户的电话咨询,咨询从深圳海运到欧洲,有哪些基本港?主要由哪些船公司承运?并请小王整理一份欧洲基本港的资料表邮件发送给他们参考。

2. 实训任务

查阅资料,了解各主要船公司的欧洲基本港资料,并整理成一份表格:欧洲海运基本港简表。(要求以某个具体的口岸为例,包含船公司及这些船公司发往欧洲基本港的船期时间等信息)

3. 实训教学建议

(1) 教学方法

多媒体演示＋实践操作

(2) 教学课时

实践学时:2课时

(3) 教学过程

这个模块的知识可以部分课堂讲解,部分布置学生课后查找相关资料完成实训任务。上课时,首先由教师介绍任务情境,进行任务描述,提出完成任务的目标和要求。学生课外完成实训任务后,可以视情况在课堂上进行现场展示。

4. 实训成果

欧洲海运基本港简表(各常见的船公司)。

二、岗位技能实训项目:查找与整理航空港三字代码

● 实训目的

锻炼学生自己的动手查阅资料能力,提高综合运用所学过的知识,加强对国际物流网络节点的认识。

● 实训内容

1. 工作情境

小张是某国际物流公司的新员工,主要负责国际航空货运的业务开拓。最近小张接到客户电话,客户有一批货物要空运往美国,想要了解发往美国的航班路线。于是,小张把此事转告部门经理,部门经理忙不过来,给了他一份国际空运的航班时刻表,让小张自己处理此事。小张拿到航班时刻表一看,里面全是各国家的航空三字代码和路线,瞬间傻眼。于是,小张决定恶补该知识,尽快给客户选择一条合适的航空路线。

2. 实训任务

查阅资料,查找美国主要航空港的三字代码及名称,并整理成一份美国主要空港三字代码表。(提示:可以上机场网站、航空公司网站、上海航领货物运输代理有限公司网站、锦程物流网等网站查询)

3. 实训教学建议

(1) 教学方法

多媒体教学＋实践操作

(2) 教学课时

实践学时:2课时

(3) 教学过程

这个模块的知识可以部分课堂讲解,部分布置学生课后查找相关资料完成实训任务。上课时,首先由教师介绍任务情境,进行任务描述,提出完成任务的目标和要求。学生课外完成实训任务后,可以视情况在课堂上进行现场展示。

4. 实训成果

美国主要航空港的三字代码表。

本 章 小 结

本章第一部分主要介绍国际物流网络与国际物流节点的内涵,以及口岸的概念与分类;第二部分主要讲述国际港口、国际航空港、保税区、出口加工、自由贸易区等国际物流节点实务知识;第三部分是岗位技能实训部分,第一个技能实训是查找船公司的海运基本港,在实践中,各大船公司的基本港不完全相同的,通过实践训练,引导学生课外自学,以及查阅、收集、整理各种相关资料,深入掌握国际海运的基本港知识;第二个技能实训是查找美国各大航空港的三字代码,航空三字代码是国际空运实践中需要掌握的一个重要岗位技能,通过该项训练,启发学生举一反三,课外查阅、收集各相关资料,深入掌握国际空运的岗位知识与技能。

【思考与练习】

一、单选题

1. ( )是划在关境以外,对进出口商品全部或大部分免征关税,并且准许在港内或区内开展商品自由储存、展览、拆散、改装、重新包装、整理、加工和制造等业务活动,以便于本地区的经济和对外贸易的发展,增加财政收入和外汇收入。

A. 保税区　　　　B. 自由贸易区　　　C. 出口加工区　　D. 综合保税区

2. ( )具有进出口加工、国际贸易、保税仓储商品展示等功能,享有"免证、免税、保税"政策,实行"境内关外"运作方式,是中国对外开放程度最高、运作机制最便捷、政策最优惠的经济区域之一。

A. 保税区　　　　B. 自由贸易区　　　C. 出口加工区　　D. 保税港区

3. 在服务方式上,实现门到门(多式联运)的运输出现在( )港口。

A. 第一代　　　　B. 第二代　　　　C. 第三代　　　　D. 第四代

4. 保税区内生产企业将进口料件运往非保税区委托加工产品时,委托非保税区企业加工的期限为( )。

A. 3 个月　　　　B. 6 个月　　　　C. 12 个月　　　　D. 24 个月

5. 第三代港口发展的决定性因素是( )。

A. 资源与劳动　　B. 技术与信息　　C. 人才环境　　　D. 资源与资本

二、多选题

1. 根据其主要功能,国际物流节点可分为( )。

A. 转运型节点　　B. 储存型节点　　C. 流通加工型节点　D. 综合性节点

2. 从覆盖区域划分,自由贸易区分为( )。

A. 完全型自由贸易区　　　　　　　B. 自由港型

C. 贸易加工型　　　　　　　　　　D. 不完全型自由贸易区

3. 从功能定位来看,自由贸易区分为以下几种类型( )。

A. 转口集散型　　B. 出口加工型　　C. 自由港型　　　D. 保税仓库型

三、简答题

1. 世界十大集装箱港口包括哪些?
2. 世界著名航空港包括哪些?
3. 保税区的特点是什么? 海关对保税区的监管有哪些规定?
4. 国家对自由贸易区有哪些有关规定?
5. 港口功能的发展经历哪些阶段的演变?

四、案例分析题

保税区的跨境电商发展

一、保税区的分类与功能定义

在我国,通常所说的保税区,实际上称为海关特殊监管区域。从 1990 年我国第一个保税区落户上海外高桥,目前,我国共有七类海关特殊监管区域,分别为保税区、出口加工区、保税物流园区、跨境工业园区、保税港区、综合保税区和自由贸易区。从开放层次和管理制度上看,保税区、出口加工区、保税物流园区、跨境工业园区开放程度较低,保税港区和综合保税区开放层次居中,以上两种层次本质上仍然是"境内关内"的特殊经济区。而自由贸易区开放层次最高,将能达到真正意义上的"境内关外",促进我国的对外贸易迈上一个新台阶。

除海关特殊监管区域外,我国还有经海关批准设立、由海关实施保税监管的四类保税监管场所,分别为保税仓库、出口监管仓库、保税物流中心(A 型)、保税物流中心(B 型)。保税监管场所属于海关事权,直接补充了各个地区不同层次的保税业务需求。如保税仓库是保税制度中应用最广泛的一种形式,是经海关核准的专门存放保税货物的专用仓库;而出口监管仓库是指经海关批准设立,对已办结海关出口手续的货物进行存储、保税物流配送、提供流通性增值服务的海关专用监管仓库。

二、电商时代的保税区发展新机遇

在全球电子商务高速发展的时代,保税区由于其所具有的境外商品保税功能,获得了重大的发展机遇。传统上个人通过电商平台直接购买海外商品,存在着直邮运费贵和配送周期长等问题。但如果企业和商家对需求的海外商品通过批量海运的方式集中进货,将商品首先存放在保税区,再通过电商平台零售交易,交易完成后直接从保税区发货,不仅可以减少消费者收到商品的等待时间,提升购物体验,更能节约贸易成本,使消费者有望获得更低的价格,商家也可以获得更大的利润。

据商务部统计,2013 年,在中国进出口贸易中,跨境电商已突破 5000 亿美元,2015 年将突破 1 万亿美元,年均增长 30% 以上。据中国电子商务研究中心监测数据显示,从 2010 年到 2013 年,海外代购交易规模从 120 亿元增至 740 亿元,2014 年突破 2000 亿元,预测 2018 年将达到 1 万亿元,每年都在成倍增长。随着自贸区的发展,这一跨境电商平台将吸引更多的境外知名品牌电商入驻,并有望形成仓库到个人的直销模式,各大境外品牌商户可以在试验区内设立保税仓库、保税展示基地等,便于品牌商进行货物物流调配的高效管理,这里成为他们的物流中心、运营中心。只要国内的消费者下单购买,事先备货在试验区内的商品可以很快运送到消费者手中。

对于拥有保税区的地方政府而言,利用跨境电商的机遇,发展保税仓储、加工及物流

行业,吸引从事跨境电商的平台和企业入驻,不仅能提升当地的经济发展层次,促进当地的产品在互联网这个无国界的平台上销售,还能形成以保税区为中心的产业集聚,带动一地的仓储业、运输业、贸易业、金融业、信息业等多种服务业发展,也能增加税收、扩大就业,使当地居民生活水平显著提升。

2012 年 12 月 20 日,海关总署在郑州召开了跨境贸易电子商务服务试点工作启动部署会,上海、重庆、杭州、宁波、郑州这 5 个试点城市成为承建单位,标志着跨境贸易电子商务服务试点工作的全面启动。目前,允许开展跨境贸易电子商务服务的地区仅为经批准开展跨境贸易电子商务进口试点的海关特殊监管区域和保税物流中心(B 型)。截至 2014 年 11 月,全国有上海、杭州、宁波、郑州、重庆、广州、深圳、苏州、青岛、长沙、哈尔滨、牡丹江、银川、西安、烟台、平潭等 16 地获得跨境贸易电子商务试点城市资格。

三、保税区的跨境电商发展典型案例

1. 宁波

宁波是首批获得跨境贸易电子商务服务试点的城市之一。2013 年 3 月宁波市人民政府即按照“功能集中、服务集成、企业集群”的思路,打造电子商务商品进口的阳光通道。2014 年 4 月,全球第一大电商企业阿里巴巴旗下专门经营海外商品的天猫国际与宁波保税区跨境贸易(进口业务)电子商务服务平台“保税通”开展战略合作,天猫国际的海外商品可以选择“保税通”作为入境渠道。目前,宁波保税区实现备案的商品 4200 余条,销售额的增长从最初的两个月 100 万逐渐攀升到一周突破 1000 万。2014 年的 11 月 11 日,通过天猫国际平台,全国共有 40 余万名消费者体验了“宁波版海淘”,宁波保税区销售货值破亿,真正实现了跨越式发展。

“宁波模式”采用典型的 B2C 业务模式,在区域内实现了消费者网上选购、下单、付款,商家保税区发货。宁波地区的跨境电商的成功,与江浙地区深厚的商业基础密不可分。一是宁波所在的浙江省一直以来就是商业贸易发达区域,产品丰富、流通便利,全球第一大电商企业阿里巴巴的总部就在浙江杭州,使得阿里巴巴在浙江地区创新电商贸易业务有着独特的总部优势;二是依托于宁波港的海运和梅山保税港区的保税功能,宁波在进口海外商品上有着重要的成本优势和便利性,商品经过海关、检疫等部门监管,并加贴溯源防伪二维码,一次可以完成;三是江浙地区已经形成了发达的国内物流体系,商品能快速送达,同时延伸覆盖全国大部分地区,具有一定的区位优势;四是国内的电商平台天猫发展相对成熟,已经在国内拥有了一批相对稳定的客户群体,宁波保税区与天猫国际合作,实现其电商平台“跨境购”与天猫国际用户同步,有利于促使消费者通过天猫国际直接选择宁波保税区选购海外商品。

2. 上海

在上海自贸区的大环境下,上海地区发展跨境电商也可谓是得天独厚。2013 年 12 月 28 日,上海自贸试验区跨境电子商务试点平台正式启动,平台包括了“跨境通”导购门户网站以及报关报检、个人行邮税网上征缴、跨境外汇支付等系统,还包括位于自贸试验区内约 5000 平方米的跨境贸易电子商务物流中心。2014 年 8 月,美国大型电商企业亚马逊在上海自贸区设立了国际贸易总部,确定落户自贸区,开展跨境电子商务业务。除此之外,上海的松江区、嘉定区、普陀区也相继成为在上海地区自贸区外获准开展跨境电商业务的区域。

上海与宁波地理上接近,商贸文化发达,也具有港口、保税区以及发达的物流体系等方面的优势来实施跨境电商。但上海自贸区使得上海还拥有独特的跨境金融和外汇结算便利的优势,因此,相比于宁波经营跨境电商的多是中小型企业,上海自贸区更容易吸引类似亚马逊这样的国际电商企业进驻,开展范围更为广泛的全球性跨境电商业务,形成以大型跨境电商企业为主要经营主体的"上海模式"。目前,上海的跨境电商业务模式以B2C为主,主要是为综合类电商平台提供跨境商品仓储。大型电商企业如亚马逊、1号店、聚爱妈咪等均已入驻上海自贸区。这些电商企业基本已经在国内建立了电商平台,进驻上海自贸区的目的是充分利用自贸区的贸易便利,以求更好地发展跨境电商业务。

自贸区可提供仓储、海关、运输等一体化服务,并配之特有的创新监管模式,可让国外出口商和国内进口商在区内适当囤货,采取批量保税进出关的方法,降低物流费用,消化存货、促进贸易;跨境电商同样可受益于此,且更具优势。2013年10月7日,中国(上海)自由贸易试验区诞生了全国第一家跨境贸易电子交易平台——"跨境通"电子商务平台,主要经营的商品包括服装、服饰、婴幼儿用品、3C电子产品、化妆品、箱包等六大类,目前备案和上线商家已达30多家,分别来自日本、韩国、澳大利亚、美国、意大利、法国和中国香港等地,上线品种近万种,形成了一定的品牌集聚效应。

3. 郑州

2014年3月,同样作为首批跨境电子商务试点城市,郑州的跨境贸易电子商务平台"E贸易"也开始了上线启动。郑州的跨境电商主要依托于新郑综合保税区,以航空物流为主,辅以铁路和公路运输。业务模式为B2C为主,辅以O2O模式,与国内其他地区发展跨境电商形成差异竞争优势。在B2C模式下,消费者在京东、聚美优品等国内知名的综合类电商平台上购物,所选择的海外商品已经事先存储在了郑州保税区的仓库中,再通过国内快递发货。在O2O模式下,消费者直接在保税区的体验馆中选择商品,通过保税区的平台下单购物,自行选择送货上门或者展区自行提货的配送方式。2014年10月,河南保税物流中心的展馆总面积已达4万多平方米,展出超过30万件商品,为郑州保税区开展跨境电商业务提供了有利的补充。

"郑州模式"下的跨境电商发展在于其充分发挥地处我国中部中心地区的区位优势,铁路大动脉在此交汇,公路运输业发达。在郑州地区建立保税区,发展跨境电商,不仅可以解决由于距离远,东部地区的电商业务对于中西部地区难以全面覆盖的问题,有利于我国的中西部地区居民也更多地享受电子商务时代的便利,也可以促进中西部地区贸易发展,便于中西部地区的商品向国内外推广销售,符合国家促进中西部地区经济发展,建设"新丝绸之路经济带"的国家战略。郑州保税区跨境电商面向我国西部地区形成了广覆盖的辐射效应,西安、兰州等西部大型城市已经制定了发展跨境电子商务的实施意见。在未来可期的一段时间内,将有更多的西部城市依靠郑州保税区的交通优势,形成横穿中西部地区的大型跨境电商业务网络。

资料来源:腾讯财经网

思考题:

1. 保税区发展跨境电商的优势和劣势有哪些?
2. 保税区给跨境电商的发展带来哪些基础保证?

第二篇

国际运输篇

第四章

国际物流海运

【学习目标与要求】

1. 了解国际海运班轮、集装箱运输等基础知识；
2. 掌握国际海运进出口流程；
3. 熟悉国际海运的船期表；
4. 掌握国际海运班轮运费的计算；
5. 掌握国际海运的报价；
6. 掌握国际海运提单的填制。

 ## 【导入案例】

中国外运与马士基航运捷豹路虎项目合作

2015年3月23日，中国外运股份有限公司与马士基航运举行了奇瑞捷豹路虎项目合作签字仪式，中国外运股份公司作为奇瑞捷豹路虎第三方全程物流承包方，未来将首选马士基航运为欧洲进口海运的服务提供商，预计年合作货量达5000TEU。

同期，中国外运股份有限公司与马士基航运在北京举行了战略合作第二次推进会议。双方回顾了战略合作的进展情况，梳理并明确了汽车物流、拼箱集运等合作项目的负责窗口和推进方式，并对深化货代货物的运力集中采购、扩大船代业务的合作范围和合作规模、拓展华北区域在场站和沿海支线业务上的全面合作、推进长江沿线货代与支线船货一体化合作，以及汽车项目物流等合作专题进行了深入的交流和探讨。同时，为进一步发挥总对总推进会议对合作项目发展的指导和推动作用，双方商定了将建立定期会议机制。

资料来源：国际船舶网

 思考题

1. 汽车的进出口一般使用什么样的国际运输方式？
2. 其费用成本是怎么核算的？

第一节　国际海运基础

一、国际海运概述

（一）国际海运的概念

国际海运（International Ocean Shipping）是水上运输的构成部分，从狭义的角度来看，它是指以船舶为运输工具，以海洋为运输通道，从事有关跨越海洋运送货物和旅客的运输经营活动。

由于国与国之间的海洋运输有时并不一定需要跨越海洋作长距离的海上航行才能实现，而只需沿海航行就可实现。所以，国际海运还包括部分沿海运输。不过，需要跨越海洋，作长距离海上航行则是国际海运的主要部分。

从广义的角度来看，国际海运所包括的范围要广泛得多，它还包括那些为完成国际海运所从事的各种辅助业务或服务工作，如对所承运的货物进行装卸、理货、代理等业务都属于国际海运的范围。

（二）国际海运的特点

1. 运输量大

海上运输船舶的载运能力远远大于铁路和公路运输货车的载运能力。随着科学技术的进步和造船业的发展，海上运输船舶逐渐向着专业化、高速化和大型化的方向发展。以国际最大的超巨型油轮为例，其每次载运原油的数量高达 60 万吨以上，国际最大的集装箱船每次可装载集装箱 10 000～15 000TEU[①]。此外，海上运输利用海上天然航道，能够四通八达，不像铁路和公路运输那样要受到道路和轨道条件的限制，通过能力很强。

2. 运输成本低

海上运输主要利用天然水域和航道，除了在港口建设和船舶的购置方面需要花费一定的投资外，在水域和航道建设上几乎不需要花费投资。另外海运的单位运输成本低，其单位成本是铁路运输的 1/25～1/20，是公路运输的 1/100，海上运输是各种运输方式中运输成本最低的一种。

3. 对货物的适应能力强

海上运输货船能够适应固体、液体和气体等多种货物运输的需要。各种专业化运输船舶，如油船、液化气船和集装箱船等的产生为国际贸易货物采用海运的方式提供了条件。同时，海运轮船的货舱容积大，可装载体积大、重量重的货物，对于超长、超大、超重货物的运输也有很强的适应性。

4. 运输连续性差，风险较大

海上运输受自然条件尤其是季节、气候条件的影响很大，如河流航道冬季结冰和港口封冻、枯水期水位变低，都会影响船舶的正常航行。同时，在国际海上货物运输中，船舶长

---

① TEU 指一个 20 英尺的标准箱，一个 40 英尺的标准箱是两个 TEU。

时间在远离海岸的海洋上航行,海洋环境复杂,气象多变,随时都有可能遭遇狂风巨浪、暴雨、雷电、海啸、浮冰等自然灾害的袭击,遇险的可能性较大。与其他运输方式相比,海上运输的准确性、连续性和安全性相对较差。

5. 运输速度慢

海运受港口、水位、季节、气候影响较大。由于船舶体积大,受水流的阻力大,加之运输中换装、交接等中间环节多、装卸时间长等因素的影响,海运的速度比较慢。由于海上运输的距离长,所以运输时间也较长。

扩展阅读 4.1

视频:福州新港集装箱码头

(三) 国际海运的经营方式

国际海运的经营方式可分为两大类:

一类是定期船运输,也称班轮运输;另一类是不定期船运输,也称租船运输。

1. 班轮运输

班轮运输又称定期船运输,是指在一定的航线上,按照公布的船期表,以既定挂靠港口顺序进行规则的、反复的航行和运输的船舶营运方式。

(1) 杂货班轮运输

杂货班轮运输的货物以件杂货为主,还可以运输一些散货、重大件等特殊货物。杂货班轮运输具有以下优点:

① 班轮运输所承运的货物在数量上和种类上一般没有特殊限制,因此特别适应零星小批量货物的运输需求。

② 班轮运输的承运人负责包括装货、卸货、理舱等作业并将其费用全部计入班轮运费中,货方只需一次付费即可。

③ 班轮运输的承运人与货主在货物装船前不需签订运输合同或租船合同,只在货物装船后由船公司或其代理签发提单作为承托运双方处理运输问题的依据。

④ 承担班轮运输的公司一般都拥有技术性能较好的船舶、较安全的设备、业务水平较高的船员和严格的管理制度,因此,班轮运输不仅能满足各种货物对运输的需求,而且能较好地保证运输质量。

(2) 集装箱班轮运输

20 世纪 60 年代后期,随着集装箱运输的发展,班轮运输中出现了以集装箱为运输单位的集装箱班轮运输方式。由于集装箱运输具有运送速度快、装卸方便、机械化程度高、作业效率高、便于开展联运等优点,到 20 世纪 90 年代后期,集装箱班轮运输已逐渐取代了传统的杂货班轮运输。对于货主而言,集装箱班轮在运输速度、货运质量等方面更有优势。

2. 租船运输

租船运输,又称不定期船运输,是相对于班轮运输(定期船运输)而言的另一种方式。与班轮运输不同,租船运输既无固定的船期表,也无固定的航线和挂靠港口,何时、何地、运何种货物、走哪条航线、经停哪个港口均以船舶所有人与租船方根据事先签订的租船合同为依据。租船运输主要适合于大宗散货的运输,如油类、谷类、煤炭、矿石、木材、砂糖、化肥等,其费用开支取决于不同的租船方式,租船费用的高低视当时的世界经济、政治状况及船舶运力供求变化而定,船舶所有人与租船人间的权利与义务也根据不同当事双方而有所不同。

(1) 租船运输的特点

租船运输区别于班轮运输,具有以下特点:

① 按照船舶出租人与承租人双方签订的租船合同安排船舶与航线;没有相对于定期班轮运输的船期表和航线。

② 适合于大宗散货运输,货物的特点是批量大、附加值低、包装相对简单。因此,租船运输的运价(或租金率)相对班轮运输而言较低。

③ 舱位的租赁一般以提供整船或部分舱位为主,主要是根据租船合同来定。另外,承租人一般可似将舱位或整船再租与第三人。

④ 船舶营运中的风险以及有关费用的负担责任根据租船合同的规定。

⑤ 租船运输中的提单的性质不完全与班轮运输中的提单的性质相同,它一般不是一个独立的文件,对于租船人和船舶出租人而言,仅相当于货物收据。这种提单要受租船合同约束,所以银行一般不愿意接受这种提单,除非信用证另有规定。当承租人将提单转让与第三人时,提单起着权利凭证作用;而在第三人与船舶出租人之间,提单则是货物运输合同的证明。

⑥ 租船人与船舶出租人之间的权利和义务是通过租船合同来确定的。

⑦ 租船运输中,船舶的港口使费、装卸费及船期延误赔偿,按租船合同规定由船舶出租人和租船人分担、划分及计算,而班轮运输中船舶的一切正常营运支出均由船方负担。

(2) 租船运输方式

租船运输方式依承租人的不同需要分为航次租船、定期租船、包运租船、光船租船和航次期租船五种形式,其中最主要的是航次租船和定期租船。

【阅读案例 4-1】

京东物流、中远海运成立合资公司,打造国际供应链服务平台

京东集团旗下京东物流集团与中远海运集团旗下中远海运物流宣布成立合资公司,两大集团将进一步加强战略合作,全力打造线上线下综合国际供应链服务平台服务全球。

中远海运、京东两大集团拥有各自优势,中远海运除了有遍布全球的航线和服务网络外,还拥有一支供应链服务团队,京东集团则是中国电商及零售服务业巨头之一,核心业务为零售、数位科技、物流三大版图。

未来的合资公司将提供全球"端到端"综合服务,走向"全球买、全球卖"模式。京东订下的未来目标是建置全球通路网络,提供全面性供应链解决方案,并进一步提升中国综合物流发展。中远海运集团目前为全球最大的综合性航运企业,旗下公司在航运、码头、物流、航运金融等方面已形成完整的产业链。

资料来源:新海外网

二、国际海运班轮基础

(一)班轮运输的概念

班轮运输(Liner Shipping),又称定期船运输,是指在一定的航线上,按照公布的船期表,以既定挂靠港口顺序进行规则的、反复的航行和运输的船舶营运方式。班轮运输的特点可归纳为"四固定一负责":固定航线、固定挂靠港口、固定船期、相对固定运输费率和负责装卸货,这"四固定一负责"为交易双方制定交货条款、掌握交接货时间、安排货物运输等提供了必要依据。班轮运输是目前海运货物的主要形式。

(二)班轮运输的特点

班轮运输具有"四固定"特征,具体如下:

(1)固定开航日期,船期表预先公布通告。

(2)固定航线和固定港口,顺序装载和卸载,不受货种和货量的限制,必要时由船方负责转船。班轮运输中固定航线上固定挂靠的港口称为基本港。它一般具有效率高、装备全、费用低的特点。

(3)固定的运价费率。班轮运价包括装卸费用、理舱费,属于垄断性运价,一般由班轮协会或公司制定。

这一点同不定期船有很大不同,它不能讨价还价,包括装卸费,相对固定,不是竞争性运价,而是垄断性运价。

(4)固定的责任。以班轮提单条款为依据,明确船货双方的权利和义务,以及如何处理货运的纠纷。船货双方不再另外签订合同,班轮提单成为船货双方运输合同的证明文件,双方的权利和义务以船方或船务代理签发的班轮提单为依据。

(三)班轮运输的主要单证

各个国家港口的规定有所不同,但主要单证是基本一致的。

1. 装货港编制的单证

(1)托运单(Booking Note,B/N)

托运单是托运人根据贸易合同和信用证的有关内容向承运人或其代理人办理货物运输的书面凭证。一般情况下,是由托运人口头或订舱函电向船公司或其代理人约定所需的舱位后,再以书面的形式向船公司代理人提交详细记载有关货物情况及对运输要求等内容的托运单。在集装箱班轮运输中,为简化手续,一般以场站收据的第一联作为托运单,该联由货主或货主委托货代缮制,并送交船公司或其代理人订舱。

托运单的主要内容包括:托运人名称、收货人名称,货物的名称、重量、尺码、件数、包装、标志及号码,目的港,装船期限,能否分批或转运,对运输的要求及对签发提单的要求等。

(2)装货单(Shipping Order,S/O)

装货单是由托运人按照托运单的内容填制交船公司或其代理人签章后,据以要求船长将承运货物装船的凭证。装货单习惯上又称关单,这是因为托运人凭船公司或其代理签章要求船长将货物装船的装货单必须是已办理货物装船出口的报关手续,盖有海关放行图章的,只有经船公司或其代理人和海关签章的装货单,才是托运人办妥货物托运出口手续的证明,也是船公司下达给船长接受货物装船承运的命令。

国际航运中通用的装货单多数由三联组成,称为装货联单:第一联是留底,用于缮制其他货运单证;第二联是装货单;第三联是收货单,是船方接受货物装船后签发给托运人的收据,此外根据业务需要还可增加若干份副本。

装货单的主要内容包括:托运人名称、编号、船名、目的港及货物的详细情况,另外还有货物装上船舶后由理货人员填写的货物装船的日期、装舱位置、实装货物数量以及理货人员的签名等内容。

承运人签发装货单后,船、货、港各方均需一段时间进行办理报关、查验放行、货物集中、编制装货清单、编制积载计划等装船准备工作,因此,对某一具体船舶来说,在装货开始之前的一定时间应截止签发装货单。

(3) 收货单(Mates Receipt,M/R)

收货单即大副收据,是指某一票货物装上船舶后,由船上大副签署给托运人的证明船方已收到该票货物并已装上船舶的凭证,托运人可凭此向船公司或其代理公司换取正本已装船提单。

(4) 装货清单(Loading List,L/L)

装货清单是船公司或其代理人根据托运单留底联,将全船待运货物按目的港和货物性质归类,依航次靠港顺序排列编制的装货汇总单。装货清单的内容包括装货单号码、货物品名、件数及包装、毛重、估计立方米及特种货物运输的要求或注意事项的说明等。装货清单是船舶大副编制积载计划的主要依据,也是现场理货人员进行理货、港口安排驳运、进出库场以及掌握托运人备货及货物集中情况等的业务单据。

(5) 载货清单(Manifest,M/F)

载货清单又称舱单,是在货物装船完毕后,根据大副收据或提单编制的一份按卸货港顺序逐票列明全船实际载运货物的汇总清单。其内容主要包括船名及国籍、开航日期、装货港、卸货港,同时逐票注明货物的明细情况(包括提单号、标志和号数、货名、件数及包装、重量、尺码)等内容。

载货清单是国际航运实践中非常重要的一份通用单证,是船舶办理报关手续时须提交的单证,若船舶货舱内所装载货物在载货清单上没有列明,海关可按走私论处。

如果在载货清单上增加运费项目,则可制成载货运费清单(Freight Manifest)。载货运费清单增加了计费吨、运费率、预付或到付的运费额等内容,可作为查对全船有关航次装载货物情况之用,同时也可直接寄往卸货港船公司代理人,作为收取到付运费或处理有关业务之用。

(6) 提单(Bill of Lading,B/L)

提单是承运人或其代理人签发给托运人,证明货物已经装船(或已收到货物)并保证在目的港凭以交付货物,可以转让的凭证。(有关提单的详细内容在后续章节另述)

除上述单证外,还有货物积载图、危险货物清单、剩余舱位报告、积载检验报告等。

2. 卸货港编制的单证

（1）过驳清单

过驳清单是卸货港用以证明货物交接和表明所交货物实际情况的单证。过驳清单根据卸货时的理货单证编制，其内容包括驳船名、货物标志、号码、件数、货名、卸货港、卸货日期、过驳清单编号等，并由收货人、卸货公司、驳船经营人等收取货物的一方和代表船方的大副共同签字确认。此外，还有过驳清单批注，如果收货单和过驳清单的批注一致，则可以证明船方在运输过程中没有给货物造成损害。收货单和过驳清单是证明船方责任起止的重要证据。

（2）货物残损单和货物溢短单

货物残损单和货物溢短单都是船公司日后处理收货人提出索赔要求的原始资料和依据之一，在我国港口卸货时作为卸货交接证明的单证。

货物残损单是卸货完毕后，理货员根据卸货过程中发现的货物破损、水湿、渗漏、生锈、弯曲变形等情况记录汇总编制成的；货物溢短单是由理货员将货物所卸下的数量与载货清单上所记载的数量认真对照后，汇总不相符的情况编制而成的。货物残损单和货物溢短单的编制人均为理货员，但必须经船长或大副的签字确认才有效。

（3）提货单

提货单亦称小提单，是收货人据以向码头现场提取货物的凭证。收货人或其代理人向船公司在卸货港的代理人交出正本提单后，船公司或其代理人应核对提单和其他装船单证的内容是否相符，并将船名、货名、件数、重量、包装标志、提单号、收货人名称等记载在提货单上，船公司或其代理人将其签字后交由收货人到现场提货。

提货单的性质与提单不同，它只是船公司指令码头仓库或装卸公司向收货人交付货物的凭证，不具备流通及其他作用。

【阅读案例 4-2】

看好中澳货运市场 全球三大船商联手开通中澳新班轮

（2018 年 6 月 19 日讯）鉴于澳大利亚经济稳定增长、中澳间货运需求持续攀升，全球三大船舶公司台湾长荣海运（Evergreen）、美国总统轮船公司（APL）和韩国现代商船（HMM）近日宣布联手投船，在中国和澳大利亚之间联合经营速运集装箱周班运输服务。

根据三家货运公司近日公告，这组定期航线每周均设有直航服务，将位于华中和华南的上海港、宁波港和盐田港与悉尼、墨尔本和布里斯班等三大澳大利亚南部港口城市贯通起来，航线开通后货物由盐田和上海运至悉尼分别仅需 11 天和 14 天。

长荣公司表示，澳统计局（ABS）数据揭示了当前澳大利亚经济稳定发展的现状，另受惠于移民人口快速增加，这不仅带动澳大利亚住房需求与消费能力，亦能促进基础建设发展，进而提升货量成长动能。着眼于澳大利亚市场成长潜力，该公司决定配合客户需求积极参与航线布局。

资料来源：澳华财经在线

三、国际海运集装箱基础

(一) 集装箱的概念

集装箱,又称货柜或货箱,英文名称是 Container,其英文名称的字面含义是容器,但并非所有容器都可被称为集装箱。关于集装箱的定义,国际上不同的国家、地区和组织,其表述也有所不同。包括中国在内的许多国家现在基本上都采用国际标准化组织(International Organization for Standardization,ISO)对集装箱的定义。国际标准化组织在集装箱的定义中提出了作为一种货物运输工具的集装箱所应具备的基本条件,即该种容器除了能装载货物外,还需要满足许多特殊要求,也就是说,只有具备这些条件的"容器"才可算做集装箱。这些基本条件如下:

(1) 全部或局部封闭,构成一个装货用的舱。

(2) 具有耐久性,其坚固度足以支持反复使用。

(3) 装有便于装卸和搬运的装置,特别便于从一种运输工具换装到另一种运输工具。

(4) 便于货物的装满和卸空。

(5) 适合用一种或多种运输方式运送货物,无须中途换装。

(6) 内容积为 1 立方米(35.315 立方英尺)或 1 立方米以上。

可以简单地说,集装箱是具有一定强度、刚度和规格,专供周转使用的大型装货容器。使用集装箱运输货物,可直接在发货人的仓库装货,运到收货人的仓库卸货,中途更换车船时,无须将货物从箱内取出换箱。

(二) 集装箱的分类

1. 按制造材料分类

从目前采用的集装箱材料看,集装箱大多不是用一种材料制成的,而是用钢(或不锈钢)、木材(或胶合板)、铝合金和玻璃钢这四种基本材料中的两种或两种以上组合制成的。箱子主体部件(箱壁、箱顶等)采用什么材料,就叫作什么材料制造的集装箱。按箱子主体部件使用的材料分类,主要有钢制集装箱、铝制集装箱、不锈钢集装箱等。

(1) 钢制集装箱

钢制集装箱的框架和箱壁板皆用钢材制成。其优点是强度大、结构牢、焊接性和水密性好、价格低廉、易修理、能反复使用;缺点是防腐性差、自重大,相应降低了装货能力。

钢制集装箱是使用最普遍的集装箱。现在的钢制集装箱都采用波纹钢板作为外板,其波纹能起到加强外板的作用。钢制集装箱使用年限较短,一般为 11~12 年。

(2) 铝制集装箱

铝制集装箱的各主要部件由铝合金制成,因此又称铝合金集装箱。铝制集装箱有两种,一种由钢架铝板制成,另一种仅框架两端用钢材,其余用铝材。铝制集装箱的优点是自重轻、防腐性强、弹性好、加工方便,因此主要用来制造特种集装箱,如冷藏集装箱;主要缺点是造价相当高,焊接性也不如钢制集装箱,因而受碰撞时易损坏,所以其角件、角柱、框架结构等通常仍使用钢材。铝制集装箱的使用年限比钢制集装箱长,一般为 15~16 年。

（3）不锈钢集装箱

不锈钢是一种新型材料，一般多用不锈钢制作罐式集装箱。不锈钢集装箱的主要优点是强度高、不生锈、耐腐性好，在整个使用期内无须进行维修保养；主要缺点是价格高、投资大。

2. 按用途分类

（1）干货集装箱

干货集装箱又称杂货集装箱或通用集装箱，其使用范围极广，是最常用的集装箱。绝大多数无须控制温度、尺寸和重量方面适合用集装箱装运的件杂货都可以使用这种集装箱。其结构常为封闭式，一般在一端或侧壁设有箱门，可 270 度开启。

IAA 型干货集装箱可表示为 40′GP（General Purpose）或 40′ST（Standard Container）；ICC 型干货集装箱则表示为 20′GP 或 20′ST；IAAA 型干货集装箱可表示为 40′HC（High Cube）或按英文发音表示为 40′HQ。

（2）冷藏集装箱

冷藏集装箱是以运输冷藏、冷冻食品为主，能保持一定温度的保温集装箱，箱内顶部一般还装有可挂肉类、水果的钩子和轨道。目前国际上采用的冷藏集装箱基本上分为两种，一种是本身带有冷冻机的机械式冷藏集装箱，又称内置式冷藏集装箱；另一种是箱内没有冷冻机而只有隔热结构，在集装箱端壁上设有进气孔和出气孔的集装箱，这种集装箱依靠集装箱专用车、船和专用堆场、车站上配备的冷冻机来制冷，叫作离合式冷藏集装箱，又称外置式或夹箍式冷藏集装箱。

（3）通风集装箱

通风集装箱外表与杂货集装箱相同，但在侧壁、端壁和箱门上设有若干个风口。这是为装运球根类食品及其他需要通风、防潮、防湿的货物而设计的，能有效地防止新鲜物品在运输途中腐烂变质。若将通风口关闭，这种集装箱同样可以作为杂货集装箱使用。

（4）罐式集装箱

罐式集装箱是专门用于装运油类、酒类、液体食品及化学品等液体货物的集装箱，还可以装运酒精或其他液体危险货物。罐式集装箱由罐体和框架两部分组成，罐体四角由支柱、撑杆构成整体框架，框架结构尺寸和标准干货集装箱尺寸相同；顶部设有装货口及水密性良好的盖，可防雨水进入箱内。装货时，货物由罐顶部的装货口进入，卸货时，从罐底的排出阀流出。

（5）框架集装箱

框架集装箱也称台架式集装箱，分为两种，一种只有四个角柱，没有箱顶和四壁；另一种没有箱顶和侧壁，但在箱壁端和门端各有一块折板，装货时，折板可视货物情况折平至箱底板或拆掉。框架集装箱的独到之处在于，其他很多种类集装箱的容积和重量均受到箱子规格的限制，而框架集装箱则可用于装载那些形状不一的货物。此外，框架集装箱的箱底较厚，箱底强度比一般集装箱大，因此这种集装箱适合装载超长、超高、超宽和超重的货物，如机械、钢材、钢管、木材等。装货时，这种集装箱可以从前后、左右及上方灵活进行装卸作业。

（6）平台集装箱

平台集装箱又称平板式集装箱，是在台架式集装箱上再简化，无任何上部结构，只有底部结构的一种特殊集装箱。平台的长度和宽度与国际标准集装箱的箱底尺寸相同。有的平板式集装箱既有顶角配件,又有底角配件;有的平板式集装箱只有底角配件。进行装卸作业时,可使用与其他集装箱相同的紧固件和起吊装置。装载货物时,可将多个平台集装箱连接组成一个大平台装在集装箱船的舱面上,适合装载重、大件货物。平台集装箱被国际标准化组织正式采用,打破了过去一直认为集装箱必须具有一定容积的概念。

(7) 开顶集装箱

开顶集装箱又称敞顶集装箱,是一种没有刚性箱顶的集装箱,但有由可折叠式或可拆式顶梁支撑的帆布、塑料布或涂塑布制成的顶篷,其他构件与通用集装箱类似。目前,开顶集装箱多用于装运较高的大型货物和重物,如钢铁、木材。特别是像玻璃板等易碎的货物,装货时可利用起重设备从箱顶吊入箱内,既不易损坏,又能减轻装箱的强度与难度。

(8) 动物集装箱

动物集装箱是用来装运鸡、鸭、鹅等活家禽和牛、马、羊、猪等活家畜的集装箱。箱顶采用胶合板遮盖,侧面和端面都有用铝丝网制成的窗,以便通风。动物集装箱侧壁下方设有清扫口和排水口,并配有上下移动的拉门,可把垃圾清扫出去,便于清洁。这种集装箱在船上一般应装在甲板上,因为甲板上空气流通,便于清扫和照看,而且不允许多层堆装,所以其强度可低于国际标准集装箱的要求,总重也较轻。

(9) 保温集装箱

保温集装箱箱内有隔热层,箱顶又有能调节角度的进出风口,可利用外界空气和风向来调节箱内温度,紧闭时能在一定时间内不受外界气温影响,适宜装运对温湿度敏感的货物。

(10) 挂式集装箱

挂式集装箱适于装运服装类商品。

随着国际贸易的发展,商品结构不断变化,今后还会出现各种不同类型的专用或多用集装箱。

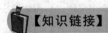【知识链接】

各种类别货物适用的集装箱

1. 难以从箱门进行装卸而需要由箱顶上进行装卸作业的货物、超高货物、玻璃板、胶合板、一般机械和长尺度货物等,适用开顶式集装箱。

2. 麦芽、大米等谷物类货物,干草块、原麦片等饲料,树脂、硼砂等化工原料,适用散货集装箱。

3. 肉类、蛋类、奶制品、冷冻鱼肉类、药品、水果、蔬菜等,适用冷藏集装箱和通风集装箱。

4. 超重、超高、超长、超宽的货物,适用开顶集装箱、台架式集装箱和平台集装箱。

5. 兽皮、食品类容易引起潮湿的货物,适用通风集装箱。

6. 酱油、葡萄糖、食油、啤酒类、化学液体和危险液体等,适用罐式集装箱。

7. 猪、羊、鸡、鸭、牛、马等家禽家畜等,适用动物集装箱。

8. 摩托车、小轿车、小型卡车、各种叉式装卸车、小型拖拉机等,适用车辆集装箱。

9. 铝、铜等较为贵重的货物,适用贵重金属专用集装箱。

10. 散件货物适用台架式集装箱、平台集装箱;弹药、武器、仪器、仪表适用抽屉式集装箱。

(三)集装箱的规格尺寸

国际标准集装箱的规格尺寸如表 4-1 所示。

表 4-1　国际标准集装箱的规格尺寸

规格(英尺)	箱 型	长		宽		高		最大总重量	
		mm	ft	mm	ft	mm	ft	kg	lb
40	IAAA	12 192	40′	2 438	8′	2 896	9′6″	30 480	67 200
	IAA					2 591	8′6″		
	IA					2 438	8′		
	IAX					<2 438	<8′		
30	IBBB	9 125	29′11.25″	2 438	8′	2 896	9′6″	25 400	56 000
	IBB					2 591	8′6″		
	IB					2 438	8′		
	IBX					<2 438	<8′		
20	ICC	6 058	19′10.5″	2 438	8′	2 591	8′6″	24 000	52 900
	IC					2 438	8′		
	ICX					<2 438	<8′		
10	ID	2 991	9′9.75″	2 438	8′	2 438	8′	10 160	22 400
	IDX					<2 438	<8′		

表 4-1 的规格尺寸为集装箱外尺寸。国际标准集装箱的尺寸可分为集装箱外尺寸和集装箱内尺寸。

集装箱外尺寸,是指包括集装箱永久性附件在内的集装箱外部最大的长、宽、高尺寸。它是确定集装箱能否在船舶、底盘车、卡车、火车之间进行换装的主要参数,也是各运输部门必须掌握的一项重要技术资料。

集装箱内尺寸,是指集装箱内部的最大长、宽、高尺寸。为了使国际标准集装箱的内部能合适地装载托盘和一定数量的货物,国际标准集装箱(主要为干货箱)也规定了内部尺寸标准。集装箱内部长度为箱门内侧板面至端壁内衬板之间的距离,宽度为两内侧衬板之间的距离,高度为自箱底板面至箱顶板最下面的距离,它决定了箱内所装货物的最大尺寸。集装箱的内部尺寸决定了集装箱装载货物的内容积。

集装箱内容积,是按集装箱内尺寸计算的装货容积,同一规格的集装箱由于结构和制造材料不同,其内容积略有差异。集装箱内尺寸和内容积是发货人、货运站等装箱人必须掌握的重要技术资料。

国际集装箱运输中,目前使用最多的是 IAA 型和 ICC 型集装箱,即 40ft 和 20ft 两种箱型,其次是 IAAA、IA、IC 箱型。各型集装箱在实际应用中的装货内容积、承重与技术数值有所不同。

(1) IAA 型。IAA 型集装箱即 40ft 普通箱,工作实践中也称为大柜,内容积为 $12.03m \times 2.35m \times 2.39m$,配货毛重一般为 26t,体积为 $54m^3 \sim 56m^3$。

(2) ICC 型。ICC 型集装箱即 20ft 普通箱,工作实践中也称为小柜,内容积为 $5.89m \times 2.35m \times 2.39m$,配货毛重一般为 18t,体积为 $24m^3 \sim 28m^3$。

(3) IAAA 型。IAAA 型集装箱即 40ft 高箱,工作实践中也称为高柜,内容积为 $12.03m \times 2.35m \times 2.69m$,配货毛重一般为 26t,体积为 $66m^3 \sim 68m^3$。

以上数值是工作经验值,根据实际货物状况及目的港等不同而不同。例如,运往美国的货物依据美国高速公路限重规定,20ft 集装箱限重通常为 17t 左右,40ft 集装箱限重为 19t 左右。此外,在实际应用中,也有 45ft 集装箱,但 45ft 集装箱不是国际标准集装箱,很多国家和地区不接受 45ft 集装箱的运输。

(四)集装箱的装箱方式

集装箱装箱方式可分为整箱和拼箱两种。

整箱(Full Container Load,FCL)是指货主自行将货物装满整箱以后,以箱为单位托运的集装箱。拼箱(Less Than Container Load,LCL)是指代理人接受货主托运的数量不足整箱的小票货物后,根据货物性质和目的地进行分类整理,把去同一目的地的货物集中到一定数量拼装入箱。由于一个集装箱内有不同货主的货物拼装在一起,所以叫拼箱。

(五)集装箱货物的交接地点与交接方式

1. 交接地点

在集装箱货物运输中,交接货物的地点主要有以下几处。

(1) 集装箱码头堆场(Container Yard,CY)。在集装箱码头堆场接受的货物,一般都是由发货人或集装箱货运站负责装货并运至集装箱码头堆场的整箱货。

(2) 集装箱货运站(Cargo Freight Station,CFS)。集装箱货运站作为船公司的代理接受拼箱货物,并承担拆装箱及运至集装箱码头堆场的工作。

(3) 发货人/收货人的工厂或仓库(Door,DR)。船公司也可以在发货人的工厂或仓库接受整箱货物,负责安排内陆运输,并交货于收货人的工厂或仓库。

随着集装箱运输的发展,特别是多式联运的发展,集装箱运输已突破了海运区段范围而向内陆延伸,因而出现了集装箱运输特有的交接方式。

2. 交接方式

由 CY、CFS、Door 三种交接地点两两配对,总共有 9 种交接方式,具体如图 4-1 所示。

(1) CY—CY(集装箱码头堆场—集装箱码头堆场)。发货人负责装箱并将集装箱运至装货港集装箱码头,承运人从装货港集装箱码头整箱接货,并负责运至卸货港集装箱码头整箱交货。收货人负责在卸货港集装箱码头以整箱方式提货。在这种交接方式下,货

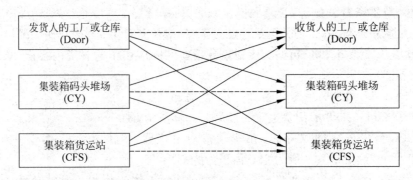

图 4-1 集装箱货物的交接方式

物的交接形态一般都是整箱交接,承运人不负责内陆运输。

(2) CY—CFS(集装箱码头堆场—集装箱货运站)。发货人负责装箱并运至装货港集装箱码头进行整箱交货,承运人在装货港集装箱码头整箱接货后,负责运抵卸货港集装箱货运站,拆箱后,收货人负责在卸货港集装箱货运站按件提取货物。在这种交接方式下,承运人一般以整箱接受货物,以拼箱交付货物。承运人不负责内陆运输。

(3) CY—DR(集装箱码头堆场—收货人的工厂或仓库)。发货人负责装箱并运至装货港集装箱码头整箱交货,承运人在装货港集装箱码头整箱接货后,将货物运抵进口国收货人工厂或仓库整箱交货。在此交接方式中,货物也都是整箱交接的。出口国的内陆运输由发货人负责,进口国的内陆运输由承运人负责。

(4) CFS—CY(集装箱货运站—集装箱码头堆场)。发货人负责将货物运至集装箱货运站,将货物交付承运人,承运人在装货港集装箱货运站接受货物,拼箱后运抵卸货港集装箱码头。收货人负责在卸货港集装箱码头整箱提货。在这种交接方式下,承运人一般以拼箱接受货物,以整箱交付货物。

(5) CFS—CFS(集装箱货运站—集装箱货运站)。发货人负责将货物运至集装箱货运站交承运人,承运人从装货港指定的集装箱货运站接受件货并装箱,拼箱后运抵卸货港集装箱货运站拆箱。收货人负责在集装箱货运站按件提取货物。在这种交接方式下,货物的交接形态一般都是拼箱交接。

(6) CFS—DR(集装箱货运站—收货人的工厂或仓库)。发货人负责将货物运至集装箱货运站按件交货,承运人从装货港指定的货运站接受件货并装箱,拼箱后负责运至卸货港收货人工厂或仓库整箱交货。收货人在其工厂或仓库整箱接货。在这种交接方式下,承运人一般以拼箱接受货物,以整箱交付货物。

(7) DR—CY(发货人的工厂或仓库—集装箱码头堆场)。承运人把空箱运到出口国发货人的工厂或仓库,发货人负责装箱后,以整箱形式将货物交付承运人运输。承运人负责将货物运抵卸货港集装箱码头整箱交货。收货人负责在卸货港集装箱码头整箱提货。在这种交接方式下,承运人负责出口国的内陆运输,但不负责进口国卸船地点到目的地工厂的内陆运输。在这种交接方式下,货物也都整箱交接。

(8) DR—CFS(发货人的工厂或仓库—集装箱货运站)。承运人把空箱运到出口国发货人的工厂或仓库,发货人负责装箱、施封,并在其工厂或仓库整箱交货,承运人负责将货物运抵卸货港指定的集装箱货运站拆箱后向各收货人交付。在这种交接方式下,承运人一般以整箱接受货物,以拼箱交付货物。

（9）DR—DR（发货人的工厂或仓库—收货人的工厂或仓库）。承运人把空箱运到出口国发货人的工厂或仓库,发货人装箱后施加封志,然后承运人把重箱运到集装箱码头堆场,等待装船运输。在目的港,由承运人负责把货物运到收货人的工厂或仓库整箱交货。收货人在其工厂或仓库整箱接货。故门到门的集装箱运输一般均为整箱运输,承运人负责全程运输。

以上交接方式中,应用最广泛的是 CY—CY 方式,最方便货主并体现集装箱运输优越性的是 DR—DR 方式,而 CY—CFS 方式则极少应用,这是因为承运人整箱从发货人手中接货后,到目的地拆箱交付收货人,若有货损情况出现,不易分清是承运人的责任还是发货人的责任。

【阅读案例 4-3】

厦门港、天津港、中谷海运携手深耕千亿现代物流产业

2018 年 12 月 14 日,厦门港、天津港、中谷海运三方共同签署"两港一航"战略合作框架协议,将以航线为纽带,持续深化南北两大重要港口的互利合作,做强做大千亿现代物流产业。

当天还举行了中谷海运第 200 万标箱吊装仪式,中谷海运正式成为首家在厦年集装箱吞吐量超 200 万标箱的航运公司。

在后续业务拓展上,三方也将推动各种集疏运方式与"精品航线"对接,重点拓展海铁联运业务,促进华北、东南地区海运货物流通和贸易往来,实现区域经济互补;厦门港、天津港将开发各自区域供应链业务市场,重点突破煤炭、粮食、矿建材料等大宗商品上的项目合作,并探索诸如内贸拼箱、港口物流园区、大数据、电子商务等多领域、多层次的合作。

厦门集装箱码头集团总经理许旭波表示,建立"两港一航"这种点对点的海上运输通道,是厦门国际航运中心建设的重大举措,此前厦门已与海口和珠海等港口建立了合作。厦门港在"一带一路"等国际航线上优势明显,总共有 52 条"一带一路"航线,三方也希望借此合作,将内贸的航线和外贸的航线在厦门港更好地衔接,进一步辐射"一带一路"重要区域。

资料来源:福建日报

扩展阅读 4.2

亚马逊公司跨界玩海运

第二节　国际海运实务

一、国际海运集装箱进出口流程

(一)国际海运集装箱出口流程

1. 委托代理

在集装箱班轮货物运输过程中,货主一般都委托国际货代公司为其办理有关的货运业务。货主在委托货运代理时,通常需要填写一份国际货运委托书。在订有长期货运代理协议时,可能会用货物明细表等单证代替委托书。

国际货运委托书是一种书面确认托运关系的凭证,国际货代企业在接受客户海运进出口委托时,需要向客户提供本公司固定格式的国际货运委托书,由委托方即客户按要求填写并盖公章。同时,国际货运委托书也是承运人或其代理人填开国际海运提单的重要依据,国际货代企业必须指导客户逐项认真填写。

2. 订舱

国际货代公司在接受委托后,应根据货主提供的货物情况及出运要求,填制订舱单向船公司或其代理人申请订舱。船公司或其代理人在决定是否接受发货人的托运申请时,会考虑其航线、运输要求、运输时间等方面能否满足要求。船方一旦接受订舱,就会着手编制订舱清单,然后分送集装箱码头堆场、集装箱空箱堆场等有关部门,并将据此安排办理空箱及货运交接等工作。

3. 集装箱设备交接

在订舱确认后,船公司会发放一份集装箱空箱提取通知单。凭集装箱空箱提取通知单,国际货代公司就可安排提取所需的集装箱。

在整箱运输时,通常是由国际货代公司安排集装箱拖车运输公司到集装箱空箱堆场领取空箱,但也可以由货主自己安排提箱。无论由谁安排提箱,在领取空箱时,提箱人都应与集装箱堆场办理空箱交接手续,并填制集装箱设备交接单。

4. 货物装箱及交接签证

整箱货的装箱工作大多在货主的工厂、仓库装箱,由国际货代公司或货主自行负责装箱并加封志整箱货,通过内陆运输运至承运人的集装箱码头堆场,并由码头堆场根据订舱清单,核对场站收据和装箱单接收货物。

集装箱码头堆场在验收货箱后,即在场站收据上签字,并将签署的场站收据交还给货运代理人或发货人。货运代理人或发货人可以凭据已签署的场站收据要求承运人签发提单。

【知识链接】

集装箱整箱运输也可以将货物用普通货车用到港口堆场装箱,港口公司收场装费用,业内称为"场装";但出于港口装卸管理效率等方面考虑,一般不鼓励货主将货物运到港口来装箱,所以各地港口的场装费就定得较高;多数情况是由货代公司安排拖车公司将集装箱空箱提到货主的工厂或仓库装箱,然后将装完货后的集装箱拖回港口办理进场手续以及报关,业内称为"拖车"。

5. 办理出口报关手续

出口报关手续可由货主自己进行,也可委托国际货代公司代为报关。国际货代公司为货主代办报关业务需要经过双方签署报关委托书、接收报关单证、填制报关单、预支报关费用、报关单预录入、向海关递交报关单、海关放行、信息反馈等环节。

6. 换取提单

国际货代公司或货主凭已签署的场站收据,向船公司或其代理人换取提单。发货人取得提单后,就可以去银行结汇。

由于集装箱运输方式下承运人的责任早于非集装箱运输方式下承运人的责任,所以理论上在装船前就应签发提单。这种提单是收货待运提单,而收货待运提单在使用传统贸易术语的贸易合同下是不符合要求的。因此,为了满足贸易上的要求,也为了减少操作程序上的麻烦,实践中的做法是在装船后才签发提单,即已装船提单。

7. 装船

集装箱码头堆场或集装箱装卸区根据接收待装的货箱情况,制订出装船计划,等船靠泊后即可装船。

(二)国际海运集装箱进口流程

1. 货运代理人接受委托

国际货代公司与货主双方建立的委托关系可以是长期的,也可以是就某一批货物而建立的。在建立了长期代理关系的情况下,委托人往往会把代理人写在合同的一些条款中,这样,国外发货人在履行合约有关运输部分时会直接与代理人联系,有助于提高工作效率和避免联系脱节的现象发生。

2. 租船订舱

如果货物以 FOB 价格条件成交,进口方需要租船订舱,国际货代公司接受收货人委托后,与国外代理或船公司联系订舱事宜,要求国外代理联络发货人做好始发港的装运工作,提供已装船信息并发预告,同时做好记录。

3. 到货通知及换单

国际货代公司应及时与船公司或其代理联系查询货物到港日期,在得到确切抵港消息的 24 小时内制作进口到货通知传真给货主。

凭客户或国外代理提供的正本提单,前往船公司或其代理公司办理换取 D/O(提货单)手续,并做好记录。

4. 报检报关

根据国家有关法律、法规的规定,必须办理完进口货物的验放手续后,收货人才能提取货物。因此,必须及时办理有关报检、报关等手续。

5. 提取货物

国际货代公司向货主交货有两种情况:一是象征性交货,即以单证交接,货物到港经海关查验,并在提货单上加盖海关放行章,将该提单交给货主,即为交货完毕;二是实际性交货,即除了完成报关放行手续外,国际货代负责向港区办理提货手续,并将货物送到货主指定地点。

二、国际海运集装箱班轮运费

(一)班轮运费的组成

班轮运费包括基本运费和附加运费两部分。基本运费是对任何一种托运货物计收的运费;附加运费则是根据货物种类或不同的服务内容,视不同情况而加收的运费,可以说是在特殊情况下或在临时发生某些事件的情况下而加收的运费。附加运费可以按每计费吨(或计费单位)加收,也可按基本运费(或其他规定)的一定比例计收。详细说明如下。

1. 基本运费(Basic Freight Rate)

基本运费即运输每批货物所应收取的最基本的运费,是整个运费的主要构成部分。它根据基本运价和计费吨计算得出。基本运价按航线上基本港之间的运价给出,是计算班轮基本运费的基础。

基本运价有多种形式,如普通货物运价、个别商品运价、等级运价、协议运价、集装箱运价等。而根据货物特性等所确定的特别运价有军工物资运价、高价货运价、冷藏运价、危险品运价、甲板货运价、小包裹运价等。

2. 附加运费(Surcharge of Additional)

实践中,经常有一些需要特殊处理的货物及需要加靠非基本港或转船接运的货物(Transit Cargo)需要运输;即使基本港之间的运输,也因为基本港的自然条件、管理规定、经营方式等情况不同而导致货物运输成本的差异。这些都会使船公司在运营中支付相应的费用。为了使这些增加的开支得到一定的补偿,就需要在基本运费的基础上,在计算全程运费时计收一定的追加额。这一追加额就是班轮运费的另一组成部分——附加运费。

附加运费主要有以下几种。

(1)燃油附加费(Bunker Adjustment Factor,BAF)

燃油附加费是由于燃油价格上涨,使船舶的燃油费用支出超过原核定的运输成本中的燃油费用,承运人在不调整原定运价的前提下,为补偿燃油费用的增加而增收的附加费。当燃油价格回落后,该项附加费亦会调整直至取消。燃油费在船公司的经营成本中占有较大比重,燃油价格上涨直接增加了承运人的经营成本。燃油价格的长期上涨所带来的运输成本增加会在一定时期内的基本运价调整中得到反映,所以,燃油附加费一般是用来应对短期的燃油价格变动的。

(2)货币贬值附加费(Currency Adjustment Factor,CAF)

货币贬值附加费是由于国际金融市场汇率发生变动,计收运费的货币贬值,使承运人的实际收入减少,为了弥补货币兑换过程中的汇兑损失而加收的附加费。由于国际运输往往涉及多个国家和多种货币,而货币之间的兑换会带来一定时间上和手续上的损失,所以,承运人会通过增收货币贬值附加费来弥补这一收入损失。

（3）港口附加费（Port Additional）

由于港口装卸效率低，或港口使用费过高，或存在特殊的步骤（如进出港要通过闸门等），都会增加承运人的运输经营成本。承运人为了弥补这方面的损失而加收的附加费称为港口附加费。

（4）港口拥挤附加费（Port Congestion Surcharge，PCS）

由于港口拥挤，船舶抵港后需要长时间等泊而产生额外的费用，为补偿船期延误损失而增收的附加费称为港口拥挤附加费。港口拥挤附加费是一种临时性的附加费，其变动性较大，一旦港口拥挤情况得到改善，该项附加费即进行调整或取消。

（5）转船附加费（Transshipment Additional）

运输过程中货物需要在某个港口换装另一船舶运输时，承运人增收的附加费称为转船附加费。运往一些偏僻或较小的非基本港的货物，必须通过转船才能运达；而有时由于转运干线船，也需要换装船舶。转运一次就会产生相应的费用，如换装费、仓储费及二程船（接运船舶）的运费等费用。一般这些费用均由负责第一程船运输的承运人承担，并包含在所增收的转船附加费内。

（6）超长附加费（Long Length Additional）

由于单件货物的外部尺寸超过规定的标准，运输时需要特别操作，从而产生额外费用，承运人为补偿这一费用所计收的附加费称为超长附加费。货物的长度超过规定后，会增加装卸和运输的难度，如需特别的捆绑和铺垫、增加亏舱等，影响船期、增加支出，货主就需支付超长附加费。在运价本中，一般长度超过 9 米的件杂货就可能要有这一附加费。超长附加费是按长度计收的，而且长度越长，其附加费率越高。如果超长货物需要转船时，则每转船一次，加收一次。

（7）超重附加费（Heavy Lift Additional）

超重附加费是指每件商品的毛重超过规定重量时所增收的附加运费。这种商品称为超重货。由于单件货物的重量超过规定标准时，在运输中同样需要特别的捆绑、铺垫及影响装卸工作等，所以承运人对单件货物重量超过一定标准的货物要加收该附加费。通常，承运人规定货物重量超过 5 吨时就要增收超重附加费。

超重附加费是按重量计收的，而且超重重量越大，其附加费率越高。如果超重商品需要转船，则每转船一次，加收一次。如果单件货物既超长又超重，则二者应分别计算附加费，然后按其中收费高的一项收取附加费。

（8）直航附加费（Direct Additional）

直航附加费是托运人要求承运人将其托运的货物从装货港不经过转船而直接运抵航线上某一非基本港时所增收的附加费。

通常，承运人在运价本中会做出规定，当托运人交运的一批货物达到某一数量以上时，就可以同意托运人提出的直航要求，并按规定增收直航附加费。船舶直接加挂某一非基本港口后，会增加港口费用支出，并延长船期。选择直航，一般以直航后产生的额外费用小于原来的转运费用为原则。

（9）选港附加费（Optional Surcharge）

选港附加费又称选卸附加费，即选择卸货港所增加的附加费。由于买卖双方贸易需要，有些货物直到装船时仍不能确定最后卸货港，要求在预先指定的两个或两个以上的卸货港中，待船舶开航后再做出选定。这样，就会使整船货物的积载变得困难，甚至会造成舱容的浪费。另外，选择的卸货港必须是该航次挂靠的港口。在集装箱班轮运输中，选择卸货港已很少被船公司接受。

（10）洗舱附加费（Cozening Fee）

船舶装载了污染货物后，或因为有些货物外包装破裂、内容物外泄，为不再污染以后装载的货物，必须在卸完污染物后对货舱进行清洗，承运人对由此而支出的费用所增收的附加费称为洗舱附加费。清洗费用一般根据污染程度、清洗难度而定。

（11）变更卸货港附加费（Alteration of Discharging Port Additional）

由于收货人变更、交货地变更或清关问题等需要，有些货物在装船后需变更卸货港，而货物不在提单上原定的卸货港卸货而增收的附加费称为变更卸货港附加费。

变更卸货港的运费超过原卸货港的运费时，提出变更要求方应补交运费差额，反之，不予退还。同时，由于因需要翻舱所引起的额外费用和损失，亦由提出变更要求的一方负担。

（12）绕航附加费（Deviation Surcharge）

绕航附加费是某一段正常航线因受战争、运河关闭或航道阻塞等意外情况影响，迫使船舶绕道航行，延长运输距离而增收的附加运费。绕航附加费是一种临时性的附加费，一旦意外情况消除，船舶恢复正常航线航行，该项附加费即行取消。

（13）旺季附加费（Peak Season Surcharge，PSS）

旺季附加费也称高峰附加费，是目前在集装箱班轮运输中出现的一种附加费，即在每年运输旺季时，承运人根据运输供求关系状况而加收的附加费。

（二）班轮运费的计算

1. 件杂货班轮运费的计算

件杂货班轮运费是由基本运费和附加运费组成的，其计算公式为：

$$F = F_b + \sum S$$

公式中　F——运费总额；

　　　　F_b——基本运费；

　　　　S——某一项附加费。

基本运费是所运商品的计费吨（重量吨或容积吨）与基本运价（费率）的乘积，即：

$$F_b = fQ$$

式中　f——基本运价；

　　　Q——计费吨。

附加运费是各项附加费的总和。各项附加费均按基本运费的一定百分比计算时，附加费的总额用公式表示为：

$$\sum S = (S_1 + S_2 + \cdots + S_n) \cdot F_b = (S_1 + S_2 + \cdots + S_n)fQ$$

式中，S_1，S_2，$\cdots$，S_n 分别为某一项附加费费率（百分比）。

因此，运费总额的计算公式为：

$$F = F_b + \sum S = fQ + (S_1 + S_2 + \cdots + S_n)fQ$$

【实践案例4-1】

国际海运运费计算

厦门某公司出口一批运动鞋到荷兰鹿特丹，货物共装 100 箱，重量为 2 吨，体积为 3 立方米，单价为 CFR 鹿特丹每双 15 美元。已知该货物为八级，计算标准为 W/M，每运费吨运费 60 美元，另征收转船附加费 20％，燃油附加费 10％。请计算应收运费。

[解题示范]

（1）该货物的运费吨：3 吨（海运重量吨的换算比例：1 吨＝1 立方米）

（2）$F_b = fQ = 60 \times 3 = 180$（美元）

（3）$\sum S = (S_1 + S_2 + \cdots + S_n)fQ = (20\% + 10\%) \times 180 = 54$（美元）

（4）$F = F_b + \sum S = 180 + 54 = 234$（美元）

[模拟练习]

深圳某公司出口一批木制品到美国纽约，货物共装 50 箱，重量为 2 吨，体积为 1 立方米，单价为 CFR 纽约每件 10 美元。已知该货物为 6 级，计算标准为 W/M，每运费吨运费 110 美元，另征收转船附加费 30％，燃油附加费 10％。请计算应收运费。

2. 集装箱班轮运费的计算

20 世纪后期以来，班轮运输多以集装箱货物运输为主。采用集装箱班轮运输货物时，件杂货班轮运费的计收方法同样也被应用于计算集装箱货物的运费和其他费用，即在费率表中规定了基本运费和附加运费，并给出了费率和计费方法。不过，由于在整个运输过程中，货物要装箱、拆箱，而这些作业既可以由承运人负责进行，也可以由托运人自行负责进行，随之费用的负担责任也就确定，所以，不同情况下的运费计算办法也就有所不同。

集装箱班轮运输中的基本运费的计算方法有以下两种。

（1）采用与计算普通件杂货班轮运输基本运费相同的方法，对具体的航线按货物等级和不同的计费标准来计算基本运费。

（2）仅按箱型、尺寸的包箱费率，而不考虑货物的种类和级别计算基本运费。包箱费率指对单位集装箱计收的运费率。包箱费率也称"均一费率"（Freight All Kinds，FAK）。采用包箱费率计算集装箱基本运费时，只需要根据具体航线、货物等级及箱型、尺寸所规定的费率乘以箱数即可。

以上两种基本运费的计算方法中，以第二种更为常用，即以一个集装箱计收若干美元运费的形式计算运费，拼箱货运费计收以每运费吨为标准（取货物总立方米及总公吨数中的较大值），不再区分货物等级，但对于危险品货物要加收运费。

（1）集装箱整箱运价表

集装箱整箱运价表是针对客户的整箱出口需求，按照客户指定的目的港及出口箱型进行系统性的报价。集装箱运价表的内容一般包括船公司、起运港、目的港、箱型（及对应价格）、截关时间、离港时间、船期，以及有效期等，具体如表 4-2 所示。

表 4-2 集装箱整箱运价表（美国部分港口）

船公司 Carrier	起运港 POL	目的港 POD	箱型 20′	箱型 40′	箱型 40′HQ	截关时间 Closing	离港时间 ETD	船期 T/T	有效期 Validation
COSCO	FUZHOU	NEW YORK	$1850	$2600	$2700	WED/FRI	THU/SUN	32	15-JUL-15
OOCL	FUZHOU	SAVANNAH	$1820	$2580	$2680	THU/FRI	FRI/SUN	33	15-JUL-15
CSCL	FUZHOU	LONG BEACH	$1830	$2590	$2790	WED/FRI	THU/SUN	19	15-JUL-15
ANL	FUZHOU	LOS ANGELES	$1825	$2575	$2675	WED/SAT	THU/SUN	18	15-JUL-15
EMC	FUZHOU	BOSTON	$1815	$2465	$2565	WED/FRI	THU/SUN	34	15-JUL-15

【实践案例 4-2】

福建省鞋帽进出口有限公司的业务员林先生有一批货物运往美国洛杉矶，此票货物一共 90CBM/30000kgs。结合集装箱尺寸、内容积及集装箱承重的相关知识，计算出此票货物可以安排 1×20′GP +1×40′HQ。请根据表 4-2 计算此票货物的总海运费。

解：

目的港（Destination）：LOS ANGELES

船公司（Carrier）：ANL

海运费（Ocean Freight）：USD1825/20′GP；USD2675/40′HQ

由于货物是 1×20′GP+1×40′HQ，则海运费总计：USD1825＋USD2675＝USD4500

[模拟练习]

福建省工艺品进出口有限公司的业务员王小姐有一批货物运往美国长滩港，此票货物一共 50CBM/10000kgs。结合集装箱尺寸、内容积及集装箱承重的相关知识，计算出此票货物可以安排 1×40′GP。请根据表 4-2 计算此票货物的总海运费。

（2）集装箱拼箱运价表

集装箱拼箱运价表是针对客户的拼箱出口需求，按照客户指定目的港进行系统性的报价。拼箱报价和整箱报价有所不同，拼箱报价按照 R/T（REVENUE TON）的计费单位进行报价，R/T 是计费吨的意思。在集装箱拼箱运价中，如果是轻货，就以体积计费；如果是重货，就以毛重计费。看一票货物是所谓的轻货还是重货，除了个别目的港（如美国）的内陆运输外，海运重货和轻货基本上是按照重量和体积1：1的比例来计算的，哪个数目大，就以哪个数目作为计费吨。集装箱拼箱运价表的内容一般包括目的港、离港时间、截关时间、中转港、航行时间、价格及有效期，具体如表 4-3 所示。

表 4-3 集装箱拼箱运价表(厦门始发)

目的港 (DEST)	离港时间 ETD/XM	截关时间 CLOSING	中转港 T/S PORT	航行时间 T/T	价 格 O/F(RT)	有 效 期 VALIDATION
欧 洲						
ANTWERP	TUE	SUN	HONGKONG	40	$ 25	15-JUL-15
LE HAVRE	TUE	SUN	HONGKONG	38	$ 25	15-JUL-15
HAMBURG	SUN	FRI	HONGKONG	33	$ 15	15-JUL-15
ROTTERDAM	TUE/SUN	SUN/FRI	HONGKONG	33	$ 15	15-JUL-15
SOUTHAMPTON	SUN	FRI	HONGKONG	35	$ 15	15-JUL-15
地 中 海						
BARCELONA	TUE	SUN	HONGKONG	38	$ 35	15-JUL-15
GENOVA	TUE	SUN	HONGKONG	40	$ 35	15-JUL-15
LA SPEZIA	TUE	SUN	HONGKONG	38	$ 25	15-JUL-15
MILANO	TUE	SUN	HONGKONG	37	$ 25	15-JUL-15
NAPLES	TUE	SUN	HONGKONG	39	$ 40	15-JUL-15
大 洋 洲						
SYDNEY	TUE	SUN	SINGAPORE	23	$ 10	15-JUL-15
ADELAIDE	SUN	FRI	SINGAPORE	25	$ 15	15-JUL-15
AUCKLAND	SUN	FRI	HONGKONG	25	$ 30	15-JUL-15
BRISBANE	SUN	FRI	SINGAPORE	23	$ 15	15-JUL-15
FREMANTLE	SUN	FRI	SINGAPORE	25	$ 15	15-JUL-15

【实践案例 4-3】

集装箱拼箱运费计算举例

厦门建发进出口公司有一批货物出口澳大利亚布里斯班,货物情况如下:2吨/6立方米,委托厦门外代 国际货运公司安排拼箱运输,请你根据表 4-3 的运价表及拼箱计费的相关标准,计算该批货物的运费。

[解题示范]

目的港(DEST):BRISBANE

价格(O/F):USD15/RT

由于货物为 2TON/6CBM,根据计费吨 1:1 的比例,此票货物为轻货,应按照体积作为重量吨计费,所以此票货物的总运费为 USD15×6RT=USD90。

[模拟练习]

厦门 A 进出口公司有一批货物出口意大利的米兰,货物情况如下:4吨/3.5立方米,委托厦门 B 国际货代公司安排拼箱运输,请你根据表 4-3 的运价表及拼箱计费的相关标准,计算该批货物的运费。

三、国际海运提单

(一)海运提单的含义

国际海运提单又称海运提单(Ocean Bill of Lading),简称"提单",是在海上运输(主要是班轮运输)方式下,由承运人或其代理人签发的确认已经收到(或已装船)某种货物,并且承诺将其运到指定地点交给提单持有人的一种具有法律效力的证明文件。

(二)海运提单的性质与作用

1. 提单是证明承运人接收货物的收据

承运人不仅对于已装船货物负有签发提单的义务,而且根据托运人的要求,即使货物尚未装船,只要货物已被承运人接收,承运人也有签发一种被称为"收货待运提单"的义务。所以,提单一经承运人签发,即表明承运人已将货物装船或已确认接收。提单作为货物收据,不仅证明收到货物的种类、数量、标志、外表状况,而且还证明收到货物的时间,即货物装船的时间。

2. 提单是承运人保证凭以交付货物的物权凭证

提单的物权凭证功能,意味着它能够代表货物,并使其持有人有权要求承运人交付货物,同时意味着持有该凭证即有权支配货物。提单是货物的象征,它的转让就象征性地转让了对货物本身的占有权。

3. 提单是海上货物运输合同的证明

提单上的条款规定了承运人与托运人之间的权利、义务,而且提单也是法律承认的处理有关货物运输问题的依据,因而提单常被人们认为其本身就是运输合同。但是按照严格的法律概念来看,提单并不具备经济合同应具有的基本条件,它不是双方意思表示一致的产物。约束承托双方的提单条款是承运人单方拟定的,它履行在前,而签发在后,早在签发提单之前,承运人就开始接受托运人托运货物和将货物装船的有关货物运输的各项工作。所以,与其说提单本身就是运输合同,还不如说提单只是运输合同的证明更为合理。如果在提单签发之前,承托双方之间已存在运输合同,则不论提单条款如何规定,双方都应按原先签订的合同约定行事;但如果事先没有任何约定,托运人接受提单时又未提出任何异议,这时提单就被视为合同本身。虽然海洋运输的特点决定了托运人并没有在提单上签字,但因为提单毕竟不同于一般合同,所以不论提单持有人是否在提单上签字,提单条款对他们都具有约束力。

(三)海运提单的种类

1. 根据货物是否装船,分为已装船提单和备运提单

已装船提单(On Board B/L)是指承运人已将货物装上指定的船只后签发的提单。这种提单的特点是提单上有载货船舶名称和装货日期。备运提单(Received for Shipment B/L)是指承运人收到托运的货物后在待装船期间签发给托运人的提单。这种提单上没有装船日期,也没有载货的具体船名。在国际贸易中,一般来讲,买主只接受已装船提单。

2. 根据货物表面状况有无不良批注,分为清洁提单和不清洁提单

清洁提单(Clean B/L)是指货物装船时表面状况良好,承运人在签发提单时未加任何货损、包装不良或其他有碍结汇批注的提单。

不清洁提单(Unclean B/L)是指承运人收到货物之后,在提单上加注了货物外表状况不良或货物存在缺陷和包装破损的提单。例如,在提单上批注"铁条松动"(Iron Strip Loose of Missing)、"包装不固"(Insufficiently Packed)等。但是并非提单有批注即为不清洁提单。国际航运公会于1951年规定下列三种内容的批注不能视为不清洁:第一,没有明确表明货物或包装不能令人满意,如只批注"旧包装""旧箱""旧桶"等;第二,强调承运人对于货物或包装性质所引起的风险不负责任;第三,否认承运人知悉货物内容、重量、容积、质量或技术规格。这三项内容已被大多数国家和航运组织所接受。

在使用信用证支付方式时,银行一般不接受不清洁提单。有时在装船时会发生货损或包装不良,托运人常要求承运人在提单上不做不良批注,而向承运人出具保函,也称赔偿保证书,向承运人保证如因货物破残损及承运人因签发清洁提单而引起的一切损失,由托运人负责。承运人则给予灵活处理,签发清洁提单,便于在信用证下结汇。对于这种保函,有些国家法律和判例并不承认,如美国法律认为这是一种欺骗行为,所以使用保函时要视具体情况而定。

3. 根据收货人抬头的不同,分为记名提单、不记名提单和指示提单

记名提单(Straight B/L)又称收货人抬头提单,是指在提单的收货人栏内具体写明收货人名称的提单。由于这种提单只能由提单内指定的收货人提货,所以提单不易转让。

不记名提单(Open B/L)又称空白提单,是指在提单收货人栏内不填明具体的收货人或指示人的名称而留空的提单。不记名提单的转让不需任何背书手续,仅凭提单交付即可,提单持有者凭提单提货。

指示提单(Order B/L)是指收货人栏内只填写"凭指示"(To Order)或"凭某人指示"(To Order of…)字样的一种提单。这种提单通过背书方式可以流通或转让,所以又称可转让提单。指示提单上不列明收货人,可凭背书进行转让,有利于资金的周转,在国际贸易中应用较普遍。提单背书有空白背书和记名背书两种。空白背书由背书人(提单转让人)在提单背面签上背书人单位名称及负责人签章,但不注明被背书人的名称,也不需取得原提单签发人的认可。指示提单一经背书即可转让,意味着背书人确认该提单的所有权转让。记名背书除同空白背书一样需由背书人签章以外,还要注明被背书人的名称。如被背书人再进行转让,必须再加背书。指示提单有凭托运人指示、凭收货人指示和凭进口方银行指示等类,分别需托运人、收货人或进口方银行背书后方可转让或提货。

信用证上有关提单的条款经常有"...made out to order and endorsed in blank",其做法是收货人处写为"to order",然后在提单背面加盖发货人的印章,即空白背书。这是目前使用最多的形式,习惯上称为"空白抬头,空白背书"。

4. 根据运输方式的不同,分为直达提单、转船提单和联运提单

直达提单是指轮船装货后,中途不经过转船而直接驶往指定目的港,由承运人签发的提单。

转船提单是指货物经由两程以上船舶运输至指定目的港,而由承运人在装运港签发的提单。转船提单内一般注明"在某港转船"(With Transhipment at)的字样。

联运提单是指海陆、海空、海河、海海等联运货物,由第一承运人收取全程运费并负责代办后段运输手续,在装运港签发的全程提单。卖方可凭联运提单在当地银行结汇。

转船提单和联运提单虽然包括全程运输,但签发提单的承运人一般都在提单上载明只负责自己直接承运区段发生的货损,只要货物卸离承运人的运输工具,其责任即告终止。

5. 根据其他情况不同,分为过期提单、倒签提单和预借提单

过期提单是指卖方向当地银行交单结汇的日期与装船开航的日期相距太久,以致银行按正常邮程寄单预计收货人不能在船到达目的港前收到的提单。此外,根据《UCP600》的规定,在提单签发日期 21 天后才向银行提交的提单也属过期提单。

倒签提单是指承运人应托运人的要求,签发提单的日期早于实际装船日期的提单。这是为了符合信用证对装船日期的规定,便于在该信用证下结汇。

装船日期的确定,主要是通过提单的签发日期证明的。提单签发日期不仅对买卖双方有着重要作用,而且对于银行向收货人提供垫款和向发货人转账、海关办理延长进口许可证、海上货物保险契约的生效等都有密切关系。因此,提单的签发日期必须依据接受货物记录和已装船的大副收据来确定。

在出口业务中,往往在信用证即将到期或不能按期装船时采用倒签提单。有人认为倒签提单是解决迟期装船的有效方式,用起来特别随便,好像这是一种正常签发提单的方式。但倒签提单、预借提单均侵犯收货人的合法权益,构成侵权行为,如被发现,托运人和承运人要承担严重后果,故应尽量减少使用或杜绝使用(一般来说船公司的主单不提供倒签服务,只有无船承运人出具的提单有可能由于客户要求而提供倒签)。

预借提单又称无货提单,是指这样一种提单:因信用证规定的装运日期和议付日期已到,货物因故而未能及时装船,但已被承运人接管,或已经开装而未装完,托运人出具保函,要求承运人签发已装船的提单。预借提单与倒签提单同属一种性质,为了避免造成损失,应尽量不用或少用这两种提单。

6. 根据签发人的不同,可以分为主提单和分提单

船公司签发的提单称为主提单,国际货代企业签发的提单称为分提单,一份主提单可以对应一份分提单,也可以对应多份分提单。一般在运费到付及拼箱操作时一定要用到分提单,运费预付及整箱操作时由国际货代企业自主决定是否使用分提单。有些国际货代企业对所有货物都使用分提单,在实践操作中也是允许的。

【阅读案例 4-4】

倒签提单被发现,赔款 2.09 万英镑

我国 A 进出口公司先后与英国 B 公司签订出售一批农产品合同,共计 2000 吨,价值 6.5 万英镑。装运期为当年 12 月至次年 1 月。但由于原定的轮船出现故障,只能改订另一家船公司的舱位,该批货物到 2 月 11 日才装船完毕。在 A 公司的请求下,国际货运代理 F 公司将提单的日期改为 1 月 31 日,货物到达鹿特丹后,买方对装货日期提出异议,要求我公司提供 1 月份装船证明。A 公司坚持提单是正常的,无需提供证明。结果买方聘请律师上货船查阅船长的船行日志,证明提单日期是伪造的,立即凭律师拍摄的证据,向当地法院控告并由法院发出通知扣留该船,经过 4 个月的协商,最后,我方赔款 2.09 万英镑;买方撤回上诉而结案。

[分析]:倒签提单是一种违法行为,一旦被识破,产生的后果是严重的。但是在国际贸易中,倒签提单的情况还是相当普遍。尤其是当延期时间不多的情况下,还是有许多出口商会铤而走险。当倒签的日子较长的情况出现,就容易引起买方怀疑,最终可以通过查阅船长的航行日志或者班轮时刻表等途径加以识破。

资料来源:考试资料网

(四) 国际海运提单的填制

1. 海运提单填制的主要内容与规范

海运提单既是托运人与承运人之间运输合同的证明,又是物权可以转让的凭证,因此提单显示的内容涉及托运人、承运人、收货人或提单持有人等各关系人的权益和责任。提单的格式多样,每家船公司都有自己的提单格式,但基本内容大致相同,一般包括以下项目。

(1) 托运人(Shipper)。托运人一般为出口商,信用证结算方式下为信用证中的受益人。

(2) 收货人(Consignee)。如签发记名提单,则填上具体的收货公司或收货人名称。如签发指示提单,则依据买卖双方合同视情况而填为记名指示或空白指示。如需在提单上列明指示人,则根据要求填成"凭托运人指示"(To Order of Shipper)、"凭收货人指示"(To Order of Consignee)、"凭某人指示"(To Order of)或"凭银行指示"(To Order of the Bank)。空白指示则只显示"指示"(Order)、"听凭指示"(To Order)。

(3) 被通知人(Notify Party)。被通知人是船公司在货到达目的港时发送到货通知的对象,有时即为进口人。在信用证项下,如信用证对提单被通知人有具体规定,则必须严格按信用证要求填写。非信用证结算,如果是记名提单,且收货人记载详细地址的,则此栏可填写"Same as Consignee"。如果是指示提单,则此栏必须填写被通知人名称及详细地址,否则船方无法与收货人取得联系,可能影响收货人及时报关提货,甚至会导致货物到港时间超过海关规定申报时间而被收取滞报金。

(4) 提单号码(B/L No.)提单号码一般列在提单右上角。为便于联系和核查,提单必须编号。

(5) 船名、航次(Ocean Vessel and Voy. No.)。应填写货物所装船舶的船名及航次。

(6) 前程运输(Pre-Carriage by)。前程运输指首程运输工具,可根据实际情况填写"火车"(Train)、"卡车"(Truck)等。

(7) 收货地点(Place of Receipt)。可根据实际情况填写承运人接受货物的实际地点,如"北京"(Beijing)、"西安"(Xi'an)或"南京"(Nanjing)等地名。集装箱多式联运中,前程运输栏和收货地点栏通常用于填写承运人接受货物的地点和前程运输工具名称。

(8) 装货港(Port of Loading)。应填写实际装船港口的具体名称。信用证中有时规定装货港为"Any Chinese Port",此时,装货港应填写"上海"或"青岛",而不能填"中国港口"。

(9) 卸货港(Port of Discharge)。填写货物实际卸离船舶的港口名称。

(10) 交货地点(Place of Delivery)。应根据实际情况和信用证的规定填写承运人将货物交付给收货人的地点,如"达拉斯"(Dallas)、"芝加哥"(Chicago)等城市名称。也有的提单上显示为最终目的地(Final Destination)。如遇同名地点,则必须加注州名、国名。例如,美国和新西兰都有奥克兰港,如果不注明州名和国名,货物就可能被错发。

(11) 唛头(Marks & Nos.)。如信用证有规定,必须按规定填写,否则应按发票上的唛头填写。

(12) 件数和包装(Number of Containers or Packages)。应按货物实际包装情况填写,如"3000 Cartons""18 Pallets"等。

(13) 货名(Description of Goods)。在信用证项下,货名必须与信用证上的规定完全一致。非信用证结算时,只要打出货物的统称即可。

(14) 毛重(Gross Weight)。填写货物的毛重总数,一般以千克为计量单位。

(15) 尺码(Measurement)。尺码即货物的体积,一般以立方米为计量单位,通常要保留三位小数。

(16) 集装箱号码和铅封号码(Container No. & Seal No.)。如果货物以集装箱装运,则须填写装载货物的集装箱号码和铅封号码。集装箱号码可根据装箱人提供的号码填写,铅封号码应根据实际资料填写。

(17) 大写件数和包装(Total Number of Containers and/or Packages in Words)。用英语打出货物的件数及包装,必须与小写的件数和包装相一致。

(18) 运费和费用(Freight & Charges)。运费支付情况的说明,一般显示运费预付(Freight Prepaid)和运费到付(Freight Collect),以明确运费由谁支付。此栏一般可不填写实际运费,但如信用证规定提单须列明运费,则应在此栏打出运费费率及运费总额。

(19) 正本提单的份数(Number of Original B/L)。提单可分为正本和副本。正本提单可以流通、议付,副本则不行。正本提单的份数须按信用证要求出具,如显示为"Full Set of B/L",则按三份出具。

(20) 提单的签发地点及日期(Place and Date of Issue)。提单的签发地点一般应为货物装运地点,如托运人有特殊要求,也可在第三地签发;提单日期为装船日期。

(21) 船公司或其代理人的签章(Signed for the Carrier)。每张正本提单都须经船方或其代理人签署方始有效。签署方法有签章、电子签章和手签。

2. 填制海运提单时的其他注意事项

(1) 信用证如无特殊规定,提单上的托运人应为信用证的受益人。当信用证规定以第三者为托运人时,可以以国内运输机构或其他公司为托运人,如信用证规定以开证人为托运人时则不能接受。

(2) 提单的收货人习惯上称为抬头人。绝大多数信用证都要求做成指示抬头,这种提单必须经发货人背书,方可流通转让。也有极少数信用证要求做成"凭开证银行指示"(To Order of Issuing Bank)或"凭收货人指示",这种提单无须托运人背书。另外,提单抬头还分记名和不记名,对这两种提单托运人均不背书。不可转让提单无须背书。

(3) 提单上的背书又分空白背书和记名背书。凡空白抬头必须是空白背书。空白背书由发货人在提单背面加盖印章,无须加任何文字;而记名背书除加盖印章外,还应注明"交付给"(Deliver to)字样。

（4）提单的抬头与背书直接关系到物权归谁所有和能否转让等问题,因此一定要严格按照信用证要求办理。需要注意的是,如果目的地是法国或阿根廷,托运人必须在提单正面签署。

（5）信用证上如要求加注被通知人名称,应照办。如来证规定只通知某人（Notify Only）,则通知栏内不能省去"Only"字样。来证如规定在提单上需表示出买方名称,则应在提单上加注"买方"（Name of Consignee）。如来证未要求加注被通知人,则在正本提单上的被通知人一栏留空不填,但应在副本提单的被通知人一栏内加注开证申请人的名称,以便货到目的港时,船方通知其办理提货手续。

（6）提单上的唛头必须与其他单据上相一致。如信用证规定有唛头,则应按信用证上的规定制作。如为散装货,应注明"N/M"或"In Bulk"字样。例如,如果是裸装货钢材,若钢材端部涂刷的是红色,则在提单的唛头栏内注明"Red Stripe";若刷的是白色,则填"White Stripe"。

（7）提单上的货物名称,可做一般概括性的描述,不必列出详细规格。有时同一货物使用不同货名可以节约运费。因此,应尽可能事先通知对方在来证中采用收取运费较低的货名,或使对方在来证中加注"提单使用货名可以接受"的字句。

【知识链接】

海运主提单与分提单的区别与联系

1. 船公司签发的提单称为主提单,国际货代企业签发的提单称为分提单。

2. 一份主提单可以对应一份分提单（整箱）,也可以对应多份分提单（拼箱）。

3. 收发货人不同:主提单与分提单的发货人与收货人不同,有用到分提单的情况下,一般分提单才是真正的收发货人,而主提单的收发货人则修改成了国际货代公司。

4. 件数、重量等不同:当一份主提单对应多份以上分提单（拼箱）时,主提单的件数与重量是总的,分提单的件数及重量是单票货物的。

5. 运费付款方式的区别,运费到付时需要用到分提单,但此时主提单上仍然是运费预付（船公司与国际货代公司之间是运费预付的关系）,填制:FREIGHT PREPAID 字样,主提单上的发货人是国际货代公司,收货人也必须改成货代公司指定的境外货代公司,由该境外的货代公司在目的港收取运费后放货;分提单上则是运费到付,填制:FREIGHT COLLECT 字样,由目的港的国际货代公司跟收货人收该笔运费。

扩展阅读 4.3

普洛斯与中远海运港口
签署战略合作框架协议

第三节 岗位技能与实践

一、岗位技能实训项目:国际海运的报价

● 实训目的

通过该项目的训练,让学生熟悉海运的报价,以及能够制作简单的报价表。

● 实训内容

1. 工作情境

福建省机械工业进出口公司业务员陈先生开拓了一个欧洲客户,该客户所要的货物主要发往以下五个欧洲基本港(鹿特丹、汉堡、费利克斯托、热那亚、安特卫普)。于是陈先生就向福建创世达国际物流有限公司的业务员小林进行询价。小林在接到咨询后,对这项业务的相关需求进行了解,并咨询了相关船公司近期的舱位状况,随后整理并提供一份报价表给陈先生。报价表如表4-4所示。陈先生收到报价表后,对于小林的报价工作比较满意,请小林另报一份东南亚港口(新加坡、槟城、曼谷三个港口)的海运运价表。

创世达国际物流有限公司海运报价表

TO:福建省机械工业进出口公司 陈先生

FROM:福建创世达国际物流公司福州分公司 小林

你好陈先生,根据贵公司业务需要,我司整理了相关港口的海运费用如下,供贵公司参考。

一、整柜报价

表4-4 5个港口的集装箱整柜报价

船公司 Carrier	起运港 POL	目的港 POD	箱型 20'	箱型 40'	箱型 40'HQ	截关时间 Closing	离港时间 ETD	船期 T/T	有效期 Validation
COSCO	FUZHOU	GENOVA	\$1750	\$2450	\$2550	WED/FRI	THU/SUN	32	15-JUL-15
OOCL	FUZHOU	ROTTERDAM	\$1650	\$2380	\$2480	THU/FRI	FRI/SUN	33	15-JUL-15
CSCL	FUZHOU	ANTWERP	\$1730	\$2430	\$2530	WED/FRI	THU/SUN	37	15-JUL-15
ANL	FUZHOU	FELIXSTOWE	\$1600	\$2300	\$2400	WED/SAT	THU/SUN	35	15-JUL-15
MAERSK	FUZHOU	HAMBURG	\$1570	\$2295	\$2395	WED/FRI	THU/SUN	34	15-JUL-15

2. 实训任务

(1) 2015年3月30日,该欧洲客户下了一个订单,2个40'柜加1个20'柜由福州运往英国费利克斯托港,请根据上述报价表,计算公司这批货物必须支付的运费。

(2) 按照客户要求,查询东南亚三个港口的海运集装箱运价,每个港口报2个船公司

以供选择。(报价表需要按照范例严格制作,内容必须包括起运港、目的港、船期、截关时间、开航时间、全程时间及价格有效期等)

3. 实训教学建议

(1)教学方法

多媒体演示教学＋实践操作

(2)教学课时

实践学时:2课时

(3)教学过程

上课时首先由教师介绍任务背景,进行任务描述,提出完成任务的目标和要求,而后学生独立完成情境式工作任务。

4. 实训成果

海运报价表

二、岗位技能实训项目:国际海运提单的填制

● 实训目的

通过该项目的训练,让学生掌握国际海运提单的内容及其填制。

● 实训内容

1. 工作情境

福建文记进出口公司有一批竹制品需要海运到英国南安普敦,文记进出口公司船务部 Sandy 联系福州中外运船务有限公司销售代表 Lucy,并最终选择了船公司 ANL 作为此票货物的承运人。此票货物需要目的港货运公司安排目的港门到门服务及清关等程序。福州中外运船务有限公司的操作员 Lucia 安排完订舱排载事宜后,单证员 Annie 按照客户委托书的要求填制一份国际海运提单分提单及一份 ANL 公司格式的国际海运提单主提单。具体资料如下。

(1)出口方

FUJIAN WEN JI CO. ,LTD

FUXING INVESTMENT PARK GU SHAN TOWN JIN AN DISTRICT

FUZHOU FUJIAN CHINA

TEL:86-0591-36298812 FAX:86-0591-36308913

(2)进口方

SURPASSING LIMITED

300 THE COMMERCIAL CENTRE

SOUTHGATE ROAD WINCANTON BA9 9RZ UK

TEL:0044-1666 522578 FAX:0044-1963 522950

(3)通知方

SAME AS CONSIGNEE

（4）目的港国际货代企业

GLOBAL SEA SERVICE CO.,LTD

RIVERSIDEN BUSINESS CENTRE，

DOCK ROAD，ESSEX RM68 9ND,UK

TEL：0044-1388 589875　FAX：0044-1388 589679

（5）信用证号：ELC00029622

（6）包装情况：3163CTNS

（7）毛重：34015kgs；体积：239.47CBM

（8）品名：木制品（BAMBOO ITEM）

（9）运输情况：MBL NO.：ZUFP151231；HBL NO.：GB1512005

（10）排载情况：4×40GP；ETD：27. DEC. 2015；船名：ZEYUAN；航次：V. 345S

（11）主提单签发人：ANL（澳大利亚航运船公司）

（12）付款方式：到付（FREIGHT COLLECT）

（13）始发港国际货代联系资料：

公司：福州中外运船务有限公司

地址：中国福建省福州市鼓楼区五一北路力宝天马广场

TEL：0591-87871055；　FAX：0591-87871090

2. 实训任务

完成规定情境的国际海运船公司主提单（见样单 4-1）及国际海运货代公司分提单（见样单 4-2）的填制。

3. 实训教学建议

（1）教学方法

多媒体演示教学＋实践操作

（2）教学课时

实践学时：2 课时

（3）教学过程

上课时首先由教师介绍任务背景，进行任务描述，提出完成任务的目标和要求，而后学生独立完成情境式工作任务。建议：这部分课程可以选择在机房让学生完成海运提单的填制，也可以直接填制在教材的空白样单上，在教室完成工作任务。

4. 实训成果

（1）国际海运船公司主提单

（2）国际海运货代公司分提单

样单 4-1 国际海运船公司主提单

B/L NO.

Shipper

中远集装箱运输有限公司
COSCO CONTAINER LINES

TLX：33057 COSCO CN
FAX：－86(021)6545 8984

ORIGINAL

Consignee Insert Name, Address and Phone

Port-to-Port or Combined Transport

BILL OF LADING

Notify Party Insert Name, Address and Phone
(it is agreed that no responsiblity shall attach to the Camer or his agents for talute to coth)

RECEIVED in external apparent good order and condition except as other wise noted. The total number of packages or units stuffed in the container. the description of the goods and the weights shown in this Bill of Lading are furnishea by the Merchants, and which the carrier has no reasonable means of checking and is not a pait of this Bill of Lading contract. The camer has issued the number of Bill of Lading stated below, all of this tenor and date. one of the original Bills of Lading must be surrendered and endorsed or sig. ned against the delivery of the shipment and whereupon any other. original Bills of Lading shall be void. The Merchants agree to be bound by the terms and conditions of this bill of Lading as if each had personally signed the Bill of Lading
SEE clause 4 on the back of this Bill of Lading(Terms continued on the back here of, please read carefully)
Applicable Only When Document Used as a Combined Transport Bill of Lading

Combined Transport * Pre-carriage by	Combined Transport * Place of Receipt
Ocean Vessel Voy. No.	Port of Loading
Port of Discharge	Combined Transport * Place of Delivery

Particulars Furnished by Merchants

Marks & Nos. Container &No.Seal No.	No. of Containers or Packages	Description of Goods(If Dangerous Goods, See Clause 20)	Gross Weight Kgs	Measurement

Description of Contents for Shipper's Use Only(Not part of This B/L Contract)

Total Number of containers and/or packages(in words)
Subject to Clause 7 Limitation

Freight & Charges	Revenue Tons	Rate	Per	Prepaid	Collect
Declared Value Charge					

Ex Rate	Prepaid at	Payable at	Place and date of Issue
	Total Prepaid	No. of Onginal B(s) L	Signed for the Carrier. COSCO CONTAINER LINES

LADIN ON BOARD THE VESSEL
DATE BY
COSCON S'ANDARD FORM9803

样单 4-2　国际海运货代公司分提单

Shipper

B/L NO.

Consignee

Notify Party

AAA Shipping Co.

BILL OF LADING

Pre-carriage by	Place of Receipt
Ocean Vessel Voy. No.	Port of Loading
Port of Discharge	Place of Delivery

Container No.	Seal No. Marks & Nos.	No. of Containers or P'kgs	Kinds of Packages; Description of Goods	Gross Weight kgs	Measurement

TOTAL NUMBER OF
CONTAINER OR PACKAGES 　（IN WORD）

Freight & Charge	Revenue Tons	Rate	Per	Prepaid	Collect

Ex. Rate.	Prepaid at	Payable at	Place and date of Issue
	Total Prepaid	No. of Original B（s）/L	Signed for Carrier,

LADEN ON BOARD THE VESSEL

DATE

本 章 小 结

本章第一部分主要概述国际海运的概念、特点等以及国际海运班轮基础知识、国际集装箱基础知识;第二部分主要介绍船期表、集装箱班轮运费、国际海运进出口流程、国际海运单证等集装箱海运实务;第三部分的岗位技能训练第一个是国际海运的报价,制作国际海运报价表是国际物流业务中常见的实践任务,通过训练加深对报价知识的理解,掌握如何制作报价单;第二个实践任务是国际海运提单的填制,通过针对性的训练,掌握国际海运提单的填制。

【思考与练习】

一、单选题

1. 国际贸易中最主要的运输方式是(　　)。

A. 航空运输　　　　B. 铁路运输　　　　C. 海洋运输　　　　D. 公路运输

2. 在进出口业务中,经过背书能够转让的单据有(　　)。

A. 铁路运单　　　　B. 海运提单　　　　C. 航空运单　　　　D. 邮包收据

3. 按提单收货人抬头分类,在国际贸易中被广泛使用的提单有(　　)。

A. 记名提单　　　　B. 不记名提单　　　　C. 指示提单　　　　D. 班轮提单

4. 集装箱货物交接方式中,CY　TO　CY 是指(　　)。

A. 门到门　　　　B. 站到站　　　　C. 场到场　　　　D. 钩到钩

5. 门到门的集装箱运输最适合于(　　)交接方式。

A. 整箱交、整箱接　　　　　　　　B. 拼箱交、拆箱接

C. 整箱交、拆箱接　　　　　　　　D. 拼箱交、整箱接

二、多选题

1. 班轮运输的特点包括(　　)。

A. 有固定航线　　B. 有固定港口　　C. 有固定的货源　　D. 有固定船期

2. 海洋运输的优点是(　　)。

A. 通过能力大　　B. 载运量大　　C. 运输成本低

D. 风险大　　　　E. 速度快

3. 按照提单收货人抬头分类,提单有(　　)。

A. 清洁提单　　　　B. 不清洁提单　　　　C. 记名提单

D. 不记名提单　　　E. 指示提单

4. 按运输方式分,提单有(　　)。

A. 直运提单　　　　B. 转船提单　　　　C. 联运提单

D. 舱面提单　　　　E. 集装箱提单

5. 按提单有无不良批注,可分为(　　)。

A. 清洁提单　　　　B. 不清洁提单　　　　C. 记名提单

D. 不记名提单　　　E. 指示提单

三、简答题

1. 班轮运输的特点是什么?

2. 班轮运费包括哪些?

3. 集装箱货物的交接方式有哪些?

4. 简述国际海运出口的流程?

5. 简述国际海运进口的流程?

四、案例分析题

中国 A 公司与英国 B 公司签订了一份国际货物买卖合同,约定由 A 公司向 B 公司销售一批电视机,B 公司以信用证方式付款。合同订立后,B 公司依约开立了信用证,该信用证要求 A 公司提供全套已装船清洁提单。A 公司按照合同规定交付了货物,并按信用证要求制作了所有单据。A 公司向银行提交全套单据,银行审单后拒绝付款,理由是 A 公司提交的提单上没有货物的装运日期,该提单是备运提单而非信用证要求的已装船提单。A 公司去电解释,其提交的提单上盖有"已装船"(SHIPPED ON BOARD)字样的印记,证明货物已装船,提单的签发日就是装运日期。银行回电称,A 公司提交的提单所做的"装船批注"不符合 UCP 的规定,由于存在单证不符的情况,银行拒绝付款。

思考题:

银行是否有权拒绝付款? 为什么?

第五章

国际物流空运

【学习目标与要求】

1. 了解国际空运的概念及特点;
2. 了解国际空运的经营方式;
3. 掌握国际空运的机型及装载限制;
4. 掌握国际空运进出口流程;
5. 掌握国际空运的报价;
6. 掌握国际航空货运单的填制。

【导入案例】

深圳机场国际业务发展迅速,服务"一带一路"倡议

深圳机场近年客货运并重,在重视发展国内、国际客运业务的基础上,以拓展国内国际货运为重点,加强机场与航空公司、货运代理人、客户之间的战略合作关系,完善机场货运软硬件设施,建立有效覆盖珠三角地区的货运网络平台,逐步发展成为中国华南货运门户机场。最新的数据显示,深圳机场货运航线达到 36 条,货运通航点 32 个,2015 年货邮量历史性突破 100 万吨大关。

深圳机场有国际和地区货运航线 14 条,通往台北、大阪、东京、吕宋岛、新加坡、曼谷、吉隆坡、迪拜、首尔、安克雷奇、悉尼、科隆、辛辛那提等 13 个城市。同时形成国际三大快递巨头——联邦快递、UPS 和 DHL 齐聚深圳机场的格局。

随着 UPS 深圳亚太转运中心业务规模的进一步壮大,以及 DHL 等国际快递企业在深圳机场空运业务的增加,不仅推动了机场货邮量的提升,而且促进了深圳国际航空货运市场发展和本地经济的增长。2015 年,深圳机场持续加大国际和地区航线拓展力度,台湾"中华航空"、长荣航空相继开通了深圳直飞台湾的全货机航班;博立航空接连两次加密深圳直飞美国的洲际航线,达到每周 10 个往返航班。数据统计,2015 年 1~9 月深圳机场货邮吞吐量为 74 万吨,同比增长 5.3%,其中国际和地区货邮占了四分之一,达到 18.5 万吨,同比增长 11.2%。

深圳机场未来将继续巩固东南亚航线网络优势,增强北美航线网络布局,填补欧洲、澳洲等空白市场,为国际货运发展提供更多的运力资源,推进实施国际化战略,服务"一带一路"倡议。

深圳机场是内地唯一实现海、陆、空、铁联运的机场,在货邮通关环境方面具有多重优势,目前已形成国际普货、国际快件、保税物流多元化立体通关体系,所有通关货物单

证手续一站式办理，深港两地之间货物快速直通，陆路口岸免检，对于鲜活产品还推出"绿色通道"快速通关，这些都为货运业务的发展打下了良好基础。

深圳机场下一步将抓住深圳跨境电商业务新一轮试点布局机遇，构建"保税＋直购＋邮政小包"立体化物流通道，并积极拓展跨境电商O2O业务暨保税展示交易业务，与合作伙伴共同分享跨境电商红利，实现全方位链条式发展和物流价值的整体提升。

资料来源：深圳商报

 思考题

1. 航空运输有哪些优势？航空运输在现代物流体系具有什么样的重要作用？
2. 国际空运的运价如何计算？
3. 国际空运需要用到哪些单证？

第一节 国际空运基础知识

一、国际空运的概念

国际空运即国际航空运输，是指根据有关各方所订的合同，以航空器作为运输工具，不论在运输中是否有间断或转运，其出发地和目的地是在两个缔约国或非缔约国的主权管辖下的领土内的约定的经停地点，将货物运输至目的地的运输方式。

二、国际空运的特点

国际空运以航空器作为运输工具，与其他运输方式相比，具有不可比拟的优势，主要特点有以下几个。

（一）运送速度快

国际空运主要采用飞机作为运输工具，飞机的飞行速度一般在600公里/小时以上，与其他的运输工具，如汽车、火车、轮船等相比，具有速度快的优势。航空货运的这一特点，使其适合运送那些易腐烂、变质的鲜活商品，时效性、季节性强的报刊、节令性商品，以及抢险、救急品。另外，当今国际市场竞争激烈，航空运输所提供的快速服务也使得货主可以对国外市场瞬息万变的行情即刻做出反应，迅速推出适销产品占领市场，获得较好的经济效益。

（二）不受地面条件影响

航空运输利用天空这一自然通道，不受地理条件的限制，对于地面条件恶劣、交通不便的内陆地区非常合适，有利于资源的进出口，促进当地经济的发展。航空运输使本地与世界相连，对外的辐射面广，而且航空运输与公路运输与铁路运输相比占用土地少，对寸土寸金、地域狭小的地区发展对外交通，无疑是十分适合的。

（三）节约包装、保险、利息等费用

由于采用航空运输方式，货物在途时间短、周转速度快，企业存货可以相应减少，一方

面,有利于资金的回收,减少利息支出;另一方面,企业仓储费用也可以降低。航空运输安全、准确,货损、货差少,保险费用较低。与其他运输方式相比,航空运输的包装简单,包装成本减少。这些都促成企业隐性成本的下降和收益的增加。

(四) 破损率低,安全性好

由于航空货物本身的价格比较高,操作流程的环节比其他运输方式严格得多,因此在整个货物运输环节之中,货物的破损率很低。与其他运输方式相比,航空运输的安全性较高。例如,从 1996 年到 2005 年这 10 年,中国民航每百万飞行小时发生重大事故的次数是 0.42 次,世界平均水平是 0.7 次。显然,航空运输的安全性远远高于铁路运输、水上运输和公路运输。

【阅读案例 5-1】

亚马逊拟将货运飞机增至 50 架 争抢 FedEx 和 UPS 生意?

2018 年 12 月 24 日消息,亚马逊旗下货物空运部门 Amazon Air 宣布,将在未来两年内增加 10 架货运飞机。这些飞机是从航空运输服务集团(Air Transport Services Group)租用的波音 767-300 飞机,亚马逊此前已经租赁了该公司 20 架飞机。这将使亚马逊货运飞机的数量达到 50 架,并帮助亚马逊更好地及时递送包裹。这也是亚马逊发出的最新信号,表明这家电子商务巨头是多么热衷于扩大自己的空运能力,而不是依赖联合包裹(UPS)、联邦快递(FedEx)、美国邮政(USPS)等公司。

上周,该公司还宣布将在沃斯堡(Fort Worth)联盟机场建设新的区域中心,并在俄亥俄州的威尔明顿(Wilmington)航空公园建设一个新的分拣中心。这与将亚马逊在辛辛那提/肯塔基北部国际机场的枢纽扩大到 27870 平方米的计划相匹配。这样,这个空间就可以容纳 100 多架 Amazon Air 的货机。

资料来源:腾讯科技

三、国际空运的经营方式

(一) 班机运输(Scheduled Air Line)

班机是指定期开航的,定航线、定始发站、定目的站、定途经站的飞机。一般航空公司都使用客货混合型飞机(Combination Carrier),一方面搭载旅客;另一方面又运送少量货物。也有一些较大的航空公司在一些航线上开辟定期的货运航班,使用全货机(All Cargo Carrier)运输。班机运输的特点如下。

(1) 班机运输是目前最主要的航空货运方式。班机由于有固定航线、固定经停站,且定期开航,因此国际间空运货物流通多使用班机运输方式。

(2) 适合急需、贵重、鲜活、小批量的货物运输。班机运输收、发货人能确切掌握货物起运和到达时间,但班机一般都是客货混合机,舱位有限。

(二) 包机运输(Chartered Carrier)

包机运输方式可分为整机包机和部分包机两类。

1. 整机包机

整机包机即包租整架飞机,指航空公司按照与租机人事先约定的条件及费用,将整架飞机租给包机人,从一个或几个航空港装运货物至目的地。包机人一般要在货物装运前1个月与航空公司联系,以便航空公司安排运载和向起降机场及有关政府部门申请、办理过境或入境有关手续。包机的费用为一次一议,随国际市场供求情况变化。原则上,包机运费按每飞行公里固定费率核收费用,并按每飞行公里费用的80%收取空放费。因此,大批量货物使用包机时,均要争取来回程都有货载。

2. 部分包机

由几家航空货运代理公司或发货人联合包租一架飞机,或者由航空公司把一架飞机的舱位分别卖给几家航空货运代理公司装载货物,就是部分包机。部分包机适于托运不足整架飞机的舱位,但又较重的货物。

扩展阅读 5.1

视频:国航货运航空
宣传片

【知识链接】

集中托运(Consolidation)指航空货运代理公司把若干批单独发运的货物组成一批向航空公司办理托运,填写一份总运单将货物发运到同一目的站,然后由航空货运代理公司在目的站的代理人负责收货、报关,并将货物分别拨交给各收货人的一种运输方式。

集中托运的特点:运费较班机便宜;航空公司签发总运单,航空货运代理公司签发分运单;特种货物不能办理集中托运业务(活动物、贵重物品、尸体骨灰、外交信袋和危险品)。

第二节　国际空运实务

一、机型与装载限制

(一) 机型分类

1. 按机身的宽窄,可分为窄体机和宽体机

(1) 窄体机。宽约3米,有两排座椅、一条走廊,在两个下货舱装运散货。常见的窄体机有以下型号:B737、B757、A318、A319、A320、MD90。

(2) 宽体机。机身宽4.72米以上,有三排座椅、两条走廊,可以在主货舱或下货舱装运集装器货物或散货。常见的宽体机有以下型号:B747、B767、B777、B787、A330、A340、

A380、MD11 等。

2. 按用途，可分为全货机、全客机和客货混合机

全客机只在两个下货舱装载散货。客货混合机在主货舱后半部装载集装器货物，在下货舱装载散货。全货机各舱都能装载集装器货物。

扩展阅读 5.2

川航首架全货机启航，"熊猫之路"实现"客货齐飞"

（二）装载限制

1. 重量限制

由于飞机结构的限制，飞机制造商规定了每个货舱可装载货物的最大重量限额，任何情况下，所装载的货物重量都不可以超过此限额，否则，飞机的结构很有可能遭到破坏，飞行安全会受到威胁。窄体机只能装载散货，不能装载集装器货物，每件货物重量一般不超过 80kg，体积一般不超过 40cm×60cm×100cm；宽体机既可装载散货，也可装载集装器货物，每件货物重量一般不超过 250kg，体积一般不超过 100cm×100cm×140cm。超过上述重量和体积的货物，应根据航线、机型及始发站、中转站和目的站的装卸设备条件，征求有关航空公司同意后决定是否可以发运。

具体机型重量限制：以常见的载体机型 B737 为例，其载重量约为 5～8T，B737-200型与 B737-300 型载重量 5731kg（前货舱 2269kg，后货舱 3462kg），B737-800 型载重量 8408kg（前货舱 3558kg，后货舱 4850kg）。

2. 总容积限制

由于货舱内可利用的空间有限，因此，总容积也成为运输货物的限定条件之一。轻泡货物可能占满了货舱内的所有空间，却未达到重量限额。相反，高密度货物的重量已达到限额，而货舱内仍会有很多的剩余空间无法利用。将轻泡货物和高密度货物混运装载是比较经济的解决方法，承运人有时提供一些货物的密度参数作为混运装载的依据。

具体机型容积限制：以常见的窄体机型 B737 为例，B737-200 型与 B737-300 型货舱载货体积为 24.7m³，B737-800 型货舱载货体积为 45m³。

3. 舱门限制

由于货物只能通过舱门装入货舱内，货物的尺寸必然会受到舱门的限制。为了便于确定一件货物是否可以装入散舱，飞机制造商一般会提供散舱舱门尺寸表，表内数据以厘米/英寸两种计量单位公布。

具体机型舱门限制：以常见的窄体机型 B737 为例，其舱门高度为：86cm 和 88cm，但同样是窄体机型的 A320，其舱门高度为 124cm。

【实践案例 5-1】

2015 年 12 月，福建冠捷电子公司需要空运一批货物到香港，该公司的电子产品通常

打托盘,该批货物高度为110cm,该货物于周四晚上下线并装箱备妥,假设当期航班情况如表5-1所示,请问该货物可以安排走周几的什么航班?

表5-1　当期航班情况

目 的 港	代　码	航班号	航　期	起飞时间	到达时间	交接时间	机　　型
香港	HKG	CZ381	DAILY	10:00	11:00	＊17:30	B737-200
		MF8015	1/3/5	18:30	19:40	16:30	B737-800
		KA603	1/4/6	15:00	16:25	12:20	A320
		KA507	2/3/5	7:40	14:40	＊17:30	B767

[解答示范]

可以安排走周六的KA603,因为CZ381和MF8015用的是B737的机型,舱门高度为86cm和88cm,不能承运该批货物,可以考虑安排KA603的航班,该航班的机型A320的舱门高度为124cm,B767的高度为175cm,但货物周四晚上备好,周五早上需要报关,KA507是周五上午7:40的航班,KA603最快是周六15:00的航班,所以该批货物最快可安排的航班是周六的KA603。

[模拟练习]

假定福建冠捷电子公司的该批货物于周一晚上备妥,请问最快可以安排周几的哪个航班?

4. 地板承受力限制

飞机货舱内每平方米的地板可承受一定的重量,如果超过它的承受能力,则地板和飞机结构很有可能遭到破坏。因此,装载货物时应注意不能超过地板承受力的限额,常见的B737机型和A320机型,地板承受力的限额为732kg/m^2。

地板承受力计算公式:地板承受力(kg/m^2)＝货物重量(kg)÷货物底部与机舱的接触面积(m^2)。

如果超过限额,应使用$2\sim5\text{cm}$的垫板,加大地面面积。计算公式:最小垫板面积(m^2)＝[货物重量(kg)＋垫板重量(kg)]÷适用机型的地板承受力(kg/m^2)。

垫板本身有一定重量,在实践中,为了计算简便,往往忽略垫板重量,而改为在得出的面积上乘以120%以充分保证安全。

【实践案例5-2】

一件货物重量为200kg,不可以倒置、侧放,包装尺寸为40cm×40cm×60cm(长×宽×高)。问:该货物是否可以装入B737的飞机的货舱? 如果不可以,该如何装入?

[解答示范]

(1) 由于该货物不可倒置、侧放,则货物底部与机舱的接触面积为40cm×40cm＝0.16m^2。

(2) 200kg÷0.16m^2＝1250kg/m^2＞732kg/m^2,所以该货物不能直接装入B737飞机

的货舱。

（3）如果想装入，需要加一个厚 2～5cm 的垫板，最小垫板面积＝200÷732＝0.27m²，0.27m²×120％＝0.32m²，所以至少加一个面积不少于 0.32m²，厚度为 2～5cm 的垫板才可以装入 B737 飞机的货舱。

5. 常见机型的载货性能数据

常见机型的载货性能数据如表 5-2 所示。

表 5-2　常见机型的载货性能数据

波音系列机型	类型	地板承受力（kg/m²）	舱门尺寸(cm×cm)	最大装载量
777-200	宽体	976	前货舱：170×270	6 块 PIP/P6P 板或 18 个 AVE 箱
			后货舱：175×180	14 个 AVE 箱
		732	散舱：114×97	17m³(4082kg)
767-200	宽体	976	前货舱：175×340	3 块 PIP/P6P 板
		732	后货舱：175×187	10 个 DPE 箱
			散舱：119×97	12.0m³(2925kg)
767-300	宽体	732	前货舱：175×340	4 块 PIP/P6P 板
			后货舱：175×187	14 个 DPE 箱
			散舱：119×97	12.0m³(2925kg)
757	窄体	732	前货舱：107×107	21.6m³(4672kg)
			后货舱：140×112	24.7m³(7393kg)
747-400 COMBI	宽体	1952	主货舱：305×340	7 块 P6P 板或 5 块 P6P 板加 1 块 20 英尺板
		976	前下货舱：168×264	5 块 P1P/P6P 板
			后下货舱：168×264	16 个 AVE 箱或 4 块 P6P 板或 4 块 P1P 板加 4 个 AVE 箱
		732	散货舱：119×112	12.3m³(4408kg)
747-200 COMBI	宽体	1952	主货舱：305×340	6 块 P1P/P6P 板或 4 块 P6P 板加 1 块 20 英尺板
		976	前下货舱：168×264	5 块 P1P/P6P 板
			后下货舱：168×264	14 个 AVE 箱或 4 块 P6P 板或 4 个 P1P 板加 2 个 AVE 箱
		732	散货舱：119×112	22.6m³(6749kg)
747-SP	宽体	976	前货舱：173×264	3 块 P1P(可以有 1 块 P6P)板
			后货舱：173×264	10 个 AVE 箱或 3 块 P1P 板加 2 个 AVE 箱
			散货舱：119×112	9.6m³(2948kg)

续表

波音系列机型	类型	地板承受力（kg/m²）	舱门尺寸（cm×cm）	最大装载量
747-200F	宽体	1952	主货舱前门（鼻门）：249×264	29 块 P1P/P6P 板或 12 块 20 英尺板加 4 块 P1P/P6P 板
			主货舱侧门：305×340	
		976	前下货舱：168×264	5 块 P1P/P6P 板或 18 个 AVE 箱
			后下货舱：168×264	4 块 P1P/P6P 板或 14 个 AVE 箱
		732	散货舱：119×112	22.6m³（可用 15.8m³）（6749kg）
737-200	窄体	732	前货舱：86×121	10.4m³（2269kg）
			后货舱：88×121	14.3m³（3462kg）
737-300	窄体	732	前货舱：88×121	10.4m³（2269kg）
			后货舱：88×117	14.3m³（3462kg）
737-800	窄体	732	前货舱：89×122	19.6m³（3558kg）
			后货舱：84×122	25.4m³（4850kg）

空中客车系列机型	类型	地板承受力（kg/m²）	货舱门尺寸（cm×cm）	最大装载量
A-310	宽体	732	前货舱：169×270	3 块 P1P/P6P 板或 8 个 AVE 箱
			后货舱：181×170	6 个 AVE 箱
			散货舱：95×63	8.0m³（2270kg）
A340	宽体	1050	前货舱：169×270	6 块 P1P/P6P 板或 18 个 AVE 箱
			后货舱：169×270	4 块 P1P/P6P 板或 14 个 AVE 箱
A320	窄体	732	前货舱：124×182	3AKH/PKC 箱位（散装）
			后货舱：124×182	4AKH/PKC 箱位（散装）
			散货舱：77×95	5.0m³（1479kg）
A300-600R	宽体	732	前货舱：178×270	4 块 P1P/P6P 板或 12 个 AVE 箱
			后货舱：175×181	10 个 AVE 箱
			散货舱：95×95	14.7m³（2770kg）

麦道系列机型	类型	地板承受力（kg/m²）	货舱门尺寸（cm×cm）	最大装载量
MD-80 MD-82	窄体	732	前货舱：75×135	13.1m³
			中货舱：75×135	9.8m³
			后货舱：75×135	12.5m³
MD-11F	宽体	732	主货舱：259×356	6 块 P6P 板
			前货舱：167×264	6 块 P1P/P6P 板
			后货舱：167×264	4 块 P1P 板或 2 个 AVE 箱
			散货舱：91×76	14.4m³（2294kg）

【阅读案例 5-2】

各方抢滩跨境物流阵地，波音和空中客车瞄准中国货运市场

（2016 年 3 月）外媒报道，波音 737 瞄准了中国迅速发展的货运市场。与此同时，空中客车（欧洲一家飞机制造、研发公司）报告称公司利润大大提升。

波音公司预测，随着电商业务量的增长，中国货运市场将获得巨大的发展。近几年来，阿里巴巴、京东和 58.com 的网络订单剧增。"全球货运市场正在缓慢恢复，我们看到了市场对运输机的需求，比如 737-800BCF（客机改货机型），可以在国内市场快递货物。"商用航空服务公司（Commercial Aviation Services）的高级副总裁 StanDeal 在一次发布会上说。"在未来的 20 年里，波音预估消费者对 737 这种规模的货机需求量将超过 1000架，中国国内空运货机将占总需求市场的 1/3 比例。"波音改装 737 预计将在 2017 年第四季度投入货运市场。

2015 年，货运市场对 A320 和 A330 喷气机的需求大增，欧洲空中客车公司的利润提高 15%，达到 30 亿美元。该公司打算今年生产 650 多架货机，比 2015 年的 635 架有所提高。去年，空中客车获得 1080 个订单，大大超过波音公司的 768 个订单数目。2 月初，空中客车与菲律宾航空公司签订了协议，六架 A350-900s 将以 19 亿美元的标价出现在新加坡航空展上。但是由于油价下跌，展会上获得的新订单情况并不如意。

资料来源：雨果网

二、国际空运航班时刻表

（一）主要内容

国际空运航班时刻表是由航空公司发布（或由机场汇总发布）的具体航班时刻表，通常包括目的港、航班号、起飞时间、到达时间、机型等常用航班信息。下面以厦门机场的国际航班时刻表（见表 5-3）为例做进一步说明。

表 5-3 厦门机场国际航班时刻表

目的港	代码	航班号	航期	起飞时间	到达时间	交接时间	机型
香港	HKG	CZ381	DAILY	10:00	11:00	*17:30	B737
		MF8015	DAILY	18:30	19:40	16:30	B737-800
		KA603	DAILY	15:00	16:25	12:20	A321/A320
		KA605	DAILY	19:45	21:05	17:10	A330
		KA507	2/3/5	7:40	14:40	*17:30	B747
		CX351	1/3/5	12:20	13:45	9:55	A330
		N8252	DAILY	14:05	15:20	11:35	B737
澳门	MFM	MF895	DAILY	16:50	18:05	14:30	B737
		NX131	DAILY	14:45	16:05	12:15	A321/A320
		NX321	2/3/4/5/6	11:30	12:30	*17:30	A300
		NX321	7	12:00	13:00	*17:30	A300

续表

目的港	代码	航班号	航期	起飞时间	到达时间	交接时间	机型
新加坡	SIN	CA957	DAILY	17:45	22:00	15:15	B738
		MF859	DAILY	18:00	22:10	15:30	B737
		MI921	DAILY	12:15	16:45	9:45	A320
		MI923	2/4	16:15	20:40	13:45	A320
马尼拉	MNL	CZ377	DAILY	19:55	21:55	17:25	A320
		PR335	1/4/6	11:00	13:10	*17:30	A319
		PR331	2/3/5/7	17:25	19:35	14:55	A320
吉隆坡	KUL	MH391	2/4/6/7	14:55	19:05	12:25	A330
		MF857	2/4/57	14:10	18:00	11:30	B737
曼谷	BKK	TG611	2/4/6	16:05	18:25	13:35	A300
大阪	OSA/KIX	CK247	2/3/4/6	15:30	18:00	13:10	MD11
		NH958	2/3/5/7	14:20	18:15	11:00	B737
		NH8498	2/4	17:00	21:05	14:00	B767F
		MF879	1/2/4/6	12:30	15:00	10:00	B737
东京	NRT	NH936	DAILY	14:20	18:15	11:50	B763
		JL608	2/5/7	13:45	18:30	11:15	B767
		NH8470	7	11:25	15:50	*17:30	B767F
首尔	ICN/ SEL	KE888	2/4/6	13:30	17:40	11:00	B737
		KE314	3	21:10	0:50	17:50	A300-600
			6	1:20	5:10	*17:50	
		MF871	3/5/7	14:40	17:10	12:00	B737
		CK267	4/6	22:20	0:50+1	17:30	MD11F
芝加哥	ORD/CHI	SQ7892	2	8:30	13:10	*17:30	B747
		SQ7894	4	10:30	17:05	*17:30	B747
		SQ7896	6	19:15	1:50+1	16:05	B747
洛杉矶	LAX	SQ7890	4	10:30	14:05	*17:30	B747-400
		SQ7884	6	13:20	16:55	10:20	B747-400
		SQ7888	7	19:30	23:10	16:30	B747-400
阿姆斯特丹	AMS	MP	3	21:30	06:25+1	17:30	B744F
		MP	1	21:30	06:25+1	17:30	B744F
卢森堡	LUX	CV7492/5	3/6	3:05	15:00	*17:30	B747-400

（二）注意事项

查询航班时刻表的注意事项如下。

（1）需要掌握航空公司的英文两字代码，如 CZ 开头的航班号代表的是中国南方航空公司的航班，以 MF 开头的代表的是厦门航空公司的航班，以 KA 开头的代表的是香港港龙航空公司的航班。

（2）航期代表的是周几有该航次的航班。航期中的 DAILY 代表每天都有，航期中的 2/3/5 代表周二、周三、周五三天有该航班。

（3）航班时刻表中的交接时间指货物办完报关手续，货代公司将报关放行单证交接给机场国际货运站的时间，表格中所列的时间为截止时间。交接时间的 * 号代表前一天的时间，如 * 17:30 就是指前一天的 17:30。

（4）需要掌握常见的机型代码，如 B737 代表的是波音 737 的机型，A321 代表的是空客 321 的机型，MD11 代表的是麦道 11 的机型。

【实践案例 5-3】

厦门 DELL 公司 2015 年 11 月有一批货物需要空运往美国芝加哥，报检手续周二前办理好，货物周三晚上全部生产下线并包装完毕，请问最快可以安排哪个航班（航空公司、航班号、起飞时间等）？为什么？（提示信息：国际空运货物的报关一般在半个工作日内可以完成，报关放行的资料需要在航班起飞前 2 个小时交接给航空港货运站）

[答题示范]

该货物可以安排新加坡航空公司的周六的 SQ7896，起飞时间为周六的 19:15，到达时间为第二天凌晨的 1:05。周四是有航班，但 SQ7894 的起飞时间是周四早上 10:05，交接时间为周三下午 17:30，也就是说在周三下午海关下班前必须把所有的报关手续办好，并将报关的放行单证材料交接给国际货运站。

[模拟练习]

厦门 A 国贸公司 2015 年 12 月有一批货物需要空运往美国洛杉矶，报检手续周五前办理好，货物周六上午 9:00 全部生产下线并包装完毕，请问可以安排哪个航班（航空公司、航班号、起飞时间等）？为什么？提示：货物报关需要多长的时间？公司仓库到机场需要的时间？这些都需要考虑。

三、国际空运进出口流程

（一）国际空运的出口业务流程

1. 市场销售

这里的市场销售，所销售的航空公司的货运舱位，因此市场销售也就是揽货，属于国际空运业务的市场开发工作，它处于整个航空货物出口运输代理业务流程的核心地位。

在具体操作时，航空货运代理公司需向货主即出口单位，介绍本公司的业务范围、服务项目、各项收费标准,特别是向出口单位介绍优惠运价、本公司的服务优势等。

2. 委托运输

航空货运代理公司与出口企业就出口货物运输事宜达成意向后,出口企业需要填写固定格式的"国际货物托运书",并加盖公司公章,也就说出口企业委托运输,这是一项具体国际空运出口业务的开始。对于长期出口或出口货量大的出口企业,航空货运代理公司一般需要与出口企业签订长期的代理协议。

3. 业务评审

审核《国际空运货物托运书》上客户应填项目是否齐全,包括发货人、收货人、通知人、始发地、目的地、品名、件数、重量、尺码、唛头、提货要求、有无特殊要求等,包括需要审核费用是否合理(或另附报价确认单),完成业务评审后进入订舱环节。

4. 订舱

在收到客户的国际空运货运委托书并完成业务审核工作后,需要填写订舱单向航空公司预订舱位,这个环节称为预订舱,此时货物还没有入库,预报的和实际的件数、重量、体积等都会有些差别;但是向航空公司预订舱位时要尽量跟出口企业提醒尽量相差不能太大,因为实际到货如果少于预订舱位较多,航空公司就有可能产生亏仓;实际到货如果超过预订舱的重量或体积,舱位紧张时航空公司就有可能将多出的货物或整批货物安排到下一航班出运,容易产生货物延误的情况。

【知识链接】

在北京、上海等大口岸,国际货代企业往往跟航空公司签有包板或包舱协议,在这种情况下国际货代企业手上已经有固定的舱位。这时就要进行舱位的预配舱。国际货代企业对所接受的货运委托进行汇总,依据各个客户报来的预报数据,计算出各航线的总件数、重量、体积,进行该航线舱位的预配舱工作。

5. 制单

制单主要是填开航空货运单,包括总运单和分运单。填制航空货运单是空运出口业务中最重要的环节,货运单填写的准确与否直接关系到货物能否及时、准确地运往目的地。航空货运单的填写必须详细、准确、严格符合"单货一致""单单一致"的要求。

如果所托运的货物是直接发给国外收货人的单票托运货物,填开航空公司运单即可。如果所托运的货物属于以国外代理人为收货人的集中托运货物,除了填制一份航空公司的总运单,还必须为每票货物另外填制一份航空货运代理公司的分运单,以便国外代理人对总运单下的各票货物进行分票处理。

6. 接货

接货即接收货物,是指航空货运代理公司派工作人员上门提取货物并运送到机场货运站的国际仓库。接收货物时应对货物进行过磅和丈量,并根据发票、装箱单或送货单清点货物,并核对货物的数量、品名、合同号和唛头等是否与航空货运单上所列一致。提货时对于货物的整体要求是:托运人提供的货物包装要求坚固、完好、轻便,保证在正常运输情况下货物可完好地运达目的地,同时也不损坏其他货物和设备。

7. 报关

出口报关是指发货人或其代理人在货物发运前,向出境地海关办理货物出口手续的过程。具体操作程序说明如下。

(1)首先将发货人提供的出口货物报关单的各项内容输入计算机,即计算机预录入;

(2)对于预录入报关单检查无误后,在报关系统中正式提交海关审核;

(3)海关审单中心审核报关单证,如果抽中验货,进入验货环节;

(4)海关抽验货物;

(5)验货合格后,海关开出税款缴纳通知单(部分产品有出口关税),缴纳关税;

(6)海关盖放行章,报关完成。

8. 交接发运

交接是指报完关后,航空货运代理公司将报关放行单证交给航空公司的地面操作代理(机场货运站)。货物在报关之前就已经进到机场货运站的仓库,等待报关放行手续才可以装上飞机。当收到货代公司交接来的报关放行单证后,机场货运站工作人员安排将货物装上预订的航班。

9. 信息传递

货物交接发运后,货运代理公司除了做好航班跟踪外,还要为客户提供相关的信息服务,包括报关信息、实际重量情况、一程及二程航班信息、集中托运信息、单证信息等。

(二)国际空运的进口业务流程

国际航空货物运输的进口业务流程,是指航空货运代理公司对于货物从入境到提取或转运整个流程的各个环节所需办理的手续及准备相关单证的全过程。

国际航空货物运输进口业务流程具体包括以下几个环节。

1. 代理预报

在国外发货前,国外货运代理公司将运单、航班、件数、重量、品名、实际收货人及其地址、联系电话等内容通知目的地代理公司,这个环节叫代理预报。代理预报的目的是使代理公司做好接货前的所有准备工作。

2. 交接单货

货物到达后,航空货运代理公司接到航空到货通知时,应到机场货运站取单(指航空运单第三联正本)。

取单时应注意两点。

(1)超过机场货运站免费保管货物的期限时需要付费。

(2)进口货物应自运输工具进境之日起 14 天内办理报关。如通知取单日期已临近或超过限期,应先征得收货人同意缴纳滞报金的情况下方可取单。

航空货运代理公司在与机场货运站办理交接手续时,应根据运单及交接清单核对实际货物,若存在有单无货的情况,应在交接清单上注明,以便航空公司组织查询并通知入境地海关。若发现货物短缺、破损或其他异常情况,应向货运站索要商务事故记录,作为实际收货人交涉索赔事宜的依据。

3. 理货与仓储

航空货运代理公司从机场货运站(一级监管仓库)接货后,短途驳运进自己的二级监管仓库①,组织理货及仓储。

4. 到货通知

货物到目的港后,航空货运代理公司应从航空运输的时效出发,为减少货主仓储费,避免海关滞报金,应尽早、尽快地通知货主到货情况,提请货主配齐有关单证,尽快报关。

到货通知包括以下内容。

(1) 运单号、分运单号、货运代理公司编号。

(2) 件数、重量、体积、品名、发货公司、发货地。

(3) 运单、发票上已编注的合同号、随机已有单证数量及尚缺的报关单证。

(4) 运费到付数额、货运代理公司地面服务收费标准。

(5) 货运代理公司及仓库的地址、电话、传真、联系人。

(6) 提示货主关于"超过十四天报关收取滞报金及超过三个月未报关货物上交海关处理"的规定。

5. 进口报关

取回运单后,应与合同副本或订单进行核对。如合同号、唛头、品名、数量、收货人或通知人等无误,应立即填制进口货物报关单,并附必要的单证向设在机场的海关办理报关。如由于单证不全而无法报关时,应及时通知收货人补齐单证或通知收货人自行处理,以免承担近期报关而需缴滞报金的责任。

海关对报关单证进行审核后,如果抽中查验的货物需要到现场办理验货手续,验货合格或无须验货,海关则开出关税缴纳通知单,进口公司应及时缴纳税款,然后将银行盖好税款缴讫章的税单交海关,海关在进口提货单据上盖章放行。

6. 提取及送货

海关放行后,立即通知货主到监管仓库提取或按事先的委托送货上门。对需办理转运的货物,如不能就地报关的,应填制海关转运单,并附有关单证交海关制作关封,随货转运。

如一张航空货运单上有两个或两个以上的收货人,则航空货代公司应按照合同或分拨单上的品名、数量、规格、型号,开箱办理分拨手续。

四、国际空运的运价

(一) 运价与运费

1. 空运运价

空运运价又称费率,是指承运人对所运输的每重量单位货物(公斤或磅)所收取的自始发地机场至目的地机场的航空费用。

---

① 机场货运站的国际仓库属于海关一级监管仓,货代公司的监管仓属于海关二级监管仓。但不是所有口岸的所有货代公司都设有海关监管仓库,在没有二级监管仓库的情况下,进口货物就只能放在机场货运站仓库,等进口报关手续办好后才能提取货物。

货物的空运运价一般以运输始发地的本国货币公布,有的国家以美元代替其本国货币公布,以美元公布货物运价的国家视美元为当地货币。我国的空运运价以人民币来公布及计算运费,这一点和我国的国际海运计价货币是不同的。

航空货运单所使用的运价应为填制航空货运单之日的有效运价,即在航空货物运价有效期内适用的运价。

2. 空运运费相关概念

(1) 空运运费(Freight Charges)

货物的空运运费是指航空公司将一票货物自始发地机场运至目的地机场所应收取的航空运输费用。该费用根据每票货物所适用的运价和货物的计费重量计算而得,每票货物是指使用同一份航空货运单的货物。由于货物的空运运价是货物运输起讫地点间的航空运价,空运运费就是指自始发地机场至目的地机场间的运输货物的航空费用,不包括其他费用。

(2) 其他费用(Other Charges)

其他费用是指由承运人、代理人及其他部门收取的与航空货物运输有关的费用。在组织一票货物自始发地运输至目的地的全过程中,除了航空运输外,还包括地面运输、仓储、制单、国际货物的清关等环节,提供这些服务的部门所收取的费用即为其他费用。

(3) 计费重量(Chargeable Weight)

计费重量是指用以计算货物空运运费的重量。货物的计费重量或者是货物的实际毛重,或者是货物的体积重量,根据国际航空运输协会(以下简称国际航协)的规定,取两者中比较大的那个重量为计费重量。

① 实际毛重(Actual Gross Weight)。包括货物包装在内的货物重量,称为货物的实际毛重。由于飞机最大起飞全重及货舱可用业载的限制,一般情况下,对于高密度货物(High Density Cargo),应考虑其货物实际毛重可能会成为计费重量。

② 体积重量(Volume Weight)。按照国际航协规则将货物的体积按一定的比例折合成的重量,称为体积重量。由于货舱空间体积的限制,一般对于低密度的货物(Low Density Cargo),即轻泡货物,考虑其体积重量可能会成为计费重量。

体积重量的计算规则是,不论货物的形状是否为规则的长方体或正方体,计算货物体积时,均应以最长、最宽、最高的三边的厘米长度计算。长、宽、高的小数部分按四舍五入取整,体积重量的折算,换算标准为每 6 000cm^3 折合 1 千克。其公式为:

$$体积重量(kg)=长(cm)×宽(cm)×高(cm)÷6000(cm^3/kg)$$

国际航协规定,国际货物的计费重量以 0.5 千克为最小单位,重量尾数不足 0.5 千克的,按 0.5 千克计算;0.5 千克以上不足 1 千克的,按 1 千克计算。例如,103.001kgs 按103.5kgs 计算;103.501kgs 按 104.0kgs 计算。

(4) 最低运费(Minimum Charge)

最低运费是指一票货物自始发地机场至目的地机场空运运费的最低限额。货物按其适用的空运运价与其计费重量计算所得的空运运费,应与货物最低运费相比,取高者。

3. IATA[①] 运价和协议运价

目前国际空运运价按制定的途径不同,主要分为 IATA 运价和协议运价。

(1) IATA 运价

IATA 运价是国际航协公布的运价,该运价使用 IATA 的运价手册(Tact Rates Book),结合国际货物运输规则(Tact Rules)使用。按照 IATA 运价公布的形式划分,IATA 运价可分为公布直达运价和非公布直达运价,如表 5-4 所示。

表 5-4　IATA 运价体系

IATA 运价	公布直达运价	普通货物运价
		指定商品运价
		等级货物运价
		集装货物运价
	非公布直达运价	比例运价
		分段相加运价

IATA 运价制定的主要目的是协调各国的货物运价,但从实际操作看,很少有航空公司完全遵照 IATA 运价,大多进行了一定的折扣,但不能说明这种 IATA 运价没有实际价值。首先,它把世界上各个城市之间的运价通过手册公布出来,每个航空公司都能找到一种参照运价,所以每个航空公司在制定本公司运价时,都是按照这种标准运价进行的。其次,国际航协对特种货物运价进行了分类,航空公司在运输特种货物时一般都用 IATA 运价。最后,IATA 运价是在全世界范围内制定的一种标准运价,使得国际航空货物的运输价格有了统一的基准,使市场得到了规范。

(2) 协议运价

协议运价是指航空公司与托运人签订协议,托运人保证每年向航空公司交运一定数量的货物,航空公司则向托运人提供一定数量的运价折扣。目前航空公司使用的运价大多是协议运价,但在协议运价中又根据不同的协议方式进行细分,如表 5-5 所示。

表 5-5　航空货物协议运价的构成

协 议 运 价					
协 议 定 价		包板(舱)		销 售 返 还	
长期协议	短期协议	死包板(舱)	软包板(舱)	销售量返还	销售额返还

长期协议通常是指航空公司与托运人或代理人签订的 1 年期限的协议,短期协议通常是指航空公司与托运人或代理人签订的半年或半年以下期限的协议。

包板(舱)是指托运人在一定航线上包用承运人的全部或部分的舱位或集器器来送货物。死包板(舱)是指托运人在承运人的航线上通过包板(舱)的方式运输时,托运人无论是否向承运人交付货物,都必须付协议上规定的运费。软包板(舱)是指托运人在承运人的航

---

① IATA 是国际航空运输协会 International Air Transport Association 的英文缩写。

线上通过包板(舱)的方式运输时,托运人在航班起飞前 72 小时如果没有确定舱位,则承运人可以自由销售舱位,但航空公司对代理人的包板(舱)的总量有一个控制和保障。

销售量返还是指如果代理人在规定期限内完成了一定的货量,则航空公司可以按一定的比例返还运费。销售额返还是指如果代理人在规定期限内完成了一定的销售额,则航空公司可以按一定的比例确定返还运费。

4. 空运运费的计算

(1) IATA 运价的计算

IATA 运价的计算在实践中主要应用于填制航空货运单时,国际航协规定,航空主运单上必须填制 IATA 公布的运价。以下主要介绍普通货物运价。

普通货物运价(General Cargo Rate,GCR)一般是指除了等级货物运价和指定商品运价以外的适于普通货物运输的运价。普通货物运价根据货物重量不同,分为若干个重量等级分界点运价。例如,"N"表示标准普通货物运价(Normal General Cargo Rate),指的是 45 千克以下的普通货物运价(如无 45 千克以下运价时,"N"表示 100 千克以下普通货物运价)。同时,普通货物运价还包括"Q45""Q100""Q300"等不同重量等级分界点的运价。这里,"Q"表示 45 千克以上(包括 45 千克)普通货物的运价,以此类推。45 千克以上的不同重量分界点的普通货物运价均用"Q"表示。

用货物的计费重量和其适用的普通货物运价计算而得的空运运费不得低于运价资料上公布的空运运费的最低收费标准"M"。这里,代号"N""Q""M"等字母主要用于货运单运费计算栏中"Rate Class"一栏的填制。

普通货物运价的一般计算步骤为:①计算体积重量。②体积重量与实际毛重比较,取其高者作为暂时的计费重量,计算出一个运费。③若有重量分界点运价,且货物的计费重量接近较高重量分界点,则再采用较高重量分界点的较低运价计算出一个运费。④两次计算出的运费进行比较,取其低者作为最终的空运运费,其对应的重量为计费重量。

以下举例说明普通货物运价的计算。

【实践案例 5-4】

路线(Routing):SHANGHAI,CHINA(SHA) to PARIS,FRANCE(PAR)

货物(Commodity):TOY

件数(Piece):1CTNS

毛重(Gross Weight):25.2kgs

尺寸(Dimensions):82cm×48cm×32cm

IATA 运价如表 5-6 所示。

表 5-6 IATA 运价

SHANGHAI	CN		BJS
Y. RENMINBI	CNY		kgs
PARIS	FR	M	320.00
		N	50.37
		45	41.43

[解题示范]

体积(Volume):82cm×48cm×32cm＝125952cm³

体积重量(Volume Weight):125952cm³÷6000cm³/kg＝20.99kgs＝21.0kgs

毛重(Gross Weight):25.2kgs

计费重量[①](Chargeable Weight):25.5kgs （最小计费重量保留到0.5kg）

适用运价(Applicable Rate):GCR N 50.37 CNY/kg

空运运费(Weight Charge):25.5×50.37＝CNY1284.44

航空货运单的运费栏填制如表5-7所示。

表5-7 航空货运单的运费栏填制(1)

No. of Piece RCP	Gross Weight	Kg Lb	Rate Class Commodity Item No.	Chargeable Weight	Rate / Charge	Total	Nature and Quantity of Goods (incl. Dimensions or Volume)
1	25.2	K	N	25.5	50.37	1284.44	TOY DIMS:82cm×48cm×32cm

[模拟练习]

材料如下：

路线(Routing)：BEIJING,CHINA(BJS) to AMSTERDAM,HOLLAND(AMS)

货物(Commodity)：CLOTHES

件数（Piece）：2CTNS

毛重(Gross Weight)：15.5kgs

尺寸(Dimensions)：60cm×50cm×50cm

IATA运价如表5-8所示。

表5-8 IATA运价

BEIJING	CN		BJS
Y.RENMINBI	CNY		kgs
AMSTERDAM	NL	M	320
		N	50.22
		+45	41.53

请计算该货物的IATA运费,并填写表5-9。

表5-9 航空货运单的运费栏填制(2)

No. of Piece RCP	Gross Weight	Kg Lb	Rate Class Commodity Item No.	Chargeable Weight	Rate / Charge	Total	Nature and Quantity of Goods (incl. Dimensions or Volume)

① 计费重量为毛重与体积重量两者取大者。

（2）协议运价的计算

协议运价在实践中主要应用于航空公司与货代公司之间的结算价格及货代公司与客户之间的报价。国际空运的协议运价是分等级来享受不同运价的，不同的重量等级的运价是不同的，常见的等级是 N、+45kg、+100kg、+300kg、+500kg、+1000kg 等，其中"N"代表的是 0~45kg，+45kg 代表的是 45kg 以上(45~99kg)，以此类推。

以下举例说明协议运价的计算。

【实践案例 5-5】

福建省华闽进出口公司有一批货物需要从福州运往美国芝加哥，委托华贸国际空运福州分公司安排托运订舱，选择的是中国国航的航班，路线为福州—北京—芝加哥，货物共 30 箱，规格为 50cm×50cm×40cm，毛重为 5kg/箱。根据表 5-10 的协议运价表，请计算华闽公司应支付的空运运费。

表 5-10　国际空运协议报价表

国航福州到美国国际航线运价表

CARRIER：CA　　　　　　FOCT　　　05　　15　　报价：

关于福州始发到美国国际航空货物运价

福州到美国五个机场运价表(CNY)

DEST	MIN	+45kg	+100kg	+300kg	+1000kg	CARRIER	ETD
SFO 旧金山	320.0	21.00	20.00	19.00	18.00	CA	DAILY
LAX 洛杉矶	320.0	21.00	20.00	18.00	17.00	CA	MON,FRI,SAT,SUN
JFK 纽约	320.0	23.00	22.00	21.00	20.00	CA	TUE,THU,SUN
ORD 芝加哥	320.0	23.00	21.00	20.00	19.00	CA	MON,WED,SAT,SUN
SEA 西雅图	320.0	23.00	21.00	19.00	18.00	CA	MON,THU,SAT

备注：

1. 以上报价已包含安全附加费、燃油附加费、货站处理费等。

2. 报关费 RMB300.00/票 ALL IN。

3. 以上运价供参考，出货前请确认舱位。在运价执行期间，若航班取消，以上运价随之取消。

4. 客服专线：0591-87813168。

5. 订舱热线：0591-87816668，0591-87813368。

[解题示范]

（1）体积重量：(50cm×50cm×40cm)/6000×30＝500kg

毛重：5kg×30＝150kg

所以,计费重量为 500kg

（计费重量为体积重量与毛重的大者,保留到 0.5kg,如果 500.2kg,那就是 500.5kg）

（2）根据表 5-10 的报价,该货物的运价为 20/kg（500kg 适用＋300kg 等级的运价）,所以,该批货物的空运费为:20 元/kg×500kg＝10000 元。

[模拟练习]

福建省服装进出口公司有一批货物需要从福州运往美国纽约,委托华贸国际空运福州分公司安排托运订舱,选择的是中国国航的航班,路线为福州—北京—纽约,货物共 30 箱,规格为 50cm×40cm×30cm,毛重为 12kg/箱。根据表 5-10 的协议运价表,请计算省服装进出口公司应支付的空运运费。

五、国际航空货运单

（一）航空货运单的概念

航空货运单,是由托运人或以托运人的名义填制的托运人和承运人在承运人的航线上运输货物所订立的运输合同的证明。《统一国际航空运输某些规则的公约》（《华沙公约》）第 11 条第 1 款规定:"在没有相反的证据时,航空货运单是订立契约、接受货物和承运条件的证明。"

航空货运单由承运人制定,托运人在托运货物时要按照承运人的要求进行填制,经承运人确认后,航空货物运输合同即告成立。航空货运单既可用于单一种类的货物运输,也可用于不同种类货物的集合运输;既可用于单程货物运输,也可用于联程货物运输。

【知识链接】

航空货运单的构成及使用区分

目前国际上使用的航空货运单少的有 9 联,多的有 14 联。我国国际航空货运单一般由一式 12 联组成,包括 3 联正本、6 联副本和 3 联额外副本。

正本单证具有同等的法律效力,副本单证仅为了运输使用方便。航空货运单的 3 份正本,第一份注明"交承运人",由托运人签字、盖章;第二份注明"交收货人",由托运人和承运人签字、盖章;第三份由承运人在接受货物后签字、盖章,交给托运人,作为托运货物及货物预付运费时的收据,同时也是托运人与承运人之间签订的具有法律效力的运输文件。

（二）航空货运单的种类

1. 主运单（Master Air Waybill）

主运单是指由航空公司作为签发人的提单。每批货物都有一份相应的主运单,主运单是代理人与承运人交接货物的凭证,同时又是承运人运输货物的正式文件。在我国,只有航空公司才能签发主运单,任何代理人不得自己印制、签发主运单。

2. 分运单(House Air Waybill)

分运单是指由国际货代企业签发的运单。代理人在进行集中托运货物或航空运费到付时,需要给托运人签发自己的分运单,它表明托运人把货物交给了代理人,分运单就是代理人与发货人交接货物的凭证。在集中托运的情况下,一份主运单可能对应多份分运单。代理人可自己签发分运单,不受航空公司的限制,但通常的格式还按照航空公司的主运单来制作。

(三) 航空货运单的作用

航空货运单是航空货物运输合同订立、运输条件确立及承运人接受货物的初步证据。航空货运单上关于货物的重量、尺寸、包装和包装件数的说明具有初步证据的效力。

航空货运单是航空货物运输合同当事人所使用的最重要的货运文件,其作用归纳如下。

(1) 航空货运单是承运人与托运人之间缔结的运输合同的证明。航空货运单一经签发,便成为签署承托双方运输合同的书面证据,货运单上的记载事项及背面条款构成了双方航空货物运输合同的重要组成部分。

(2) 航空货运单是承运人收运货物的证明文件。当发货人将其货物发运后,承运人或其代理人将一份航空货运单正本交给发货人,作为已接受其货物的证明,也就是一份货物收据。

(3) 航空货运单是运费结算凭证及运费收据。航空货运单上分别记载收货人应负担的费用和代理的费用,因此可以作为运费账单和发票,承运人可将一份运单正本作为记账凭证。

(4) 航空货运单是国际进出口货物办理清关的证明文件。航空货物运达目的地后应向当地海关报关,在报关所需的各种单证中,航空货运单通常是海关放行查验时的基本单据。

(5) 航空货运单是保险证书。若承运人承办保险或者发货人要求承运人代办保险,则航空货运单即可作为保险证书。载有保险条款的航空货运单又称为红色航空货运单。

(6) 航空货运单是承运人在货物运输组织的全过程中运输货物的依据。航空货运单是承运人办理该运单项下货物的发货、转运、交付的依据,承运人根据运单上所记载的有关内容办理有关事项。

(四) 航空货运单的条款

1. 主要正面条款

(1) 说明货运单效力的文字。例如:"本航空货运单 1、2、3 联为正本,具有同等效力。"

(2) 说明特别注意事项的文字。例如:"除非另有注明,否则本运单所记载的货物是以表面状况良好的状况下收运的,其运输受到本运单背面契约条件的约束。除非托运人在本运单上给出明确相反的指示,否则所有货物可由包括公路在内的任何其他方式或任何其他承运人运送。特请托运人注意关于承运人责任限额的通知。托运人可通过声明一个供运输用的较高价值并按要求支付额外费用来增加该责任限额。"

2. 背面条款

印制在三份正本航空货运单背面的主要条款各公司略有不同，以下是航空货运单通常具有的条款。

(1) 本契约中承运人是指承运或准备承运货运单上所载货物，或为运输本票货物提供其他服务的单位。《华沙公约》是指 1929 年 10 月 12 日在华沙签署的《统一国际航空运输某些规则的公约》，或 1955 年 9 月 28 日在海牙签署的修订本。

(2) 以下讲到的运输是指承运人责任受《华沙公约》限制的运输，是《华沙公约》所定义的国际运输。

(3) 除受《华沙公约》制约之外，每个承运人的运输和提供的其他服务还受到以下限制：①适用的法律（包括国家执行公约的法律）、政府的规定、命令、要求的限制。②本契约提出的条款限制。③承运人的运价、规则、运输条件、规定和航班表（不是指起飞、降落的时间），也成为规定的一部分，并且可以在其任一提供定期航班服务的机场进行检查。对于美国、加拿大和其他地区间的运输，应采用美国、加拿大与这些国家间使用的运价。

(4) 第一承运人的名称见货运单的缩写，全程见该承运人的运价、运输条件、规章和时刻表。第一承运人的地址是货运单上的离港机场。双方同意的经停点（必要时，承运人可以修改）是除了始发地、目的地以外货运单上的其他地点，或承运人的航班表中规定的经停点。几个承运人共同完成一次运输。

(5) 本契约所指的运输应遵守《华沙公约》所制定的有关责任规定，除非此种运输不是《华沙公约》中所指的"国际运输"。为了不与《华沙公约》的解释相矛盾，各承运人提供的运输和其他服务应遵守下列规定：①适用的法律（包括履行公约的国家法律）、政府规章、命令和要求。②本契约的规定。③承运人适用的运价、规则、运输条件、规章和班期时刻表为本契约的组成部分。

(6) 第一承运人的名称在本页正面上可用简称，其全称及简称见该承运人的运价手册、运输条件、规章和班期时刻表。第一承运人的地址是填写在本页正面上的出发地机场，约定的经停点（必要时，承运人可改变）是除始发地和目的地外，在本页正面上所填列的地点，或在承运人的班期时刻表内所列航路的经停地点。由几个承运人连续进行的运输，应视为一个单一运输。

(7) 除非承运人的运价或运输条件中另有规定，否则在《华沙公约》不适用于该项运输时，承运人对货物损失、损坏或延误所负的责任以不超过每千克 20.00 美元或其等值货币为限，除非托运人对贵重货物声明一个较高的价值并缴付了附加费。

(8) 如货运单正面"供运输用声明价值"一栏中所填金额超过上述声明和本契约条款中所规定仍适用的责任限额，并且托运人按照承运人的运价、运输条件或规章缴付了所规定的附加费，就构成一个特别声明价值，在此情况下承运人的责任限额将为其所声明的价值。赔偿数额将依据实际损失的证明予以确定。

(9) 如遇货物部分遗失、损坏或延误，在确定承运人的责任限额时，计算赔偿的重量只能是该件或其有关的若干件的重量。

(10) 对承运人责任的任何免除或限制，应适用于并有利于承运人的代理人、受雇人和代表，以及承运人为运输而使用其飞机的所有人及其代理人、受雇人和代表。本条的规定是承运人在此作为代理人,代理上述所有人员。

(11) 承运人为完成本契约的运输可做合理的安排。承运可改变承运人或飞机并无须事先通知改变运输方式,但应适当照顾托运人的利益。承运人有权选择路线或变更货运单本页正面上所填列的路线。本款不适用于至/自美国的运输。

承运人为完成本契约的运输可做合理的安排,除了承运人的运价在美国可以适用外,承运可改变承运人或飞机并无须事先通知改变运输方式,承运人有权选择路线或变更货运单本页正面上所填列的路线。本款适用于至/自美国的运输。

(12) 依据本契约条款规定,货物在承运人或其代理人照管期内,由承运人负责。

(13) 货物到达通知应立即发给收货人或本页正面所列地点,如事先收到托运人的其他指示,可按其指示交付货物,否则按收货人的指示办理。

(14) 交付货物时,在下列情况下,收货人有权向承运人提出异议,但必须用书面形式:①货物的明显损坏,应在发现损坏时立即提出,最迟在收到货物后 14 日内提出。②货物的其他损坏,自收到货物之日起 14 日内提出。③货物延误,自其自由支配货物之日起 21 日内提出。④货物没有交付,自填开货运单之日起 120 日内提出。

如对上述所述有异议,应以书面形式提出,交给货运单所属空运企业或给第一承运人,或给最后承运人,或给在运输中发生货物遗失、损坏或延误的承运人。

诉讼应在货物到达目的地之日起,或从飞机应该到达之日当日起,或从运输停止之日起 2 年内提出,否则即丧失向承运人诉讼的权利。

(15) 托运人应遵守一切有效法律和运输货物始发、到达、经停或飞越的任何国家的政府规章,包括有关货物包装、运输或货物的交付,以及为了遵守上述法律和规章必须提供的各种必要资料和货运单的随附文件。对于托运人不遵守本条规定所造成的损失或费用,承运人对托运人不负责任。

(16) 承运人的代理人、受雇人或代表均无权改变、修改或废止本契约的任一条款。

(17) 要求保险和已交付保险费,并且将保险金额在本页正面写上,即证明该运单上所列货物已经保险,其申请保险数额为货运单正面上所列数额(赔偿金额以遗失和损坏的货物实际价值为限,但此金额不能超出保险的金额)。该保险应符合保险合同的条款、条件和范围(某些风险除外)。保险合同可由填开货运单承运人办事处的有关当事人进行审核。该保险的索赔须立即向承运人的办事处提出。

(五)国际航空货运单的内容与填制规范

航空货运单填制的主要内容与填写规范如下:

(1) 托运人姓名、住址(Shipper's Name and Address)。填写发货人姓名、地址、所在国家及联络方法。

(2) 托运人账号(Shipper's Account Number)。本栏一般不需要填写,除非承运人另有要求。

(3) 收货人姓名、住址(Consignee's Name and Address)。应填写收货人姓名、地址、所在国家或地区及电话、传真等。

(4) 收货人账号(Consignee's Account Number)。本栏一般不需要填写,除非承运人另有要求。

(5) 承运人代理人的名称和所在城市(Issuing Carrier's Agent Name and City)。本栏填制向出票航空公司收取佣金的国际航协代理人的名称和所在机场或城市。

(6) 代理人的 IATA 代号(Agent's IATA Code)。要求填制代理人的 IATA 账号。

(7) 代理人账号(Account No.)。本栏一般不需要填写,除非承运人另有要求。

(8) 始发站机场及所要求的航线(Airport of Departure and Requested Routing)。本栏填制运输始发机场或所在城市的全程及所要求的运输路线。

(9) 相关财务信息(Accounting Information)。本栏填制有关财务说明事项。

(10) 运输路线和目的站(Routing and Destination)。

① 去往(To)。按照运输路线,分别填入第一、第二、第三转运点的三字代码,如果是直达航班,则在第一个 To 栏中打印目的地机场即可。

② 承运人(By)。分别填入第一、第二、第三承运人的 IATA 两字代码。

(11) 货币(Currency)。填入 ISO 货币代码。

(12) 收费代号(CHGS Code)。本栏仅供承运人使用,是电子传送货运信息时必须填写的内容,表明支付方式。

(13) 运费及声明价值费(WT/VAL)付款方式。此时可以有两种情况:预付(PPD)或到付(COLL)。如预付,则在(PPD)下填入"×",否则填在到付(COLL)下。需要注意的是,航空货物运输中运费与声明价值费支付的方式必须一致,不能分别支付。

(14) 其他费用(Other)付款方式。也有预付和到付两种支付方式,填制方式同(15)。

(15) 运输声明价值(Declared Value for Carriage)。在本栏填入托运人要求的用于运输的声明价值。如果托运人不要求声明价值,则填入"NVD",意思是没有运输声明价值(No Value Declared)。

(16) 海关声明价值(Declared Value for Customs)。托运人在此填入对海关的声明价值,或者填入"NCV",意思是没有对海关的声明价值(No Customs Valuation)。

(17) 目的地机场(Airport of Destination)。填写最终目的地机场的全称。

(18) 航班及日期(Flight/Date)。填入货物所搭乘航班及日期。

(19) 保险金额(Amount of Insurance)。只有在承运人提供代办保险业务时,在本栏填写托运人投保的金额。如果承运人不提供此项业务或托运人不要求投保,本栏必须打印"×××"的符号。

(20) 运输处理注意事项(Handling Information)。一般填入承运人对货物处理的有关注意事项,如"DANGEROUS GOODS AS PER ATTACHE SHIPPER'S DECLARATION"字样,代表所装运的是危险品,需要注意小心操作等内容。

(21) 货物运价、运费细节。

① 打印货物的件数(No. of Pieces RCP)。使用非公布直达运价计算运费时,在件数的下面还应打印运价组合点城市的 IATA 三字代号。

② 毛重(Gross Weight)。打印货物的实际毛重。以千克为单位时可保留至小数点后两位。

③ 重量单位(kg/lb)。以千克为单位打印代号"K";以磅为单位打印代号"L"。

④ 运价等级(Rate Class)。根据需要打印下列代号：

M——最低运费(Minimum charge)；

N——45kg 以下(或 100kg 以下)运价(Normal Rate)；

Q——45kg 以上运价(Quantity Rate)；

C——指定商品运价(Specific Commodity Rate)；

R——等级货物附减运价(Class Rate Reduction)；

S——等级货物附加运价(Class Rate Surcharge)；

U——集装货物基本运费或运价(Unit Load Device Basic Charge or Rate)。

⑤ 商品品名编号(Commodity Item No.)。使用指定商品运价时,本栏打印指定商品品名代号；使用等级货物运价时,本栏打印附加或附减运价的比例(百分比)。

⑥ 计费重量(Chargeable Weight)。打印与运价相应的货物计费重量。

⑦ 运价/运费(Rate/Charge)。打印与运价等级代号相应的运价。当使用最低运费时,本栏与运价等级代号"M"对应,打印最低运费。

⑧ 总计(Total)。打印计费重量与适用运价相乘后的运费金额；如果是最低运费或集装货物基本运费,本栏与运价/运费内金额相同。

⑨ 货物品名和数量(Nature and Quantity of Goods)。本栏应按要求打印,尽可能地清楚、简明、一目了然,打印货物的品名时用英文大写字母表示；打印货物的体积时用长×宽×高表示。

(22) 其他费用(Other Charges)。填写除运费及声明价值附加费以外的其他费用。根据 IATA 规则,各项费用分别用三个英文字母表示。其中前两个字母是某项费用的代码,如运单费就表示为"AW"(Air Waybill Fee)。第三个字母"C"或"A",分别表示费用应支付给承运人(Carrier)或货运代理人(Agent)。

(23) 航空运费(Weight Charge)。本栏填入航空运费的总数。如航空运费预付,则填在 Prepaid 下；如航空运费到付,则填在 Collect 下。

(24) 声明价值附加费(Valuation Charge)。当托运人声明货物运输声明价值时,本栏填入声明价值附加费金额。该费用必须与航空运费同步支付,即同为预付或到付。如声明价值附加费预付,则填在 Prepaid 下；如声明价值附加费到付,则填在 Collect 下。

(25) 税款(Tax)。若需要时应填写政府或官方当局征收的税款。有预付与到付两种方式。

(26) 代理人收取的其他费用总额(Total Other Charges Due Agent)。填写由代理人收取的其他费用总额。如预付,则填在 Prepaid 下；如到付,则填在 Collect 下。

(27) 航空公司收取的其他费用总额(Total Other Charges Due Carrier)。填写由航空公司收取的其他费用。如预付,则填在 Prepaid 下；如到付,则填在 Collect 下。

(28) 预付或到付的各种费用总额(Total Prepaid/Total Collect)。填写航空运费、声明价值附加费、税款、代理人收取的其他费用总额和航空公司收取的其他费用总额相加的总额。如预付,则填在 Total Prepaid 下；如到付,则填在 Total Collect 下。

(29) 托运人证明(Signature of Shipper or His Agent)。填制托运人名称,并由托运人或其代理人签字或盖章。

(30) 承运人填写栏[Executed on(date)、at(place)、Signature of Issuing Carrier or

His Agent]。填写航空货运单日期、地点、所在机场或城市的全称或缩写。

（31）货币兑换比价栏(Currency Conversion Rates)。填写运输始发地货币换算成目的地国家货币的比价。

扩展阅读 5.3

杭州—新西伯利亚全货机航线已经开通一周年

第三节　岗位技能与实践

一、岗位技能实训项目:国际空运的报价

● 实训目的

通过该项目的训练,让学生熟悉国际空运的报价,以及能够制作简单的空运报价表。

● 实训内容

1. 工作情境

小林是林德国际物流公司销售部的一名业务代表。他在联系拜访了 AOC 公司的物流部李经理后,李经理请他报出本公司优势空运航线各航空港的优惠运价,并以邮件或传真方式发送给他。

2. 实训任务

（1）上网查找本地主要机场(如果当地没有,则查找国内主要机场)国际空运的航空公司、航班、航线、价格等信息,准备 PPT,以小组为单位在课堂分享。提示:可以上机场网站、航空公司网站、锦程物流网等网站查询。

（2）完成规定情境的国际空运报价表。提示:可选择课外完成后提交电子文档,教师批阅;也可选择上课时在机房完成,提交电子文档,教师批阅。

3. 实训教学建议

（1）教学方法

多媒体演示教学＋实践操作

（2）教学课时

实践学时:2 课时

（3）教学过程

可以安排 2 课时由教师介绍任务情境,进行任务描述,提出完成任务的目标和要求,然后课堂讲解要完成本任务需要具备的相关知识。这些知识可以部分课堂讲解,部分布置课后查找相关资料。可以在动手实践环节酌情增加一些限定条件,如客户可能会提出要求,要重点报德国和英国的航空港,所有航线报两个以上的航空公司供选择,报价时附上始发机场的航期、航程等。后面 2 课时由学生完成实训作业,任务 1 一般在课外完成,提交电子版,任务 2 可以选择在机房(一般计算机机房即可,用 Word 或 Excel 制表)完成,也可以课外完成,提交电子版。

条件允许的话,可以在学生上机实践制作报价表时开通外网,允许上网查找相关信息,但是事先要查找积累,否则课堂上查资料根本来不及,更不要说制作出报价表,而这在工作中表现出来的就是工作效率的差异。在布置课堂外查找资料的工作任务时跟学生明确说明这点,并说明在规定的时间内完成报价表是评价要素之一。当然,除了效率,还要考评准确性及报价表格式是否正确。

4. 实训成果

(1) 国际空运报价表

(2) 介绍航空港或航空公司的 PPT

二、岗位技能实训项目:国际空运单证的填制

● 实训目的

通过该项目的训练,让学生熟悉国际航空货运单,掌握国际航空货运单的填制。

● 实训内容

1. 工作情境

福州万得贸易有限公司有一批鞋子需要空运出口到美国芝加哥,公司经办物流的 Emily 向创世纪货代公司联系后,创世纪货代公司的销售 Anson 报了两家航空公司的价格与航线,最终 Emily 决定选择中国东方航空的航线和价格。接到客户委托书并订到舱位后,操作员 Anna 需要填制完成一份中国东方航空的主运单(创世纪货代公司已交押金,预领 20 份空白航空货运单放在操作部保险柜),同时因运费到付,需要发美国代理,所以同时需要制作一份分运单。

具体资料如下:

(1) 出口方

FUZHOU WIDE TRADING CO. ,LTD

JUYUANZHOU INDUSTRIAL ZONE,NO. 618 JINSHAN ROAD,FUZHOU,P R CHINA

TEL:+86- 0591-83375162　FAX:+86-0591-83375170

(2) 进口方

MAS IMPORT & EXPORT INC

HIGHLAND AVENUE FORT ATKINSON WI 53538,USA

TEL:001-920-513-5578　FAX:001-920-513-5580

CONTACT PERSON:LAUREN

(3) 通知方

ADVANCE (USA) INTERNATIONAL TRANSPORTATION CO. ,LTD

TEL:001-920-523-5713　FAX:001-920-523-5715

(4) 发票号:WDT15464001

(5) 包装情况:120PAIRS TO ONE CARTON. TOTAL:25CTNS

(6) G. W. /N. W. :@30kgs/28kgs /CARTON

(7) MEASUREMENT:@60cm×55cm×40cm/CARTON

(8) 品名:SHOES 鞋子

(9) 运输情况:AIRWAYBILL NO:112-11204801

1号货物可以提货入仓及报关,希望2号从福州到上海,以最快的时间从上海到美国芝加哥的航班计划:

1ST:FOC-PVG/MU5632/2号

2ST:PVG-ORD/CK233/4号

(10) 提单签发人:CHINA EASTERN AIRLINES

(11) 报价

① 空运费:FOC-ORD VIA PVG。

+100K:RMB 23/kg

+300K:RMB 22/kg

+500K:RMB21/kg

② 福州港杂费:RMB350元/票,运费预付。

(12) 国际航协(IATA)公布价格

DEST:ORD

+45K:RMB 55.15/kg

+100K:RMB 49.27/kg

+300K:RMB 44.49/kg

+500K:RMB 41.8/kg

(13) 始发港国际货代联系资料:

公司:福州创世纪国际货运代理有限公司

地址:福建省福州市鼓楼区东大路一号

TEL:0591-87835088;FAX:0591-87835086

英文信息:

ADVANCE (FUZHOU) INTERNATIONAL TRANSPORTATION CO.,LTD

ADD:NO.01 DONG DA ROAD,GULOU DISTRICT,FUZHOU,FUJIAN,CHINA.

TEL:+86-0591-878350886;FAX:+86-0591-87835088

2. 实训任务

完成规定情境的国际航空货运单主运单(见样单5-1)及分运单(见样单5-2)的填制。

3. 实训教学建议

(1) 教学方法

多媒体演示教学+实践操作

(2) 教学课时

实践学时:2课时

(3) 教学过程

上课时首先由教师介绍任务背景,进行任务描述,提出完成任务的目标和要求,而后学生独立完成情境式工作任务。建议:这部分课程可以选择在机房上课,让学生完成航空货运单的填制,也可以直接填制在教材的空白样单上,在教室完成工作任务。

4. 实训成果

(1) 国际航空货运主运单

(2) 国际航空货运分运单

样单 5-1　国际航空货运单主运单

		Air waybill Number
ISO9001 CERTIFIED		999-

Shipper's Name and Address	Shipper's Account Number	Not negotiable
		中国国际航空股份有限公司 AIR WAYBILL (AIR CONSIGNMENT NOTE ISSUE BY) Air China co., LTD

Consignee's Name and Address	Consignee's Account Number	It is agreed that goods described herein in apparent good order and condition (expect as noted) for carriage SUBJECT TO THE CONDITIONS OF CONTRACT ON THE REVERSE HEREOF ALL GOODS MAY BE CARRIED BY ANY OTHER MEANS INCLUDING ROAD OR ANY OTHER CARRIER UNLESS SPECIFIC CONTRARY INSTRUCTIONS ARE GIVEN HEREON BY THE SHIPPER. AND SHIPPER AGREES THAT THE SHIPMENT MAY BE CARRIED VIA INTERMEDIATE STOPPING PLACES WHICH THE CARRIER DEEMS APPROPRIATE THE SHIPPER'S ATTENTION IS DRAWN TO THE NOTICE CONCERNING CARRIERS LIMITATION OF LIABILITY. Shipper may increase such limitation of liability by declaring a higher value for carriage and paying a supplemental charge if required. Accounting Information

Airport of Departure	Master Air Waybill No.	

To	By First Carrier	Routing and destination	To	By	to	by	Currency	CHGS Cute	WT/VAL PPD COLL	Other PPD COLL CC	Declared value for carriage	Declared value for Customs

Airport of Destination	Flight/date		Amount of insurance	INSURANCE : it carrier offers insurance in accordance with conditions on reverse hereof, indicate amount to be insured in figures in box marked "Amount of Insurance"

Handing Information

No. of Pieces RCP	Gross Weight	Kg lb	Rate class Commodity Item No.	Chargeable weight	Rate / Charge	Total	Nature And Quantity of Goods. (Incl. Dimensions or Volume)

Prepaid	Weight Charge	Collect	Other charges
	valuation		
	Tax		
Total Other Charges Due Agent			Shipper Certifies That The Particulars On The Face Hereof Are Correct And Insofar As Any Part Of The Consignment Contains Dangerous Goods. Such Part Is Properly Described By Name And Is In Proper Condition For Carriage By Air According To The Applicable Dangerous Goods Regulations.
Total other charges due carrier			
			Signature of Shipper Or His Agent
Total prepaid	Total collect		
Currency conversion rates	CC Charges in Dest Currency		
For Camer's Use only at Destination	Charges at Destination	Total Collect Charges	Executed on (Date) at(Place) Signature of Issuing Carrier Or Its Agent Air Waybill Number 999-

样单 5-2　国际航空货运单分运单

ISO9001 CERTIFIED	Air Waybill Number　Kerry EAS— 03519670

Kerry EAS 嘉里大通

嘉里大通物流有限公司
Kerry EAS Logistics Limited
No.21 Xiao Yun Road, San Yuan Dong Qiao,
Dong San Huan Bei Lu, Chao Yang District
Beijing, China Post Code:100027
Tel:(86-010)64618899
Fax:(86-010)64677866
Copies 1,2 and 3 of this Air Waybill are originals and have the same validity

IATA

Non-negotiable

Air Waybill

(Air Consignment note)
issued by

Shipper's Name and Address	Shipper's Account Number	

It is agreed that goods described herein are accepted in apparent good order and condition (except as noted) for carriage SUBJECT TO THE CONDITIONS OF CONTRACT ON THE REVERSE HEREOF. ALL GOODS MAY BE CARRIED BY ANY OTHER MEANS INCLUDING ROAD OR ANY OTHER CARRIER UNLESS SPECIFIC CONTRARY INSTRUCTIONS ARE GIVEN HEREON BY THE SHIPPER, AND SHIPPER AGREES THAT THE SHIPMENT MAY BE CARRIED VIA INTERMEDIATE STOPPING PLACES WHICH THE CARRIER DEEMS APPROPRIATE. THE SHIPPER'S ATTENTION IS DRAWN TO THE NOTICE CONCERNING CARRIERS LIMITATION OF LIABILITY. Shipper may increase such limitation of liability by declaring a higher value for carriage and paying a supplemental charge if required.

Consignee's Name and Address	Consignee's Account Number

Accounting Information

Airport of Departure	Master Air Waybill No.							

to	By First Carrier	Routing and Destination	to	by	to	by	Currency	CHGS Code	WT/VAL		Other		Declared value for Carriage	Declared value for Customs
									PPD	COLL	PPD	COLL		

Airport of Destination	Flight/Date	Amount of Insurance	INSURANCE: if carrier offers insurance in accordance with conditions on reverse hereof, indicate amount to be insured in figures in box marked "Amount of Insurance"

Handling Information

No. of Pieces RCP	Gross Weight	Kg lb	Rate Class — Commodity Item No.	Chargeable Weight	Rate / Charge	Total	Nature and Quantity of Goods(incl. Dimensions or Volume)

Prepaid	Weight Charge	Collect	Other Charges

	Valuation Charge		

	Tax		

	Total Other Charges Due Agent		Shipper certifies that the particulars on the face hereof are correct and that insofar as any part of the consignment contains dangerous goods, such part is properly described by name and is in proper condition for carriage by air according to the applicable Dangerous Goods Regulations.

	Total Other Charges Due Carrier		

Signature of Shipper or his Agent

Total Prepaid	Total Collect	

Currency Conversion Rates	CC Charges in Dest Currency	Executed on (Date)　　at (Place)　　Signature of Issuing Carrier or its Agent

Air Waybill Number　Kerry EAS— 03519670

本 章 小 结

本章第一部分主要介绍国际空运的概念、特点、经营方式等基础知识;第二部分讲述国际空运的机型与装载限制、航班时刻表、国际空运进出口流程、空运运价、空运单证等实务知识;第三部分的岗位技能训练第一个是国际空运的报价,制作国际空运报价表是国际物流业务中常见的实践任务,通过训练加深对报价知识的理解,掌握如何制作报价单;第二个实践任务是国际航空货运单的填制,通过针对性的训练,掌握国际航空货运单的填制。

【思考与练习】

一、单选题

1. 国际航空运输的最小计费重量单位是( )千克。

A. 0.5 　　　　　　B. 1 　　　　　　C. 1.5 　　　　　　D. 2

2. 在国际航空运输中,45千克以下的货物称为( )级货物。

A. M 　　　　　　B. N 　　　　　　C. Q 　　　　　　D. S

3. 航空公司的运价,M表示( )。

A. 最低运价 　　　　　　　　　　B. 指定商品运价

C. 45千克以上普货运价 　　　　　　D. 45千克以下普货运价

4. 空运时,国际货物托运单应由( )填具。

A. 货主 　　　　B. 货代 　　　　C. 承运人 　　　　D. 航空公司

5. 集中托运货物的货运单由( )填开。

A. 货主 　　　　B. 航空货运代理人 C. 承运人 　　　　D. 集中托运商

6. 航空运输中NVD是( )的缩写代码。

A. 货运单 　　　　B. 运费到付 　　　　C. 无声明价值 　　　D. 托运书

7. 航空公司主运单的缩写是( )。

A. SAWB 　　　　B. HAWB 　　　　C. MAWB 　　　　D. LAWB

二、多选题

1. 航空运输的特点有( )。

A. 安全准确 　　　B. 速度快 　　　C. 不受气候影响 　　　D. 节省运杂费

2. 航空货运单的作用有( )。

A. 承运人与托运人之间缔结的运输合同的证明

B. 运费收据 　　　　C. 保险证明 　　　　D. 报关单据

3. 以下属于窄体机型的有( )。

A. B737 　　　　B. B757 　　　　C. B767 　　　　D. A320

4. 以下属于宽体机型的有( )。

A. B737 　　　　B. B767 　　　　C. B777 　　　　D. A330

三、简答题

1. 简述国际空运的特点。

2. 简述国际空运的经营方式。

3. 简述国际空运机型的主要类别。

4. 简述国际空运各机型的装载限制。

5. 简述国际航空货运的出口流程。

四、案例计算题

福建省轻工业进出口公司有一批货物从福州空运往英国曼彻斯特,委托中外运物流福州分公司托运订舱,选择的是中国国航的航班,路线为福州—北京—曼彻斯特,货物共80 箱,规格为 60m×45cm×45cm,毛重为 10kg/箱。表 5-11 是中外运公司与省轻工公司的协议运价,请计算这批货物省轻工公司应付给中外运物流公司的空运运费是多少?

表 5-11   福州到欧洲五个机场运价表(CNY)

DEST	MIN	+45kg	+100kg	+300kg	+1000kg	CARRIER	ETD
FRA 法兰克福	320.0	20.00	19.00	18.00	17.00	CA	TUE,THU,SUN
LON 伦敦	320.0	20.00	19.00	19.00	18.00	CA	DAILY
MAN 曼彻斯特	320.0	20.00	19.00	18.00	17.00	CA	MON,WED,SAT,SUN
LUX 卢森堡	320.0	19.00	18.00	17.00	16.50	CA	TUE,THU,SUN,SUN
CPH 哥本哈根	320.0	20.00	19.00	18.00	17.00	CA	MON,THU,SAT

第六章

国际物流陆路运输及多式联运

【导入案例】

　　中国香港地区某出口商委托一多式联运经营人，将一批半成品的服装经孟买转运至印度的新德里。货物由多式联运经营人在其货运站装入两个集装箱，且签发了清洁提单。集装箱经海运从中国香港运到孟买，再由铁路运到新德里。在孟买卸船时，发现其中一个集装箱外表有损坏。多式联运经营人在该地的代理将此情况于铁路运输前通知了铁路承运人。当集装箱在新德里开启后发现，外表损坏的集装箱里所装的货物严重受损；另一集装箱虽然外表完好、铅封也无损，但内装货物已受损。买方要求多式联运经营人赔偿其损失。

| 思考题

1. 多式联运经营人是否应对货损负责？
2. 如果多式联运经营人负责，其赔偿责任如何？

扩展阅读 6.1

视频：中欧班列运输
职能(1)

第一节　国际公路运输

　　国际公路运输一般以汽车作为交通工具。国际公路运输既是一个独立的运输体系，是车站、港口和机场集散物资的重要手段，也是沟通生产和消费的桥梁和纽带，没有公路运输的衔接,铁路、水路、航空运输就不能正常进行。

一、国际公路运输概述

(一)国际公路运输的概念

国际公路运输是指起运地点、目的地点或约定的经停点位于不同国家或地区的公路货物运输。在我国,只要公路货物运输起运地点、目的地点或约定的经停点不在我国境内均构成国际公路货物运输。

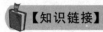【知识链接】

国际公路运输发展概况

第二次世界大战结束后,随着世界经济技术的发展及生产机械化、自动化程度的提高,各种运输工具在技术和性能上都得到极大改善,特别是汽车工业的空前发展和大规模公路网的建设,使得公路运输不仅成为国际国内的一种独立运输方式,更成为铁路、海运、空运中连接港口、机场及车站的不可缺少的,以实现"门到门"的联合运输方式中的重要环节。

进入 20 世纪 70 年代,经济发达国家大都改变了一个世纪以来,以铁路运输为中心的统治局面。20 世纪 90 年代,世界公路运输首次超过铁路,成为最大的货物运输形式。全世界的运输网总长度约为 3000 万公里,其中公路约 2000 万公里。从世界运输工具的构成比例来看,汽车数量所占比例已过 90%。一个国家的公路运输是否发达,已成为评价其经济发展水平的重要标志之一。

(二)国际公路运输的优缺点

公路运输是一种机动灵活、简捷方便的运输方式,在短途货物集散运输上,它比铁路、航空运输具有更大的优越性,尤其是在实现"门到门"的运输过程中,它的作用更为突出。其他的各运输方式都或多或少地依赖公路运输来最终完成两端的运输任务。公路运输特点如下:

(1) 拥有很强的配送能力,提供门到门服务,无须中间环节。

(2) 在运输中提供货运服务的转运国无须增加关税检查。

(3) 如果因为路面施工、堵塞或运输服务受到破坏而需要改变行车路线,公路运输会灵活地作出改变。

(4) 在一定距离的范围内,与航空运输相比,国际公路运输在运输时间和运费方面很有竞争力。

(5) 凭证简单。

(6) 服务趋于高可靠性和标准化。

(7)(欧洲)国际公路运输协定的运输工具可以是毛重量为 42 吨的 12.2 米的拖车或 15.5 米的拖挂车。

（8）对于数量不大的杂货和选择性散货的运输来说，公路专运车是一种理想的运输方式。

（9）与通常的海上运输（散货）服务相比，包装成本更低。

（10）在整个的公路运输期间，司机与运输工具同行，因此通过人力的监控，可以减少损坏和泄漏的风险。

（11）拖车服务非常灵活，有助于商业发展。

但是公路运输也存在缺点：

（1）载重量小，不适宜装载大件、重件货物，不适宜走长途运输。

（2）车辆运输途中震动较大，容易造成货损和货差事故。

（3）与水运和铁路运输相比，运输成本和费用比较高。

（三）国际公路运输的业务种类

公路运输中主要经营的运输种类包括整车货物运输、零担货物运输、特种货物运输、集装箱运输和包车运输。

1. 整车货物运输

整车货物运输是指托运人租用一台或若干台汽车，发运一批货物的运输方式。采用整车运输对于托运人和承运人组织操作都很便利，因此是一种最常用的运输方式。一般情况下，整车运输应符合以下条件：

（1）物重量或体积能够装满整车。

（2）货物为不能拼装的特种货物，以防止对其他货物造成不良影响。

（3）货主为自身货物或基于运输便利考虑而特别提出整车运输。

2. 零担货物运输

零担货物运输是指承接需要拼装的众多小件货物的运输。零担货物运输一般都是用厢式货车，以便能有效地保护货物，防止货损、货差。其托运手续比较简单，可以一次托运、一次交费、一票到底、全程负责、送货到门。由于灵活和便利，这种运输方式表现得更为快捷。

3. 特种货物运输

特种货物主要包括以下几种：

（1）危险货物。主要是易燃、易爆、易污染、易腐蚀和具有放射性的特殊货物。这种货物要由罐车或特殊改造加工的车辆运输。

（2）大件货物。大件货物又称大长笨重货物，只能采用大件车或特种车运输。

（3）活货物。如冷冻品、鲜花、鲜活水产品等，一般要由冷藏车、保温车运输。

（4）贵重物品。贵重物品指稀有矿物品、核心设备等，须有特种车体运载，确保货物安全。

4. 集装箱货物运输

集装箱货物运输是指以标准拖车专门运送标准集装箱的一种运输方式。集装箱运输逐步成为公路运输的主导，成为海运集装箱、铁路集装箱运输、国际多式联运等运输方式中不可缺少的组成部分。

5. 包车运输

包车运输是指承运人将车辆包租给托运人使用,由托运人按时间或里程支付运费的方式。

(四) 我国公路口岸与主要对外通道

近年来,我国大陆周边地区通过公路口岸出入境的货物运输发展较快,开放的一、二类边境口岸和临时过境通道已有 160 多个。我国公路对外运输通道主要如下:

1. 对前独联体公路运输口岸

新疆:吐尔戈特、霍尔果斯、巴克图、吉木乃、艾买力、塔克什肯。

东北地区:长岭子(晖春)/卡拉、东宁(岔口)/波尔塔夫卡、绥芬河/波格拉尼契内、室韦(吉拉林)/奥洛契、黑山头/旧楚鲁海图、满洲里/后贝加尔斯克、漠河/加林达。

2. 对朝鲜公路运输口岸

中朝之间原先仅我国丹东与朝鲜新义州间偶有少量公路出口货物运输。1987 年以来,吉林省开办晖春、图们江与朝鲜崴镜北道的地方贸易货物的公路运输。外运总公司与朝鲜已于 1987 年签订了由吉林省的三合、沙坨子口岸经朝鲜的清津港转运货物的协议。

3. 对巴基斯坦公路运输口岸

新疆的红其拉甫和喀什市。

4. 对印度、尼泊尔、不丹的公路运输口岸

主要有西藏南部的亚东、帕里、樟木等。

5. 对越南地方贸易的主要公路口岸

主要有云南省红河哈尼族彝族自治州的河口和金水河口岸等。

6. 对缅甸公路运输口岸

云南省德宏傣族景颇族自治州的畹町口岸是我国对缅甸贸易的主要出口陆运口岸,还可通过该口岸和缅甸公路转运部分与印度的进出口贸易货物。

7. 对中国香港、澳门的公路运输口岸

位于广东省深圳市的文锦渡和中国香港新界相接,距深圳铁路车站 3 公里,是全国公路口岸距离铁路进出口通道最近的一个较大公路通道。通往中国香港的另外两个口岸是位于深圳市东部的沙头角及皇岗。对中国澳门公路运输口岸是位于珠海市南端的拱北。

二、国际公路运输流程

(一) 公路运输运作流程

公路运输运作流程如图 6-1 所示。

1. 接单

公路运输主管从客户处接收(传真)运输发送计划;公路运输调度从客户处接出库提货单证;核对单证。

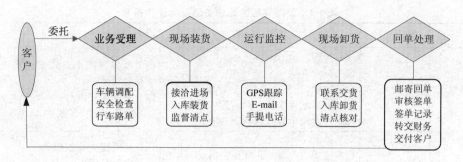

图 6-1　公路运输流程图

2．登记

运输调度在登记表上分送货目的地，分收货客户标定提货号码；司机（指定人员及车辆）到运输调度中心取提货单，并确认签收。

3．调用安排

填写运输计划；填写运输在途及送到情况；追踪反馈表；电脑输单。

4．车队交接

根据送货方向，重量、体积，统筹安排车辆；报运输计划给客户处，并确认到厂提货时间。

5．提货发运

按时到达客户提货仓库；检查车辆情况，办理提货手续；提货，盖好车棚，锁好箱门，办好出厂手续，电话通知收货客户预达时间。

6．在途追踪

建立收货客户档案；司机及时反馈途中信息；与收货客户电话联系送货情况；填写跟踪记录；有异常情况及时与客户联系。

7．到达签收

通过电话或传真确认到达时间；司机将回单用航空快递或传真寄（发）回公司；定期将回单送至客户处。

8．回单

按时准确到达指定卸货地点；货物交接；百分之百签收，保证运输产品的数量和质量与客户出库单一致；了解送货人对客户产品在当地市场的销售情况。

9．运费结算

整理好收费票据；做好收费汇总表并交至客户，确认后交回结算中心；结算中心开具发票，向客户收取运费。

（二）公路零担运输运作流程表

公路零担组织较为复杂，表 6-1 显示了公路零担货运业务流程与操作要求。

表 6-1　公路零担货运业务流程与操作要求

流　　程	操作人员	业 务 操 作	操 作 要 求
业务联络	业务员	(1) 预约 (2) 订立合同 (3) 接单(派车联系单、发货单) (4) 电话联系客户,可直接传递派单 (5) 将运输单分配给各调度员	(1) 以多种接单方式方便客户及时下达指令 (2) 确保客户满意 (3) 派单及时、准确
配载派车	调度员 司机	(1) 接单 (2) 按货物数量、品种及去向、时间要求分配配载 (3) 签订货物运输清单,落实车辆安全防护工作 (4) 发车至仓库或客户处提货	(1) 及时优质高效配载 (2) 确保车辆安全性 (3) 各项运输注意事项交代完整、清楚 (4) 确保车辆准时到位
装货发运	调度员 司机 仓管员 现场员 卸载工	(1) 凭单提货 (2) 仓库核对发货并登记 (3) 装车前后做好各项核对工作 (4) 规范文明、准确卸载 (5) 现场监督、记录作业情况	(1) 单、货相符 (2) 做好运输安全措施 (3) 文明卸载、按时发运 (4) 出库手续齐备、统计准确
在途跟踪	客服专员	(1) 主动向客户汇报货物在途状态 (2) 主动向客户提供查询服务	及时妥善处理货运途中问题
单货验收	调度员 司机	(1) 在指定舱位按时卸货 (2) 单据签章及时、完整、有效 (3) 签收后通知调度,回单返回及时	(1) 签收单据如有破损,司机负责 (2) 回单于卸货后 5~7 天内返回
单证处理	调度员 回单处理员 结算员	(1) 调度将回单核对后交回单管理员 (2) 回单管理员将回单交结算员 (3) 结算员审核结算收支费用	(1) 回单返回及时、准确 (2) 统计、计价准确 (3) 结算费用及时

(三)公路整车运输运作流程

无论是零担运输还是整车运输,其业务运作过程均由发送管理、在运管理、中转管理和交付管理四个方面构成。但它们之间仍存在许多不同之处。表 6-2 显示了公路整车运输与零担运输业务运作方面的差异。

表 6-2　公路整车运输与零担运输业务运作对比

对 比 项 目	整 车 运 输	零 担 运 输
承运人责任期间	装车—卸车	货运站—货运站
是否进展存储	否	是
营运方式	一般为直达不定期运输	定期定班发车
运输时间长短	相对时间短	相对时间长
运输合同形式	通常预先签订运输合同	以托运单和运单代表合同
运费构成形式及高低	单位运费率一般较低,仓储、装卸分担在合同中约定	单位运费率较高,仓储、装卸费用包含所付运费中
货源与组织特点	货物品质较单一,地点固定、组织较简单	货物品种多样化、地点分散、组织运输复杂

三、《国际公路运输公约》

《国际公路运输公约》（Transport International Router，TIR），其正式名称是《根据TIR手册进行国际货物运输的有关关税协定》（Customs Convention on the International Transport of Goods under Cover of TIR Carnets）。该协定于1959年在联合国欧洲经济委员会主持下制定，由欧洲23个国家参加，并已从1960年开始实施，1975年对原协定进行补充修改。它是一种海关国境制度，通过对国际公路运输工具颁发TIR证，实现对国境货物及运输工具的控管。它为运输经营人和海关提供了一种用于国境国际货运简单易行、成本效率高和安全的制度。

【知识链接】

TIR 产生背景

为了统一公路运输所使用的单证和确定承运人的责任，联合国所属的欧洲经济委员会于1956年5月19日在日内瓦召开会议，通过了《国际公路货物运输合同公约》（CMR），有欧洲17个国家代表参加。《国际公路货物运输合同公约》共有12章51条，在适用范围、承运人责任、合同的签订与履行、索赔和诉讼以及连续承运人履行合同等方面作了比较详细的规定。此外，为了有利于开展集装箱联合运输，使集装箱能原封不动地通过经由国，联合国所属的欧洲经济委员会成员国于1956年缔结了《关于集装箱的关税协定》，参加者有欧洲21个国家和欧洲以外的7个国家。该协定的宗旨是允许集装箱免税过境，但必须在3个月内再出口。

在《关于集装箱的关税协定》的基础上，根据欧洲经济委员会的倡议，还缔结了《国际公路运输公约》（Transport International Router，TIR）。根据该规则规定，集装箱的公路运输承运人如持有TIR手册，允许由发运地到达目的地，在海关的签封下，中途可不受检查、不支付关税，也可不提供押金，直接由发运地运至目的地。

TIR手册由有关国家政府批准的运输团体发行，这些团体大都是参加国际公路联合会或世界旅行汽车协会的成员。它们必须保证监督其所属运输企业遵守海关法及其他规则。TIR是当前国际公路运输重要的协定和公约。

（一）TIR 制度的目标

TIR海关过境制度的设计目标是尽最大可能便利国际贸易中海关加封货物的流动，同时提供必要的海关控管和担保。过去，当货物在国际公路货运过程中穿越一国或者多国领土时，每个国家的海关部门均须实施本国的控管程序，进行开封、查验、通关、施封等作业，各国的这类控管程序会有差异。由于在每个沿途国都要实施这样的作业，浪费时间、人力、财力，并有可能在边境产生滞留，发生误期和干扰。为了减少运输经营人遇到的这些问题，同时又向海关部门提供一种国际控管制度，由此设计了TIR制度。

（二）TIR 公约的意义

TIR制度对海关有明显的好处，因为它减少了通常国家过境程序的要求。同时，该制度避免了在沿途进行从人力和设施两方面来看都极为昂贵的货物查验的要求,只需要检查车辆或者集装箱的封志和外部状况。TIR制度还免除在国家层面进行担保和建立单证记录系统的需要。此外,由于TIR业务只需要一项单一的边境文件即TIR证,因此,向海关呈报资料不准确性的可能也会降低。

TIR公约对于商业和运输业的好处十分明显,运输业可以较为方便地得到必要的担保。货物在跨越国界时,海关的干预可降低到最低程度。TIR制度减少了对国际货物流动的传统障碍,减少过境时的延误,大大节省运费,有利于国际贸易的发展。

【知识链接】

中国"一带一路"倡议与 TIR 公约

中国商务部数据显示,2013年至2018年,中国与"一带一路"沿线国家货物贸易总额超过6万亿美元,年均增长4%,高于同期中国对外贸易增速,在我国货物贸易总额中的占比达到27.4%。中国是"一带一路"沿线许多国家的最大贸易伙伴、最大出口市场和主要投资来源地之一,而目前加入TIR公约的国家大多数位于"一带一路"沿线。

资料来源:李曾骙.国际公路运输为"一带一路"创造新活力,2019.

(三)适用范围

公约适用于在无须中途换装的情况下用公路车辆、车辆组合或者集装箱运输货物,跨越一缔约方启运地海关与同一或者另一缔约方目的地海关之间一个或者多个边界,前提是TIR运输起点与终点之间行程有一部分是公路。如果行程的部分在外国境内,则使用TIR证的运输业务的起点与终点可以在同一个国家。由于未预见的商业方面的原因或者事出偶然,尽管发货人在行程开始时曾拟经由一段公路加以运输,也可能出现行程中没有公路运输的部分,在这种例外的情况下,缔约方仍应接受TIR证。

(四)基本原则

为了确保货物在运输途中尽可能少受干扰,TIR制度共有五项基本规定:

(1)货物应具有海关控管设置的车辆或者集装箱装运。

(2)在整个运送途中的税费风险应得到国际有效担保。

(3)货物应附带起运国启用的国际公认的海关文件(TIR证),并以此作为在启运国、沿途国和目的地国的海关控管凭据。

(4)海关控管措施得到国际承认。

(5)控制使用,即在使用TIR程序方面,由国家协会颁发TIR证;自然人和法人使用TIR证,均应由国家的主管部门授权。

【阅读案例6-1】

乌鲁木齐海关完成全国首次 TIR 业务电子化作业

乌鲁木齐海关日前进行了TIR运输作业电子化功能测试,这是全国首票以信息化系统办理的 TIR 运业务,也是全国在全面推广 TIR 运输后首票由非口岸地海关办理的 TIR 业务。此次 TIR 运输由喀什起运经伊尔克什坦口岸出境,通过中吉乌运输通道两天后抵达乌兹别克斯坦,载运货物为设备配件,总重 1.9 吨,货值 17.5 万美元。此次测试过程顺利,将为在全国全面推广 TIR 运输业务打下坚实基础。

TIR 运输管理系统的应用上线对 TIR 运输业务的开展有着重要意义,海关 TIR 运输管理系统和 IRU 的 EPD 系统相互连接,EPD 系统直接向中国海关申报进出境运输工具数据、舱单数据、进出境运输工具系统备案数据,海关利用相关系统逻辑,分别发送至舱单系统、运输工具管理系统、卡口系统等作业系统,形成海关监管作业信息,TIR 持证人只需发送一次 EPD 信息就可将相关数据分别传输至各国海关,企业无须再进行舱单、运输工具申报和运输工具备案工作,极大节约运输成本及运输时间,海关将相关 TIR 作业信息反馈至 IRU,实现电子化作业,能有效减少通关时间、提高通关效率,并为今后取消纸质 TIR 单证、开展 ETIR 作业打下基础。

资料来源:王漩,牟文彬.乌鲁木齐海关完成全国首次 TIR 业务电子化作业.乌鲁木齐晚报,2019.

扩展阅读 6.2

视频:中欧班列运输职能(2)

第二节　国际铁路运输

一、国际铁路运输概述

(一)国际铁路运输的概念与作用

国际铁路货物运输是指起运地点、目的地点或约定的经停地点位于不同的国家或地区的铁路货物运输。在我国,只要铁路货物运输的起运地点、目的地点或约定的经停地点不在我国境内,均构成国际铁路货物运输。

铁路运输所承担的进出口货物运输工作主要体现在三个方面:第一,通过国际铁路货物联运方式承运中东、近东和欧洲各国的进出口货物;第二,承运我国内地与港澳地区之间的贸易物资和通过香港转运的进出口货物;第三,内陆与口岸之间的铁路集疏运。

(二)国际主要铁路干线

世界具有洲际运输意义的铁路干线主要有如下几条。

1. 亚洲的铁路干线

亚洲除日本列岛铁路网自成体系外,中国内地东部、南亚和中东地区铁路分布较为密集,但总体来说其间联系较差,尚未形成一个完整的路网系统。于 2006 年启动建设的以泛亚铁路为核心的东亚铁路网建设计划,为国际铁路建设的大事,泛亚铁路以中国云南省昆明市为起点,分为三条线:东线经中国昆河铁路过河口穿过越南河内、胡志明市,柬埔寨金边,泰国曼谷到马来西亚吉隆坡;中线经云南磨憨穿过老挝,经琅勃拉邦达、万象,再至泰国的廊开到曼谷,全长 2219 千米;西线经瑞丽穿过缅甸,最终到达新加坡。泛亚铁路北部自越南与中国湘桂铁路相通抵达南宁,从越南及老挝通达昆明,连接中国铁路网,再经亚欧大陆桥和欧洲铁路系统相联系形成亚欧统一大铁路网络系统。

【阅读案例 6-2】

国际铁路联运开启云南货运新篇章

2014 年 12 月 1 日,蒙河铁路开通运营,中越边境口岸河口北站接入全国准轨铁路网,云南形成了第一条准轨国际铁路大通道。云南铁路也由全国路网的末梢,战略性地转变为沟通联系南亚、东南亚的重要"接口",为进一步做大做强中越国际联运提供了强大的运力支撑。

近年来,随着中越贸易合作不断扩大,双边贸易量逐年增加,中国已连续 10 年成为越南第一大贸易伙伴。在 4 种国际铁路联运方式打通之前,云南大量物资从昆明出发走南昆线,经 1000 公里左右的铁路至防城港,通过超过 300 海里的海运至越南海防港口,再在海防转运至泰国和老挝。昆明局与越方合作开通国际联运后,货物可通过昆玉河准轨铁路或米轨铁路运到越南,使昆明至越南海防陆上距离缩短至 700 公里。

今年以来,昆明局积极融入"一带一路"倡议,统筹利用好滇越百年米轨铁路和昆玉河准轨铁路运力,在蒙白北站、河口北站实现准、米轨换装,通过实施米轨直通国际联运、准米轨整车换装国际联运、集装箱国际联运和铁公联运 4 种方式,全力做大做强云南铁路国际联运,充分发挥云南铁路沟通联系东南亚的"接口"效应。

资料来源:陆华,郭薇娜. 国际铁路联运开启云南货运新篇章. 人民铁道,2015.

亚洲的重要铁路线如下。

(1) 中国主要的铁路干线有哈大,京沪,京九,京广,太焦—焦柳,宝成成昆,滨洲、滨绥,沈丹、京沈、京包,包兰—兰青—青藏,陇海兰新,沪杭浙赣—湘黔—贵昆,南昆—湘桂—黎湛,广湛、广梅汕等。

(2) 伊拉克的巴士拉—巴格达—科尼亚—伊斯坦布尔—巴尔干的铁路线,全长 3100 多千米,向西经索菲亚、贝尔格莱德、布达佩斯、维也纳等,与其他中、西欧铁路相连,是中东地区连接欧洲最重要的铁路线。

2. 西伯利亚大铁路

西伯利亚大铁路又称亚欧大铁路,位于俄罗斯境内。该铁路有两条,第一条东起俄罗斯的纳霍德卡港或东方港,向西经海参崴(符拉迪沃斯托克)、伊尔库斯克、新西伯利亚、鄂木斯克、古比雪夫至莫斯科,全长 9300 多千米;第二条东起苏维埃港,经共青城、乌斯季库特、叶塞尼斯特、苏尔古特、秋明、新西伯利亚,并在此与第一条会合,全长 6500 千米。西伯利亚大铁路是连接亚洲东部国家、欧洲各国及西亚铁路网的运输干线,是欧亚大陆桥的重要组成部分,在世界贸易货物运输物流中占有重要地位。

3. 欧洲铁路网

欧洲是铁路网最为稠密的大洲,其中更以欧盟密度最大,平均每千平方千米有 47.5 千米铁路。欧洲主要铁路线有 3 条。

(1)巴黎—慕尼黑—维也纳—布达佩斯—贝尔格莱德—索菲亚—伊斯坦布尔—巴格达;

(2)巴黎—科隆—柏林—华沙—莫斯科,与西伯利亚大铁路相接;

(3)里斯本—马德里—巴黎—科隆—柏林—华沙—圣彼得堡—赫尔辛基。

4. 北美铁路干线

北美地区铁路网比较稠密,铁路以货运为主,货运量占铁路运输的 99%,集装箱运输和多式联运是北美铁路最主要的业务之一。北美铁路以双层集装箱运输为主,占美国集装箱总运量的 70% 以上。北美地区穿越大陆的铁路干线有多条。

在美国境内主要有 4 条,分别为:

(1)西雅图—俾斯麦—圣保罗—芝加哥—底特律;

(2)奥克兰—奥马哈—芝加哥—匹兹堡—费城—纽约;

(3)洛杉矶—堪萨斯城—圣路易斯—辛辛那提—华盛顿—巴尔的摩;

(4)洛杉矶—图森—帕索—休斯敦—新奥尔良。

在加拿大境内主要有 2 条,分别为:

(1)温哥华—卡尔加里—温尼伯—蒙特利尔—圣约翰—哈利法克斯;

(2)普珀特港—埃德蒙顿—温尼伯—魁北克。

5. 拉丁美洲的铁路干线

拉丁美洲的主要铁路线是布宜诺斯艾利斯—圣地亚哥—瓦尔帕莱索。此线对沟通南美大陆东西两岸联系,特别是与邻国的商流与物流起着重要作用,也为开展国际集装箱水陆联运创造了良好条件。

(三)我国通往邻国地区的铁路线及国境口岸

凡办理由一国铁路移交或接受货物和机车车辆作业的车站称为国境站。国境站是国家对外开放的口岸,是铁路办理对外运输工作的重要场所。

与我国铁路相连的国家主要有俄罗斯、朝鲜、蒙古、越南、哈萨克斯坦。我国内地与香港特别行政区也有铁路相连。表 6-3 显示了我国与邻国的边境铁路车站的站名及邻接轨距。

表 6-3 我国与邻国的边境铁路车站站名及临接轨距

国　界	我国国境站的站名	邻国国境站的站名	中国轨距(mm)	邻国轨距(mm)
中俄	满洲里	后贝加尔	1435	1520
	绥芬河	格罗迭科夫	1435	1520
	珲春	卡梅绍娃亚	1435	1520

续表

国　界	我国国境站的站名	邻国国境站的站名	中国轨距(mm)	邻国轨距(mm)
中蒙	二连浩特	扎门乌德	1435	1524
中哈	阿拉山口	德鲁日巴	1435	1520
中朝	丹东	新义州	1435	1435
	集安	满浦	1435	1435
	图们	南阳	1435	1435
中越	凭祥	同登	1435	1435/1000
	山腰	新铺	1000	1000

【阅读案例 6-3】

长三角首条跨境电商中欧班列开通

随着列车的一声鸣笛,这辆从义乌西货运站始发的班列,满载 82 个标准箱、20 余万件包裹,将途经哈萨克斯坦、俄罗斯、白俄罗斯、波兰和德国等五国,直抵欧洲的地理中心——比利时列日,全程预计 15 天左右,计划每周运行 2 班。

"依托'一带一路'倡议,穿梭于欧亚大陆间的中欧班列被称为新丝绸之路上的'钢铁驼队'。今天开行的从义乌到比利时的线路,是中欧班列开辟的一条全新线路,它直接联通了 eWTP 的全球两大数字枢纽——义乌和列日,将大大提升义乌乃至整个长三角地区商品出口欧洲的效率,必将为中欧之间跨境电商发展带来新的机遇。"菜鸟总裁万霖介绍说,跨境电商包裹抵达列日后,通过菜鸟部署在比利时列日的 eHub、欧洲区域干线网络和欧洲末端配送网络,包裹能快速分发至德国、法国、荷兰、波兰、西班牙、意大利、捷克等欧洲各国重点市场。据测算,跨境电商包裹由义乌直发欧洲,相较于以前中转外地发货可提速一到两天。

截至目前,"义新欧"班列累计往返运行近 900 列,发送标箱超过 7 万,国内集聚 8 省市近 2000 种商品,浙江本地货源比例超 75%,国外辐射欧亚大陆 37 个国家和地区,实现丝路沿线主要贸易国家与地区的全覆盖,成为我国运营效益最好、市场化程度最高、竞争力最强的中欧班列。

资料来源:张丽华. 长三角首条跨境电商中欧班列开通. 杭州日报,2019.

二、国际铁路货物联运

(一)国际铁路货物联运的概念与特点

国际铁路货物联运(简称国际铁路联运)是指使用一份统一的国际铁路联运票据,在跨及两个及两个以上国家铁路的货物运送中,由参加国铁路负责办理两个或两个以上国家铁路全程运送货物过程,由托运人支付全程运输费用的铁路货物运输组织形式。国际铁路联运的特点主要有：

1. 涉及面广

凡是通过国际联运办理的货物运输，都要涉及两个国家以上的铁路。从货物承运到交付，要由发送货物的发送站，出口国的国境站，经过各国境路站抵达到达国境路站，其间涉及众多国家及相关机构。

2. 运送距离远，流经环节多

国际铁路货物联运，涉及不同国家铁路，有时还要以换装、转口等不同方式办理不间断的运输，才能最后运抵目的地，完成全程运送工作，因此具有更多的复杂性。

3. 办理条件要求高

由于国际联运涉及两个以上国家的铁路而且路途遥远，要求承运人考虑到各国铁路的实际情况，严格按照国际铁路联运规章办理，并且要求每批货物的办理质量必须是高标准，符合规章协议的规定。

 【知识链接】

国际铁路联运发展概况

国际铁路联运开始于 19 世纪后半期的欧洲，当时欧洲国家之间开办了国际铁路货物联运。1890 年欧洲各国外交代表在瑞士首都伯尔尼举行了会议，制定了《国际铁路货物运送规则》，即《伯尔尼公约》。该公约自从 1893 年 1 月 1 日起实行后，经过了多次修订，在 1934 年伯尔尼会议上，经过修改之后改称《国际铁路货物运输公约》（简称《国际货约》），并于 1938 年 10 月 1 日起开始实行。截至 2017 年，有包括欧洲、亚洲和北非在内的30 多个国家参加了该公约。第二次世界大战以后，国际形势发生了很大的变化，随着世界经济与国际贸易的发展，国际铁路联运的范围也在不断扩大。1951 年 11 月，出于发展国际铁路联运的需要，当时的苏联、阿尔巴尼亚和已经参加《国际货约》的保加利亚、匈牙利、罗马尼亚、波兰、捷克斯洛伐克和民主德国等八国，签订了《国际铁路货物联运协定》（简称《国际货协》），开始办理国与国之间的货物联运。

1954 年 1 月，中国、朝鲜和蒙古国参加了《国际货协》，越南也于 1956 年 6 月参加了该协定，至此共有 12 个国家参加了《国际货协》。1990 年 10 月 3 日，由于德国的统一，民主德国退出了《国际货协》。后来，随着东欧形势的变化，匈牙利、捷克等国也于 1991 年 1月 1 日起退出了《国际货协》，但是铁路联运业务并未终止，原"货协"的运作制度仍然被沿用着。

（二）国际铁路联运公约与规则

目前，国际铁路货物运输公约主要有两个：《国际货约》和《国际货协》。另外，还有其他规章。

1.《国际货约》

《国际货约》（CIM），全称为《国际铁路货物运输公约》，于 1961 年签订，1975 年 1 月 1日生效。其成员国包括主要的欧洲国家，如法国、德国、比利时等，此外还有西亚的伊朗、伊拉克等共计 28 个国家。

2.《国际货协》

《国际货协》(CMIC),全称为《国际铁路货物联运协定》,于 1951 年在华沙订立,1974 年 7 月 1 日生效。我国于 1953 年加入。其成员国主要是苏联、东欧国家,加上中国、朝鲜、越南共计 12 国。在参加该协定的国家间,它对联运货物的运输条件及铁路和托运人、收货人间的权利、义务和责任划分做了规定。对铁路和托运人、收货人都具有约束力。

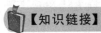**【知识链接】**

国际铁路运输准许运送邮政专运物品

铁路合作组织(OSJD)1956 年颁布的《国际铁路货物联运协定》明文规定:在国际铁路直通货物联运中不准运送邮政专运物品。多方努力下,铁路合作组织在立陶宛召开政府层面会议,讨论通过了新版《国际货协》,其中删除了对禁止运输邮政专用品的相关描述,并拟订 2015 年 7 月 1 日起生效。

资料来源:杨骏,唐璨.“小邮包”改变国际铁路运邮大格局.重庆日报,2019.

(三)国际铁路联运单证

1. 国际铁路联运运单概念及性质

国际铁路货物联运单是指由发送国铁路代表所有参加运送的各国铁路发货人之间签订的运送合同,承、托双方签订的运送合同,也是承运人或其代理人收到货物后签发给托运人的货物收据。运单一旦签发就表示承运人接管了货物并办理托运。装车后加盖承运日期戳,表示已经承运。运单正本是铁路同收货人交接货物、核收运杂费用的依据,随货至终点站交收货人。运单副本加盖日期戳后是发货人凭以办理银行结算的凭证之一,并可据此进行索赔。铁路运单不是物权凭证,收货人必须按照运单抬头凭有效证件领取货物。

国际铁路联运运单仅具有运输合同证明和货物收据的功能,不具有物权凭证的功能,不具有流通性,《国际货约》和《国际货协》均明确铁路联运运单中的收货人一栏必须是记名的。

2.《国际货协》运单的构成与流转程序

《国际货协》运单由五联组成,各联的用途与周转如表 6-4 所示。

表 6-4　《国际货协》运单构成、功能及流转程序

联别与名称	主 要 用 途	票据周转程序
1. 运单正本	运输合同凭证	发货人—发站—到站—收货人
2. 运行报关	各承运人间交接、划分责任等证明	发货人—发站—到站—到达铁路
3. 运单副本	承运人介绍货的证明,发货人凭此结汇等	发货人—发站—收货人
4. 货物交付单	承运人合同履行的证明	发货人—发站—到站—到达铁路
5. 货物到达通知单	收货人存查	发货人—发站—到站—收货人

【阅读案例 6-4】

中欧班列首次应用统一运单

2019 年 10 月 21 日，正在新"丝绸之路"上运行的、从德国巴伐利亚发往四川的中欧班列，应用了统一运单（国际货约/国际货协运单）。这是欧洲发往中国的中欧班列首次使用统一运单，首次试点应用区块链技术。

由成都局牵头会同德铁货运、德铁信可及成都国际班列公司，利用从德国巴伐利亚（纽马克）进口的磁悬浮轨道梁班列，采用了"统一运单＋区块链技术"生成全国首个中欧班列区块链运单数据，整列 41 张"统一运单"信息进入了铁路"一单制"区块链平台。

"应用统一运单，意味着该班列在国际运输途中不再需要更换运单，减少作业时间及资金成本。"成都局集团公司相关负责人表示，跨境铁路联运实现"一单到底"，有利于国际铁路物流降本提效，也为开展国际贸易结算融资服务提供了有力支撑。

资料来源：王眉灵. 中欧班列首次应用统一运单. 四川日报，2019.

（四）国际铁路联运进出口业务流程

1. 国际铁路联运出口业务流程

国际铁路联运出口货物运输业务主要包括出口货物的托运和承运、出口货物在国境站的交接和出口货物的交付。

（1）出口货物的托运与承运

① 发货人或货代向铁路车站填报联运运单，以作为货物托运的书面申请。

② 始发站接到运单后，审核运单并检查是否有无批准的月度要车计划，如无问题便在运单上签署货物进入车站的日期和装车日期，以表示接受托运。

③ 发货人按照指定的日期将货物搬入车站或指定的货位。

④ 车站根据运单核对货物，如无问题，待装车后由始发站在运单上加盖承运日期戳，负责发运。

⑤ 对零担货物，发货人无须事先申报月度要车计划，但必须事先向始发站申请托运。车站受理后，发货人按指定日期将货物运到车站或指定货位；经查验、过磅后由铁路保管。车站在运单上加盖承运日期戳，负责发运。

（2）出口货物在国境站的交接

① 国境站接到国内前方站的列车到达预报后，立即通知国际联运交接所，该所站长直接领导，着手办理货物、车辆和运送用具的交接和换装工作；办理各种交接手续，检查运送票据和编制商务记录；处理交接中发生的各种问题；计算有关费用；联系和组织与邻国货车衔接事宜。

② 列车进站后由铁路会同海关接车，海关负责对列车监管和检查，未经海关许可列车不准移动、解体或调离，车上人员也不得离开。铁路负责将随车票据送交接所。

③ 交接所内有铁路、海关、商检、动植检、卫检、边检、外运等单位联合办公，实行流水

作业。铁路负责整理、翻译运送票据,编制货物和车辆交接单;外运负责审核货运单证,纠正错发、错运及单证上的差错并办理报关、报检手续;海关查验货、证是否相符,是否符合有关政策法令,如无问题就负责放行。最后由相邻两国的铁路双方办理具体的货物和车辆的交接手续并签署交接证件。

(3) 出口货物的交付

在货物到达终点后,由该站通知收货人领取货物。在收货人付清一切应付运送费用后,铁路将第一联、第五联运单交接收货人,双方凭此清点货物,收货人在领取货物时应在运单第五联上填写领取日期并加盖收货戳记。收货人只有在货物损坏或腐烂变质、全部或部分丧失原有用途时才可拒收。

2. 国际铁路联运进口业务流程

(1) 货物的运输标志的编制。各部门对外订货签约时必须按照商务部的统一规定编制运输标志,不得颠倒顺序和增加内容,否则会造成错发、错运事故。

(2) 向国境站外运机构寄送合同资料。合同资料是国境站核放货物的重要依据,也是向各有关部门报关、报检的凭证。各进出口公司在对外合同签订后,要及时将一份合同中文抄本寄给货物进口口岸的分支机构。合同资料包括:合同的中文抄本及其附件、补充书、协议书、变更申请书、变更书和有关确认函电等。

(3) 进口货物在国境的交接。国境站负责与邻国铁路签办交接证件,翻译货物单据并组织货物换装和继续发运。两国国境站交接所依据交接单,凭实物或凭铅封办理现场交接,双方铁路现场签署有关证件。

(4) 报关与查验。口岸外运分公司依据合同资料,对运单逐项审核、复核。填制报关单,向海关办理报关手续,海关依据报关单,查验货物并放行。

(5) 分拨与分运。对于小额订货,国外发货人集中托运、以我国国境站为到站、外运机构为收货人的,以及国外铁路将零担货物合装车发运至我国国境站的,外运中发现有货损、货差情况如属于铁路责任应找铁路出具商务记录,如属于发货人责任,应及时通知有关进口单位向发货人索赔。

(6) 进口货物的交付。铁路到站向收货人发到货通知,收货人接到后向铁路付清运送费用后,铁路将运单和货物交给收货人,收货人在取货时应在"运行报单"上加盖收货戳记。

(五)国际铁路联运的过境费用

过境运费的计算,过境运费按《统一货价》规定计算,其计算程序是:

(1) 根据运单上载明的运输路线,在过境里程表中,查出各通过国的过境里程。

(2) 确定运价等级和货物计费重量

① 零担货计费重量单位:百公斤数;整车货物计费重量单位:吨(注:无论零担或整车计费重量最小化整100公斤);集装箱货物计费重量单位:箱。

② 整车货物用四轴车装运时,其车辆装最低计费重量标准为:1等货物20吨,2等货物30吨。

③ 一张运单中只有单一货物,则直接查询运价等级和统计计费重量。但一张运单运送准许混装的名称不同的货物(合装货物)时,运价等级按以下确定:

· 整车货物

首先按照这批合装货物的总重量和按这批货物中最大重量货物的运价等级计算,但不得少于该等级的装车计费重量标准。如果有两种或数种相同最大重量的货物时,应照其中最高运价等级的货物计算。对整车合装货物,发货人必须在运单中记载每种货物名称的重量。属于同一运价等级的不同名称的货物,作为同一品种的货物;为了确定最大重量,应将这些货物的实际重量加总计算。

其次如未记载合装货物中每种货物的重量时,应按照该批货物最高等级和按该批的总重量(但不得少于该运价等级的计费重量标准)计算运费。

· 运价等级不同的零担货物

首先如果分别注明每种货物的重量,而且货物又是分别包装时,按货品名查找运价等级。

其次如果仅注明总重量或者这些货物包装为一件时,根据货物的实际总重量,按照定有最高运价等级的货物的费率。

(3)在慢运货物运费计算表中,根据货物运价等级和总的过境里程查出适用的运费率。

(4)基本运费额=货物运费率×计费重量

(5)运费总额=基本运费额×(1+加成率)

加成率系指运费总额应按托运类别在基本运费额基础上所增加的百分比。慢运零担货物运费加成率为50%;快运货物运费加成率为100%,快运零担货物运费加成率为150%。随旅客列车挂运整车运费加成率为200%。

【实践案例 6-1】

福建省远东贸易公司经手一票我国运往阿塞拜疆合装快运整车货盘,该票货从满洲里过境俄罗斯,经阿塞拜疆亚拉马运至货物到站,所装货物品名、数量和运价等级如表6-5至表6-7所示,试计算该票货物在俄罗斯的过境运费。

表6-5 货盘明细

货物品名	运价等级	重量(t)
缓冲器	2	5
轴承	2	7
传送带	1	8
绳	1	8.5

表6-6 中俄铁路过境里程表(部分)

俄罗斯至周边国境站 中俄国境站	芬铁:瓦伊尼卡拉 俄铁:布斯洛夫斯卡亚	芬铁:伊马特兰科斯基 俄铁:斯韦托戈尔斯克	芬铁:尼拉拉 俄铁:维亚尔特西利亚	芬铁:瓦尔季乌斯 俄铁:基维亚尔维	格铁:甘维季谢 俄铁:阿洛季耶	阿铁:亚拉马 俄铁:萨穆尔
俄铁:后贝加尔 中铁:满洲里	7140	7143	7201	7627	7642	7532

表 6-7   慢运货物运费计算表(部分)

| 里程(公里) | 每吨运费(单位:瑞士法郎) | | |
| | 等　级 | | |
	1	2	3
7001~7200	327.20	163.70	350.46
7201~7400	336.50	168.20	360.35
7401~7600	345.60	172.80	370.22
7601~1780	354.90	177.30	380.07
7801~8000	364.10	182.10	389.96

(1) 查询《统一货价》中从满洲里过境俄罗斯至阿塞拜疆亚拉马过境里程(见表 6-6)为 7532 公里。

(2) 确定运输货运运价等级和计费重量。

经计算该车 1 等运价货重量 8+8.5＝16.5t,大于 2 等货物的重量为 5+7＝12t,运价等级按重量最大货物的运价等级 1 等确定。

由于该车货物总重量为 28.5t,大于 1 等运价货最低计费重量标准 20t,计费重量为 28.5t。

(3) 确定过境运费率。

在表 6-7 的慢运货物运费计算表查询到过境里程为 7532km 时,1 等货物的基本运费率为 345.60 瑞士法郎。

(4) 计算基本运费。

该车基本运费＝345.60×28.5＝9849.60 瑞士法郎。

(5) 计算总运费。

由于是快车因此在原运费基础上加成 100%,所以该车总运费＝9849.60×(1+100%)＝19699.2 瑞士法郎。

【实践案例 6-2】

福建省远东贸易公司经手一票经我国运往朝鲜的零担慢运合装货盘,该票货从蒙古铁路发运经中铁二连经集安境中国运抵朝铁。所装货物品名、数量和运价等级如表 6-8 至表 6-10 所示,试计算该票货物在我国的过境运费。

表 6-8   货 盘 明 细

运 价 等 级	货 物 品 名	重量(kg)
1	铁制桶	750
1	铁制槽	1110
2	扁钢锭	2200

表 6-9　中国铁路过境里程表(部分)

中朝国境站 中蒙国境站	朝铁:新义州 中铁:丹东	朝铁:满蒲 中铁:集安	朝铁:南阳 中铁:图们
中铁:二连 蒙铁:扎门乌德	1854	1873	2117

表 6-10　慢运货物运费计算表(部分)

里程(公里)	每一百公斤运费(单位:瑞士法郎)	
	等　　　级	
	1	2
1550~1649	11.07	5.54
1650~1749	11.75	5.88
1750~1849	12.47	6.21
1850~1949	13.14	6.60
1950~2049	13.85	6.93

(1) 查询《统一货价》蒙古经中铁二连—集安过境中国运抵朝铁过境里程(详见表 6-9)为 1873 公里。

(2) 确定运输货运运价等级和计费重量。

经计算该票 1 等运价货重量 8+12=20 百公斤,2 等货物的重量为 22 百公斤。

(3) 确定过境运费率。

在慢运货物运费计算表 6-10 查询到该票货物过境里程为 1873km 时,1 等货物的基本运费率为每百公斤 13.14 瑞士法郎,2 等货物的基本运费率为每百公斤 6.60 瑞士法郎。

(4) 计算基本运费。

该票货基本运费=13.14×20+6.6×22=408 瑞士法郎。

(5) 计算总运费。

由于是零担货因此在原运费基础上加成 50%,所以该车总运费=408×(1+50%)=612 瑞士法郎。

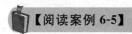

【阅读案例 6-5】

防城港架起国际"冷链高速路"

2019 年 3 月 3 日,30 个装载着越南水果的冷藏柜经越南胡志明港—广西防城港水果航线抵达防城港,在码头完成检疫消毒、货物查验等通关手续后,通过铁路运往重庆。这标志着经北部湾港连通西部地区与东盟国家的西部陆海新通道国际海铁联运班列又添新"成员"。

据悉,这批从越南进口的水果是重庆一家从事水果贸易的企业经防城港口岸入境的首批货物。依托防城港"水果口岸+海铁联运+冷链运输"的叠加优势进口东南亚水果,有效缩短了货物运输、通关时间,降低了物流成本,整个线路节约了近一半的物流费用。

防城港市作为中国与东盟海陆相连的边境港口城市,已成为我国西部地区连接东盟国家运距短、成本低的出海大通道,先后开通了防城港至北京、沈阳、上海、济南、重庆等城市冷链专列以及往西南地区多式联运班列,初步形成海铁、公铁、铁海等多式联运贸易物流新体系并实现常态化运营。当前,该市正积极打造中国—东盟冷链经济重要基地、区域性的冷链物流枢纽中心。数据显示,去年防城港至北京、沈阳、上海、济南、重庆等城市"点对点"全冷链专列达 105 列 835 箱,同比增长 24%;往西南地区"散改集一票到底"多式联运班列 1443 列 14.43 万箱,同比增长 15%。

资料来源:王学俏. 防城港:海铁联运架起国际"冷链高速路". 广西日报,2019.

第三节　国际管道运输

一、管道运输的概念

国际管道运输(International Pipeline Transportation)是随着石油的生产而产生、发展的。它是一种特殊的运输方式,与普通的货物运输的形态完全不同,具有独特的特点。普通货物运输是货物随着运输工具的移动,把货物运送到目的地,而管道运输的运输工具本身就是管道,是固定不动的,只是货物本身在管道内移动。换言之,它是运输通道和运输工具合而为一的一种专门运输方式。

管道运输是借助高压气泵的压力将管道内货物输往目的地的一种运输方式,其原理相当于自来水管道将水输送至各家各户。

二、管道运输的类型

(一)按管道内被运输的对象划分

1. 气体管道
主要运送天然气、煤气或化学气体。

2. 液体管道
主要运送石油、液化气、水等。

3. 压缩空气管道
主要运送邮件、包裹、单证、文件等。

4. 浆粉管道
主要用于运送矿砂、煤粉、面粉等细颗粒货物。

(二)按铺设位置划分

1. 地面管道
直接把管道铺于地面,好处是节省投资,缺点是易受损坏和偷盗。

2. 架空管道
将管道架离地面一定高度,好处是能降低遭破坏的概率,投资成本虽高于地面管道,但少于地下管道。

3. 地下管道

将输送管道埋于地下。好处是能大大减少遭损坏的程度,缺点是投资较大。出于安全考虑,国际贸易管道运输多采取这种方式,而且口径越来越大,距离越来越长,可完成上万千米的运送。

4. 系泊管道

管道从海港到海上浮筒的那一段因漂浮于水面而被称为系泊管道。它可以将油、气等货品从油田、矿山、炼油厂直接输送到靠泊于海上浮筒边的油轮或货轮上,或通过系泊管,从运输船上将油、气等物品抽送至陆上。

【阅读案例 6-6】

中缅油气管道成为"孟中印缅经济走廊"开展互联互通基础设施建设的重要标志性工程

2017 年 5 月 19 日,从缅甸西海岸马德岛上岸的国际市场原油,奔流经缅甸四个省邦,顺利进入中国境内。原油管道与 2013 年 7 月投产的中缅天然气管道并驾齐驱,至此,我国西南能源进口通道全面贯通,中缅能源合作迈入崭新历史阶段。截至 2017 年 7 月中旬,中缅天然气管道已安全平稳运行 4 年,向我国供气 141 亿立方米,为缅甸境内下载天然气 17.7 亿立方米。作为中资企业在缅投资运营的最大项目,中缅油气管道成为"孟中印缅经济走廊"和中国与东盟国家开展互联互通基础设施建设的重要标志性工程。

资料来源:张原源. 打造"一带一路"合作共赢新名片. 中国石油报,2017.

三、管道运输的优缺点

管道运输特别是长距离管道运输方式,与其他运输方式相比,具有下述优点。

(一)管道运输的优点

1. 运营费用低、能耗小

管道运输方式是流体和浆体的输送方式,不存在其他运输方式所需的牵引机车、车厢、船舶等的非物料额外能耗,只要克服流体或浆体在管道内的摩擦阻力和提升,即可完成运输作业,没有其他运输方式所需的运载工具的维护检修费用,因此管道运输方式的能耗最小、运营费用最低。

2. 基建投资少、建设速度快、施工周期短

由于输送系统简单,因此建设投资少;管道由厂家订货,工程量相对其他运输方式较少,且输送管道多为埋设,主要是土方施工,采用分段施工方式,因此建设速度快、施工周期短。

3. 受地形条件的限制少

管道运输方式不同于铁路或公路运输方式,对地形没有严格的限制,甚至没有限制,因而管线线路没有铁路或公路的迂回曲折问题,易于克服地形障碍,输送路径最短,从而可为节约投资、加快建设进度创造有利条件。

4. 可以实现连续输送、安全可靠、劳动生产率高

管道运输方式可几乎不停顿地进行全年输送,不受气候的影响,不存在其他运输方式运输时物料的损耗,可实现封闭式输送。其他运输方式存在运载工具的空载回程,而管道运输是连续不断地进行输送,不存在空载回程,因而劳动生产率高、运输量大。管道输送方式隐蔽性强,事故概率小,比较安全可靠。

5. 占地少、有利于环境保护和生态平衡

长输管道绝大部分为埋设,占地少,受气候变化的影响小,不污染环境,有利于生态平衡。

(二)管道运输的缺点

1. 只能输送特定的物料

管道运输系统只能输送特定的物料,例如特定的石油、天然气,特定的粉状或粒状物料(精矿、矿石、煤或其他固体物料),运输功能比较单一,不如其他运输方式可以进行大多数物资的运输和客运,从这个意义上来说,管道运输不能带动和促进地方经济的全面发展。

2. 只能进行定向定点运输

一般只能运输大宗、特定、适宜于管道运输的物料,不如其他运输方式,可以进行双向不定点多种物资的运输。不论是输送石油、天然气、粉粒状物料,对物料的质量均有严格的要求。管道输送系统的敏感性强、应变能力低,因此要求严格控制物料的特性,浆体管道运输的物料,只允许输送与水混合后不会产生物理性质和化学性质变化的颗粒状物料。

3. 管道运输系统的输送能力不易改变

每个管道运输系统的输送能力一经确定,输送系统的设备和管道就是确定的,不能改变。如果要增加输送能力,就必须增加设备和管道的输送能力,通常是很困难的。因为要增加输送能力,管道的承压力就需提高,设备的输送压力也随之提高,采用原有的设备和管道在技术上是通不过的,只好另建管道运输系统,这一点不如其他运输方式,如铁路运输,为提高铁路输送能力,可通过提速、改变机车等措施解决。

4. 浆体脱水处理

浆体管道输送物料到达终点后,须进行脱水(过滤甚至干燥),以供用户使用。

四、世界主要地区的管道运输

目前,世界管道已成为能源运输的主要方式之一。世界上 80％以上的原油运输是通过管道运输实现的。在发达国家,成品油的远距离运输,主要是靠管道运输。欧美发达国家和中东产油区的油品运输现已全部实现管道化。目前,世界管道运输网分布很不均匀,主要集中在北美、欧洲、俄罗斯和中东,除中东外的发展中国家管道运输还比较落后。

(一)北美管道

美国是世界上最大的石油消费国和生产国之一,由于本国石油高度集中在墨西哥湾沿岸和阿拉斯加地区,为向非产油地区供应油气,美国修建了长达 29 万千米的输油管道和 30 多万千米的输气管道,其各类管道总长度居世界第一位,是世界管道技术最先进的国家。第二次世界大战期间,美国修建了当时称雄世界的两条长距离管道:一条是原油管道,从得克萨斯州到宾夕法尼亚州,全长 2158km、管径 600mm,日输原油 47770m^3;另一条是成品油管道,从得克萨斯州到新泽西州,全长2745km,日输成品油37420m³。在运输全线按一定距离设有泵站,泵站配有电动离心泵和程序启停及调节运量的设施。

第二次世界大战后,美国管道运输更是高速发展,管道运输量已占到全国货运总量的20%以上,是管道运输最发达的国家。1977年,美国在阿拉斯加州建设了世界著名的输油管道,这是一条伸入北极圈的管道,它北起阿拉斯加北冰洋沿岸的普拉德霍湾(这里石油占美国石油可开采量的1/3),南至太平洋岸的瓦尔迪兹港,全长1277km,管径1220mm,沿线穿越3条山脉、34条河流和长700km的冻土带。当年输油4000万吨以上,全线采用计算机控制,是美国最大的现代化输油管道。阿拉斯加管道共有12个中间泵站,每个泵站有4台专用的航空燃气轮机,整个管道年输油能力为1亿吨。

(二)欧洲、苏联及俄罗斯管道

在欧洲主要发达国家,油气运输已实现管网化。自北海油田开发后,欧洲陆续新建了一批大口径(1000mm以上)的高压力管道,长度已超过1万千米。1998年,英国第一条与欧洲大陆相连的天然气管道开通。另外,还有两条连通爱尔兰和苏格兰的输气管道和经威尔士贯通爱尔兰和英格兰的输气管道。1997年,挪威在挪威海铺设了输油管道,2005年又铺设了新的油气管道,用来输送天然气。

在20世纪50年代的苏联,共有管道7700km,此后以每年6000～7000km的建设速度递增。1972年,苏联与东欧各国建成"友谊"输油管道,总长9700km,管径为1220和820mm,年输原油为1亿吨。沿线每隔80～110km设一泵站,安装有离心泵和程序控制系统,保证输油管正常工作。

20世纪末,苏联已建成油气管道系统干线管道长达21.5万千米,堪称20世纪末世界上规模最大的管道工程。其中6条超大型输气管道系统总长达2万千米,管径在1220～1420mm,是世界上规模最大,最复杂的输气管道网。

俄罗斯的石油管网总长约5万千米,由于国土辽阔,横贯俄罗斯的每条输油管道的干线长度一般都在3500～4000km。但由于许多输油管道都已老化或超期服役,其输油管道系统运行效率较低,需要大修或改造。

(三)中东地区管道

中东地区是目前世界上最大的石油产区和输出区,提供了世界石油贸易量半数以上的石油。过去中东石油输出量的95%是通过波斯湾经霍尔木兹海峡运往西欧、美国和日本。自20世纪30年代以来,各国开始建设输油管道。沙特阿拉伯等国先后开通了十几条长距离输油管道到达地中海沿岸各港口。20世纪80年代初,沙特阿拉伯境内一条长距离大型输油管道将沙特阿拉伯的油田区和红海海滨联系起来。该线横贯沙特阿拉伯中部,全长1200km,它东起波斯湾岸的阿卜凯克,西至红海沿岸的延布港,油管口径1219mm,于1987年建成,仅1988年输油即达1.1亿吨,使西亚地区通过红海、地中海沿岸港口输出的石油达到本地区石油输出量的1/5,大大缓解了波斯湾上石油运输紧张的局面。这条管道是世界上运量最大的石油管道,至今年输送量仍保持在9000万吨以上。

伊朗的阿瓦士—阿加贾里—加拉维管道,尽管全长仅248km,其第一期工程年输量就达到了7500万吨。中东地区其他重要的输油管道为从伊拉克北方油田基尔库克到土耳其地中海港口城市杰伊汉的跨国石油管道。伊拉克战争前,该管道每天输油能力高达90万桶,2003年伊拉克战争后,该管道被关闭。在该管道短暂重启时,曾导致国际油价每桶暴跌1美元左右。

(四) 里海(中亚)地区管道

里海地处欧亚大陆接合部,位于中亚、外高加索和伊朗之间。里海沿岸及其大陆架蕴藏着丰富的石油和天然气,是世界第三大油气资源富集区。据美国人估算,里海地区的石油储量在200亿~2000亿桶之间。欧洲人比较谨慎,他们提出的数字是500亿~1000亿桶。许多人认为,这里有可能成为21世纪的"第二个波斯湾"。即使是最保守的估计,也认为这一地区的石油开发潜力,跟科威特或伊朗这样的海湾富油国家不相上下。

近10年来,里海地区向国际市场的供油量不断增加,逐渐成为世界重要产油区。里海石油主要供应欧洲市场,以及消费量日增的中国、印度和巴基斯坦市场。里海也因此成为国际资本激烈竞争的舞台,现已有约100亿美元被投向里海石油、天然气资源的勘探与开采,其中大部分来自西方各大跨国石油公司。为大力开发丰富的石油资源,石油管道的建设步伐也在加快。

全长1760km的里海石油管道已于2005年5月25日开通。在美国的斡旋下,阿塞拜疆、格鲁吉亚和土耳其三国的总统于1999年签署了管道建设协定,2002年在伦敦宣布成立"巴库—第比利斯—杰伊汉石油管道公司",其股东有阿塞拜疆、挪威、美国、土耳其、意大利、法国和日本等国的石油公司。英国石油公司持有这条管道经营集团30%的股份。俄罗斯没有参与这条管道的建设。里海石油管道工程2002年6月开工,耗资32亿美元。管道始于阿塞拜疆首都巴库,经格鲁吉亚首都第比利斯,终点是土耳其地中海港口城市杰伊汉,因此又称巴库—第比利斯—杰伊汉管道。设计输油能力为每年5000万吨或每天100万桶,工程造价高达29.5亿美元。这条管道最大的获益者将是阿塞拜疆、格鲁吉亚和土耳其三国。阿塞拜疆将从石油运经该国时获得税收和石油占地使用费,而格鲁吉亚和土耳其将收取石油"过境费"。

五、中国的管道运输

长期以来,我国长输管道的技术水平还比较落后,与国外相比在管道材料、输送工艺、设备、自动化、施工等方面都有一定的差距。近年建设的一些管道引进了一些国外先进的技术,部分老管道也进行了更新改造,从而使我国管道总体技术水平得到了很大提高。有的管道已接近或达到国际先进水平。

(一) 我国的原油管道

1. 东北管网

东北管网以辽宁铁岭为枢纽,将大庆油田与东北、华北地区大型炼油厂连接起来的庆抚线(大庆—抚顺)、庆秦线(大庆—秦皇岛)、庆大线(大庆—大连),这三大管道干线总长2181km,并有多条复线、支线,是我国目前最长的原油管道。还有抚沈线(抚顺—沈阳)、盘锦线(盘锦—锦西)、中朝线(丹东—朝鲜新义州)等短距离管道和吉林输油管道等。

2. 华北管网

秦京线(秦皇岛—北京房山)、任沧线(河北任丘—沧州)、任京线(任丘—北京)、沧河线(沧州—河北河间)、河石线(河间—石家庄)、阿赛线(内蒙古阿尔善—赛汉塔拉)、沧津线(沧州—天津)、津燕线(天津—北京燕山)及大港油田外输管道等。

3. 西北管网

克独线(新疆克拉玛依—独山子)、克乌线(克拉玛依—乌鲁木齐)、塔轮线(新疆塔中—轮南)、轮库线(轮南—库尔勒)、库鄯线(库尔勒—鄯善)、花格线(青海花土沟—格尔木)、马惠宁线(甘肃马岭—宁夏惠安堡—宁夏中宁)等。

4. 华东、华中管网

以山东临邑为枢纽,将胜利油田与华东地区大型炼油厂相连接的是东临线(山东东营—临邑)、鲁宁线(山东临邑—江苏仪征)。其中1975年开始建设,1978年建成投产的鲁宁线,全长667km,是华东管网的主干线。另有东幸线(山东东营—幸店)、东黄线(山东东营—黄岛)、临济线(临邑—济南)、临濮线(临邑—河南濮阳)、临沧线(临邑—河北沧州)、中洛线(河南濮阳中原油田—洛阳)、魏荆线(河南魏岗—湖北荆门)等。

2002年以甬沪宁管网的开工建设为标志,拉开了华东大规模长距离管道网的序幕。于2003年和2004年先后建成投产的仪金线(仪征—南京金陵石化)、甬沪宁线(宁波—上海—南京),使华东管网首次实现穿越长江向南延伸。其中,全长645km的甬沪宁线是我国最长的进口原油管道,构成了华东管网的另一大主干线。

(二)成品油管道

成品油管道建设在我国起步较晚。中国第一条长距离成品油管道是1973年开工,1977年建成的格拉线(青海格尔木—西藏拉萨),全长1080km,年输送能力25万吨。格拉线是我国海拔最高的输油管道,也是我国首条采用顺序输送工艺的管线,可顺序输送汽油、柴油、航空煤油和照明煤油等不同品种的油品,供军地两用。此外,还有中朝线(辽宁丹东—朝鲜新义州)、克乌线(新疆克拉玛依—乌鲁木齐)、京津线(天津塘沽—天津国际机场—北京首都国际机场)等。近期完成的将抚顺至鞍山、大连的原油管道改造而成的成品油管道,全长416km,可输两种以上的成品油。

2003年建成投产的兰成渝线(兰州—成都—重庆),干线全长1250km。兰州—成都—重庆输油管道始自兰州市西固区的北滩油库,止于重庆大渡口区的伏牛溪。该线先后穿越黄土高原、秦巴山地和河网纵横的水田等复杂的地貌单元,建设条件之恶劣、运行工程之复杂,在国内管道建设史上是空前的,在世界管道建设领域也是罕见的,可以说是石油建设史上具有里程碑性质的工程。这条从西北到西南的石油运输大动脉设计年输送成品油500万吨,并具有一定的增输余量。它的建成,可从根本上解决将我国西北地区富集的石油资源销往石油匮乏的西南地区的运输"瓶颈"。该项目作为国家实施西部大开发战略的重要能源基础设施项目,同时也将极大地促进西部地区经济的整体发展。

我国目前在建和即将建设的长距离成品油管道,主要是大西南成品油管道、珠江三角洲成品油管道以及规划中的山东至安徽成品油管道。2003年开始建设的大西南成品油管道(广东茂名—广西—昆明)干线全长 1539km,建成后将是我国最长的成品油管道。在建的珠江三角洲成品油管道,设计全长 1056km,建成后将覆盖珠江三角洲地区主要城市。

(三)输气管道

我国已建成的天然气管道,主要有川渝地区输气管网、陕京线(陕西靖边—北京)、靖西线(靖边—西安)、陕宁线(靖边—宁夏)、涩宁兰线(青海涩北—宁夏—兰州)、塔轮线(新疆塔中—轮南)、轮库线(轮南—库尔勒)、鄯乌线(鄯善—乌鲁木齐)、中济线(河南中原油田—山东济南)、中沧线(中原油田—河北沧州)、沧淄线(河北沧州—山东淄博)、海南线(海南东方—洋浦—海口)等。

(四)西气东输

"西气"主要指的是中国新疆、青海、川渝和鄂尔多斯四大地区生产的天然气;"东输"指的是将上述地区的天然气输往长江三角洲,同时也包括输往西宁、兰州、北京、天津和湖南、湖北地区。

作为西气东输主供气源的塔里木盆地库车—塔北地区,截至 2001 年年末,获国家批准的探明天然气地质储量为 5367 亿 m^3,可采储量 3725 亿 m^3。近年来,塔里木盆地天然气勘探又获得了一系列新的发现,探明储量正在进一步增长,年供气 120 亿 m^3、稳定供气 30 年以上的资源基础是有保证的。西气东输管道西起新疆塔里木天然气田轮南,途经新疆、甘肃、宁夏、陕西、山西、河南、安徽、江苏、浙江、上海等 10 个省、市、自治区,干线全长 4000km。据测算,西气东输工程静态总投资约为 1400 亿元人民币,其中管道工程总投资概算约为 400 亿元。

西气东输工程于 2002 年 7 月 4 日动工。工程主干管道以新疆塔里木轮南油田为起点,经新疆的库尔勒、库米什、南湖戈壁,甘肃的柳园、张掖、武威,宁夏的甘塘、中卫,陕西靖边,山西临汾,河南郑州,安徽定远,江苏南京,最后抵达上海,管线全长约 4000km,输气能力设计为年输商品气 120 亿 m^3。西气东输工程已于 2004 年年底投入商业运营。

扩展阅读 6.3 中欧班列(成都)年开 国际班列 2000 多列

第四节　国际多式联运

一、国际多式联运概述

(一)国际多式联运的概念

1980 年 5 月在日内瓦通过了《联合国国际多式联运公约》。该公约对国际多式联运的定义为:国际多式联运(International Multimodal Transport)是指按照多式联运合同,以至少两种不同的运输方式,由多式联运经营人将货物从一国境内接管货物的地点运至另一国境内指定交付货物的地点。

(二) 国际多式联运优点

国际多式联运是今后国际运输发展的方向。开展国际集装箱多式联运具有许多优越性,主要表现在以下 4 个方面。

1. 发挥各种运输方式的优势

对于单一运输方式而言,由于其经营各自为政、自成体系,因而业务范围受到限制,货运量相应也有限。而一旦由不同的运输经营人共同参与多式联运,经营的范围可大大扩展,同时可以最大限度地发挥其现有设备的作用,选择最佳运输线路,组织合理化运输。

2. 方便货主

在国际多式联运方式下,无论货物运输的距离有多远、由多少种运输方式共同完成、在运输途中货物经过多少次转换,所有一切运输事项均由联运经营人负责办理。而托运人只需办理一次托运,订立一份运输合同,一次支付费用,一次保险,从而省去托运人办理托运手续的许多不便。同时,由于多式联运采用一份单证和统一计费,因而也可简化制单和结算手续,节省人力和物力。

3. 提高货物运输的质量

在国际多式联运方式下,各个运输环节和各种运输工具之间配合密切,衔接紧凑,货物所到之处中转迅速及时,大大减少了货物的在途停留时间,从而从根本上保证了货物安全、迅速、准确、及时地运达目的地。同时,多式联运是通过集装箱进行直达运输,尽管货运途中需经过多次转换,但由于使用专业机械装卸且不涉及箱内货物,因而货损货差事故人为减少,从而在很大程度上提高了货物的运输质量。

4. 降低运输成本

由于多式联运可实行门到门运输,因此,对货主来说,在货物交由第一承运人以后即可取得货运单证,并据以结汇,从而提前了结汇时间。这不仅有利于加速货物占用资金的周转,而且可以减少利息的支出。此外,由于货物是在集装箱内进行运输的,因而从某种意义上来说,可相应地节省货物的包装、理货和保险等费用支出。

(三) 国际多式联运经营人

1. 国际多式联运经营人概述

1980 年联合国多式运输公约和 1992 年生效的贸发会议和国际商会规则采用"Multimodal Transport Operator"(MTO)作为多式联运经营人的名称,是指其本人或通过其代表订立多式联运合同的任何人,他是事主,而不是发货人的代理人或代表或参加多式联运的承运人的代表人或代表,并且负有履行合同的责任。

要成为多式联运经营人,必须具备以下基本条件。

(1) 多式联运经营人本人或其代表就多式联运的货物必须与发货人本人或其代表订立多式联运合同,而且合同至少使用两种不同的运输方式完成全程货物运输,合同中的货物系国际间的货物。

(2) 从发货人或其代表那里接管货物时起即签发多式联运单证,并对接管的货物开始负有责任。

(3) 承担多式联运合同规定的与运输和其他服务有关的责任,并保证将货物交给多式联运单证的持有人或单证中指定的收货人。

(4) 对运输全过程所发生的货物灭失或损害,多式联运经营人首先对货物受损人负责,并具有足够的赔偿能力。

(5) 具有与多式联运的需要相适应的技术能力,确保自己签发的多式联运单证的流通性,并对其作为有价证券在经济上有令人信服的担保程度。

2. 国际多式联运经营人的类型

通常根据多式联运经营人是否参加海上运输,把多式联运经营人分为:

(1) 以船舶运输经营为主的多式联运经营人,或称有船多式联运经营人(VO—MTO)。他们通常承担海运区段的运输,而通过与有关承运人订立分合同来安排公路、铁路、航空等其他方式的货物运输。

(2) 无船多式联运经营人(NVO-MTO)。无船多式联运经营人可以是除海上承运人以外的运输经营人,也可以是没有任何运输工具的货运代理人、报关经纪人或装卸公司。

3. 多式联运经营人的责任形式

在现行的国际集装箱运输中,负责集装箱运输的承运人和负责其运输的经营人所采用的责任形式主要有三种:一种是统一责任制,由负责集装箱运输的人对全程运输按统一责任制负责;另一种网状责任制,该种责任制虽由经营集装箱运输的人对全程运输负责,但对货物的损害赔偿的原则仍按不同运输区段所适用的法律规定。还有一种是单一责任制,即各单一运输方式下的承运人仅对自己运输区段发生的损害负责赔偿,并适用该区段的法律规定。多式联运公约主要在前两种责任形式间作出选择。

多式联运公约采用了"经修正后的统一赔偿责任制",排除了"网状责任制"。根据这一责任形式,多式联运经营人对货损的处理,不管是否能确定造成货损的实际运输区段,都将适用本公约的规定。但是,多式联运公约又作了这样的规定,如果货物的灭失、损害发生于多式联运的某一特定区域,而对这一区段适用的一项国际公约或强制性国家法律规定的赔偿责任限额高于本公约规定的赔偿责任限额,多式联运经营人对这种灭失、损害的赔偿,则应按照多式联运公约或强制性国家法律予以确定,而该规定却是完全的网状责任制形式。根据这一规定,一旦发生货物的灭失、损害,多式联运经营人对赔偿首先要依据所适用的法律规定来确定所适用的责任形式。

二、国际多式联运的运作形式

国际多式联运是采用两种或两种以上不同运输方式进行联运的运输形式。这里所指的至少两种运输方式可以是海空联运、海陆联运、大陆桥运输;下文将对以上三种多式联运形式进行介绍,由于大陆桥运输是特殊经典的国际多式联运形式,因此将做重点介绍。

(一) 海空联运

海空联运又被称为空桥运输(Air Bridge Service)。在运输组织方式上,空桥运输与陆桥运输有所不同:陆桥运输在整个货运过程中使用的是同一个集装箱,不用换装,而空桥运输的货物通常要在航空港换入航空集装箱。不过,两者的目标是一致的,即以低费率提供快捷、可靠的运输服务。国际海空联运线主要有以下三条。

1. 远东—欧洲

远东与欧洲间的航线有以温哥华、西雅图、洛杉矶为中转地;也有以香港、仁川、曼谷、符拉迪沃斯托克市为中转地;还有以旧金山、新加坡为中转地。

2. 远东—中南美

近年来,远东至中南美的海空联运发展较快,因为此处港口和内陆运输不稳定,所以对海空运输的需求很大。该联运线以迈阿密、洛杉矶、温哥华为中转地。

3. 远东—中近东、非洲、澳洲

这是以香港、曼谷、仁川为中转地至中近东、非洲的运输服务。在特殊情况下,还有经马赛至非洲、经曼谷至印度、经香港至澳洲等联运线,但这些线路货运量较小。

运输距离越远,采用海空联运的优越性就越大,因为同完全采用海运相比,其运输时间更短;同直接采用空运相比,其费率更低。因此,从远东出发将欧洲、中南美以及非洲作为海空联运的主要市场是合适的。

(二)海陆联运

海陆联运是国际集装箱多式联运的主要组织形式,这种组织形式以航运公司为主体,签发联运提单,与航线两端的内陆运输部门开展联运业务。海陆联运是远东—欧洲,远东—北美多式联运的主要组织形式之一。目前世界上大型的集装箱班轮公司都开展海陆联运业务,实现国际间的"门到门"运输组织形式。海陆联运进一步分为以下两种形式。

1. 海铁货物联运经营方式

跨国经营已成为发达国家国际集装箱海陆联运的主要特征,所采用的联合经营方式主要有以下几种。

(1)多边跨国运输公司。国际集装箱运输公司的联营运输安排,是依据公司和联营伙伴之间签订的多边合作协议。协议主要内容包括:调整集装箱的使用机械、种类和运用,调拨义务,集装箱的处理成本核算,结算和担保问题,接纳新成员以及解约条件等。

(2)双边合资公司。通过成立合资公司的形式来拓展多式联运业务。

(3)双边协议合作。通过双边协议的形式来拓展多式联运业务。

2. 国际集装箱铁—海多式联运出口

这是指运货方采取铁—海多式联运方式,在内地口岸将出口集装箱装上铁路集装箱班列,由铁路集装箱班列运至集装箱码头后,换装海运船舶,由海运船舶继续将集装箱运至目的港,并交付收货人。

【阅读案例 6-7】

比雷埃夫斯港集装箱码头——中欧陆海快线南部起点

2016 年 8 月,中国远洋海运集团(以下简称"中远海运")与希腊共和国发展基金签署协议,以 3.685 亿欧元收购比港港务局 67% 的股权,成为比雷埃夫斯港的实际经营者。

多年来,中远海运在比港项目运营中真正践行"一带一路"共商、共建、共享,受到中希两国多方的积极评价,成为"一带一路"倡议下两国经贸合作的典范。比港成为"一带一路"建设中连接陆海的又一重要支点。比雷埃夫斯港是由地中海前往大西洋、由红海前往印度洋以及由马尔马拉海前往黑海的优良中转港,是"21 世纪海上丝绸之路"的重要一站,也是修建中的"中欧陆海快线"的南起点。中欧陆海快线是匈塞铁路的延长线和升级版,南起希腊比雷埃夫斯港,途经马其顿斯科普里、塞尔维亚贝尔格莱德,北至匈牙利布达佩斯。与以往通过苏伊士运河抵达汉堡港或鹿特丹港后进入中东欧相比,中欧陆海快线将使货运时间减少 7~11 天。快线建成后,将进一步加强我国与中东欧各国的联通,深化我国与中东欧国家的经贸合作。

资料来源:刘倩倩,蒋希蘅.希腊比雷埃夫斯港:中希"一带一路"合作典范,2019.

(三) 大陆桥运输

大陆桥运输(Land Bridge Transport)也称陆桥运输,是指使用横贯大陆的铁路、公路运输系统作为中间桥梁,把大陆两端的海洋连接起来,形成跨越大陆、连接海洋的运输组织形式。大陆桥为海—陆—海的多式联运形式。

大陆桥运输线路主要包括以下类型。

1. 欧亚大陆桥

亚欧大陆桥将亚洲与欧洲两侧的海上运输连接起来,形成了一条穿越亚洲东部国家与欧洲各国的铁路运输线路。这条大陆桥东起俄罗斯东部的符拉迪沃斯托克(海参崴),西至荷兰鹿特丹港,途径欧洲各国,可以到达欧洲各主要港口。其辐射俄罗斯、中国、哈萨克斯坦、白俄罗斯、波兰、德国、荷兰 7 个国家,全长大约 13 000 千米。大陆桥的开通,极大地缩短了货物从太平洋西部运到大西洋沿岸欧洲国家的运输行程。中国境内有滨绥线(哈尔滨—绥芬河)、滨洲线(哈尔滨—满洲里)与之相连,这条大陆桥在我国外贸运输中起到了重要作用。

2. 新亚欧大陆桥

新亚欧大陆桥东起我国江苏连云港,一路向西,在新疆的阿拉山口出中国国境,出境后,通过 3 条路线至荷兰鹿特丹港。在中国境内的部分穿越苏、皖、豫、陕、甘、新等十多个省区。出境后的线路途经哈萨克斯坦、俄罗斯、白俄罗斯、波兰、德国、荷兰等国。这条线路把我国的内陆省份与中亚和欧洲各国连接起来,同时把太平洋和大西洋之间的海陆运输联通,覆盖全球 30 多个国家和地区,具有重要的经济意义。此大陆桥的开通,极大地缩短了亚欧大陆之间陆上运输距离,加速了沿途各国间的贸易联系。

新亚欧大陆桥分为北、中、南三线接上欧洲铁路网通往欧洲。

目前,通过新亚欧大陆桥运输的货物,采用全程包干、一次付清,以美元结汇的形式。如果要出口货物,多式联运经营人需要经过提报计划、接受委托、配箱、配载、报关、装箱、制单、口岸交接、国外交货等业务环节。

【知识链接】

连云港——新亚欧大陆桥桥头堡

新亚欧大陆桥自 1992 年 12 月首列开通以来,东方桥头堡——连云港凭借沿桥沿线和中西部地区最便捷出海口的区位优势,积极推动大陆桥海铁联运业务发展,为大陆桥经济带和区域经济发展作出了重要的贡献。连云港作为新亚欧大陆桥东桥头堡,东临太平洋,西联欧亚大陆,处于"一带一路"的交会点,具有连接东西、沟通南北的枢纽作用,对于"设施联通、贸易畅通"具有直接的关联作用。2017 年连云港累计完成过境运输 7.29 万标箱,同比增长 55.6%,居全国首位。其中,东行量完成 1.16 万标箱,西行量完成 6.13 万标箱。

3. 北美陆桥

北美大陆桥是世界上最早出现的一条大陆桥,于 1869 年建成通车。北美大陆桥东起纽约,西到旧金山,全长 4850 千米。它东接大西洋,西连太平洋,缩短了太平洋和大西洋两大水域之间的距离。这条铁路是横贯美国大陆东西重要城市的交通干线,方便了美国内、外贸易。使用北美大陆桥运输通常在买卖合同中规定 OCP 条款。根据该条款,发货人按 OCP 费率支付运费,将货物运抵指定的美国西海岸港口。卸船后由收货人委托的中转商(转运公司)持提单向班轮公司提货,而后按优惠的 OCP 费率通过内陆运输运往指定目的地。OCP 是"Overland Common Point"的简写,意即"内陆地区",是指可享有优惠费率通过陆上运输抵达的区域,以美国西部 9 个州为界,也就是以落基山脉为界,其以东地区均为内陆地区,约占美国全国的 2/3 地区。

三、国际多式联运单证

(一)多式联运单证的概念

《联合国国际多式联运公约》对多式联运单证定义为:证明多式联运合同以及证明多式联运经营人接管货物并负责按照合同条款交付货物的单证。国际多式联运单证分为可转让的多式联运单证和不可转让的多式联运单证。

可转让的多式联运单证类似于提单,即可转让的多式联运单证是多式联运合同的证明、货物收据与物权凭证。不可转让的多式联运单证类似于运单,即可转让的多式联运单证是多式联运合同的证明和货物收据,但它不具有物权凭证的作用。如果多式联运单证以不可转让的方式签发,多式联运经营人交付货物时,应凭单证上记名的收货人的身份证明向其交付货物。

(二)多式联运单证的主要内容

多式联运单证是多式联运经营人、承运人、发货人、收货人、港方和其他有关方面进行业务活动的凭证,主要是起货物交接时的证明作用,证明其外表状况、数量、品质等情况。单据的内容必须正确、清楚、完整,以保证货物正常安全地运输。多式联运单证的主要内容有以下几项。

(1) 货物的外表状况。

(2) 多式联运经营人的名称和主要营业所。

(3) 发货人、收货人名称。

(4) 多式联运经营人接管货物的地点和日期。

(5) 交付货物地点。

(6) 经双方明确协议,交付货物的时间、期限。

(7) 表示多式联运单证为可转让或不可转让的声明。

(8) 多式联运单证签发地点、时间。

(9) 多式联运经营人或经其授权的人的签字。

(10) 有关运费支付的说明。

(11) 有关运输方式和运输路线的说明。

(12) 有关声明。

(三) 多式联运单证的签发

多式联运经营人在收到发货人托运的货物后,经与收货单位(货运站、码头堆场)签发的货物收据(场站收据或大副收据)与多式联运单证核对无误后,即签发多式联运单证。多式联运单证应由多式联运经营人或经他授权的人签字。多式联运经营人在多式联运单证上的签字形式在不违背多式联运单证签发所在国的法律规定的情况下,可以是手签的、手笔迹的复印、打透花字的、盖章、符号或用任何其他机械或电子仪器打印的。

1. 多式联运单证的签发形式

多式联运经营人凭货物收据签发多式联运单证时,可根据货物托运人的要求签发可转让与不可转让多式联运单证中的任何一种。在业务实践中,多式联运单证正本和副本的份数规定不一,主要视发货人的要求而定。正本单证签发一份以上的目的在于保护收货人的合法权益。副本在法律上是没有效力的,主要是为了业务上的需要。

2. 多式联运单证签发的时间、地点

在集装箱货物运输中,多式联运经营人收到货物的时间、地点有时不在装船港,而在内陆的货运站、装船港码头堆场。多式联运经营人从收到货物到实际装船,有一段待装期。而且,货物托运人即使在货物尚未实际装上船之前,也可凭场站收据要求多式联运经营人签发提单,在这种情况下签发的提单叫待运提单,而待运提单在结汇上是有困难的。

四、国际多式联运提单

(一) 多式联运提单的概念

《联合国国际多式联运公约》对多式联运提单定义为:“多式联运提单是指证明多式联运合同及证明多式联运经营人接管货物并负责按合同条款交付货物的单据。”多式联运提单是证明多式联运合同的运输单据,具有法律效力,同时也是经营人与发货人之间达成的协议(即合同)的条款和实体内容的证明,是双方基本义务、责任和权利的说明。提单填写的条款和内容是双方达成的合同的内容(除事先另有协议外)。多式联运经营人凭收到货物的收据在签发多式联运提单时,可根据发货人的要求签发可转让与不可转让多式联运提单中的任何一种。

在实践业务中,对多式联运提单正本和副本的份数规定不一,主要视发货人要求而定。如货物的托运人要求多式联运经营人签发不可转让的多式联运提单时,多式联运经营人或经他授权的人在提单的收货人一栏内注明具体的收货人姓名,货物在运抵目的地后,多式联运经营人向该提单中记明的人交货即履行其交货责任。如该提单中记明的收货人以书面的形式通知多式联运经营人,要求将提单中记载的货物交给他书面通知中指定的其他收货人。而且,在事实上多式联运经营人也这样照做了,也认为多式联运经营人履行了其交货的责任。

(二)多式联运提单的签发

多式联运提单的制作,习惯上由多式联运经营人或其代理人签发多式联运提单交发货人,由发货人通过银行转让给收货人。因此,多式联运提单上的收货人或发货人,确系实际的收、发货人。而多式联运提单上的通知方,则是目的港或最终交货地点收货人指定的代理人。目前,我国习惯做法如下。

(1) 签发海运联运提单,将货物从中国港口起运至目的港以外的某一交货地点,这种做法是在货物运至目的港后出船公司代理人(或货主指定的二程代理人)安排内陆运输,将货物运抵目的地交货。

(2) 签发货运代理人提单(FORWARD-B/L),以及一程海运提单,由货运代理人安排把货物运至目的地交货。

(3) 签发 FORWARD-B/L,以及一程海运提单(从起运港至目的港),由货运代理人安排接运货物至收货人指定地点交货。

(4) 经过我国运往其他国家的过境货,我方只负责中国境内的运输。

(三)多式联运单证的证据效力与保留

多式联运单证一经签发,除非多式联运经营人在单证上作了保留,否则多式联运单证是:

(1) 多式联运经营人收到货物的初步证据。

(2) 多式联运经营人对货物开始负有责任。

(3) 可转让的多式联运单证对善意的第三方是最终证据,多式联运经营人提出的相反证据无效。

如果多式联运经营人或其代表在接收货物时,对于货物的品种、数量、包装、重量等内容有合理的怀疑,而又无合适方法进行核对或检查时,多式联运经营人或其代表可在多式联运单证作出保留,注明不符的地方、怀疑的根据等;反之,如果多式联运经营人或其代表在接受货物时未在多式联运单证作出批示,则应视为他所接受的货物表面状况良好,并应在同样状态下将货物交付收货人。

五、国际多式联运合同

(一)国际多式联运合同的定义

国际多式联运合同,是指由多式联运经营人与托运人或发货人签订的,由多式联运经营人以"本人"的名义和以至少两种不同的运输方式,将货物从一国境内接管货物的地点运至另一国境内指定的交付货物的地点,凭以完成或组织完成国际货物多式联运并收取运费及其他约定费用的协议。

(二)国际多式联运合同的特点

国际多式联运合同除具有单一货物运输方式下的运输合同的共同特点以外,根据国际货物多式联运合同的定义和性质,还具有自己的特点。

1. 两个以上实际承运人及一份全程多式联运合同

尽管国际货物多式联运全程中,分为多个运输区段,利用不同的运输方式,又由不同的承运人来完成,但托运人仅与多式联运经营人签订一项全程运输合同,由多式联运经营人对全程运输负责。在合同中明确规定了多式联运经营人和托运人之间的权利、义务和责任,出现一份运输单据,而不需要托运人分别与各区段承运人签订合同。我国《合同法》第317条规定:"多式联运经营人负责履行或者组织履行多式联运合同,对全程运输享有承运人的权利,承担承运人的义务。"所以,多式联运经营人的行为对全体承运人均具有法律效力。运费的单一性、运输全程化是多式联运合同的基本特征。

2. 多式联运经营人身份多样化,他与各区间段承运人分别签订运输合同

多式联运经营人又可称为多式联运承运人,他不是发货人的代理人或代表,或参加多式联运的各区段承运人的代理人或代表。多式联运的各区段实际承运人至少是两个以上的运输法人,而且是不同运输方式的运输企业法人;否则,就不能称之为多式联运。多式联运经营人与托运人签订多式联运合同,但为了履行该合同,他可把部分运输或全部各区段的运输以自己的名义与各区段实际承运人分别签订运输合同。我国《合同法》第318条规定:"多式联运经营人可以与参加多式联运的各区段承运人就多式联运合同的各区段运输约定相互之间的责任,但该约定不影响多式联运经营人对全程运输承担的义务。"我国《海商法》第104条第二款也规定:"多式联运经营人与参加多式联运各区段承运人,可以就多式联运合同的各区段运输,另以合同约定相互之间的责任。但是此项合同不得影响多式联运经营人对全程运输所承担的责任。"

3. 多式联运单据是一份全程多式联运单据

我国《合同法》第319条规定:"多式联运经营人收到托运人交付的货物时,应当签发多式联运单据。按照托运人的要求,多式联运单据可以是可转让单据,也可以是不可转让的单据。"可见,多式联运单据是用以证明多式联运合同以及证明多式联运经营人已接管货物并交付货物的单据。它虽然具有与提单相同的功能,但它们的内容却存在较大的差异,当第一程运输方式是海运时,多式联运单据常表现为多式联运提单,但是提单本身并不是运输合同。而国际航空运输、国际铁路运输和国际公路运输所签发的是运单,只要发货人和承运人在运单上签字,则认为双方之间缔结了运输合同。在这些运输方式下,运单本身就是运输合同。

4. 多式联运合同是双务、有偿合同,为不要式合同

多式联运合同的双方当事人均负有义务,并享有相应的权利,例如,多式联运经营人有负责接管货物、保管货物、全程货物运输以及向收货人交付货物的义务,享有收取全程运费的权利;而发货人则有交付按合同约定的货物,提供货物性能、资料,以及支付运费的义务,收货人和发货人有完好提取货物的权利,如出现货物损坏、灭失,有向多式联运经营人索赔的权利。多式联运经营人有完成全程货物运输取得收取运费的权利,而发货人或收货人在目的地提取货物的权利是以支付运费为代价的。

尽管多式联运合同多数情况下是以多式联运提单来证明的,但提单本身并不是运输合同,这与航空、铁路、公路运输的运单就是运输合同是根本不同的。因此,多式联运合同不像这些单一运输方式的运输合同那样以运单形式体现出来。

(三)国际多式联运合同订立

国际多式联运经营人为了揽取货物运输,要对自己的企业(包括办事机构地点等)和经营范围(包括联运线路、交接货物地域范围、运价、双方责任、权利、义务)等做广告宣传,并用运价本、提单条款等形式公开说明。发货人或他的代理人向经营多式联运的公司或其营业所或代理机构申请货物运输时,通常要提出货物(一般是集装箱货)运输申请(或填写定舱单),说明货物的品种、数量、起运地、目的地、运输时限要求等内容,多式联运经营人根据申请的内容,并结合自己的营运路线、所能使用的运输工具及其班期等情况,决定是否接受托运。如果认为可以接受,则在双方商定运费及支付形式、货物交接方式、形态、时间、集装箱提取地点、时间等情况后,由多式联运经营人在交给发货人(或代理)的场站收据的副本联上签章,以证明接受委托。这时多式联运合同即告成立,发货人与经营人的合同关系已确定并开始执行。多式联运中使用的集装箱一般是由经营人提供的,在表示接受委托之后,经营人签发提单给发货人或其代理人以保证其在商定的时间、地点提取空箱使用。发货人或其代理人按双方商定的内容及托运货物的实际情况填写场站收据,并在经营人编号、办理货物报关及货物装箱后,负责将重箱托运至双方商定的地点将货物交给多式联运经营人或指定的代理人(堆场或货运站),取得本场站收据后到经营人处换取多处联运提单。

第五节　岗位技能与实践

岗位技能实训项目:国际铁路过境运费计算

● 实训目的

1. 掌握《统一货价》国际铁路运输过境里程查询;
2. 掌握《统一货价》国际铁路货品运费率查询;
3. 掌握国际铁路过境运费计算。

● 实训内容

1. 工作情境

有下列数批快运整车合装货物(其品名、数量和运价等级如表 6-11、表 6-12、表 6-13 所示),经天津港进入我国铁路后运至阿拉山口国境站,再继续运往哈铁。查询表 6-14、表 6-15 试确定各批货物在中铁的过境运费。

2. 工作任务

教师讲解完国际铁路过境运费计算理论知识后,由学生自行计算下列习题,并记录下完整的计算过程。

表 6-11　货盘 1 明细

运价等级	货物品名	重量(t)
1	皮运动手套	4
1	抛光皮革	12
1	皮革手提箱	7

表 6-12　货盘 2 明细

运价等级	货物品名	重量(t)
2	编织制品	3
2	席子	4.8
1	软木	5
2	木门框	6
1	塑料门框	8

表 6-13　货盘 3 明细

运价等级	货物品名	重量(t)
2	编织制品	3
2	席子	2.8
2	软木	5
1	木门框	6
2	塑料门框	8

表 6-14　中国铁路过境里程表(部分)

中国—俄罗斯,中国—朝鲜,中国—越南,中国—蒙古国之间的各起讫国境站和海港站	中铁						
	中国海港站						
	中铁:大连北(大连港)	中铁:新港(天津港)	中铁:青岛(青岛港)	中铁:中云(连云港)	中铁:何家湾(上海军公路港)	中铁:下元(黄浦新港)	中铁:湛江(湛江港)
	公　里						
中铁:阿拉山口 哈铁:多斯特克	5033	3974	4342	4071	4529	4951	5151

表 6-15 慢运货物运费计算表(部分)

里程(公里)	每吨运费(单位:瑞士法郎)		
	等 级		
2050～4549	1	2	3
3550～3649	165.90	83.10	177.71
3650～3749	170.60	85.40	182.64
3750～3849	175.10	87.60	187.56
3850～3949	179.90	89.90	192.51
3950～4049	184.40	92.30	197.45
4050～4149	188.90	94.50	202.40
4150～4249	193.50	96.80	207.32
4250～4349	198.00	99.00	212.25
4350～4449	202.80	101.30	217.20
4450～4549	207.30	103.80	222.12

3. 实训教学建议

(1) 教学方法

知识讲授＋实践操作

(2) 教学课时

实践学时:2 课时

4. 实训成果

国际铁路过境运费计算

本 章 小 结

本章的第一部分主要介绍陆路运输中的公路运输、铁路运输及管道运输基础知识,了解国际公路运输、铁路运输以及管道运输的有关概念、业务种类、流程、单证等;第二部分主要讲述国际多式联运的概念、运作形式、单证、合同等知识;第三部分的实训内容安排的是国际铁路过境运费的计算,通过强化训练,熟练掌握国际铁路过境运费的计算。

【思考与练习】

一、单选题

1. 公路运输中,同一货物托运人托运的货物重量不足( )公吨,可按零担货物运输。

A. 3　　　　　B. 4　　　　　　　　C. 5　　　　　　　　D. 6

2. 在国际道路货物运输中,道路整车运输承运人的责任期间是( )。

A. 货运站/货运站　　　　　　　　B. 货运站/卸车

C. 装车/卸车　　　　　　　　　　D. 装车/货运站

3. 1961 年 7 月 2 日生效的《国际公路货物运输合同公约》,就适用范围、承运人责任、合同的签订与履行、索赔和诉讼以及连续承运人履行合同等都做出了较为详细的规定。该公约适用(　　)。

A. 所有国际公路货物运输　　　　　　B. 亚洲国际公路货物运输

C. 欧洲国际公路货物运输　　　　　　D. 美洲国际公路货物运输

4. 我国与哈萨克斯坦边境铁路线的国内过境站是(　　)。

A. 满洲里　　　　　　　　　　　　　B. 阿拉山口

C. 集安　　　　　　　　　　　　　　D. 二连浩特

5. 国际铁路联运出口货运中,下列(　　)表明铁路承运人接受承运。

A. 车站在运单上登记货物装车日期时　B. 货物进入车站时

C. 货物装上车时　　　　　　　　　　D. 车站在货物运单上加盖承运戳记时

6. 国际铁路联运运单具有(　　)功能。

A. 运输合同证明和物权凭证　　　　　B. 运输合同证明和货物收据

C. 货物收据和货物凭证　　　　　　　D. 货物收据和流通性

7. 物流中的运输方式除了铁路、公路、水路、航空外还有(　　)。

A. 国际运输　　　　　　　　　　　　B. 国内运输

C. 管道　　　　　　　　　　　　　　D. 大陆桥

8. 目前世界上最长的一条路桥运输线是(　　)。

A. 美国大陆桥　　　　　　　　　　　B. 西伯利亚大陆桥

C. 加拿大大陆桥　　　　　　　　　　D. 新欧亚大陆桥

9. 新亚欧大陆桥运输的起讫地点为(　　)。

A. 连云港/阿姆斯特丹　　　　　　　B. 连云港/鹿特丹

C. 大连/伦敦　　　　　　　　　　　D. 阿拉山口/利物浦

10. 北美大陆桥是利用北美的大铁路从远东到欧洲的(　　)联运。

A. 海铁海　　　　　　　　　　　　　B. 铁海铁

C. 海铁公　　　　　　　　　　　　　D. 海陆海

11. 下列关于国际多式联运的优越性,(　　)说法是错误的。

A. 缩短货运时间、减少库存、降低货损货差、提高运输质量

B. 托运、结算及理赔手续复杂

C. 降低运输成本、节省各种支出

D. 提高运输管理水平,实现运输合理化

12. (　　)是国际多式联运的主要组织形式。

A. 海陆联运　　　　　　　　　　　　B. 陆陆联运

C. 海空联运　　　　　　　　　　　　D. 陆空联运

13. 国际多式联运经营人是(　　)。

A. 国际多式联运合同的当事人　　　　B. 国际多式联运合同的委托人

C. 国际多式联运合同的代理人　　　　D. 国际多式联运合同的经纪人

二、多选题

1. 相对于其他交通运输方式,公路货物运输具有(　　)的优势。

A. 灵活方便　　　　　　　　　　　　B. 快速及时

C. 广泛适用性　　　　　　　　　　　D. 公用开放性

2. 公路运输中的"特种货物运输"由于货物本身的特殊性质,在装运过程中有特殊要求,为保证货物完整无损及安全性,采用专门车辆运输。这种货物运输主要包括(　　)。

A. 大型物件运输　　　　　　　　　　B. 贵重物品运输

C. 危险货物运输　　　　　　　　　　D. 鲜活易腐货物运输

3. 现有铁路分别与俄罗斯、蒙古国、哈萨克斯坦、朝鲜和越南等国际铁路相通,开办国际铁路货物联运。下列我国(　　)国境站与俄罗斯铁路相连通。

A. 满洲里　　　　　　　　　　　　　B. 阿拉山口

C. 珲春　　　　　　　　　　　　　　D. 图们

4. 国际铁路联运具有以下(　　)特点。

A. 涉及国家多　　　　　　　　　　　B. 两种以上运输方式

C. 要求高　　　　　　　　　　　　　D. 运输时间短、成本低

5. 多式联运提单签发的时间和地点是(　　)。

A. 在发货人工厂或仓库收到货物后签发

B. 在集装箱货运站收到货物后签发

C. 在码头堆场收到货物后签发

D. 货物装船完毕后签发

三、简答题

1. 公路汽车运输有哪些特点?

2. 写出五个我国铁路运输出境口岸(车站)名称及其相邻的国家。(要求写出五个不同国家)

3. 目前国际上通行的多式联运企业的经营方式有哪几种?

4. 国际多式联运合同必须具备哪些条件?

四、案例分析题

2014年6月5日,A货主与B货代公司签订一份关于货物全程运输协议,约定由B货代公司承运A货主的货物,包括从货主所在地汽车运输至香港、香港至新加坡的海上船舶运输,A货主一次性支付全程运费。该协议并无关于运输烟花等危险品的约定,且B货代公司的经营范围仅为普通货物运输服务。在A货主处装车时,B货代公司发现所运货物为16000箱烟花并表示拒绝运输,但A货主坚持要B货代公司承运,B货代公司遂接受了运输任务。在汽车运输过程中,由于司机违章抢道行驶与火车相撞,导致货物爆炸全损。AB双方当事人就有关责任和赔偿发生纠纷并诉至法院。根据题意请分析回答:

(1) 本案是否属于国际多式联运合同纠纷?为什么?

(2) A货主对此是否有责任?为什么?

(3) B货代公司是否有责任?为什么?

第七章

国际物流运输保险

【学习目标与要求】

1. 了解国际物流货物运输保险的承保范围；
2. 掌握保险的含义和基本险、附加险的责任范围；
3. 掌握保险费的计算；
4. 掌握保险单的填写。

【导入案例】

　　某船从广州开往雅加达,途中因货舱通风设备损坏导致舱内温度过高引起货仓货物自燃,大火延到机舱,船长为了船货的安全,下令往机舱里灌水。火灭后,船员清点损失,发现此次大火造成了以下损失:(1)500 箱货被大火烧毁;(2)800 箱货物在灭火时被水浸泡损毁;(3)船舶主体机箱和甲板被烧毁;(4)拖船费用。

　思考题

1. 800 箱货物在灭火时被水浸泡损毁属于什么损失?
2. 只要船长下令所导致的部分损失就是共同海损吗?
3. 被火烧毁的甲板由谁来承担修缮费用?
4. 拖船费用能得到保险公司的赔偿吗?

第一节　国际物流运输保险基础知识

一、国际货物运输保险的概念

　　随着国际物流业的迅速发展,国际物流保险业务也得到了更大的发展。由于在国际物流过程中可能遭遇的风险越来越多,货主为了在风险发生后能够得到一定的经济补偿,都会去办理货物运输保险。在 14 世纪的欧洲地中海沿岸的国家中由于海上交易的扩大,当时就已经出现了承保火灾、恶劣气候、抛弃等内容的保险。我国的国家保险机构——中国人民保险公司(PICC),负责办理国际货物的运输保险事宜。现在在我国的保险公司主要分为国有保险公司和股份制保险公司。

总的来说,国际货物运输保险是指被保险人(买方或卖方)向保险人(保险公司)按一定金额投保一定的险别,并交纳保险费;而保险人(保险公司)在承保后,对于被保险货物在运输途中遭遇承保范围内的风险而遭受的损失会根据被保险货物的价值给予一定的经济补偿。

二、国际货物运输保险的性质

国际货物运输保险具有以下性质:

(1) 国际货物运输保险是商业保险,主要是指商业保险公司为获取经营利润而按商业经营原则经营的保险业务。

(2) 国际货物运输保险是财产保险,主要是指以各种有形的财产以及因财产而产生的利益作为标的的保险。

(3) 国际货物运输保险是以运输途中货物为保险标的的保险。

三、国际货物运输保险的承保范围

随着国际贸易的范围越来越广,路程越来越长,遥远的目的地给收发货人带来的运输风险也越来越大。尤其随着海洋运输所占国际物流运输方式的比重越来越大,它所带来的运输风险也日益显现,海上运输货物保险应运而生。在海运保险的基础上,才陆续开办了陆运、空运、邮包运输保险。此外,在运输过程中并不是所有的风险和损失都会得到保险公司的赔偿,所以为了明确责任,保险公司规定了货物在海上运输中的风险、损失和费用。

(一) 海运货物保险的风险

海运货物保险的风险,又可以称为海上运输风险,它指的是船舶或货物在海上航行中发生的或随附海上运输所发生的风险。海上运输风险分为海上风险和外来风险。

1. 海上风险(Marin Perils)

海上风险又叫海难,多指船舶在海上航行过程中发生的货物或船舶发生的风险,其中包括自然灾害和意外事故两种。

(1) 自然灾害

所谓自然灾害由于自然的力量所造成的人力不可抗拒的灾害,自然力量指恶劣气候(海上发生的飓风、大浪引起船体、机器设备的损坏继而引起货物互相挤压至损)、雷电、海啸、地震、洪水(海水倒灌、湖水或河水进入船舶、货物贮存处所时)、火山爆发等人力不可违抗的不可抗力的灾害。

(2) 意外事故

意外事故是指一般由非意料中的原因所造成的事故,但在海上保险业务中,仅指运输工具遭受搁浅、沉没、撞击流冰或其他物体造成船舶失踪、失火、爆炸等事故。主要有几下几种。

① 搁浅,一般指在意外情况下发生的船体搁置于海底或海滩的情况,不过在涨潮引起的搁浅不在保险公司的承包范围之内;

② 流冰,一般指在纬度较高的海域,冰山因为气温升高而出现断裂之后的冰体,流冰

对船体的危害很大；

③ 触礁，一般指船体触及海中的礁石或岩石造成的意外事故，与海中的船舶（遗骸）相撞也属于该意外事故；

④ 沉没，一般指船体大部分或全部沉入水中，不仅仅是渗水，而是失去了继续前进的可能性；

⑤ 碰撞，一般指船体和其他航行中的船舶或是海上固定或流动的固体（比如灯塔、桥梁）发生猛烈碰撞；

⑥ 破船，一般指船体在航行过程或停靠码头时遭遇暴风雨这样的恶劣天气导致船体破裂；

⑦ 火灾，一般指船舶在航行过程中失火的现象；

⑧ 爆炸，一般指船舶在航行过程中因为自身或是承运危险货物的原因出现爆炸的现象；

⑨ 失踪，一般指船舶在航行过程中到达一定时间后依然失去音讯，通常"一定时间"为 4～6 个月。

2. 外来风险（Extraneous）

外来风险分为一般外来风险和特殊外来风险，一般指保险业务中非海上风险的其他原因引起的风险，包括一般外来风险和特殊外来风险两种类型。

（1）一般外来风险

一般外来风险通常是由一般外来原因造成的风险，主要包括偷窃、提货不着、短量雨淋、渗漏、混杂、玷污、碰损、破碎、串味、受潮、受热、钩损、锈损。

（2）特殊外来风险

特殊外来风险一般是指由于政府、军事及行政法令及普通民众的行为等特殊原因所造成的风险，从而引起货物的损失，如战争、罢工、交货不到、拒收等。

其实在一次完整的货运过程中，还有很多除了以上风险之外的风险，比如货物因为其自身特性或缺陷在运输过程中出现的自然损耗和短缺的货损，这就不属于保险公司承保的范围。

（二）海运货物保险的损失

海上损失简称海损，一般指保险标的物在海运过程中遭受风险所造成的损坏或灭失。根据货物的损失程度分为实际全损和推定全损。

1. 全部损失（Total Loss）

全部损失又称全损，指整批或不可分割的一批被保险货物全部灭失或可视同全部灭失的损害。

（1）实际全损（Actual Total Loss）

又称为绝对全损，一般指货物全部灭失。比如货物沉入大海或被船上突发的大火全部烧毁，或是商品失去了原本的使用价值，比如樟脑丸和茶叶混装在一个容器里，茶叶香味尽失；又或是水泥在运输过程中遇水完全结块，这种保险标的失去了它原本的商业价值的损失。

① 保险标的灭失；

② 保险标的完全失去原有的形体、效用；

③ 保险标的不能再归被保险人所有。

（2）推定全损（Constructive Total Loss）

实际全损已经不可避免，或者为避免发生实际全损所需支付的费用与继续将货物运抵目的地的费用之和超过保险价值。

① 被保险人丧失对保险标的的自由使用，不大可能在合理时间内重新获得该保险货物。比如货物被进口国海关扣押，并且海关当局不允许转运或进口该国货物。

② 保险标的遭遇保险事故后，一时未达到完全灭失的程度，但又无法避免实际全损，比如船舶损坏严重，导致船上的水果无法按时送达。

③ 当保险标的受到有形损坏，进行维修拯救货物而付出的费用总成本将超过保险标的的价值。比如精密仪器被水浸泡，机器本身价值十万美元，维修费用需要十五万美元，此种情况下对其修理是不合适的，即使保险标的仍然存在，但已经失去了意义。

实际全损和推定全损的区别主要有以下几点：

① 实际全损是物质上的灭失，推定全损是经济上的损失。

② 发生实际全损后被保险人无须办理任何手续即可向保险人要求赔偿全部损失，但在推定全损的条件下，被保险人可以按部分损失也可以按全部损失要求保险人赔偿。如果按全损赔偿，被保险人必须向保险人办理委付手续。

2. 部分损失（Partial Loss）

凡不属于实际全损和推定全损的损失为部分损失。按照造成损失的原因可分为共同海损和单独海损。

（1）共同海损

是指运货的船舶在运输途中遇到危及船货的共同危险，船方为了保护船方和货方的利益或是损失不再继续扩大，保证航行能够得以继续完成，有意并且合理地做出某些特殊牺牲或支出的特殊费用。

构成共同海损的要件：

① 危险必须危及船舶和货物的共同安全，并是真实的和不可避免的。

② 共同海损行为必须是为了解除船舶和货物的共同危险而有意识且合理地采取的。

③ 共同海损的牺牲必须是特殊的，费用必须是额外支付的，而且牺牲和费用必须是共同海损行为的直接的、合理的后果。

④ 共同海损行为必须是最终有效的。

（2）单独海损

是指承保风险直接导致的船舶或货物本身的部分损失，货物受损后未达到全部损失的程度，而且是船舶或货物的所有人单方面的利益受损，并只能由该利益所有者单独承担的一种部分损失。

单独海损是一种特定利益方的单方面的部分损失，不涉及其他货主或船方。

按照保险条例，不论何种险种的投保，由于海上风险而造成的全部损失和共同海损均属保险人的承保范围。

【阅读案例7-1】

单独海损还是共同海损？

某货轮从上海港驶往温哥华,在航行的途中船舶货舱失火,大火蔓延到机舱,船长为了船货的共同安全下令往船舱内灌水灭火。火虽然被扑灭,但由于主机受损,无法继续航行,于是船长决定雇佣拖轮将货船拖回上海港维修,事后调查发现此次事件造成的损失有:(1)1000箱货物被火烧毁;(2)600箱货物由于灌水灭火而受到损失;(3)主机和部分甲板被烧坏;(4)拖轮费用;(5)额外增加的燃料。

思考:以上这些损失,哪些是单独海损,哪些是共同海损?

一般来说,共同海损的损失范围包括:

① 抛弃货物的损失;

② 为扑灭船上火灾而造成的损失;

③ 割弃残损部分的损失;

④ 自愿搁浅所致的损失;

⑤ 船体机器、甲板的损失;

⑥ 作为燃料烧掉的船用材料和物料;

⑦ 卸货等过程中造成的损失;

⑧ 运费损失,即由于货物的灭失或者损害所造成的运费损失。

(三) 海运货物保险的费用

海上风险还会造成相关费用支出,主要有施救费用、救助费用等。

1. 施救费用

(1) 定义

被保险货物遭受承保范围内的灾害事故时,由保险人或被保险人采取施救措施并获得成功,保险公司对于这部分费用的支出予以赔偿。施救报酬最高不能超过获救财产价值。

(2) 条件

① 施救行为必须是被保险人或其代理人、雇佣人员或受让人所采取的;

② 费用的支出受保险责任范围的限制;

③ 施救费用应该是必要的、合理的;

④ 保险人对施救费用的支付以保险金额为限;

⑤ 施救行为没有效果也应赔付。

2. 救助费用

被保险货物遭受承保范围内的灾害事故时,由保险人和被保险人以外的第三者采取救助措施并获得成功,由被救方付给救助方的一种报酬。救助报酬最高不能超过获救财产价值。

救助费用保险公司予以理赔的条件:

(1) 被救的船舶或货物必须处于不能自救的情况。

（2）救助人是没有救助义务的第三方。

（3）救助行为必须有实际效果。

第二节　国际海运货物保险

在海上货物运输保险中,我国的海运货物保险条款(简称中国保险条款,CIC)所承保的险别,分为基本险和附加险两种。

一、海运货物的基本险

海运货物保险的基本险分为平安险、水渍险和一切险三种。

（一）平安险(F. P. A.—Free Particular Average)

平安险的承包范围包括:

（1）被保险的货物在运输途中由于自然灾害造成的整批货物的全部损失。

（2）由于运输工具遭受搁浅、触礁、沉没、互撞、与流冰或其他物体碰撞以及失火、爆炸等意外事故所造成的货物全部或部分损失。

（3）在运输工具已经发生搁浅、触礁、沉没、焚毁等意外事故的情况下,货物在此前后又在海上遭受恶劣气候、雷电、海啸等自然灾害所造成的部分损失。

（4）在装卸或转船时由于一件或数件甚至整批货物落海所造成的全部或部分损失。

（5）被保险人对遭受承保责任内危险的货物采取抢救,防止或减少货损的措施所支付的合理费用,但以不超过该批被毁货物的保险金额为限。

（6）运输工具遭遇海难后,在避难港由于卸货引起的损失,以及在中途港或避难港由于卸货、存仓和运送货物所产生的特殊费用。

（7）共同海损的牺牲、分摊和救助费用。

（8）运输契约订有"船舶互撞责任"条款,则根据该条款规定应由货方偿还船方的损失。

（二）水渍险(W. A/ W. P. A/ With Particular Average)

水渍险是指对被保险货物如由于自然灾害所造成的部分损失负赔偿责任。简单来说,水渍险的承保范围要大于平安险,将平安险不承保的由自然灾害所造成的部分损失列入承保范围。这里给大家提醒一下,水渍险的简称 WPA 中的 W,很多人会误以为是 Water,其实不然,应该是 With,包含,将 FPA 中不承保的部分也承保。

（三）一切险(All Risks)

一切险是指在货物在开始海洋运输的过程中,因各种外来原因所造成的保险标的物的全损或部分损失进行承保的基本险。一切险的承保范围大于水渍险和平安险。

二、海运货物的附加险

海上货物运输的附加险包含一般附加险、特别附加险和特殊附加险。

(一) 一般附加险

一般附加险共有 11 种,主要包括:

(1) 偷窃提货不着险(Theft,Pilferage and Non-delivery Clause,T. P. N. D),一般指在保险有效期内,被保险货物被偷走或窃走,以及货物运抵目的地以后整件未交所造成的损失;

(2) 淡水雨淋险(Fresh Water and Rain Damage Clause),一般指货物运输过程中由于淡水、雨水、冰川融水所造成的损失;

(3) 短量险(Risk of Shortage),一般指被保险货物在运输途中数量短少和重量变轻所造成的损失;

(4) 混杂、玷污险(Risk of Intermixture & Contamination),一般指被保险货物在运输途中混进了杂质造成的损失;

(5) 渗漏险(Risk of Leakage),一般指流质、半流质的液体物质和油类物质,在运输过程中因为容器损坏而引起的渗漏损失;

(6) 碰损、破碎险(Risk of Clash & Breakage),一般指被保险货物在运输途中受到震动颠簸或是被保险货物在运输途中由于装卸粗鲁造成货物本身的破裂或断裂的损失;

(7) 串味险(Risk of Odour),一般指被保险货物收到其他物品的气味影响而造成的串味损失;

(8) 受热、受潮险(Damage Caused by Sweating & Heating),一般指被保险货物因受潮、受热而引起的损失;

(9) 钩损险(Hook Damage Clause),一般指被保险货物在装卸过程中因为使用手钩、吊钩等工具所造成的损失;

(10) 包装破裂险(Loss for Damage Cause by Breakage of Packing),一般指被保险货物在运输途中因装卸或搬运不慎而导致包装破裂从而造成货物出现短少的损失;

(11) 锈损险(Risk of Rust),一般指被保险货物在运输过程中因为生锈造成的损失。

【知识链接】

串味险一般指被保险货物受到其他物品的气味影响而造成的串味损失。所以在托运容易吸味道的货物的时候要注意,否则到达目的港后,货物失去商业价值造成推定全损。比如茶叶除了人类品尝之外,有时候也被拿来吸附气味。在托运茶叶时要避免和有香味的商品放在一起,如檀香、樟脑丸。

(二) 特别附加险

附加险在上述一般附加险的基础上,还包括特别附加险,特别附加险所承保的风险,同政治、国家行政管理、政策措施、航运贸易惯例等因素相关,具体有:

(1) 交货不到险(Failure to Deliver Risk),一般指自货物装上运输工具开始,在 6 个月内不能运到原定目的地交货所造成的损失;

(2) 进口关税险(Import Duty Risk),一般指被保险货物受损后,仍需在目的港按完

好无损价格缴纳进口关税而出现的关税损失;

（3）舱面险（On Deck Risk），一般指货物装载于船舶甲板上而导致被丢弃或冲落入水出现的损失;

（4）拒收险（Rejection Risk），一般指被保险标的物由于各种原因，在进口港被进口国政府拒绝进口或被没收而产生的损失;

（5）黄曲霉素险（Aflatoxin Risk），一般指花生、谷物等易出现黄曲霉素的农产品，在进口国海关因为被检测出黄曲霉素超标而被拒绝进口入境、没收或改变用途时造成的损失;我国是黄豆的出口大国，每年有大量的黄豆出口美国，因为海运路途遥远时间长，为了防止到目的地后黄豆霉变产生黄曲霉素，一般我国黄豆出口商在装运前需办理该保险;

（6）货物出口到香港或澳门存仓火险责任扩展条款，责任自运输险责任终止时开始，计满 30 天为止。

（三）特殊附加险

（1）海运战争险（War Risk），一般指保险人承保战争行为导致的货物损失的附加险别;

（2）罢工险（Strikes Risk），一般指被保险人的货物因罢工等人为活动造成损失的特殊附加险。

【知识链接】

战争险的承保范围除了战争行为导致的货损外，还包括了遭遇海盗的风险。古往今来海盗一直存在，而且一直存在于对外海运刚刚萌芽阶段的地区，比如 14 世纪的北海海域，明清时期的马六甲海峡，还有美国大片中的"加勒比海盗"都是海盗曾经猖獗的区域。现今的海盗活动范围在西非的亚丁湾，也就是索马里海域。因为内部战乱、无政府、经济极其动荡，在索马里海域出现了一群专门抢劫过往船只的犯罪者。这也跟索马里海域地理位置有关，每年需要从索马里海域借道苏伊士运河的船只大约有 2 万艘，其中不乏大量运有中东地区原油的船舶。现在的索马里海盗不再打劫渔船，而是劫持原油船舶并以此勒索货主高额的赎金。现在的索马里海域已被列为高危海域。如果货船必须经过该海域，一般应该事先购买战争险来规避此风险。万幸的是，现在北约组织和联合国均派护航舰在该海域护航。

三、海运保险的责任起讫、索赔期限和除外责任

（一）责任起讫

中国人民保险公司制定的海运保险的责任起讫需满足"仓至仓"条款（W/W Clause，Warehouse to Warehouse），即指被保险货物自从保险单载明目的港收发人的最后仓库或被保人用作分配、分派或非正常运输的其他储存处为止，若未抵达上述仓库或储存处，则以被保险货物在最后目的港卸离海轮 60 日为止。在货物未经运抵收货人仓库或储存处并在卸离海轮 60 天内，需转运到非保险单载明的目的地时，以该项货物开始转运时终止。

(二)索赔期限

(1)正常运输情况下的责任终止,被保险货物在最后卸载港全部卸离海轮后起满 60 天。

(2)非正常运输期间的责任终止,保险货物如果继续运往原定目的地,则与正常运输一样。如果转运其他目的地,则自转运时终止。

(三)除外责任

海运货物的除外责任又叫责任免除,是指保险人依照法律规定或合同规定,不承担保险责任的范围,是对保险责任的限制。投保人在投保之前一定要先弄清楚哪些是除外责任,自己保的险都包括哪些事故的赔偿。只有这样才不会在发生事故之后还搞不清楚到底能不能得到保险公司的赔偿。

海运货物保险除外责任的范围:

(1)被保险人的故意行为或过失所造成的损失;

(2)属于发货人责任引起的损失;

(3)在保险责任开始前,被保险货物已存在的品质不良或数量短差所造成的损失;

(4)被保险货物的自然损耗、本质缺陷、特性以及市价跌落、运输延迟所引起的损失和费用;

(5)属于战争险和罢工险条款所规定的责任范围和除外责任。

第三节　陆运、空运与邮包货运保险

一、陆运货物运输保险

根据我国的《陆上运输货物保险条款》规定,陆运险分为陆运险、陆运一切险两种。

(一)陆运险(Overland Transportation Risks)

陆运险的承保范围大抵和海上运输保险中的水渍险的承保范围类似。陆运保险不区分全部损失和部分损失,只要是承保范围内的风险所致的损失,保险人均予以赔偿,仅限于铁路和公路运输。

陆上运输保险的责任起讫也采用"仓至仓"条款,即自被保险货物运输保险单所载明的起运地,即发货人的仓库或储存处所开始运输时生效,包括正常陆运和其他有关的水上驳运在内,直至该项货物运交保险单所载明的目的地收货人仓库或储存处或被保险人指定的保存地点为止。但最长不超过被保险货物到达最后卸载的车站后 60 天内。

(二)陆运一切险(Overland Transportation All Risks)

陆运一切险的承保范围和海上货物运输保险中的一切险大抵相同。陆运一切险的责任起讫采用的也是"仓至仓"条款,即被保险货物运输单所载明的起运地,即发货人的仓库或储存处所开始运输时生效,包括正常陆运和其他有关的水上驳运在内,直至该项货物运交保险单所载明的目的地收货人仓库或储存处,或被保险人指定的保存地点为止。但最长不超过被保险货物到达最后卸载的车站后 60 天内。

二、空运货物运输保险

根据我国的《航空运输货物保险条款》,空运货物运输保险的基本险别为航空运输险和航空运输一切险。

(一)航空运输险(Air Transportation Risks)

航空运输险的承保范围大抵和海上运输保险中的水渍险的承保范围类似。其保险责任起讫也采用"W/W"(仓至仓)条款,所不同的是如果货物运达保险单所载明的目的地而未运抵保险单所载明收货人仓库或储存处,则以被保险货物在最后卸离飞机后满 30 天保险责任即告终止。

(二)航空运输一切险(Air Transportation All Risks)

航空运输一切险的承保范围大抵和海上运输保险中的一切险承保范围类似。

(三)航空运输货物战争险

航空运输货物战争险负责赔偿直接由于战争、类似战争的行为或敌对行为、武装冲突所致的损失及由此引起的捕获、拘留、扣押所造成的损失以及各种常规武器,包括炸弹所致的损失。保险责任自被保险货物装上保险单上载明的飞机开始,到卸离保险单上所载明的目的地的飞机为止。

(四)我国空运货物的费率一览表

表 7-1 我国空运出口一般货物保险费率

目 的 地	航空运输险	航空运输一切险
中国香港、中国澳门、中国台湾及日本、韩国	7‰	25‰
其他世界各地	12‰	35‰

三、邮包货物运输保险

根据我国的《邮政包裹保险条款》规定,邮包运输保险承保通过邮政局邮包寄递的货物在邮递过程中发生保险事故所致的损失。以邮包方式将货物发送到目的地可能通过海运,也可能通过陆上或航空运输,或者经过两种或两种以上的运输工具运送。不论通过何种运送工具,凡是以邮包方式将贸易物货运达目的地的保险均属邮包保险。邮包保险分为邮包险和邮包一切险。

(一)邮包险(Parcel Post Risks)

邮包险的承保范围和海上货物运输保险的水渍险承保范围大抵相同。邮包险的责任起讫为自被保险邮包离开保险单所载起运地点寄件人的处所运往邮局时开始生效,直至该项邮包运达保险单所载目的地邮局,自邮局签发到货通知书当日午夜起算 15 天终止。

(二)邮包一切险(Parcel Post All Risks)

邮包一切险的承保范围和海上货物运输保险的一切险承保范围大抵相同。

第四节　国际物流保险实务

一、投保的基本程序

(一)选择投保险别

国际货物保险的投保是指投保人向保险人订立保险合同的意愿,提出投保申请,将自己所面临的风险和投保要求告知保险人,向保险人发出要约或询价,保险人对此询价提出包括保险条件及费率的要约。

保险公司承担的保险责任是以险别为依据的,不同的险别所承保的责任范围并不相同,其保险费率也不同。在国际货物运输保险中,选择何种险别一般应考虑下列因素。

投保人也就是被保险人应该本着安全为首,再考虑投保成本,根据货物的属性和包装,以及货运方式选择合适自己需求的保险险别。在面对众多的保险险别时,应着重考虑以下几个方面。

1. 按货物的性质与特点

若所托运的货物为危险品,应该提前告知保险人。否则出此产生的损失和后果由被保险人自己承担。

2. 按货物的包装

散装货物由于货物包装不会太坚固,一般以麻袋包装为主,为了防止运输中出现到达目的地时数量短缺或与其他货物混杂在一起的情况,应事先向保险公司投保短量险、混杂玷污险;

裸装货一般没有外包装,在运输中容易遭受碰撞至损,所以一般要投保碰损、破碎险;

袋装货物是有运输包装的,那么在运输中为了保证包装完好一般要事先投保钩损险、包装破裂险。

3. 按货物的用途与价值

农产品,我国是农产品的出口大国,由于运输路途遥远,到达目的地时包括黄豆在内的很多农产品极易产生黄曲霉素,而黄曲霉素含量又是很多欧美国家检验农产品是否合格的标准,所以一般出运农产品通常都要向保险公司加投黄曲霉素险;

贵重物品由于价值太高,一旦出险对货主的损失比较大,所以一般需要向保险公司投保一切险。

4. 运输方式及其交通工具

根据产品的特点对运输路线进行分段选择,容易有风险的地点选择相应的保险,比如途经索马里海域时,就应加投战争险。

5. 运输路线及其港口(车站)

运输路线长短;途经地区自然环境;途经地区政治环境;港口(车站)运送能力、装卸设备、安全设施、管理水平、治安状况。

(二)确定保险金额

保险金额是保险合同中不可缺少的项目,是保险人对保险标的承担的最高赔偿金额,也是保险人计算保险费的依据。所以投保人在投保时要依据保险标的物的价值申报保险金额。

1. 出口业务中保险金额的确定

在国际货运保险中,保险金额一般是以 CIF 或 CIP 的发票价格为基础确定的,除应包括的商品价值、运费、保险费外,还应加上被保险人在经营过程中已支付的经营杂费,还要包括逾期的利润,所以保险金额的计算方法是:

$$CIF(CIP)×(1+投保加成率)$$

关于投保加成率,在合同没有明说的情况下,默认为加一成,一般加成率的范围是10%～30%。通常情况下被保险货物价值越高,投保加成率越高,但最高不会超过30%。

2. 进口业务中保险金额的确定

在进口业务中,通常先依据销售确认书里所确定的买方或卖方去办理保险业务。比如,采用 FOB 术语就应该由进口商办理保险业务,但如果是采用 CIF 或 CIP 等贸易术语就应该有出口商办理保险业务,按实际需要加成确定。

(三)填写投保单

投保单是被保险人在投保时对货物的有关事实如实告之保险公司的单据,是保险人和被保险人建立起保险合同的依据,也是被保险人缴纳保险费的依据。

在我国无论出口业务还是进口业务都必须填写进出口的保险单,并且被保险人为了保障自己的权益应该在货物运输开始之前办理相关的保险业务。

在我国中国人民保险公司的保险单具体内容有如下几点:被保险人、发票号码、合同号码、包装数量、保险货物项目、保险金额、装载运输工具、航次、航班、开航日期、运输路线、承保险别、赔款地点以及投保人的公司名称地点等具体信息,以上内容均应如实填写,否则产生的所有后果由投保人自行承担。

(四)支付保险费

在保险单填完后,按照保单上的保险费进行支付,是投保人应履行的基本义务,也是保险公司履行赔偿义务的开始。

(五)被保险人的索赔

当保险标的物出现保险范围的损失后,被保险人应该按照规定向保险公司办理索赔手续。而保险公司在收到被保险人的索赔要求后,应该及时对保险标的物的赔偿要求进行处理。

(六)保险理赔

保险理赔是指保险人在接到投保人的损失通知后,通过对损失的检验和必要的调查取证后,对造成损失的原因和责任进行责任归属的认定,直至计算保险赔偿金额并进行最终赔付的过程。

二、保费的计算与核收

一般情况下,保险费的计算主要包含三个因素:保险金额、投保加成率、保险费率(我国的保险费保留整数,但凡小数点后面的数都要进位,比如:USD 5200.08,应当进位写成 USD 5201)。要计算保险费,保险金额、投保加成率、保险费率这几个是必要条件。

1. 保险金额

保险金额是指在被保险货物发生保险范围内的损失时,保险人给予的最高赔偿金额范围,一般以 CIF 或 CIP(或称发票金额)为基础,乘以投保加成率后的金额。

2. 投保加成率

根据保险市场上的惯例,投保加成率若在保险合同中没有规定一般默认为 10%,加成率的范围在 10%~30%,主要根据货物的易损率或货物的价值来判断使用何种加成率,容易产生保险范围内损失的货物或价值很高的商品(艺术品、珠宝等奢侈品)投保加成率一般在该货物 CIF 或 CIP(或称发票金额)的基础上加成 30%,使得投保人在投保时缴纳更多的保险费,也可以在货物受损后获得更多的赔偿。

3. 保险费率

投保不同的险别,有不同的保险费率,一般来说在基本险中,承保范围越大,保险费率越高;每增投一个附加险需单独缴纳一定的保险费率,卖方有义务按 CIF 或 CIP 的总值另加 10%作为保险金额。

$$保险金额 = CIF(CIP) \times (1 + 投保加成率)$$

4. 保险费

保险费一般指交给保险公司的费用。

$$保险费 = 保险金额 \times 保险费率$$
$$= CIF(CIP) \times (1 + 投保加成率) \times 保险费率$$

【实践案例 7-1】

南京某公司出口一批货物到美国旧金山,价格条款为 CIF,销售确认书的总金额是 80 000 美元,按 CIF 价加一成并投保一切险。假设从上海至旧金山投保一切险的保险费率是 0.3%,请计算保险费。

解题示范:保险费 = 保险金额 × 保险费率
$$= CIF \times (1 + 投保加成率) \times 保险费率$$
$$= 80\,000 \times (1 + 10\%) \times 0.3\%$$
$$= 88\,000 \times 0.3\%$$
$$= 264 \ 美元$$

[模拟练习]

深圳某公司对某商出口茶叶 300 箱（每箱净重 20 千克），价格条款 CIF 伦敦每箱 50 英镑，向中国人民保险公司投保水渍险，以 CIF 价格加成 10% 作为投保金额，保险费率为 0.2%，假设当期英镑对人民币汇率按 13∶1 算。请计算保险金额及保险费为多少。

三、保险单的填写

(一) 办理投保业务,首要任务就是要填写投保单,必须填的项目如下:

(1) 发票号码和合同号。

出口:发票号码

进口:贸易合同号码

(2) 保单号次:保险单编号。

(3) 信用证号:如用信用证作为支付方式则需要填写信用证号码。

不同包装:PACKGAES 为单位

散装:M/T in Bulk

集装箱:in Container

(4) 被保险人:办理此次投保业务的人,可以是收发货人或货运代理。

(5) 标记:又称唛头,应与运输单据上所填的唛头一致,包含了商品基本信息及收货人信息。

(6) 包装及数量。

不同包装:PACKGAES 为单位

散装:M/T in Bulk

集装箱:in Container

(7) 保险货物项目:此次投保的标的物,一般填写货物名称,应与合同发票或运输单据上一致。

(8) 保险金额:除了金额还要加上相应币种,一般为此次投保出险后保险公司可能赔偿的最高金额。

(9) 总保险金额:将此张保险单中所有货物的保险金额相加填于此处。

(10) 保费:此次投保交与保险人的费用。

(11) 启运日期:被保险货物开始运输的日期。

(12) 装载运输工具:填写运输工具的名称,如船名＋航次"Ding Yuan V.352"。

(13) 自:填写起运地/港　经:填写中转地/港　至:填写目的地/港。

转船:运输途中不能直接运到目的地而需要中途转换另一艘船的情况。若知道第二程运输船舶的船名,就写上该船的船名,如果未知,写上"with transshipment"。

集装箱运输:注明 container shipment。

联运:注明联运名称。

老龄船:15 年以上船龄投保时应该作出说明。

(14) 承保险别:投保险别的名称,之前课程中有所介绍。

(15) 赔付地点:发生货损时的赔款地点,一般为收货人所在地。

(16) 出单日期:一般为投保日期。《UCP500》规定,银行有权拒收保险单日期迟于货物装船或发运日期的保险单。

【实践案例 7-2】

上海振华进出口贸易公司的工作人员张启东日前就出口到雅加达的一批女装办理相关保险业务,填写了出口货物保险单,如下所示。

PICC

中国人民保险公司
The People's Insurance Company of China
总公司设于北京　　一九四九年创立
Head Office Beijing　Established in 1949

货物运输保险单
CARGO TRANSPORTATION INSURANCE POLICY

发票号(INVOICE NO.)　**ZHT5743**
合同号(CONTRACT NO.)　**ZHT081115**
信用证号(L/C NO.)　**TK0842**

保单号次　**1361845216**
POLICY NO.

被保险人:
INSURED:**SHANGHAI ZHENHUA IMP & EMP CO. , LTD**

中国人民保险公司(以下简称本公司)根据被保险人的要求,由被保险人向本公司缴付约定的保险费,按照本保险单承保险别和背面所载条款与下列特款承保下述货物运输保险,特立本保险单。

THIS POLICY OF INSURANCE WITNESSES THAT THE PEOPLE'S INSURANCE COMPANY OF CHINA (HEREINAFTER CALLED "THE COMPANY") AT THE REQUEST OF THE INSURED AND IN CONSIDERATION OF THE AGREED PREMIUM PAID TO THE COMPANY BY THE INSURED, UNDERTAKES TO INSURE THE UNDERMENTIONED GOODS IN TRANSPORTATION SUBJECT TO THE CONDITIONS OF THIS OF THIS POLICY AS PER THE CLAUSES PRINTED OVERLEAF AND OTHER SPECIAL CLAUSES ATTACHED HEREON.

标　记 MARKS & NOS	包装及数量 QUANTITY	保险货物项目 DESCRIPTION OF GOODS	保险金额 AMOUNT INSURED
GR-TRAG/TK0842/ **Jakarta/C/NO. 1-UP**	**PACKED IN ONE** **HUNDRED TWENTY(120)** **CATONS ONLY**	**WOMEN JEAN**	**USD19932. 00**

总保险金额
TOTAL AMOUNT INSURED:**SAY US DOLLARS NINETHEEN THOUSAND NINE HUNDRED AND THIRTY TWO ONLY**

保费:　　　　　　　　　启运日期:　　　　　　　　　　　装载运输工具:
PERMIUM:**AS ARRANGED**　DATE OF COMMENCEMENT:　**As Per B/L**　PER CONVEYANCE:　**Dong Feng V. 068**
自　　　　　　　　　　经　　　　　　　　　　　　　　　　至
FROM:　**SHANGHAI, CHINA**　VIA _____　TO　**Jakarta Indonesia**

承保险别:
CONDITIONS:

AGAINST F. P. A. AS PER THE RELEVANT OCEAN MARINE CARGO OF P. I. C. C. DATED 1/1/1981.

所保货物,如发生保险单项下可能引起索赔的损失或损坏,应立即通知本公司下述代理人查勘。如有索赔,应向本公司提交保单正本(本保险单共有3份正本)及有关文件。如一份正本已用于索赔,其余正本自动失效。

IN THE EVENT OF LOSS OR DAMAGE WITCH MAY RESULT IN A CLAIM UNDER THIS POLICY, IMMEDIATE NOTICE MUST BE GIVEN TO THE COMPANY'S AGENT AS MENTIONED HEREUNDER. CLAIMS, IF ANY, ONE OF THE ORIGINAL POLICY WHICH HAS BEEN ISSUED IN 3 ORIGINAL(S) TOGETHER WITH THE RELEVANT DOCUMENTS SHALL BE SURRENDERED TO THE COMPANY. IF ONE OF THE ORIGINAL POLICY HAS BEEN ACCOMPLISHED. THE OTHERS TO BE VOID.

中国人民保险公司
The People's Insurance Company of China

赔款偿付地点：
CLAIM PAYABLE AT： **TOKYO JAPAN IN USD**

出单日期：
ISSUING DATE： **Dec. 13,2009**　　　　　　　　Authorized Signature　张启东

（二）保单填写注意事项

（1）申报内容必须真实。

（2）要注意尽可能投保到内陆目的地。

（3）进口方对保险的特殊要求出口方应事先征得保险公司的同意。

（4）投保内容必须与贸易合同及信用证的有关规定相一致。

四、索赔与理赔

（一）索赔

1. 索赔程序

（1）损失通知。

（2）申请检验。

我国保险公司的规定是申请检验的时间最迟不能超过保险责任终止后10天，并且向保险单中注明的检验、理赔代理人进行申请。如果损失较小或短少的货物后向承运人或者当地港、口岸当局或装卸公司索取溢短证明，可以不申请检验。

2. 被保险人在索赔时应履行的其他义务

（1）采取施救措施，防止减少损失。

（2）向有关责任方索赔。

3. 赔偿金额的计算

如属保险责任，应在同被保险人达成保险赔偿协议后10日内，支付保险赔款。如果案情复杂，保险人在收到赔偿请求及有关资料60天内不能确定赔偿金额的，应当根据已有证明和资料可以确定最低金额先预支付。确定赔款额后，支付相应差额。

（1）数量（重量）短少

$$保险赔款 = 保险金额 \times 损失数量（重量）/保险货物总重量（数量）$$

比如：一批大米共1000袋，每袋重50公斤，投保一切险，保险金额2.5万美元，运至

目的地短缺 1000 公斤。保险人应如何赔付?

(2)质量损失

赔款额=保险金额×(货物完好价值－货物受损后价值)/货物完好价值

比如:1000 袋大米中有 200 袋受损,按当地完好价值每袋 500 美元的八折出售,保险人应如何赔付?

(3)规定有免赔率时的货物损失

赔款额=保险金额×(受损率－免赔率)

比如:第一个案例中,保险合同规定扣短量免赔率 2%,保险人应如何赔付?

(4)修复时的赔偿

(5)有关费用的损失

如出售费用、装卸费用。

赔付金额=保险金额×(货物损失的价值＋有关费用)/完好价值

(二)理赔

(1)无论投保何种险别,保险人都付赔偿。

(2)如果是货物共同海损牺牲,由保险人予以赔付后参与共同海损的分摊,摊回部分归保险人所有。

(3)如果货物本身没有发生共同海损,一般由保险人出具共同海损担保函。共同海损分摊价值高于保险金额时,保险人按照保险金额同分摊价值的比例赔偿共同海损分摊。

分摊价值:因共同海损措施而受益的财产在抵达目的港时的价值。

船舶:按照船舶在航程终止时的完好价值,减除不属于共同海损的损失金额计算。

货物:按照货物在装船时的价值加保险费加运费,减除不属于共同海损的损失金额和承运人承担风险的运费计算。

运费:按承运人于航程终止时有权收取的运费,减除共同海损发生后为完成本航程支付的营运费用,加上共同海损牺牲的金额。

第五节　岗位技能与实践

岗位技能实训项目:填写投保单

● 实训目的

通过本章前面部分理论的介绍,此部分将利用之前讲过的保险单的填制方法进行实训,通过实训练习掌握保险知识在实践工作中的运用。

● 实训内容

1. 工作情景

杭州卓越进出口贸易公司,于 2015 年 7 月与日本一公司签订出口贸易协议,计划同年 9 月出口一批玩具鸭子,合同基本内容如下:

发票号码:YA10190510

合同号码：YC20150703

商品包装：纸箱　　　　包装数量：1000

装运港：宁波　　　　　目的港：横滨

信用证金额：500 000 美元　　　投保险别：水渍险、受热受潮险　　　投保加成：加一成

水渍险费率：0.1%　　受热受潮险费率：0.08%

赔付地点：横滨　　　投保日期：2015 年 9 月 13 号

2. 实训任务

根据已知材料填写完成以下保险单。

PICC

中国人民保险公司
The People's Insurance Company of China
总公司设于北京　　一九四九年创立
Head Office Beijing　Established in 1949

货物运输保险单
CARGO TRANSPORTATION INSURANCE POLICY
发票号（INVOICE NO. ）
合同号（CONTRACT NO. ）　　　　　　　　　　　　　　　保单号次
信用证号（L/C NO. ）　　　　　　　　　　　　　　　　　POLICY NO.
被保险人：
INSURED：

中国人民保险公司（以下简称本公司）根据被保险人的要求，由被保险人向本公司缴付约定的保险费，按照本保险单承保险别和背面所载条款与下列特款下述货物运输保险，特立本保险单。

THIS POLICY OF INSURANCE WITNESSES THAT THE PEOPLE'S INSURANCE COMPANY OF CHINA（HEREINAFTER CALLED "THE COMPANY"）AT THE REQUEST OF THE INSURED AND IN CONSIDERATION OF THE AGREED PREMIUM PAID TO THE COMPANY BY THE INSURED, UNDERTAKES TO INSURE THE UNDERMENTIONED GOODS IN TRANSPORTATION SUBJECT TO THE CONDITIONS OF THIS OF THIS POLICY AS PER THE CLAUSES PRINTED OVERLEAF AND OTHER SPECIAL CLAUSES ATTACHED HEREON.

标　记 MARKS & NOS	包装及数量 QUANTITY	保险货物项目 DESCRIPTION OF GOODS	保险金额 AMOUNT INSURED

总保险金额
TOTAL AMOUNT INSURED：_____

保费：　　　　　　　启运日期　　　　　　　　　装载运输工具：
PERMIUM：_____　DATE OF COMMENCEMENT：_____　PER CONVEYANCE：_____
自　　　　　　　　经　　　　　　　　　　　　　至
FROM：_____　VIA _____　TO _____

承保险别：
CONDITIONS：

AGAINST F. P. A. AS PER THE RELEVANT OCEAN MARINE CARGO OF P. I. C. C. DATED 1/1/1981.

所保货物,如发生保险单项下可能引起索赔的损失或损坏,应立即通知本公司下述代理人查勘。如有索赔,应向本公司提交保单正本(本保险单共有3份正本)及有关文件。如一份正本已用于索赔,其余正本自动失效。

IN THE EVENT OF LOSS OR DAMAGE WITCH MAY RESULT IN A CLAIM UNDER THIS POLICY, IMMEDIATE NOTICE MUST BE GIVEN TO THE COMPANY'S AGENT AS MENTIONED HEREUNDER. CLAIMS, IF ANY, ONE OF THE ORIGINAL POLICY WHICH HAS BEEN ISSUED IN 3 ORIGINAL(S) TOGETHER WITH THE RELEVANT DOCUMENTS SHALL BE SURRENDERED TO THE COMPANY. IF ONE OF THE ORIGINAL POLICY HAS BEEN ACCOMPLISHED. THE OTHERS TO BE VOID.

中国人民保险公司
The People's Insurance Company of China

赔款偿付地点:
CLAIM PAYABLE AT:＿＿＿＿＿＿＿＿

出单日期:
ISSUING DATE:＿＿＿＿＿＿＿＿＿＿＿　　　＿＿＿＿＿＿＿＿＿＿＿＿＿＿＿

3. 实训教学建议

(1) 教学方法

多媒体演示教学＋电脑操作

(2) 教学学时

实践教学:2学时

(3) 教学过程

上课时,首先由老师介绍任务情景,进行任务描述,提出完成任务的目标和要求。学生在课堂上完成保险单的填制。

4. 实训成果

填制完成的保险单

本 章 小 结

本章的第一部分主要介绍国际运输保险的概念、性质、承保范围等基础知识;第二部分主要讲述国际海运保险的基本险、附加险、责任起讫、索赔期限和除外责任等条款;第三部分主要讲述国际陆运货物运输保险、航空货物运输保险、邮包货物运输保险等货运保险条款;第四部分主要讲述投保程序、保费的计算、保单的填写、索赔与理赔等国际运输保险实务知识;第五部分的实训项目安排的是填写保险单,通过强化训练,熟练掌握保险知识在实践工作中的运用。

【思考与练习】

一、单项选择题

1. 船舶搁浅时,为使船舶脱险而雇佣驳船所支出的费用,属于(　　　)。

A. 实际损失　　　B. 推定全损　　　C. 共同海损　　　D. 单独海损

2. 提货不着属于(　　　)。

A. 意外事故　　　B. 海上风险　　　C. 外来风险　　　D. 自然灾害

3. 某外贸公司出口茶叶 5 公吨,在海运途中遭受暴风雨,海水涌入舱内,致使一部分茶叶发霉变质,这种损失属于(　　　)。

A. 实际损失　　　B. 推定全损　　　C. 共同海损　　　D. 单独海损

4. 根据现行伦敦保险协会《海运货物保险条款》的规定,承保风险范围最大的险别是(　　　)。

A. ICC(A)　　　B. ICC(B)　　　C. ICC(C)　　　D. 战争险

5. 在保险人所承担的海上风险中,雨淋、渗漏属于(　　　)。

A. 自然灾害　　　B. 意外事故　　　C. 一般外来风险　　D. 特殊外来风险

6. 我公司按 FOB 进口一批玻璃器皿,在运输途中的装卸、搬运过程中,部分货物破碎受损。要得到保险公司赔偿,我公司应该投保(　　　)。

A. 平安险　　　B. 一切险　　　C. 破碎险　　　D. 一切险加破碎险

7. 我国《海洋货物运输保险条款》中海洋货物运输保险险别中,不能独立投保的是(　　　)。

A. 平安险　　　B. 水渍险　　　C. 一切险　　　D. 交货不到险

二、简答题

1. 什么是海上风险? 海上风险包括哪些主要内容?

2. 什么是外来风险? 外来风险包括哪些主要内容?

3. 什么是单独海损? 什么是共同海损?

4. 请对施救费用和救助费用作比较。

5. 中国人民保险公司海运货物保险的一般附加险、特别附加险和特殊附加险分别包括哪些险别?

三、计算题

大连某公司出口一批货物到日本东京,CIF 价格为 50 000 美元,该批货物投保一切险(保险费率为 0.2%)及战争险(保险费率为 0.03%),保险金额按 CIF 总金额加成 10%,当期美元对人民币汇率按 6：1 算。请计算保险费金额。

四、案例分析题

我国某公司以 CIF 贸易条件出口一批棉胚布,在货物装船前按合同规定投保了水渍险,货物按预定时间顺利起航。但开船后不久,装载货物的船舶就在海上遭遇了暴风雨,海水倒灌进舱内,导致部分棉胚布遭到水渍,据统计损失金额达到 20 000 美元。数天后在继续航行的过程中,又发现舱内饮用水管破裂导致漏水并污损了部分棉胚布,这次的损失达 5000 美元。

思考题:这些损失该由谁承担? 为什么?

报关与报检篇

第 八 章

国际物流报关

【学习目标与要求】

1. 了解海关的性质、任务、管理机构；
2. 了解报关的概念、范围、类别等基础知识；
3. 了解报关单位的分类、报关员的管理制度；
4. 理解一般进出口货物的报关；
5. 理解保税进出口货物的报关；
6. 掌握进出口税费的计算；
7. 掌握进出口报关单的填制。

【导入案例】

区域通关一体化打通"丝路经济带"高速路

海关总署 2015 年 3 月发布公告,把青岛、济南、郑州、太原、西安、兰州、银川、西宁、乌鲁木齐、拉萨等九省区的 10 个海关纳入"丝绸之路经济带海关区域通关一体化"范围,5 月 1 号起正式启动。

所谓"区域通关一体化",简单理解就是,在这一特定区域内,打破原有关区的界限,企业在这一区域内不同海关办理业务如同在同一个海关。商务部研究院对外贸易研究所所长李健说,区域一体化通关,大大降低了企业物流成本和时间成本,有利于丝绸之路经济带的投资和贸易。

海关总署的这一举措,也是"一带一路"愿景与行动发布后,首个由中央机构层面出台助力"一带一路"的具体措施。2014 年,海关总署在京津冀、长江经济带和广东地区同步启动了区域通关一体化改革。这是我国扩大对外经贸联系的一个重要举措。京津冀率先迈出步伐,然后在长江经济带,现在又进展到丝绸之路经济带,最后要在全国实现大通关,应该说这是我国扩大对外经贸联系的一个重要举措。

这次和丝绸之路经济带海关区域通关一体化同时启动的,还有东北地区的大连、沈阳、长春、哈尔滨、呼和浩特、满洲里等 6 个海关的区域通关一体化。海关总署新闻发言人说,"在一体化模式的作用下,虽然在不同的地区,但相当于在同一个海关通关,大体上可以为企业节省通关成本在 20%～30%。"

资料来源:改编自亚太日报

思考题

1. 什么是报关？报关与通关有什么区别？
2. 报关环节的通关效率对于一个企业乃至地区有着什么样的影响？

扩展阅读 8.1

海关打造"立体物流"
助力深圳港发展

第一节　国际物流报关基础知识

一、海关概述

（一）海关性质

1. 海关是国家的行政机关

海关从属于国家行政管理体制，是国务院的直属机构。海关对内对外代表国家依法独立行使行政管理权。

2. 海关是国家的行政监督管理机关

海关实施监督管理的范围是进出关境及与之有关的活动，监督管理的对象是所有进出关境的运输工具、货物和物品。

3. 海关监管是国家的行政执法活动

海关监督管理是为保证国家有关法律、法规实施的行政执法活动，执法的依据是《海关法》和其他有关法律、行政法规。

《海关法》是管理海关事务的基本法律规范。值得注意的是，地方政府制定的法律规范是不能作为海关执法依据的，海关事务属于中央立法事权，立法者为全国人大及其常委会以及国家最高权力机关的最高执行机关——国务院。海关总署可以根据法律和国务院的法规、决定、命令执法，制度规章，作为执法依据的补充。

省、自治区、直辖市人民代表大会和人民政府不得制定海关法律规范，其制定的地方法规、地方规章也不是海关执法的依据。

【知识链接】

关境是指适用同一海关法或实行同一关税制度的领域。包括领水、领陆和领空。我国关境小于国境，我国单独关境有香港、澳门和台、澎、金、马单独关税区。进出境指的就是进出关境。

(二)海关的任务

海关管理有四项基本任务,即监管进出境的运输工具、货物、行李物品、邮递物品和其他物品(监管),征收关税和其他税费(征税),查缉走私和编制海关统计。

1. 监管

海关监管不是海关监督管理的简称。海关监管是一项国家职能,其目的在于保证一切进出境活动符合国家政策和法律的规范,维护国家主权和利益。

根据监管对象的不同,海关监管分为货物监管、物品监管和运输工具监管三大体系。

2. 征税

关税是国家财政收入的重要来源,也是国家宏观经济调控的重要工具。关税的征收主体是国家,《海关法》明确将征收关税的权力授予海关,由海关代表国家行使征收关税职能。

海关征税工作的基本法律依据是《海关法》《中华人民共和国进出口关税条例》。

3. 查缉走私

查缉走私是海关为保证顺利完成监管和征税等任务而采取的保障措施。查缉走私是指海关依照法律赋予的权力,在海关监管场所和海关附近的沿海沿边规定地区,为发现、制止、打击、综合治理走私活动而进行的一种调查和惩处活动。

4. 编制海关统计

海关统计是以实际进出口货物作为统计和分析的对象,通过搜集、整理、加工,全面准确地反映对外贸易的运行态势,计算提供统计信息和咨询,实施有效的统计监督,开展国际贸易统计的交流与合作,促进对外贸易的发展。

(三)海关的管理体制与机构

海关机构是国务院根据国家改革开放的形势以及经济发展战略的需要,依照海关法律而设立的。

1. 海关的领导体制

海关总署作为国务院的直属机构,其集中统一的垂直领导体制既适应了国家改革开放、社会主义现代化建设的需要,也适应了海关自身建设与发展的需要,有力地保证了海关各项监督管理职能的实施。

2. 海关的设关原则

《海关法》以法律形式明确了海关的设关原则:"国家在对外开放的口岸和海关监管业务集中的地点设立海关。海关的隶属关系,不受行政区划的限制。"

3. 海关的组织机构

海关机构的设置为海关总署、直属海关和隶属海关三级,此外还设有海关缉私警察机构。隶属海关由直属海关领导,向直属海关负责;直属海关由海关总署领导,向海关总署负责。

(1)海关总署。海关总署是国务院的直属机构,在国务院领导下统一管理全国海关机构、人员编制、经费物资和各项海关业务,是海关系统的最高领导部门。

（2）直属海关。直属海关是指直接由海关总署领导，负责管理一定区域范围内海关业务的海关。

（3）隶属海关。隶属海关是指由直属海关领导，负责办理具体海关业务的海关，是海关进出境监督管理职能的基本执行单位。

【阅读案例 8-1】

海关在例行检查时报关货物时发现一单货物的申报重量和实际重量相差 6 吨，怀疑该货物申报情况和实际情况不符，可能存在走私或虚报商品名目的嫌疑。于是决定当场开箱查验，经过海关工作人员的检查，发现集装箱内的货物有六千余件，但报关单上的申报数量只有 2150 件，海关人员当即作出如下处罚：

（1）收取开箱查验费用；（2）给报关员计 1 分处罚；（3）暂扣货物，推迟出关，并且报关所需文件重新办理。

二、报关概述

（一）报关的概念

报关是指进出口货物收发货人、进出境运输工具负责人、进出境物品的所有人或者他们的代理人向海关办理货物、物品或运输工具进出境手续及相关海关事务的过程。

《中华人民共和国海关法》第 8 条规定"进出境运输工具、货物、物品必须通过设立海关的地点进境或出境"，规定了由设关地进出境的运输工具、货物、物品需办海关进出境手续的报关基本原则。

（二）报关的范围

按照法律规定，所有进出境运输工具、货物、物品都需要办理报关手续。报关的具体范围如下：

（1）进出境运输工具：国际航行船舶、航空器、车辆和驮畜等；

（2）进出境货物：一般进出口货物；保税货物；暂准进出口货物；特定减免税货物；过境、转运、通运货物；特殊货物如水与电等；

（3）进出境物品：行李物品、邮递物品、享有外交特权和豁免权的公务用品和自用物品、国际快件等。

（三）报关的分类

1. 按照报关的对象分类

按照报关的对象，报关可以分为运输工具报关、物品报关和货物报关。

（1）进出境运输工具报关。作为货物、人员及其携带物品进出境的载体，其报关主要是向海关直接交验随附的，符合国际商业运输惯例，能反映运输工具进出合法性及其所承运货物、物品情况的合法证件、清单和其他运输单证。其报关手续较为简单。

（2）进出境物品的报关。因其非贸易性质,且一般限于自用、数量小,其报关手续比较简单。

（3）进出境货物的报关。进出境货物的报关比较复杂,为此,海关根据对进出境货物的监管要求,制定了一系列报关管理规范,并要求必须由具备一定的专业知识和技能且经海关注册的专业人员代表报关单位专门办理。

2. 按照报关的目的分类

按照报关的目的,主要可以分为进境报关和出境报关。

由于海关对运输工具、货物、物品的进境和出境有不同的管理要求,运输工具、货物、物品根据进境或出境的目的分别形成了一套进境报关和出境报关手续。

另外,由于运输或其他方面的需要,有些海关监管货物需要办理从一个设关地点至另一个设关地点的海关手续,在实践中产生了"转关"的需要,转关货物也需办理相关的报关手续。

3. 按照报关的实施主体分类

我国《海关法》第九条规定:"进出口货物,除另有规定的外,可以由进出口货物收发货人自行办理报关纳税手续,也可以由进出口货物收发货人委托海关准予注册登记的报关企业办理报关纳税手续。"根据这一规定,进出口货物的报关又可分为自理报关和代理报关两类。

（1）自理报关。进出口货物收发货人自行办理报关业务称为自理报关。根据目前我国海关的规定,进出口货物收发货人必须依法向海关注册登记后方能办理报关业务。

（2）代理报关。代理报关是指接受进出口货物收发货人的委托,代理其办理报关手续的行为。我国海关法律把有权接受他人委托办理报关纳税手续的企业称为报关企业。报关企业从事代理报关业务必须依法取得报关企业注册登记许可,并向海关注册登记。

三、报关单位

（一）报关单位的概念

报关单位是指依法在海关注册登记的报关企业和进出口货物收发货人。

报关单位具有以下 3 个基本特征。

1. 依法在海关注册登记

必须依法在海关注册登记后,方可向海关办理报关业务,这是成为报关单位的前提条件。

2. 必须在中国境内

报关单位必须是中华人民共和国境内的法人、其他组织或者个人,这就意味着境外的企业、其他组织或者个人,均不能成为报关单位。所谓境内,即法人或者其他组织必须是在中国关境内依法成立。

3. 包含两类主体

报关单位是一个集合概念,由进出口收发货人和报关企业两类主体共同构成。

（二）报关单位类型

《海关法》将报关单位划分为:进出口货物收发货人和报关企业。

1. 进出口货物收发货人

进出口货物收发货人是指货物的进口人或者出口人，即《中华人民共和国对外贸易法》所规定的对外贸易经营者。对外贸易经营者是指依法办理工商登记或者其他执业手续，依照《对外贸易法》和其他有关法律、行政法规规定从事对外贸易经营活动的法人、其他组织或者个人。进出口货物收发货人经海关注册登记，取得报关资格后，只能为本单位报关。

2. 报关企业

报关企业是指按照规定经海关准许注册登记，接受进出口货物收发货人的委托，以进出口货物收发货人的名义或者以自己的名义，向海关办理代理报关业务，从事报关服务的境内企业法人。其主要包括：经营国际货物运输代理业务，兼营进出口货物代理报关业务的国际货运代理公司和主营代理报关业务的报关公司或报关行。

专业报关企业目前开展的主要业务类型有：代理报关、报检、查验、换单，代为办理海关征免税证明、加工贸易备案与核销等业务。

四、报关员

（一）报关员的概念

报关员是指经报关单位向海关备案，专门负责办理所在单位报关业务的人员，在我国《海关法》及 2014 年 3 月实施的《报关单位注册登记管理规定》中，将报关单位所属人员从事报关业务的人员称为"报关人员"。在职业实践中，这两个概念不存在本质区别，只是不同角度所用的称谓。从报关职业角度，报关从业人员统称为报关员；从现行海关法律体系角度，统称为报关人员。

（二）报关员的管理

报关员资格全国统一考试制度实施以来，对报关员整体素质和执业水平的提高，奠定了良好的基础。2013 年 10 月，根据国务院简政放权、转变职能，进一步减少资质资格类许可和认定的有关要求，海关总署发布 2013 年第 54 号公告，决定改革现行报关从业人员资质资格管理制度，取消报关员资格核准审批，对报关人员从业不再设置门槛和准入条件，自 2014 年起不再组织报关员资格全国统一考试。取消报关员资格考试后，报关人员由企业自主聘用，由报关协会实行行业自律管理。海关按照由企及人的管理理念，通过指导、督促报关单位加强内部管理，进而实现对报关人员的管理。

海关对报关员的管理主要体现在报关单位向海关的报备、报关单位与报关员法律关系的确认和法律责任的承担 3 个方面。

（1）《报关单位注册登记管理规定》明确规定：报关单位对其所属报关人员的报关行为应当承担相应的法律责任。

（2）报关单位与所属报关员的劳动合同关系的真实性和有效性由报关单位负责，在"报关员情况登记表"中注明并加盖公章确认。

（3）《报关单位注册登记管理规定》明确由报关单位为所属报关员办理海关有关手

续。报关单位所属人员从事报关业务的,报关单位应当到海关办理备案手续,海关予以核发证明。

第二节　一般进出口货物的报关

一、一般进出口货物的含义

一般进出口货物是指在进出境环节缴纳了应征的进出口税费并办结了所有必要的海关手续,海关放行后不再进行监管的进出口货物。"一般进出口"指的是海关的一种监管制度,以区别于"保税进出口"等海关监管制度。

二、一般进出口货物的特征

1. 进出境时缴纳进出口税费

一般进出口货物的收发货人应当按照《海关法》和其他有关法律、行政法规的规定,在货物进出境时向海关缴纳应当缴纳的税费。

2. 进出口时提交相关的许可证件

货物进出口应受国家法律、行政法规管制的,进出口货物收发货人或其代理人应当向海关提交相关的进出口许可证件。

3. 海关放行即办结了海关手续

海关征收了全额的税费,审核了相关的进出口许可证件,并对货物进行实际查验(或作出不予查验的决定)以后,按规定签章放行。对一般进口货物来说,海关放行就意味着海关手续已经全部办结,海关不再监管,可以直接进入生产和消费领域流通,对于一般出口货物来说,海关放行后离境意味着海关手续全部办结。

三、一般进出口货物的范围

实际进出口的货物,除特定减免税外,都属于一般进出口货物的范围,主要包括以下货物:

(1) 一般贸易进出口货物;

(2) 转为实际进口的保税货物、暂准进境货物,转为实际出口的暂准出境货物;

(3) 易货贸易、补偿贸易进出口货物;

(4) 不批准保税的寄售代销货物;

(5) 承包工程项目进出口货物;

(6) 外国驻华商业机构进出口陈列用的样品;

(7) 外国旅游者小批量订货出口的商品;

(8) 随展览品进出境的小卖品、展卖品;

(9) 免费提供的进口货物。

四、一般进出口货物的报关程序

一般进出口货物报关的基本程序如下:

（一）申报

1. 申报地点

全国通关一体化全面启动后，进出口企业可在任一海关进行申报，即企业可以根据实际需要自主选择在货物进出口岸报关、企业属地报关或其他海关报关，除必须进行转关操作的进出口货物以外，均可实现一体化作业模式申报。

按照申报地点分类，报关方式可以分为四种。

（1）口岸海关报关

口岸海关报关即报关企业向货物实际进出境地海关办理报关手续，如货物涉及查验，由货物进出境地海关实施查验。

（2）属地海关报关

属地海关报关即报关企业向企业主管地海关办理报关手续，货物在口岸海关实际进出境。如货物涉及查验，由货物实际进出境的口岸海关实施查验。

（3）在除口岸及属地海关外其他海关报关

采用该种报关方式的进出口企业较少，适用于有特殊需要的进出口企业。如货物涉及查验，由货物实际进出境的口岸海关实施查验。

（4）货物所在地的主管海关报关

以保税货物、特定减免税货物和暂准进境货物申报进境的货物，因故改变使用目的从而改变性质转为一般进口时，进口货物的收货人或其代理人应当在货物所在地的主管海关申报。

2. 申报期限

（1）进口货物的申报期限为自装载货物的运输工具申报进境之日起 14 日内。申报期限的最后一天是法定节假日或休息日的，顺延至法定节假日或休息日后的第一个工作日。

（2）出口货物的申报期限为货物运抵海关监管区后，装货的 24 小时以前。

（3）进口货物的收货人未按规定期限向海关申报的，由海关按《海关法》的规定征收滞报金。进口货物自装载货物的运输工具申报进境之日起超过 3 个月仍未向海关申报的，货物由海关依照《海关法》的规定提取变卖处理。对不宜长期保存的货物，海关可以根据实际情况提前处理。

（4）经电缆、管道或其他特殊方式进出境的货物，进出口货物收发货人或其代理人按照海关规定定期申报。

3. 申报方式

目前，申报形式主要是采用电子数据报关单申报。

电子数据报关单申报形式，是指进出口货物的收发货人或受委托的报关企业通过计算机系统按照《报关单填制规范》的要求向海关传送报关单电子数据并备齐随附单证的申报方式。

进出口货物的收发货人、受委托的报关企业应当以电子数据报关单形式向海关申报，与随附单证一并递交的纸质报关单的内容应当与电子数据报关单一致。

4. 申报单证

申报单证可以分为报关单和随附单证两大类,其中随附单证包括基本单证和特殊单证。

(1) 报关单。报关单是由报关员按照海关规定格式填制的申报单。如果是由报关企业代理报关的,还需要提供一份报关委托协议书,进出口收发货人自理报关的则不需要。

(2) 基本单证。基本单证是指进出口货物的货运单据和商业单据,主要有装箱清单、商业发票、销售合同、进口提货单据、出口装货单据等。

(3) 特殊单证。特殊单证不是所有货物都需要的,是指特定货物报关时需要的单证,主要有检验检疫通关单、加工贸易登记手册、进出口许可证、特定减免税证明、产地证等。

(二) 海关查验

海关查验,是指海关根据《海关法》为确定进出境货物的性质、价格、数量、原产地、货物状况等是否与报关单上已申报的内容相符,对货物进行实际检查的行政执法行为。

1. 查验地点

查验应当在海关监管区内实施。

因货物易受温度、静电、粉尘等自然因素影响,不宜在海关监管区内实施查验或者因其他特殊原因,需要在海关监管区外查验的,经进出口货物收发货人或其代理人书面申请,海关可以派关员到海关监管区外实施查验。

2. 查验时间

查验时间一般约定在海关正常工作时间内。

3. 查验方式

海关实施查验可以彻底查验,也可以抽查。按照操作方式,查验可以分为人工查验和机检查验,人工查验包括外形查验、开箱查验等方式。

(1) 外形查验。是指对外部特征直观、易于判断基本属性的货物的包装、唛头和外观等状况进行验核的查验方式。

(2) 开箱查验。是指将货物从集装箱、货柜车箱等箱体中取出并拆除外包装后,对货物实际状况进行验核的查验方式。

(3) 机检查验。是指以利用技术检查设备为主,对货物实际状况进行验核的查验方式。

(4) 抽查。是指按照一定比例有选择地对一票货物中的部分货物验核实际状况的查验方式。

(5) 彻底查验。是指逐件开拆包装、验核货物实际状况的查验方式。

【知识链接】

配合查验人员应当做好的工作

1. 联系相关单位,准备待查货物,主动与海关查验部门取得联系,按约定时间到场。

2. 尽量了解查验货物的相关信息并提前准备好进出口货物的相关资料。

3. 提前告知查验禁忌,如实回答海关的提问,通过相关资料,并按照海关要求做好相关协助工作。

4. 注意人身安全和货物的安全，及时把查验进度报告本公司，并做好当天的工作记录。

5. 配合场地管理方做好取样登记、施加封条等场地或货物管理措施。不准擅自开启海关关封。

6. 配合查验人员根据实际情况在查验记录上签名确认。发生的临时费用，如搬运、送检等费用，及时报告本公司，并与委托方签字确认。

（三）缴税

进出口货物收发货人或其代理人将报关单及随附单证提交给货物进出境地指定海关，海关对报关单进行审核，对需要查验的货物先由海关查验，然后核对计算税费，开具税款缴款书和收费票据。

纳税义务人应当在货物的进出境地向海关缴纳税款，经海关批准也可以在纳税义务人所在地向其主管海关缴纳税款（"属地纳税"）。

纳税义务人向海关缴纳税款的方式主要有两种：一种是持缴款书到指定银行营业柜台办理税费交付（"柜台支付税费"）手续；另一种是向签有协议的银行办理电子交付税费（"网上支付税费"）手续。

网上支付税费是指纳税义务人、银行、中国电子口岸数据中心和海关按照网上支付项目管理规定，通过中国电子口岸数据平台办理进出口税费缴纳手续的付税方式。

目前，实行网上支付的税费有：进出口关税、反倾销税及其他特别关税、进口增值税、进口消费税及缓税利息。

按照规定，海关征收关税、进口环节增值税和消费税、船舶吨税，进口货物的纳税义务人，应当自海关填发税款缴款书之日起15日内缴纳税款；如纳税义务人或其代理人逾期缴纳税款，由海关自缴款期限届满之日起至缴清税款之日止，按日加收滞纳税款的0.5%作为滞纳金。纳税义务人应当自海关填发滞纳金缴款书之日起15日内向指定银行缴纳滞纳金。

（四）放行

海关放行是指海关接受进出口货物的申报、审核电子数据报关单和纸质报关单及随附单证、查验货物、征收税费或接受担保以后，对进出口货物做出结束海关进出境现场监管决定，允许进出口货物离开海关监管现场的工作环节。

海关放行一般是在进口货物提货凭证或出口货物装货凭证上签盖"海关放行章"，进出口货物收发货人或其代理人签收进口提货凭证或出口装货凭证，凭以提取进口货物或将出口货物装运到运输工具上离境。

在试行"无纸通关"申报方式的海关，海关做出放行决定时，通过计算机将"海关放行"报文发送给进出口货物收发货人或其代理人和海关监管货物保管人。进出口货物收发货人或其代理人从计算机上自行打印海关通知放行的凭证，凭以提取进口货物或将出口货物装运到运输工具上离境。

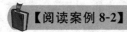

【阅读案例8-2】

"沪太通"物流新模式启用 简化流程节省通关成本

2015年8月5日,上海港与太仓港在太仓共同举行"一港集散,两港联动"——"沪太通"服务方案推介会,两港合作打造的苏南地区远洋货物从太仓港转运洋山港出口物流新模式正式启用。

"一港集散,两港联动"的"沪太通"物流新模式是指将上海港与太仓港合作的上海港正和码头作为上海港的延伸,出口集装箱进了上海港正和码头视同于进了上海洋山港。客户只要将从洋山码头出口的集装箱在规定时间内送至上海港正和码头,经太仓海关放行后,即可由每8小时1班的"太仓快航"运送至洋山港码头直接装船出海。

太仓港口管委会相关负责人告诉记者,"沪太通"物流新模式,比传统陆路直运洋山港节省成本200~400元/标箱,经试运行后抵运及时率达100%,高效的运输速度和全程服务理念受到了客户肯定,同时也简化了通关流程、节省了通关时间和成本。以前太仓出口报关模式为转关模式,集装箱运抵洋山港后还需在洋山港中转报关再放行,现在"沪太通"模式下只需太仓港报关放行,运抵洋山港即可装船出口。"沪太通"物流新模式启用后,预计每年可吸引苏南地区约30万标箱集装箱远洋货物改从太仓港中转洋山港,将进一步提升太仓港对区域经济的服务能级和水平。

资料来源:根据《苏州日报》新闻报道改编

第三节 保税加工货物的报关

一、保税加工货物概述

(一)保税加工货物

1. 含义

保税加工货物,是指经海关批准未办理纳税手续,在境内加工、装配后复运出境的货物。

2. 范围

保税加工货物主要包括:

(1)专为加工、装配出口产品而从国外进口且海关准予保税的原材料、零部件、元器件、包装物料、辅助材料,即料件;

(2)用进口保税料件生产的半成品、成品;

(3)在保税加工生产过程中产生的边角料、残次品和副产品。

3. 特点

(1)保税加工料件在进口前须在海关设立手册或账册。

（2）保税加工料件一般实行保税监管,进口时暂时免于缴纳进口关税和进口环节税,加工成品出口后,海关根据核定的实际加工复出口的数量予以核销;除国家另有规定外,属于国家对进口有限制性规定的,免于交验进口许可证件。

（3）保税加工产品一般须复运出境,属于应当征收出口关税的,应按照规定缴纳出口关税。

（4）保税加工货物转为内销时须经批准并交验进口许可证件、缴纳进口税费。

（二）保税加工的形式

保税加工通常有两种形式。

1. 来料加工

来料加工,是指进口料件由境外企业提供,经营企业不需要付汇进口,按照境外企业的要求进行加工或者装配,只收取加工费,制成品由境外企业销售的经营活动。

2. 进料加工

进料加工,是指进口料件由经营企业付汇进口,制成品由经营企业外销出口的经营活动。

二、保税加工货物的报关流程

保税加工报关的基本作业流程分为 5 个阶段。

1. 合同备案、申请设立加工贸易手册

在此阶段,经营企业或其代理人在加工贸易合同经商务主管部门批准,料件尚未进口前,凭合同、批件等到加工企业所在地主管海关办理手册设立手续,由海关确认监管方式、征免性质、商品名称、数量、金额、单耗等情况,以及按规定办理银行保证金台账手续后,海关同意设立加工贸易手册。目前,无纸化通关手册(电子化手册)已经全面应用,企业在向海关办理加工手册设立时,海关不再核发纸质手册(或者所核发的纸质手册仅作为报核时的手册凭证)。企业办理通关手册设立后,海关核发加工手册号及手册的登记信息、企业凭以办理货物通关手续。

2. 办理料件进口手续

在此阶段,经营企业或其代理人在保税料件进口时,凭取得的加工贸易手册及其他报关单证向海关申报,办理料件进口报关手续。

3. 加工期间配合核查

在此阶段,被核查人应当接受并配合海关实施保税核查,提供必要的工作条件,如实反映情况,提供海关保税核查需要的有关账簿、单证等纸质资料和电子数据。海关查阅、复制被核查人的有关资料或者进入被核查人的生产经营场所、货物存放场所核查时,被核查人的有关负责人或者其制定的代表应当到场,并按照海关要求清点账簿、打开货物存放场所、搬移货物或者开启货物包装。

4. 按最终流向办理相关手续

在此阶段,经营企业或其代理人根据加工贸易成品复出口、转为内销或深加工结转等不同流向,分别按海关相关管理制度办理报关手续。

5. 办理报核手续

在此阶段,经营企业或其代理人在核对确认加工贸易所需料件、生产成品复出口及单耗情况后,在规定的期限内向海关申请核销,经海关审核并按规定办理银行保证金台账销账手续后核销结案。

第四节　国际物流报关实务

一、进出口关税

(一) 进口关税

进口关税是指国家海关以进境货物和物品为征税对象所征收的关税,在我国根据计征标准的不同可以将进口关税分为从价税、从量税、复合税。

1. 从价税

以货物的价格作为计税标准,以应征税额占货物价格的百分比为税率,税额和税率成正比例关系,即:

$$从价税应征税额＝货物的完税价格×从价税税率$$

2. 从量税

以货物的计量单位如重量、数量、容量等作为计税标准,即:

$$从量税应征税额＝货物数量×单位税额$$

3. 复合税

一个税目中的商品同时使用从价、从量两种标准计税,即:

$$复合税应征税额＝货物的完税价格×从价税税率＋货物数量×单位税额$$

此外,进口税还有正税和附加税之分,正税即按税则法定进口税率征收的关税,进口附加税是由于特定需要对进口货物除征收正税外另行征收的一种进口税,世贸组织一般不准其成员方随意征收进口附加税,只有在符合世贸组织反倾销、反补贴条例规定的情况下才可征收相应的反倾销税、反补贴税、特别关税(报复性关税)。

(二) 出口关税

出口关税是海关以出境货物和物品为征税对象所征收的关税,一般不征收出口关税或仅对少数商品征收。征税的目的主要是限制、调控某些商品的过激、无序出口,特别是防止本国一些重要自然资源和原材料的出口。我国目前征收的出口关税都是从价税,即:

$$应征出口关税税额＝出口货物完税价格×出口关税税率$$

(三) 进出口货物完税价格的确定

我国海关对大多数进出口货物和物品征收的都是从价税,所以必须确定货物应缴纳税款的价格,即经海关依法审定的完税价格,是凭以计征进出口货物关税及进口环节税的基础。征收进出口关税的法律依据是《海关法》《进出口关税条例》和《审定进出口货物完税价格办法》的相关规定。

《海关法》第十五条规定:"进出口货物的完税价格,由海关以该货物的成交价格为基础审查确定,成交价格不能确定时,完税价格由海关依法估定。"通过以上规定可知,审定进出口货物完税价格应首先使用成交价格估价方法。

1. 进口货物完税价格的确定

进口货物的完税价格,由海关以该货物的成交价格为基础审查确定,并应当包括货物运抵境内输入地点起卸前的运输及其相关费用、保险费。海关确定进口货物完税价格有六种估价方法:成交价格方法、相同货物成交价格方法、类似货物成交价格方法、倒扣价格方法、计算价格方法和合理方法。通常情况下六种方法依次使用。

实践操作层面,我国对进口货物完税价格以 CIF 价格为基础审核确定,如进口货物价格采用其他术语成交,需视情将其他术语转换为 CIF 术语价格。

例如:

(1) FOB 贸易术语下,确定完税价格时需将货物运至我国关境起卸前发生的运输及相关费用、保险费计入,即:

$$CIF 价格＝FOB＋起卸前发生的运输及相关费用＋保险费$$

(2) CFR 贸易术语下,确定完税价格时需将货物运至我国关境起卸前发生的保险费用计入,即:

$$CIF 价格＝CFR＋起卸前发生的保险费用$$

2. 出口货物完税价格审定办法

我国仅对涉及资源、原料性物资征收出口关税,范围较少,但核定出口货物价格也是报关人员必备的技能。

实践操作层面,我国出口货物完税价格以 FOB 价格为基础审核确定,如出口货物采用其他术语成交,均需视情况将其他术语转换为 FOB 术语价格。出口货物以其他贸易术语成交,应进行适当转换。

(1) CIF 术语下:出口货物 FOB 价格＝CIF－国际运输及相关费用、保险费

(2) CFR 术语下:出口货物 FOB 价格＝CFR－国际运输及相关费用

(四) 进出口税费的计算

海关征收的关税、进出口环节税等一律以人民币计征。进出口货物的成交价格及相关费用以外币计价的,海关计征有关税费时,采用当月适用的中国人民银行公布的基准汇率;以基准汇率以外的外币计价的,为同一时间公布的现汇买入价和现汇卖出价的中间值。

计算税款前要将审定的完税价格折算成人民币,完税价格计算至元,元以下的四舍五入;税额计算到分,分以下四舍五入。税款的起征点为人民币 50 元。

1. 进出口关税税款的计算

(1) 按照归类原则确定税则归类,将应税货物归入恰当的税目税号;

(2) 根据原产地规则或相关规定,确定应税货物所适用的税率;

(3) 根据完税价格审定办法和规定,确定应税货物的完税价格;

(4) 根据汇率使用原则,将外币折算成人民币;

（5）按照计算公式正确计算应征税款。计算公式如下：

$$进口关税税额＝完税价格×进口关税税率$$

【实践案例 8-1】

某公司从德国进口奔驰豪华小轿车 10 辆（排气量超 3000 毫升），税则归类，排气量超 3000CC 的小轿车（应归入税目 87032430），进口税率 50％，其成交价格为每辆 CIF 天津新港 50000 美元，假设当期外汇中间价 100 美元＝650 元人民币，请计算该批进口汽车的进口关税税款是多少？（消费税、增值税另计）

【解题示范】

（1）税则归类与税率查找省略项，已知税率为 50％。

（2）计算完税价格

$$完税价格＝50000×6.5×10＝3250000 元$$

（3）计算关税税款

$$关税税款＝3250000 元×50％＝1625000 元$$

2. 消费税的计算

消费税的征收范围，仅限于少数消费品，可以分为四种类型。

（1）一些过度消费会对人的身体素质、社会秩序、生态环境等方面造成危害的特殊消费品，如烟、酒、酒精、鞭炮、烟火等；

（2）奢侈品、非生活必需品，如贵重金属及珠宝玉石、化妆品及护肤护发品等；

（3）高能耗的高档消费品，如小轿车、摩托车、汽车轮胎等；

（4）不可再生和替代的资源类消费品，如汽油、柴油等。

消费税的税额计算程序与进出口关税的计算程序相同。计算公式如下：

（1）实行从价征收的消费税是按照组成计税价格计算，公式为：

$$消费税应纳税额＝组成计税价格×消费税税率$$

$$消费税组成计税价格＝（关税完税价格＋关税税额）÷（1－消费税税率）$$

（2）实行从量定额征收的消费税的计算公式为：

$$应纳税额＝应征消费税消费品数量×单位税额$$

（3）同时实行定额从量、从价定率征收的消费税是上述两种征税方法的综合。

$$应纳税额＝应征消费税消费品数量×单位税额＋组成计税价格×消费税税率$$

【实践案例 8-2】

某公司从德国进口奔驰豪华小轿车 10 辆（排气量超 3000 毫升），税则归类，排气量超 3000CC 的小轿车（应归入税目 87032430），进口税率 50％，消费税税率 8％，增值税税率 17％，其成交价格为每辆 CIF 天津新港 50 000 美元，假设当期外汇中间价 100 美元＝650 元人民币，请计算该批进口汽车的进口环节消费税是多少？（增值税另计）

【解题示范】

（1）计算完税价格

$$完税价格 = 50\,000 \times 6.5 \times 10 = 3\,250\,000\ 元$$

（2）计算关税税款

关税税款：$3\,250\,000\ 元 \times 50\% = 1\,625\,000\ 元$

（3）组成计税价格

$$组成计税价格 = (3\,250\,000 + 1\,625\,000) \div (1 - 8\%) = 5\,298\,913.04\ 元$$

（4）消费税

$$消费税 = 5\,298\,913.04\ 元 \times 8\% = 423\,913.04\ 元$$

3. 增值税的计算

在我国境内销售货物（销售不动产或免征的除外）、进口货物和提供加工、修理修配劳务的，都要缴纳增值税。增值税计算公式为：

$$应纳增值税税额 = (关税完税价格 + 关税税额 + 消费税税额) \times 增值税税率$$

【实践案例 8-3】

某公司从德国进口奔驰豪华小轿车 10 辆（排气量超 3000 毫升），税则归类，排气量超 3000CC 的小轿车（应归入税目 87032430），进口税率 50%，消费税税率 8%，增值税税率 17%，其成交价格为每辆 CIF 天津新港 50 000 美元，假设当期外汇中间价 100 美元 = 650 元人民币，请计算该批进口汽车的进口环节增值税是多少？

【解题示范】

（1）计算完税价格

$$完税价格 = 50\,000 \times 6.5 \times 10 = 3\,250\,000\ 元$$

（2）计算关税税款

关税税款：$3\,250\,000\ 元 \times 50\% = 1\,625\,000\ 元$

（3）计算组成计税价格

$$组成计税价格 = (3\,250\,000 + 1\,625\,000) \div (1 - 8\%) = 5\,298\,913.04\ 元$$

（4）计算消费税

$$消费税 = 5\,298\,913.04\ 元 \times 8\% = 423\,913.04\ 元$$

（5）计算增值税：

$$增值税税额 = (完税价格 + 关税税额 + 消费税税额) \times 增值税税率$$
$$= (3\,250\,000 + 1\,625\,000 + 423\,913.04) \times 17\% = 900\,815.22\ 元$$

[模拟练习]

厦门某进口贸易公司进口德国产奥迪四驱越野车一批共 15 辆，经海关审核其成交价格为 CIF 厦门 60 000 美元一辆，其关税税率为 25%，消费税 30%，增值税 16%[①]，假定当期外汇汇率为 100 美元 = 600 元人民币，请计算该公司应缴纳的海关税费。

———————————

① 国家大力支持跨境电商进出口，从 2018 年 5 月 1 日起，制造业等行业增值税税率将从 17% 降至 16%。

　　1. 进口关税?

　　2. 进口环节消费税?

　　3. 进口环节增值税?

二、报关单

　　进出口货物的收发人或其代理人向海关办理进出口手续时,在货物进出口的时候填写《进出口货物报关单》或《出口货物报关单》,同时提供批准货物进出口的证件和有关的货运、商业票据,以便海关审查货物的进出口是否合法,确定关税的征收或减免事宜,编制海关统计。能否正确填制报关单将直接影响报关率、企业的经济利益和海关监管的各个工作环节。因此,正确填制报关单是海关对报关企业和报关员的基本要求,也是报关员必须履行的义务。

(一) 报关单概述

1. 含义

　　进出口货物报关单是指进出口货物的收发货人或其代理人,按照海关规定的格式对进出口货物的实际情况作出书面申明,以此要求海关对其货物按照适用的海关制度办理通关手续的法律文书。

2. 类别

　　按照货物的流转状态、贸易性质和海关监管方式的不同,进出口货物报关单可以分为以下几种类型:

　　(1) 按进出口状态分

　　① 进口货物报关单

　　② 出口货物报关单

　　(2) 按表现形式分

　　① 纸质报关单

　　② 电子数据报关单

　　(3) 按使用性质分

　　① 进料加工进出口货物报关单

　　② 来料加工及补偿贸易进出口报关单

　　③ 一般贸易及其他贸易进出口货物报关单

　　(4) 按用途分

　　① 报关单录入凭单:指申报单位按海关规定的格式填写的凭单,用作报关单预录入的依据。

　　② 预录入报关单:指预录入单位录入、打印,由申报单位向海关申报的报关单。

　　③ 电子数据报关单:指申报单位通过电子计算机系统,按照《填制规范》的要求,向海关申报的电子报文形式的报关单及事后打印、补交备核的纸质的报关单。

　　④ 报关单证明联:指海关在核实货物实际入、出境后按报关单格式提供的证明,用作

企业向税务、外汇管理部门办结有关手续的证明文件。包括：第一，出口货物报关单出口退税证明联。第二，进口货物报关单付汇证明联。第三，出口货物报关单收汇核销联。

（二）进出口货物报关单的填制规范

1. 预录入编号

预录入编号是指预录入报关单的编号，用于申报单位与海关之间引用其申报后尚未接受申报的报关单。一份报关单对应一个预录入编号，由系统自动生成。

2. 海关编号

海关编号是指海关接受申报时给予报关单的顺序号。海关编号由各直属海关在接受申报时确定，并标识在报关单的每一联上。一般来说海关编号就是预录入编号，由计算机自动打印，不须填写。编号规则如下：

进口报关单和出口报关单应分别编号，确保在同一公历年度内，能按进口和出口唯一地标识本关区的每一份报关单。

报关单海关编号由 18 位数字组成，其中前 4 位为接受申报海关的编号，即《关区代码表》中相应的海关代码，第 5～8 位为海关申报的公历年份，第 9 位为进出口标志，"1"为进口，"0"为出口，第 10～18 位为报关单顺序编号。

3. 进出境关别

根据货物实际进出境的口岸海关，填报海关规定的关区代码表中相应口岸海关的名称及代码。

进出境关别代码由 4 位数字组成，前两位为直属关区关别代码，后两位为隶属海关或海关监管场所的代码；关区名称指直属海关、隶属海关或海关监管场所的中文名称；关区简称指关区（海关）的中文简称，一般为 4 个汉字。例如，货物由天津新港口岸进境，应填报为"新港海关（0202）"。

本栏目为原报关栏目"进/出口口岸"，现更名为"进出境关别"。

【知识链接】

限定口岸进出境要求

国家对汽车整车、药品等货物限定口岸进口；对稀土、甘草、锑及锑制品等货物限定口岸出口；对实行许可证管理的货物，按证件核准口岸限定进出口。相关商品应严格在规定的口岸办理进出口申报手续。

加工贸易进出境货物，应填报主管海关备案时所限定或指定货物进出的口岸海关名称及其代码。限定或指定口岸与货物实际进出境口岸不符的，应在合同备案主管海关办理变更手续后填报。

4. 备案号

备案号是指进出口货物收发货人、消费使用单位、生产销售单位在海关办理加工贸易合同备案或征、减、免税审批备案等手续时，海关给予《中华人民共和国海关加工贸易手册》《中华人民共和国海关加工贸易设备登记手册》《中华人民共和国海关进出口货物征免税证明》或其他有关备案审批文件的编号。

一份报关单只允许填报一个备案号。无备案审批文件的报关单,本栏目免予填报。

5. 进口日期/出口日期

进(出)口日期是指申报货物的运输工具申报进境(办结出境手续)的日期。具体填报要求如下:

(1) 本栏目为8位数字,顺序为年(4位)、月(2位)、日(2位)。例如,2019年2月10日申报进口一批货物,运输工具申报进境日期为2019年2月8日,"进口日期"栏填报为:"20190208"。

(2) 进口日期以运载进口货物的运输工具申报进境日期为准。海关与运输企业实行舱单数据联网管理的,进口日期由系统自动生成。

(3) 出口日期以运载出口货物的运输工具实际离境日期为准,海关与运输企业实行舱单数据联网管理,出口日期由海关自动生成。

(4) 集中申报的报关单,进出口日期以海关接受报关单申报的日期为准。

(5) 无实际进出境的报关单,应填报向海关办理申报手续的日期,以海关接受申报的日期为准。

6. 申报日期

指海关接受进出口货物收、发货人或受其委托的报关企业向海关申报数据的日期。填报要求如下:

(1) 本栏目为8位数字,顺序为年(4位)、月(2位)、日(2位)。

(2) 以电子数据报关单方式申报的,申报日期为海关计算机系统接受申报数据时记录的日期。以纸质报关单方式申报的,申报日期为海关接受纸质报关单并进行登记处理的日期。

(3) 除特殊情况外,进口货物申报日期不得早于进口日期;出口货物申报日期不得晚于出口日期。

7. 境内收发货人

境内收发货人是指在海关注册的对外签订并执行进出口贸易合同的中国境内法人、其他组织或个人的名称及编码。填报要求如下:

本栏目应填报经营单位中文名称和编码。编码可选填18位法人和其他组织统一社会信用代码,没有统一社会信用代码的,填报其在海关办理注册登记手续时的10位数编码。

经营单位编码的结构为:第1至第4位为进出口单位属地的行政区划代码;第5位为市经济区划代码;第6位为进出口企业经济类型代码;第7至第10位为顺序编号。

8. 运输方式

运输方式指载运货物进出关境时所使用的运输工具的分类,包括实际运输方式和海关规定的特殊运输方式。

实际运输方式专指用于载运货物实际进出关境的运输方式,主要包括江海运输、铁路运输、航空运输、汽车运输、邮递运输和其他运输(驮畜、电网、管道等)。

填报要求为:按照《运输方式代码表》选择填报相对应的运输方式(见表8-1)。

表 8-1　运输方式代码表(部分)

运输方式代码	名　称	运输方式名称
0	非保税区	非保税区运入保税区和保税区退区
1	监管仓库	境内运入出口监管仓库和出口监管仓库退仓
2	江海运输	江海运输
3	铁路运输	铁路运输
4	汽车运输	汽车运输
5	航空运输	航空运输
6	邮件运输	邮件运输

9. 运输工具名称及航次号

运输工具名称指载运货物进出境的运输工具的名称或编号。航次号指载运货物进出境的运输工具的航次号。

一份报关单只允许填报一个运输工具的名称,且与运输部门向海关申报的载货清单所列相应内容一致。

(1) 运输工具名称的填报要求

直接在进出境地或采用全国海关通关一体化模式办理报关手续的报关单填报要求如下:

① 水路运输。填报船舶编号或船舶英文名称。

② 公路运输。启用公路舱单前,填报跨境运输车辆的国内行驶车牌号,深圳提前报关模式的报关单的填报国内行驶车牌号+"/"+"提前报关"。启用公路舱单后,免予申报。

③ 铁路运输。填报车厢编号或交接单号。

④ 航空运输。填报航班号。

⑤ 邮件运输。填报邮政包裹单号。

⑥ 其他运输。填报具体运输方式名称,如管道、驮畜等。

(2) 航次号的填报要求

直接在进出境地或采用全国海关通关一体化模式办理报关手续的报关单填报要求:

① 水路运输。填报船舶的航次号。

② 公路运输。启用公路舱单前,填报运输车辆的 8 位进出境日期[顺序为年(4 位)、月(2 位)、日(2 位)]。启用公路舱单后,填报货物运输批次号。

③ 铁路运输。填报列车的进出境日期。

④ 航空运输。免予填报。

⑤ 邮件运输。填报运输工具的进出境日期。

⑥ 其他运输方式。免予填报。

10. 提运单号

提运单号是指进出口货物提单或运单的编号。一份报关单只允许填报一个提运单号,一票货物对应多个提运单时,应分单填报。无实际进出境的,免于填报。

实际进出境,直接在进出境地报关或采用全国海关通关一体化模式办理报关手续的,本栏填报规则如下。

(1) 水路运输。填报进出口提单号。如有分提单的,填报进出口提单号+"＊"+分提单号。

(2) 公路运输。启用公路舱单前,免予填报;启用公路舱单后,填报进出口总运单号。

(3) 铁路运输。填报运单号。

(4) 航空运输。填报总运单号+"_"+分运单号,无分运单的,填报总运单号。

(5) 邮件运输。填报邮运包裹单号。

11. 消费使用单位/生产销售单位

消费使用单位是指已知的进口货物在境内的最终消费、使用单位,包括自行从境外进口货物的单位、委托进出口企业进口货物的单位等。生产销售单位是指出口货物在境内的生产和销售单位,包括自行出口货物的单位、委托进出口企业出口货物的单位等。

填报要求如下。

(1) 编码填报18位法人和其他组织统一社会信用代码。无18位统一社会信用代码的,填报"NO"。进口货物在境内的最终消费或使用以及出口货物在境内的生产或销售的对象为自然人的,填报身份证号、护照号、台胞证号等有效证件号码及姓名。

(2) 减免税货物报关单的消费使用单位/生产销售单位,应与《征免税证明》中的"申请单位"一致。

12. 监管方式

进出口货物报关单上所列的监管方式专指以国际贸易中进出口货物的交易方式为基础,结合海关对进出口货物的监督管理,综合设定的对进出口货物的管理方式,即海关监管方式。

本栏根据实际情况,并按海关规定的《贸易方式代码表》(见表 8-2)选择填报相应的贸易方式简称或代码。一份报关单只允许填报一种贸易方式。

表 8-2　贸易方式代码表(部分)

代　码	名　　称	代　码	名　　称	代　码	名　　称
0110	一般贸易	0214	来料加工	0615	进料加工

13. 征免性质

征免性质是指海关对进出口货物实施征、减、免税管理的性质类别。本栏应按照海关核发的《征免税证明》中批注的征免性质填报,或根据实际情况按海关规定的《征免性质代码表》(见表 8-3)选择填报相应的征免性质简称或代码。一份报关单只允许填报一种征免性质。

表 8-3　《征免性质代码表》(部分)

代　码	名　　称	代　码	名　　称
101	一般征税	501	加工设备
299	其他法定	502	来料加工
401	科教用品	503	进料加工

14．许可证号

许可证号是指中华人民共和国商务部配额许可证事务局、驻各地特派员办事处及各省、自治区、直辖市、计划单列市及商务部授权的其他省会城市商务厅（局）、外经贸委（厅、局）签发的进出口许可证编号。

填制要求：应申领进（出）口许可证的货物，申报时应将相关证件的编号填报在报关单本栏中。非许可证管理商品，本栏为空。一份报关单只允许填报一个许可证号，一份报关单对应多个许可证号必须分单申报。

15．启运国（地区）/运抵国（地区）

启运国（地区）指进口货物起始发出的国家（地区）。运抵国（地区）指出口货物直接运抵的国家（地区）。

对于发生运输中转的货物，如中转地未发生任何商业性交易，则起运国（地区）/运抵国（地区）不变，如中转地发生商业性交易，则以中转地作为起运国（地区）/运抵国（地区），填写其中文名称或代码。

本栏应按海关规定的《国别（地区）代码表》选择填报相应的起运国（地区）或运抵国（地区）中文名称或代码。

16．启运港/指运港

启运港指进口货物在运抵我国关境前最后一个境外装运港。指运港指出口货物运往境外的最终目的港。出口货物最终目的港不可预知的，指运港按尽可能预知的目的港填报。

填报要求：本栏应根据实际情况按海关规定的《港口航线代码表》选择填报相应的港口中文名称或代码。装货港/指运港在《港口航线代码表》中无中文名称及代码的，可选择填报相应的国家（地区）中文名称或代码。

17．合同协议号

合同协议号是指在进出口贸易中，买卖双方或双方当事人根据国际贸易惯例或国家有关法律、法规，自愿按照一定条件买卖某种商品而签订的合同（包括协议或订单）的编号。

本栏填报进（出）口货物合同（包括协议或订单）的全部字头和号码。在原始单据上，合同号一般表示为"Contract No.：××××××"，此处的"××××××"即为本栏所应填报内容。

18．境内目的地/境内货源地

境内目的地是指进口货物在国内的消费、使用地或最终运抵地。境内货源地是指出口货物在国内的产地或原始发货地。

填报要求：本栏应根据进口货物收货单位、出口货物生产厂家或发货单位所属国内地区，并按海关规定的《国内地区代码表》选择填报相应的国内地区名称或代码。

19．成交方式

本栏应根据实际成交价格条款，按照海关规定的《成交方式代码表》（见表8-4）选择填报相应的成交方式代码。无实际成交进出境的，进口填报 CIF 价，出口填报 FOB 价。

表 8-4　成交方式代码表

成交方式代码	成交方式名称	成交方式代码	成交方式名称
1	CIF	4	C&I
2	CFR	5	市场价
3	FOB	6	垫仓

20. 运费

运费是指进出口货物从始发地运至目的地的国际运输所需要的各种费用。

本栏用于成交价格中不包含运费的进口货物(FOB进口)或成交价格中含有运费的出口货物填报国际运输费用(CIF、CFR出口)。

运费可按单价、总价或运费率三种方式之一填报,同时注明运费标记并按海关规定的《货币代码表》选择填报相应的币种代码。

运保费合并计算的,运保费填报在本栏。

运费标记"1"代表运费率;"2"代表每吨货物的运费单价;"3"代表运费总价。

运费栏的三种填报格式如下。

(1) 运费率填报格式。填报格式:"1/运费率的数值",如5%的运费率就填报为1/5。

(2) 运费单价填报格式。填报2/运费单价/运费币种代码,如30美元的运费单价填报为"2/30/502"。

(3) 运费总价填报格式。填报3+"/"+运费总价数值+"/"+运费币种代码,如5000美元的运费总价填报为"3/5000/502"。

21. 保险费

保险费指被保险人允予承保某种损失、风险而支付给保险人的对价或保酬。

本栏用于成交价格中不包含保险费的进口货物(CFR、FOB进口)或成交价格中含有保险费的出口货物(CIF出口)。

本栏可按保险费总价或保险费率两种方式之一填报,同时注明保险费标记,并按海关规定的《货币代码表》选择填报相应的币种代码。

运保费合并计算的,运保费填报在运费栏中。保险费标记"1"表示保险费率;"3"表示保险费总价。

保险费栏的两种填报格式如下。

(1) 保险费率。填报格式:"1/保险费率的数值",如3‰的保险费率填报为1/0.003。

(2) 保险费总价。填报保险费总价标记+"/"+保险费总价数值+"/"+保险费币种代码,如5000美元保险费总价填报为"3/5000/502"。

22. 杂费

杂费是指成交价格以外的应计入完税价格或应从完税价格中扣除的费用,如手续费、佣金、回扣等。本栏可按杂费总价或杂费率两种方式之一填报,同时注明杂费标记,并按海关规定的《货币代码表》选择填报相应的币种代码。

应计入完税价格的杂费填报为正值或正率,应从完税价格中扣除的杂费填报为负值或负率。

杂费标记"1"表示杂费率；"3"表示杂费总价。

运费、保险费、杂费填报格式如表 8-5 所示。

表 8-5　运费、保险费、杂费填报格式举例

项　　目	费率 1	单价 2	总价 3
运费	5% →1/5	USD50/M→2/50/502	HKD5000 →3/5000/110
保险费	0.27→1/0.27	—	EUR5000 →3/5000/300
杂费（计入）	1% →1/1	—	GBP5000 →3/5000/303
杂费（扣除）	1% →1/1	—	JPY5000 →3/-5000/116

23. 件数

件数是指有外包装的单件进出口货物的实际件数，货物可以单独计数的一个包装称为一件。

报关单件数栏不得为空，件数应大于或等于 1，不得填报"0"。

舱单件数为集装箱的，填报集装箱个数；舱单件数为托盘的，填报托盘数。

散装、裸装货物填报"1"。

24. 包装种类

报关单所列的"包装种类"栏是指进出口货物在运输过程中外表所呈现的状态，包括包装材料、包装方式等。一般情况下，应以装箱单或提运单据所反映的货物处于运输状态时的最外层包装（运输包装）作为"包装种类"向海关申报，并相应计算件数。

本栏应根据进出口货物的实际外包装种类选择填报相应的包装种类，如木箱、纸箱、铁桶、散装、裸装、托盘、包、捆、袋等。例如，"TOTAL PACKED IN 200 CARTONS"表明共有 200 个纸箱，件数填报为"200"，包装种类填报为"纸箱"。

25. 毛重

毛重是指商品重量加上商品的外包装物料的重量。

本栏填报进出口货物及其包装材料的重量之和，不得为空。毛重的计量单位为千克，毛重应大于或等于 1，不足 1 千克的填报为"1"。应以合同、发票、提运单、装箱单等有关单证中"GROSS WEIGHT（G. W. ）"栏所显示的重量确定进出口货物的毛重。

26. 净重

净重是指货物的毛重扣除外包装材料后的重量，即商品本身的实际重量。部分商品的净重还包括直接接触商品的销售包装物料的重量（如罐装食品等）。

本栏填报进出口货物实际净重，不得为空。净重的计量单位为千克，净重应大于或等于 1，不足 1 千克的填报为"1"。

商品的净重一般都在合同、发票、装箱单或提运单据的"Net Weight（N. W. ）"栏体现。合同、发票等有关单证不能确定净重的货物，可以估重填报。

27. 集装箱号

申报使用集装箱装载进出口货物的情况时，必须填报；不使用集装箱装载进出口货物，无须填报。

在"单一窗口"系统中，集装箱项目的录入分为 5 栏：集装箱号、集装箱规格、自重、拼箱标识、商品项号对应关系。

（1）集装箱号

集装箱号是在每个集装箱两侧标示的全球唯一的编号。其组成规则是：箱主代号（3位字母）＋设备识别号"U"＋顺序号（6位数字）＋校验码（1位数字）。例如，TCKU6201981。

报关人员在本栏目填报集装箱号。

（2）集装箱规格

报关人员根据提运单确认集装箱规格，按照集装箱规格代码表选择填报集装箱规格，或下拉菜单中选择。其中，L代表40尺集装箱，S代表20尺集装箱。

例如，TCKU6201981 为 40 尺普通集装箱，应填报普通 2 * 标准箱（L）。

（3）自重

录入集装箱箱体的重量（千克），本栏目为选填项。

（4）拼箱标识

进出口货物为集装箱拼箱货物时，在本栏下拉菜单中选择"是"或"否"。

（5）商品项号对应关系

报关人员与委托单位确认每个集装箱和货物的对应关系，填报时在本栏的下拉菜单中选择单个集装箱对应的商品项号，同一个集装箱对应多个商品项号的，应根据实际情况多选填报。该项目应在完成货物表体部分后填报。

28. 随附单据

随附单据是指随进（出）口货物报关单一并向海关递交的单证或文件。合同、发票、装箱单、许可证等必备的随附单证不在本栏填报。

本栏应按海关规定的《监管证件名称代码表》选择填报相应证件的代码，并填报每种证件的编号（编号打印在备注栏下半部分）。

29. 标记唛码及备注

本栏用于填报标记唛码、备注说明和集装箱号等与进出口货物有关的文字或数字。

（1）标记唛码项

标记唛码是运输标志的俗称。进出口货物报关单上的标记唛码专指货物的运输标志。货物标记唛码中除图形以外的所有文字和数字，填报在本栏"标记唛码"项。

标记唛码英文表示为 Marks、Marking、MKS、Marks & No.、Shipping Marks 等，通常由一个简单的几何图形和一些字母、数字及简单的文字组成，包含收货人代号、合同号和发票号、目的地、原产国（地区）、最终目的国（地区）、目的港或中转港和件数号码等内容。标记唛码的填报样例如表 8-6 所示。

表 8-6　标记唛码的填报样例

填 报 格 式	中 文 释 义
Marks & No.	唛头
HAMBURG	中转港：汉堡
IN TRANSIT TO ZURICH SWITZERLAND	目的国/港：瑞士/苏黎世
C/NO. 1～1533	件数：1533 件
MADE IN CHINA	原产地：中国

（2）备注项

备注是指除了按报关单固定栏目申报进出口货物有关情况外，还需要补充或特别说明的事项，包括关联备案号、关联报关单号，以及其他需要补充或特别说明的事项。

30．项号

项号是指所申报货物在报关单中的商品排列序号及该项商品在加工贸易登记手册、《征免税证明》等备案单证中的顺序编号。

一份报关单表体共有 20 栏，每项商品占据表体的一栏，超过 20 项商品，须分单填报。一张纸质报关单表体分为 5 栏，每项商品占据表体的一栏，最多可填写（打印）5 项商品。

纸质报关单中的一项商品分两行填报：第一行填报该项商品在报关单中的商品排列序号；第二行专用于加工贸易、减免税和实行产地证联网管理等已备案、审批的货物，填报该项商品在加工贸易登记手册中的备案项号、《征免税证明》备案项号或产地证上的对应商品项号。

31．商品编码

商品编码是指在《商品名称及编码协调制度》的基础上，按商品归类规则确定的进出口货物的海关监管商品代码。商品编码由 10 位数字组成，前 8 位为《中华人民共和国海关进出口税则》中的税则号列和《中华人民共和国海关统计商品目录》确定的商品编码，后 2 位数为海关附加编码。进出口货物应填报 10 位海关商品编码。

32．商品名称及规格型号

商品名称是指国际贸易缔约双方同意买卖的商品名称。报关单中的商品名称是指进出口货物规范的中文名称。

规格型号是指反映商品性能、品质和规格的一系列指标，如品牌、等级、成分、含量、纯度、尺寸等。

本栏分两行填报。第一行填报进出口货物规范的中文名称。如果发票中的商品名称为非中文名称，则需翻译成规范的中文名称填报，必要时加注原文。第二行填报规格型号。商品名称及规格型号的填报样例如表 8-7 所示。

表 8-7　商品名称及规格型号填报样例

商品名称及规格型号	释　义
童拖鞋（PVC 底）	第一行，规范的中文名称
28-35＃	第二行，规格型号

33．数量及单位

本栏分三行填报，具体填报要求如下。

（1）第一行填报法定第一计量单位及数量。

（2）第二行填报法定第二计量单位及数量。海关法定计量单位中列明无第二计量单位的，第二行为空。

（3）第三行填报成交计量单位。如果成交计量单位与海关法定计量单位一致，则第三行为空。

例如，5 台进口发电机组，每台输出功率为 100kW。数量及单位栏第一行填“5 台”，第二行填“500kW”，第三行为空。

34.原产国（地区）/最终目的国（地区）

原产国（地区）是指进口货物的生产、开采或加工制造的国家或地区。最终目的国（地区）是指已知的出口货物最后交付的国家或地区，也即最终实际消费、使用或做进一步加工制造的国家或地区。

进口报关单"原产国（地区）"栏按《国别（地区）代码表》选择填报相应的国家（地区）名称或代码，出口报关单"最终目的国（地区）"栏按《国别（地区）代码表》选择填报相应的国家（地区）名称或代码。

35.单价、总价、币制

单价是指进出口货物实际成交的商品单位价格的金额部分。总价是指进出口货物实际成交的商品总价的金额部分。币制是指进出口货物实际成交价格的计价货币的名称。填报要求如下。

(1)"单价"栏填报同一项号下进出口货物实际成交的商品单位价格的数字部分。无实际成交价格的，填报单位货值。

(2)"总价"栏填报同一项号下进出口货物实际成交的商品总价的数字部分。无实际成交价格的，填报货值。

(3)"币制"栏根据实际成交情况按海关规定的《货币代码表》（见表8-8）选择填报相应的货币名称或代码。如《货币代码表》中无实际成交币种，则需将实际成交币种按照申报日外汇折算率折算成《货币代码表》中列明的货币填报。

表 8-8　货币代码表（部分）

货币代码	货币符号	货币名称
110	HKD	港币
116	JPY	日本元
121	MOP	澳门元
129	PHP	菲律宾比索
132	SGD	新加坡元
136	THB	泰国铢
142	CNY	人民币
300	EUR	欧元
302	DKK	丹麦克朗
303	GBP	英镑
326	NOK	挪威克朗
330	SEK	瑞典克朗
331	CHF	瑞士法郎
501	CAD	加拿大元
502	USD	美元
601	AUD	澳大利亚元
609	NZD	新西兰元

36. 征免

征免是指海关依照《海关法》《进出口关税条例》及其他法律、行政法规,对进出口货物进行征税、减税、免税或特案处理的实际操作方式。同一份报关单上可以填报不同的征减免税方式。

(1) 照章征税。照章征税指对进出口货物依照法定税率计征各类税、费。

(2) 折半征税。折半征税指依照主管海关签发的征免税证明或海关总署的通知,对进出口货物依照法定税率折半计征关税和增值税,但照章征收消费税。

(3) 全免。全免指依照主管海关签发的征免税证明或海关总署的通知,对进出口货物免征关税和增值税,但消费税是否免征应按有关批文的规定办理。

(4) 特案减免。特案减免指依照主管海关签发的征免税证明或海关总署的通知规定的税率或完税价格计征各类税、费。

(5) 随征免性质。随征免性质指对某些特定监管方式下进出口的货物按照征免性质规定的特殊计税公式或税率计征税、费。

(6) 保证金。保证金指经海关批准具保放行的货物由担保人向海关缴纳现金的一种担保形式。

(7) 保函。保函指担保人根据海关的要求向海关提交的订有明确权利义务的一种担保形式。

本栏应按照海关签发的征免税证明或有关政策规定,对报关单所列每项商品选择填报海关规定的《征减免税方式代码表》(见表 8-9)中相应的征减免税方式的名称。

表 8-9　征减免税方式代码表

代　码	名　　称	代　码	名　　称
1	照章征税	5	随征免性质
2	折半征税	6	保证金
3	全免	7	保函
4	特案减免		

37. 申报单位

申报单位是指对申报内容的真实性直接向海关负责的企业或单位。自理报关的,应填报进(出)口货物的经营单位名称及代码;委托代理报关的,应填报经海关批准的专业或代理报关企业名称及代码。本栏指报关单左下方用于填报申报单位有关情况的总栏目。

第五节　岗位技能与实践

岗位技能实训项目:报关单的填制

● 实训目的

通过出口报关单填制的训练,进一步熟悉出口报关单的主要内容及其填制要求。

● 实训内容

1. 工作情境

上海兰生股份有限公司委托上海久盛报关行对本公司的出口货物办理出口报关手

续,资料如下:

报关单填制实例

以下是上海兰生股份有限公司的一份出口资料,请根据该资料的有关内容填写出口货物报关单。

上 海 兰 生 股 份 有 限 公 司
SHANGHAI LANSHENG CORPORATION

HEADQUARTERS 1230-1240 ZHONGSHAN ROAD N.1 SHANGHAI 2000437 CHINA

BRANCH：128. HUQIU ROAD. SHANGHAI 200002 CHINA

B/L No. HJSHB142939

发票号码：Invoice Number 03A702758

To：GOLDEN MOUNTAIN TRADING LTD. ROOM 611. TOWER B. HUNG HOM COMM CENTRE. 37-39
　　MA TAU WAI ROAD HUNG HOM. KOWLOON. HONGKONG

订单或合约号码：Sales Confirmation No 03A3272

发 票 日 期

Date of invoice： 03. 12. 10

INVOICE/PACKING LIST

装船口岸 From	……　上海 SHANGHA	…… To ……	目的地 LOS ANGELES ……

Vessel：HANJIN　DALIAN/Voyage：014E

唛头号码 Marks & Numbers	数量与货品名称 Quantities and Descriptions	总值 Amount
RNS NO.：7920 MADE IN CHINA PORT： LOS ANGELES C/NO.：1-117	FOOTWEAR　皮鞋(胶底) ARI. NO. CC10758-112 ORDER NO. RNS7920 COL：WHITE SZ：5-10 2106 PRS HS CODE 64039900　计量单位：双 TOTAL G. WT：1638.000　kgs TOTAL N. WT：1404.000　kgs TOTAL MEAS： 5.616m³ TOTAL PACKED IN　117 CARTONS ONLY 手册：C22077100502 列手册第2页 外汇核销单编号：28/155451,结汇方式：L/C 出口商检证：03-12-020E 上海兰生股份有限公司(黄浦区)发货 该货于03.12.20出口,委托上海久盛报关公司于03.12.18向吴淞 海关申报。	CIF LOS ANGELES @USD3.15 USD6633.90 USD6633.90 F：USD 800 I：0.27%

上 海 兰 生 股 份 有 限 公 司
SHANGHAI LANSHENG CORPORATION

2. 实训任务

按照所给的工作情景填写如下出口报关单。

中华人民共和国海关出口货物报关单

预录入编号：   海关编号：

出境关别	备案号		出口日期	申报日期
境内发货人	运输方式		运输工具名称	提运单号
境外收货人	监管方式		征免性质	结汇方式
贸易国（地区）	运抵国（地区）		指运港	境内货源地
许可证号	成交方式	运费	保费	杂费
合同协议号	件数	包装种类	毛重（公斤）	净重（公斤）
集装箱号	随附单据		生产销售单位	

标记唛码及备注：

项号	H.S	商品名称	规格型号	数量及单位	最终目的地	总价	币制	征免

税费征收情况

录入员　　录入单位　　兹声明以上申报无讹并承担法律责任	海关审单批注及放行日期（签章）	
报关员 单位地址 申报单位（签章） 邮编　　　　　电话　　　　　填制日期	审单	审价
	证税	统计
	查验	放行

3. 实训教学建议

（1）教学方法

多媒体演示教学＋实践操作

（2）教学学时

实践教学：2学时

（3）教学过程

上课时，首先由老师介绍任务情景，进行任务描述，提出完成任务的目标和要求。学生在课堂上完成报关单的填制。

4. 实训成果

填制完成的报关单

本 章 小 结

本章第一部分主要讲述报关的内涵、海关、报关单位、报关员等报关基础知识，以及一般进出口货物的报关和保税加工货物报关的相关内容；第二部分主要介绍进出口关税和报关单的实务知识；第三部分的实训主要有两个内容，一是进出口关税的核算，通过实践训练，进一步熟悉关税及消费税、增值税的计算方法。二是报关单的填制，通过实践训练，进一步熟悉报关单的内容与形式，掌握如何填制报关单。

【思考与练习】

一、单项选择题

1. 根据我国缉私体制，不具有查缉走私权力的单位是（　　）。

A. 海关　　　　　B. 公安部门　　　　　C. 税务部门　　　　D. 检察部门

2. 海关对有走私嫌疑的运输工具和有藏匿走私货物、物品嫌疑的场所行使检查权时（　　）。

A. 不能超出海关监管区和海关附近沿海沿边规定地区的范围

B. 不受地域限制，但不能检查公民住处

C. 在海关监管区和海关附近沿海规定地区，海关人员可直接检查；超出这个范围，只有在调查走私案件时，才能直接检查，但不能检查公民住处

D. 在海关监管区和海关附近沿海规定地区，海关人员可直接检查；超出这个范围，只有在调查走私案件时，经直属海关关长或其授权的隶属海关关长批准才能进行检查，但不能检查公民住处

3. 海关行使下列（　　）权力时需经直属海关关长或者其授权的隶属海关关长批准。

A. 询问被稽查人的法定代表人、主要负责人员和其他有关人员与进出口活动有关的情况和问题

B. 在海关监管区和海关附近沿海沿边规定地区，检查走私嫌疑人的身体

C. 在海关监管区和海关附近沿海沿边规定地区，检查有走私嫌疑的进出境运输工具

D. 在调查走私案件时，查询案件涉嫌单位和涉嫌人员在金融机构、邮政企业的存款、汇款

4. 由委托企业委托，以委托人的名义办理报关业务的行为，这种报关方式叫（　　）。

A. 直接代理报关　　B. 间接代理报关　　　C. 自理报关　　　　D. 跨关区报关

5. 取得报关单位资格的法定要求是（　　）。

A. 是对外贸易经营者　　　　　　　　B. 是境内法人或其他组织

C. 经海关注册登记　　　　　　　　D. 有一定数量的报关员

二、多项选择题

1. 海关的设关原则(　　)。

A. 对外开放口岸　　　　　　　　　B. 海关监管业务集中的地点

C. 人口多的地方　　　　　　　　　D. 边境

2. 下列哪些行为中,需要经过直属海关关长或者其授权的隶属海关关长的批准?
(　　)。

A. 对于走私嫌疑的运输工具和有藏匿走私货物、物品嫌疑的场所,在两区外进行检查时

B. 查询案件涉嫌单位和人员在金融机构、邮政企业的存款、汇款

C. 将应税货物依法变卖,以变卖所得抵缴税款的

D. 对进出境货物、物品进行查验时

3. 我国是《万国邮政公约》的签约国之一,根据这一公约的规定,进出境邮递物品的
"报税单"和"绿色标签"应随同物品通过(　　)或当事人呈递给海关。

A. 快递公司　　　B. 外贸公司　　　　　C. 邮政企业　　　　D. 收、发货人

4. 报关企业注册登记许可条件中对企业人员的要求包括(　　)。

A. 报关员人数不少于5名

B. 投资者、报关业务负责人、报关员无走私记录

C. 报关业务负责人具有5年以上从事对外贸易工作经验或者报关工作经验

D. 报关业务负责人、报关员要通过海关规定的业务考核

5. 下列属于报关员的义务是(　　)。

A. 遵守国家进出口政策、法律、法规和海关法规、规章

B. 按照海关规定和要求,认真如实地填写报关单证、交验有关证件,办理进口货物的报关手续

C. 海关认为有需要开箱验货时,负责开拆或重封货物包装

D. 负责在规定的时间内办理缴纳税费的手续

三、简答题

1. 一般进出口货物的报关流程?

2. 保税进出口的报关流程?

四、计算题

1. 某进出口公司从日本进口硫酸镁1000吨,进口申报价格FOB横滨USD300 000,运费总价为USD10 000,保险费为USD100,当时的外汇牌价为US$100=¥650。经查,硫酸镁的税则号列为2833.2100,税率为10%。请计算该批货物应缴纳的进口关税。

2. 某进出口公司从美国进口卡迪拉克汽车10部,进口申报价格FOB纽约USD800 000,运费总价为USD5000,保险费为USD300,当时的外汇牌价为US$100=¥650。经查,卡迪拉克汽车的税率为60%,消费税为8%,增值税为16%。请计算该批货物应缴纳的进口税费(含进口环节税)。

第九章

国际物流报检

【学习目标与要求】

1. 了解国际物流报检的概念、范围及内容；
2. 掌握国际物流报检的程序和业务流程；
3. 掌握出境报检的手续要求；
4. 掌握入境报检的手续要求；
5. 掌握出境、入境报检单的填制。

【导入案例】

2019年3月12日，为杜绝不合格进口商品流入市场，确保消费者的合法权益，北京检验检疫局组织人员对进口有机食品和进口玩具进行检查。在北京某儿童用品商店，检验检疫人员对在售的进口玩具进行了检查，检查中发现部分进口塑料玩具、电动童车未加贴中文标识或3C认证标志，现场共查封上述涉嫌不符合要求的玩具15件。工作人员根据以上检查情况，要求经销商提供上述玩具的"入境货物检验检疫证明"及"强制性产品认证证书"。

● **思考题**

我国对入境货物报检时有哪些特殊规定？

扩展阅读 9.1

视频：国际邮包的检验检疫

第一节　国际物流报检基础知识

报检是报检员的主要工作内容，也是检验检疫工作的重要环节，从事报检工作必须熟悉和掌握报检基本知识。本章讲解的报检基础知识包括报检的基本规定、检验检疫业务流程、检验检疫通关放行、电子检验检疫,报检单填制等。

本节主要根据国家法律、行政法规的规定和目前我国对外贸易的实际情况,讲解出入境检验检疫报检的含义、报检范围、报检当事人从事报检行为应当具备的资格、报检方式、报检程序等。

一、报检概述

(一) 报检的含义

报检是指有关当事人根据法律、行政法规的规定,对外贸易合同的约定或证明履约的需要,向检验检疫机构申请检验、检疫、鉴定,以获准出入境或取得销售使用的合法凭证及某种公证证明所必须履行的法定程序和手续。我国自 2000 年 1 月 1 日起,实施"先报检,后报关"的检验检疫货物通关制度,对列入《法检目录》范围的出入境货物(包括转关运输货物),海关一律凭货物报关地检验检疫机构签发的《入境货物通关单》或《出境货物通关单》验放。

(二) 报检的范围

根据国家法律、行政法规的规定和目前我国对外贸易的实际情况,出入境检验检疫的报检范围主要包括四个方面:一是法律、行政法规规定必须由检验检疫机构实施检验检疫的;二是输入国家或地区规定必须凭检验检疫机构出具的证书方准入境的;三是有关国际条约或与我国有协议/协定,规定必须经检验检疫的;四是对外贸易合同约定须凭检验检疫机构签发的证书进行交接、结算的。

(1) 法律、行政法规规定必须由检验检疫机构实施检验检疫的报检范围

根据《商检法》及其实施条例、《动植物检疫法》及其实施条例、《卫生检疫法》及其实施细则、《食品安全法》及其实施条例等有关法律、行政法规的规定,以下对象在出入境时必须向检验检疫机构报检,由检验检疫机构实施检验检疫或鉴定工作。

① 列入《法检目录》内的货物;

② 入境废物、进口旧机电产品;

③ 出口危险货物包装容器的性能检验和使用鉴定;

④ 进出境集装箱;

⑤ 进境、出境、过境的动植物,动植物产品及其他检疫物;

⑥ 装载动植物、动植物产品和其他检疫物的装载容器、包装物、铺垫材料,进境动植物性包装物、铺垫材料;

⑦ 来自动植物疫区的运输工具,运载进境、出境、过境的动植物,动植物产品及其他检疫物的运输工具;

⑧ 进境拆解的废旧船舶;

⑨ 出入境人员、交通工具、运输设备以及可能传播检疫传染病的行李、货物和邮包等物品;

⑩ 旅客携带物(包括微生物、人体组织、生物制品、血液及其制品、骸骨、骨灰、废旧物

品和可能传播传染病的物品以及动植物、动植物产品和其他检疫物)和携带伴侣动物;

⑪ 国际邮寄物(包括动植物、动植物产品和其他检疫物、微生物、人体组织、生物制品以及其他需要实施检疫的国际邮寄物);

⑫ 其他法律、行政法规规定需经检验检疫机构实施检验检疫的其他应检对象。

(2) 输入国家或地区规定必须凭检验检疫机构出具的证书方准入境的;

(3) 有关国际条约规定须经检验检疫的;

(4) 对外贸易合同约定须凭检验检疫机构签发的证书进行交接、结算的;

(5) 申请签发一般原产地证明书、普惠制原产地证明书等原产地证明书的。

(三) 报检的内容

1. 出入境商品检验检疫

出入境商品检验检疫主要包括出入境货物的质量检验、数量和重量检验、包装检验、出口商品装运技术检验等。

1) 质量检验

也称品质检验,是检验工作的主要项目。质量检验的内容主要包括:

(1) 外观质量

检查商品的外观形态、尺寸规格、样式、花色、造型、表面缺陷、表面加工装饰水平以及视觉、嗅觉、味觉等。

(2) 内在质量

内在质量检验所含内容较多,其中成分检验包括有效成分的种类及含量、杂质及有害成分的限量等;性能检验包括商品应具备的强度、硬度、弹性、伸长率、耐热性等物理性能,耐酸/碱性、抗腐蚀性、溶解性、化学相容性等化学性能;机械性能检验包括抗压、抗拉、冲击、振动、跌落等。使用性能检验包括完成规定的动作、特定的使用效果等,如汽车的车速、刹车要求、电视机的声响、图像效果、机器生产出完好的产品等。

(3) 特定质量检验项目

这一检验项目是指为了安全、卫生、环境保护等目的,针对不同商品而特别要求的质量检验,如对食品卫生质量的检验,检验食品中有害生物、食品添加剂、农药残留量、重金属含量等;对动植物的检验检疫;废气、废水、噪声的限量检验等。

2) 数量和重量检验

商品的数量或重量是贸易合同中的重要内容,因其直接涉及该笔交易的成交金额最终结算,与双方利益的关系最为直接,因此数量或质量检验是检验工作的主要内容之一。

(1) 数量检验

在对外贸易合同中常用以下数量计量方式。

① 对机电仪器类产品、零部件、日用轻工品常用个数计量,如个、只、件、打、台等,这种方式简单明确、检验方便,直接清点即可。

② 一些纺织品、布匹、绳索等用长度计量,计量单位为米、英尺等。

③ 玻璃、胶合板、地毯、塑料板、镀锌钢板等常用面积计量,计量单位为平方米、平方英尺等。

④ 木材多用体积计量,按立方米、立方英尺等单位计量。

⑤ 有些液体、气体产品用容器计量,使用升、加仑等单位计量。

(2) 重量检验

国际贸易中常用的计量方式包括以下 3 种。

① 毛重:是指商品本身的重量加上包装的重量。

② 净重:是指商品本身的重量,即商品的毛重减去包装重的重量。

③ 以毛作净:以毛作净是以商品的毛重作为净重,即不必扣减皮重,一般用于包装相对于货物本身而言重量很轻,或包装本身不便计量等情况。

大部分商品都按净重计价,但具体计算时也有以毛作净的情况。对于纺织纤维,如棉、毛、丝等,因其含水率变化会影响重量,在计重时引入公量的概念。公量重是以商品的干态重量加上标准含水率时的水分重量为计价重量。

3) 包装检验

包装检验是根据合同、标准和其他有关规定,对进出口商品的外包装和内包装以及包装标志进行检验。

为了确保出口危险货物安全运输,对装运危险货物的包装容器必须进行性能检验,检验合格者才准予装运危险货物。在对危险货物包装出口时,还必须申请商检部门进行使用鉴定,以便确认正确合理地使用包装容器,取得使用鉴定证明后才准予装运出口。

依据联合国制定的"危险货物运输建议"和国际海事组织的《国际海运危险货物规则》,危险货物共分为 9 大类:爆炸品;压缩、液化或加压溶解的气体;易燃液体;易燃固体;氧化剂和有机氧化物;有毒物质和有感染性的物质;发射性物质;腐蚀品;其他危险货物,列入近 3000 种危险货物。凡属于上述所列的危险货物必须实施包装性能检验和使用鉴定。

进行包装检验时首先核对外包装上的商品包装标志(标记、号码等)是否与进出口贸易合同相符。对进口商品主要检验外包装是否完好无损,包装材料、包装方式和衬垫物等是否符合合同规定的要求,对外包装破损的商品要检查其是否由于包装不良所引起。出口商品的包装检验可分为危险货物包装检验和一般货物包装检验,除包装材料和包装方法必须符合外贸合同、标准规定外,还应该检验商品的内外包装是否牢固、完整、干燥、清洁,是否适于运输和保护商品质量、数量的要求。

出入境检验检疫机构对进出口商品的包装检验一般在现场抽样检验,或在进行衡器计量的同时结合进行。

4) 装运技术检验

根据对外贸易关系人的申请或依据有关法律、法规的规定,检验机构对出口商品装卸条件、装载技术等内容进行检验鉴定,主要有以下检验项目。

(1) 船舱检验

包括干货舱检验、油舱检验、冷藏舱检验,目的在于确认船舱对所装货物的适载性。干货舱检验对船舱、船底、污水道、管道、船壁、船顶、船口框、护货板等固定设备情况以及铺垫物料进行检验,要求清洁、干燥、无异味、无虫害,适于装载货物。油舱清洁检验包括检查油舱内各部位技术管道有无油污、锈渍、有害有毒物质以及是否符合清洁、干燥、无异味的要求。对于装运食用植物油的船舱,依法执行食品卫生条件检验。油舱紧固检验是对油舱、暖气管、油舱有关部位进行紧密性试验,通常用水压、油压或气压试验检查舱内各衔接部位有无泄漏现象,符合技术要求时方可装载液体物品。对冷藏舱检验时,除检查清洁、干燥、无异味等条件外,还应重点检查其制冷效能和绝热设施是否良好,以确保承载货物的卫生和安全。对于装运粮油食品、冷冻品等易腐烂变质食品出口的船舱由检验机构实施强制性检验,经验舱不合格的不准装载。

(2) 进出口集装箱鉴定

检验机构对装运易腐烂变质食品的集装箱实施强制性检验,以保证出口食品的卫生质量。对其他进出口集装箱,凭对外贸易关系人的申请办理鉴定业务。

集装箱的鉴定主要包括:装箱鉴定、卸箱鉴定、监视装载、积载鉴定、货载衡量鉴定等。

2. 出入境动植物检疫

为了防止传染病、寄生虫病和植物危害性病、虫、杂草及其他有害生物传入或传出国境,保护农、林、牧、渔业和人体健康,保障我国国际贸易活动的正常进行,按照《中华人民共和国进出境动植物检疫法》的规定,对进出境的动植物、动植物产品和其他检疫物、装载动植物、动植物产品和其他检疫物的装载容器、包装物以及来自动植物疫区的运输工具依法实施检疫。

依据《中华人民共和国进出境动植物检疫法》,我国禁止下列各类物品进境:

(1) 动植物病原体、害虫以及其他有害生物;

(2) 动植物疫情流行的国家和地区的有关动植物、动植物产品和其他检疫物;

(3) 动物尸体;

(4) 土壤。

我国政府规定应受检疫的范围是:

(1) 动物(包括试验动物、观赏动物、演艺动物及其他动物),如家禽、家畜、野生动物、蜜蜂、鱼(指淡水鱼)、蚕以及动物的胚胎、受精卵等;

(2) 动物产品,如生的皮张、毛类、鱼类、脏器、油脂、鱼液、蛋类、精液、骨、蹄、角、干鱼、鱼子、骨粉、血粉以及动物性生药材;

(3) 植物,如栽培植物、野生植物及种子、苗木、繁殖材料等;

(4) 植物产品,如粮食、豆类、棉花、油脂(指未经炼制的油籽,不包括各种植物油)、麻类、烟草、籽仁、干果、鲜果、蔬菜、药材、原木(指木材,包括藤、竹)、饲料等。

我国出入境检验检疫局统一管理全国进出境动植物检疫工作。进口动植物、动植物产品和其他检疫物经检验合格的准予进口,海关凭口岸动植物检疫机关的检疫证书或在报关单上加盖的印章验放。经检疫不合格的,由口岸动植物检疫机关签署"检疫处理通知单",通过货主或者其代理人做除害、退回或销毁处理,经除害处理合格的准予入境。输出动植物、动植物产品和其他检疫物,经检疫合格或经除害处理后合格的准予出境,海关凭口岸动植物检疫机关的检疫证书或在报关单上加盖的印章验放。检疫不合格又无有效方法做除害处理的不准入境。

对出口动物产品的检疫除必须符合我国有关规定外,还必须符合进口国政府的有关法令要求。进口国一般要求由出口国官方兽医、检疫部门出具检疫证书,我国需由出入境检验检疫机构办理证明出口的有关畜禽产品来自、生长在、暂养在、宰杀在、加工分割在、储存在一定半径范围之内，一定期限内未发生过某些指定的传染病的非疫区。检疫对象主要有猪水泡病、非洲猪瘟、口蹄疫、牛瘟、牛肺疫、麻痹疫、传染性贫血病、鸡鸭瘟等。出口的畜禽在屠宰时，要经宰前宰后检验，在证书中证明宰前健康无病，宰前 3 个月内未注射过防疫针；宰后解剖检查内脏无疾病、肌肉无肿瘤、结核、组织坏死、寄生虫病和其他疾病。

3. 出入境卫生检疫

（1）按照我国《中华人民共和国进出境卫生检疫法》及其实施细则的规定，出入境的人员、交通工具、集装箱、运输设备及可能传播检疫传染病的行李、货物、邮包等必须接受卫生检疫。经卫生检疫机关许可，方准入境或出境。

入境或出境的微生物、人体组织、生物物品、血液及其制品等特殊物品也应当主动接受检疫。经卫生检疫机关许可，方准带入或带出，海关凭卫生检疫机关签发的有关证明放行。

（2）国境卫生检疫机关根据国家规定的卫生标准，对过境口岸的卫生状况和停留在过境口岸的出境交通工具的卫生状况实施卫生监督。这个规定是对国境口岸及交通工具提出的卫生法律要求，如国境口岸内的涉外宾馆供应公司应建立健全的卫生制度和卫生设施；饮用水、食品必须符合我国政府有关规定，否则必须进行整顿、改进。

（3）国境卫生检疫机关负责传染检疫检测工作，主要检测的传染病为鼠疫、霍乱、黄热病 3 种。此外还有流行性感冒、疟疾、脊髓灰质炎、流行性斑疹伤害、回归热及登革热。另外，依据我国政府有关规定，自 1988 年起将艾滋病纳入传染病检测管理。

经国境口岸出、入境的有关人员必须按照规定在法定期限内（通常为 1 年）到国境卫生检疫机关监测体检点接受传染病监测体检，按领证书。卫生检疫机关有权要求出入境人员出示传染病监测体检证明书、健康证书或者其他有关证书。

（4）卫生处理。对出入境交通工具以及货物、尸体有下列情况之一者，应当由卫生检疫机关实施消毒、防鼠、除虫或者其他卫生处理：来自检疫传染病疫区的；被检疫传染病传染的；对出入境废旧物品和曾行驶于境外港口的废旧交通工具视其污染程度而定，对污染严重的实施销毁；凡出入境的尸体、骸骨，对不符合卫生要求的，而且若是因患检疫传染病死亡的病人尸体，实施火化，不得转移；不符合卫生要求的出入境邮包。

我国出入境检验检疫局是我国负责出入境卫生检疫工作的政府机构。

（四）报检方式

出入境货物的收/发货人或其代理人向检验检疫机构报检，可以采用书面报检或电子报检两种方式。

1. 书面报检

书面报检是指报检当事人按照检验检疫机构的规定，填制纸质出/入境货物报检单，备齐随附单证，向检验检疫机构当面递交报检资料的报检方式。

2. 电子报检

电子报检是指报检当事人使用电子报检软件，通过检验检疫电子业务服务平台，将报检数据以电子方式传输给检验检疫机构，经检验检疫业务管理系统和检验检疫工作人员处理后，将受理报检信息反馈给报检当事人，报检当事人在收到检验检疫机构已受理报检的反馈信息(生成预录入号或直接生成正式报检号)后打印出符合规范的纸质报检单,在检验检疫机构规定的时间和地点提交出/入境货物报检单和随附单据的报检方式。

一般情况下,报检当事人应采用电子报检方式向检验检疫机构报检,并且确保电子报检信息真实、准确,与纸质报检单及随附单据有关内容保持一致。

二、报检业务的基本流程

出入境检验检疫业务流程是指报检/申报、计/收费、抽样/采样、检验检疫、卫生除害处理(检疫处理)、签证放行的全过程。

(一) 报检/申报

报检/申报是指申请人按照法律、法规或规章的规定向检验检疫机构申报检验检疫工作的手续。检验检疫机构工作人员审核报检人提交的报检单内容填写是否完整、规范,随附的单据资料是否齐全、有效、符合相关规定,索赔或出证是否超过有效期等,审核无误的,方可受理报检。对报检人提交的材料不齐全或不符合有关规定的,检验检疫机构不予受理报检。因此,报检人应及时了解掌握检验检疫有关政策,在报检时按检验检疫机构有关规定和要求提交相关资料。

(二) 计费/收费

对已受理报检的,检验检疫机构工作人员按照《出入境检验检疫收费办法及标准》的规定计收检验检疫费。

(三) 抽样/采样

对需实施检验检疫并出具结果的出入境货物,检验检疫工作人员需到现场抽取(采取)样品。抽取(采取)的样品不能直接进行检验的,需要对样品进行一定的加工,这称为制样。根据样品管理的规定,样品及制备的小样经检验检疫后应重新封识,超过样品保存期后方可销毁。

(四) 检验检疫

检验检疫机构对已报检的出入境货物,通过感官、物理、化学、微生物等方法进行检验检疫,以判定所检对象的各项指标是否符合有关强制性标准或合同及买方所在国官方机构的有关规定。目前,检验检疫的方式包括全数检验、抽样检验、型式试验、过程检验、登记备案、符合性验证、符合性评估、合格保证和免予检验等。

根据《出口工业产品企业分类管理办法》,对出口工业产品,检验检疫机构按照不同的企业类别和产品风险等级分别采用特别监管、严密监管、一般监管、验证监管、信用监管五种不同的检验监管方式。

(五) 卫生除害处理(检疫处理)

按照《卫生检疫法》及其实施细则、《动植物检疫法》及其实施条例的有关规定,检验检疫机构对来自传染病疫区或动植物疫区的有关出入境货物、交通工具、运输工具以及废旧物品等实施卫生除害处理。

（六）签证与放行

出境货物，经检验检疫合格的，检验检疫机构签发《出境货物通关单》及相关检验检疫证书，并按有关规定与海关实施通关单联网核查，办理货物通关手续；经检验检疫或口岸核查货证不合格的，签发《出境货物不合格通知单》。

入境货物，检验检疫机构受理报检并进行必要的卫生除害处理或检验检疫后签发《入境货物通关单》，并按有关规定与海关实施通关单联网核查。入境货物通关后经检验检疫合格，或经检验检疫不合格，但已进行有效处理合格的，签发《入境货物检验检疫证明》，进口食品签发《卫生证书》；不合格需作退货或销毁处理的，签发《检验检疫处理通知书》，不合格需办理对外索赔的，签发检验检疫证书，供有关方面办理对外索赔及相关手续。

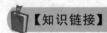【知识链接】

全国检验检疫通关一体化正式启动

2015年11月19日全国检验检疫通关一体化仪式在江苏苏州正式启动，这将打破区域界限，实现互联互通，营造更加便捷高效的通关环境。

检验检疫通关一体化是指通过优化检验检疫工作流程，以"三通"（通报、通检、通放）为基础，对进出口货物实施"两直"（出口直放、进口直通），促进对外贸易便利化。

据介绍，检验检疫通关一体化工作从京津冀、丝绸之路经济带、长江经济带、泛珠三角、东北三省及内蒙古自治区区域通关一体化探索开始，完成了信息化系统的升级改造和直属检验检疫局系统部署，全面搭建起全国检验检疫通关一体化的"高速公路"，形成了覆盖所有直属局的通关一体化格局，实现了全国各机构间的互联互通。

2015年9月21日通关一体化系统试运行至今，全国检验检疫部门共办理"两直"一体化业务137189批次，每批出口货物通关放行时间平均节省0.5天以上，节约成本约100元；每批进口货物通关放行时间平均节省1天以上，节约成本约300元。从区域通关一体化到全国通关一体化已经实现，下一步要加快实现从全国通关一体化到检验检疫业务一体化的目标。要加强负面清单管理，合理确定"两直"范围，打造合理的沿海内陆业务布局，建立完善一体化业务流程和规范，统一监管措施，统一执法尺度，细化监管规则，增强可操作性。

质检总局还要求加强口岸内地协作，充分利用信息化平台，实现数据共享，检测结果互认，确保全国检验检疫通关一体化"高速公路"运行顺畅。

资料来源：www.xinhuanet.com 2015年11月19日

第二节　国际物流报检实务

一、出境报检

（一）报检分类

法定检验检疫的出境货物报检可分为出境一般报检、出境换证报检、出境货物预检报检。其报检的方式及程序可参见前面相关章节。

1. 出境一般报检

出境一般报检是指法定检验检疫出境货物的货主或其代理人，持有关单证向产地检验检疫机构申请检验检疫以取得出境放行证明及其他证明的报检。对于出境一般报检的货物，检验检疫合格后，在当地海关报关的，由产地检验检疫机构签发《出境货物通关单》，货主或其代理人持《出境货物通关单》向当地海关报关；在异地海关报关的，由产地检验检疫机构签发《出境货物换证凭单》或"换证凭条"，货主或其代理人持《出境货物换证凭单》或"换证凭条"向报关地的检验检疫机构申请换发《出境货物通关单》。对经检验检疫合格的符合出口直通放行条件的货物，产地检验检疫机构直接签发《出境货物通关单》，货主或其代理人凭《出境货物通关单》直接向报关地海关办理通关手续，无须再凭产地检验检疫机构签发的《出境货物换证凭单》或"换证凭条"到报关地检验检疫机构换发《出境货物通关单》。

2. 出境换证报检

出境换证报检是指经产地检验检疫机构检验检疫合格的法定检验检疫出境货物的货主或其代理人，持产地检验检疫机构签发的《出境货物换证凭单》或"换证凭条"向报关地检验检疫机构申请换发《出境货物通关单》的报检。对于出境换证报检的货物，报关地检验检疫机构按照国家质检总局规定的抽查比例进行查验。

3. 出境预检报检

出境货物预检报检是指货主或者其代理人持有关单证向产地检验检疫机构申请对暂时还不能出口的货物预先实施检验检疫的报检。预检报检的货物经检验检疫合格的，检验检疫机构签发标明"预验"字样的《出境货物换证凭单》；正式出口时，货主或其代理人可在检验检疫有效期内持此单向检验检疫机构申请办理换证放行手续。申请预检报检的货物须是经常出口的、非易腐烂变质、非易燃易爆的商品。

（二）报检时限和地点

1. 出境货物报检的时间要求

一般情况下货主或其代理人最迟应在出口报关或装运前 7 天报检，对于个别检验检疫周期较长的货物，应留有相应的检验检疫时间。法定检验检疫货物，原则上应向产地检验检疫机构报检并由产地检验检疫机构实施检验检疫。具体报检的时间要求如表 9-1 所示。

表 9-1 出境货物报检时间要求

出境货物种类	报检时间需求
一般出境货物	报关或出境装运前 7 天,向检验检疫机构申请报检
出境动物	报关或出境装运前 60 天预报检,隔离前 7 天报检
出境的运输工具	报关或出境装运前向口岸检验检疫机关报检或申报

2. 出境货物报检的地点要求

出境货物报检地点因出境对象的不同而不同。具体报检地点要求如表 9-2 所示。

表 9-2 出境货物报检地点要求

出 境 对 象	报检地点要求
一般出境货物	在货物所在地检疫机构办理报检
由内地运往口岸分批、并批的货物	在产地办理预检,合格后方可运往口岸办理出境货物的查验换证手续
由内地运往口岸后,由于改变国别或地区而产生不同检疫要求的,超过检验检疫有效期的,批次混乱、货证不符的,或经口岸查验不合格的	在口岸重新报检

(三)出境货物报检的手续要求

1. 备案登记制及报检员证制

报检单位首次报检时须先办理备案登记手续,取得报检单位代码。其报检人员取得报检员证,凭证报检。报检员在报检时应该出示报检员证。无报检员证而需办理报检业务的,应委托代理报检单位及其代理报检员办理。代理报检的须向检验检疫机构提供委托书。委托书由委托人按检验检疫机构规定的格式填写。

2. 随附单据

报检时应附以下单据:合同、信用证、厂检单或检验检疫机构出具的换证凭单正本、包装性能合格单、发票、装箱单等。随附单据必须真实、合法、有效。随附单据为复印件的,应加盖货主单位的公章或报检专用章。法定商品检验(检验检疫类别为"N"或"S")的出境货物,应由生产单位或货主检验(或验收)合格,并出具有效的厂检合格证或验收单。

3. 特殊情况下需提供的相应文件

(1) 实施卫生注册及质量许可证管理的货物,应提供出入境检验检疫机构签发的卫生注册/质量许可证副本,并在检验单上注明卫生注册证号或质量许可证号,同时提供厂检合格证。

(2) 法定商品检验的出境货物,其运输包装属于国家明确规定的 15 类(钢桶、铝桶、镀锌桶、钢塑复合桶、纸板桶、塑料桶、纸箱、集装袋、塑料编织袋、麻袋、纸塑复合袋、钙塑瓦楞箱、木箱、胶合板箱/桶、纤维板箱/桶)和塑料筐、泡沫箱的,应提交与实际包装容器(包括类型、规格、包装编号)相符合的包装性能检验结果单。

(3) 出境货物须经生产者或经营者检验合格并附加检验合格证或检测报告。申请重量鉴定的,应附加重量明细单或磅码单。

(4) 凭样品成交的货物,应提供经买卖双方确认的样品。

(5) 生产出境危险货物包装容器的企业,必须向检验检疫机构申请包装容器的性能鉴定。生产出境危险货物的企业,必须向检验检疫机构申请危险货物包装容器的使用鉴定。

(6) 报检出境危险货物时,必须提供危险货物包装容器性能鉴定结果单和使用鉴定结果单。

(7) 申请产地证和普惠制产地证的,应提供商业发票资料。

(8) 出境特殊物品的,应根据法律法规规定提供有关的文件。

(9) 经预检的货物,在向检验检疫机构办理换证放行手续时,应提供该检验检疫机构签发的出境货物换证凭单正本。

(10) 产地与报关地不一致的出境货物,在向报关地检验检疫机构申请出境货物通关单时,应提交产地检验检疫机构签发的出境货物换证凭单正本。

二、入境报检

(一) 报检分类

法定检验检疫的入境货物报检可分为入境一般报检、入境流向报检和异地施检报检。其报检的方式及程序可参见前面相关章节。

1. 入境一般报检

入境一般报检是指法定检验检疫入境货物的货主或其代理人,持有关单证向报关地验检疫机构申请对入境货物进行检验检疫以获得入境通关放行凭证,并取得入境货物销售、使用合法凭证的报检。对入境一般报检业务而言,签发《入境货物通关单》(编号 2-1-1)(三联)和对货物的检验检疫都由报关地检验检疫机构完成,货主或其代理人在办理完通关手续后,应主动与检验检疫机构联系落实检验检疫工作。

2. 入境流向报检

入境流向报检亦称口岸清关转异地进行检验检疫的报检,指法定入境检验检疫货物的货主或其代理人持有关单据在卸货口岸向口岸检验检疫机构报检,由入境口岸检验检疫机构进行必要的检疫处理后签发《入境货物通关单》(编号 2-1-2)(三联),货物通关并调往目的地后,收货人或其代理人再向目的地检验检疫机构申报,由目的地检验检疫机构进行检验检疫监管的报检。申请入境流向报检货物的报关地与目的地属于不同辖区。

3. 异地施检报检

异地施检报检是指已在口岸完成入境流向报检,货物到达目的地后,该批入境货物的货主或其代理人在规定的时间内(海关放行后 20 日内),向目的地检验检疫机构申请对入境货物实施检验的报检。

异地施检报检是入境流向报检货物到达目的地后,入境货物货主或其代理人对同一批货物向目的地检验检疫机构的二次申报,主要目的是申请检验检疫,以获得合法的销售使用凭证。因入境流向报检时,只在口岸对装运货物的运输工具和外包装进行了必要的检疫处理,并未对整批货物进行检验检疫,只有当检验检疫机构对货物实施了具体的检验、检疫,确认其符合有关检验检疫要求及合同的规定,货主才能获得相应的准许入境货物销售、使用的合法凭证,完成入境货物的检验检疫工作。异地施检报检时应提供口岸检验检疫机构签发的《入境货物调离通知单》,即《入境货物通关单》(编号 2-1-2)中的第二联流向联。

对符合进口直通放行条件的货物,目的地检验检疫机构直接签发《入境货物通关单》,货主或其代理人凭目的地检验检疫机构签发的《入境货物通关单》直接向报关地海关办理通关手续。

(二)报检时限和地点

法定检验检疫的入境货物的货主或其代理人应在入境前或入境时向报关地的出入境检验检疫机构报检。审批、许可证等有关政府批文中规定了检验检疫地点的,在规定的地点报检;大宗散装商品、易腐烂变质商品、可用作原料的固体废物以及在卸货时已发生残损、数/重量短缺的商品,必须在卸货口岸检验检疫机构报检。具体报检时间和地点如表9-3 与表 9-4 所示。

表 9-3　入境货物报检的时间要求

入境货物种类	报检时间需求
微生物、人体组织、生物制品、血液及其制品、种畜、禽及其精液、胚胎、受精卵	入境前 30 天报检
其他动物	入境前 15 天报检
植物、种子、种苗及其他繁殖材料	入境前 7 天报检
入境货物需对外索赔出证	索赔有效期前 20 天内向到货口岸或货物到达地的检验检疫机构报检
入境的一般货物及运输工具及人员	在入境前或入境时报检

表 9-4　入境货物报检的地点要求

入 境 对 象	报检地点要求
审批、许可证等有关政府批文中规定的检验检疫地点的商品	在规定检验检疫地点报检
大宗散装商品、易腐烂变质品、废旧物品、卸货时发现包装破损、重量短缺的商品	在卸货口岸检验检疫机构报检
需结合安装调试进行检验的成套设备、机电仪器及在口岸开件后难以恢复包装的商品	在收货人所在地的检验检疫机构报检
其他入境货物	在报关地检验检疫机构报检
入境运输工具、人员	在入境口岸检验检疫机构报检

(三)入境货物报检时的特殊规定和注意事项

入境货物报检时,应填制《入境货物报检单》,并提供外贸合同、发票、提(运)单、装箱单等必要的凭证及其他检验检疫机构要求提供的特殊单证。

1. 入境货物报检的特殊规定

（1）列入《法检目录》的进口商品的收货人，在办理进口报检时，应当提供进口许可制度相关的证明文件。

（2）列入《实施安全质量许可制度的进口商品目录》的货物，必须取得国家检验检疫部门颁发的质量许可证并加贴安全标志方可申请报检。列入强制性产品认证目录内的货物，应取得证书并加贴"CCC"标志。

（3）列入《重点旧机电产品进口目录》的进口二手设备，在办理报检时，除按规定提供相关单据外，还应提供机电产品进口证明。

（4）报检入境货物品质检验的，应提供国外品质证书或质量保证书、产品使用说明及有关标准和技术资料；凭样成交的，须附加成交样品。

（5）报检入境废旧物品，报检人应提供进口废物批准证书（第一联正本供审核，并将第四联及第一联的核销复印留存）、企业废物利用风险报告书、经国家质检总局认可的检验机构签发的装运前检验合格证书等。

（6）报检入境化妆品、预包装食品，须提供由国家质检总局颁发的标签审核证书。

（7）报检入境保健食品，应提供卫生主管部门核发的进口保健产品批准证书。

（8）报检入境动植物及其产品，应附加输出国或地区的官方检疫证书、产地证；须办理进口审批手续的，还必须提供必要的检验审批单、接种证明等。

（9）报检进口电池产品，收货人在报检时，应提供进出口电池产品备案书。

（10）报检通过国内渠道购买的进口汽车，应提供口岸检验检疫机构签发的进口机动车辆随车检验单和海关出具的进口货物证明的正本及复印件。

（11）报检入境微生物、菌、毒株，须提供微生物、菌、毒株的学名、株名、来源、特性、用途、批号、数量及国家级鉴定书。

（12）报检人体组织、器官，凡用于人体移植的，须出示有关捐献者的健康状况和无传染病（包括艾滋病检验阴性）的证明。

（13）报检血液及其制品，应提供用途及实验室检验证书。

（14）报检生物制品，应提供该制品的成分、生产工艺、使用说明、批号、有效期及检盒证明。

2. 入境货物报检的注意事项

下列入境货物须经国家检验检疫部门审批后方可报检。

（1）来自疫区的动植物、动植物产品和其他检疫物。

（2）国家禁止进境的须特许审批的检疫物。

（3）进境后不在入境口岸检验检疫机构管辖范围内进行加工、使用、销售的，或者仅由入境口岸动植物检疫机构进行现场检疫和外包装消毒后，再运往目的地口岸检验检疫机构进行进一步检疫监管的动物、动物产品。

（4）进境猪产品等。

三、其他出入境检验检疫

（一）保税区货物的报检

保税区是受海关监管的特定地区和仓库，外国商品存入保税区，可以暂时不缴纳进口关税;如再出口,不缴纳进口关税;如要运进所在国的国内市场,则需办理报检手续,缴纳进口关税。

1. 报检范围

(1) 保税区内列入《出入境检验检疫机构实施检验检疫的进出境商品目录》(以下简称《目录》)的进出境货物;

(2) 虽未列入《目录》,但国家有关法律法规明确由检验检疫机构负责检验检疫的出入境货物;

(3) 运输工具和集装箱;

(4) 应实施检验检疫的包装物及铺垫材料。

2. 报检程序

进出保税区的法定检验检疫的物品,货主或其代理人须向检验检疫机构申报或报检,海关凭检验检疫机构出具的《入境货物通关单》或《出境货物通关单》验放。

保税区内企业从境外进入保税区的仓储物流货物以及自用的办公用品、出口加工所需原材料、零部件,免予实施强制性产品认证。

保税区内从事进出口加工、国际贸易、国际物流以及进出口商品展示的企业办理报检手续前,应在检验检疫机构办理备案或注册登记手续;保税区内从事加工、储存出境食品的企业还应办理出口食品生产企业卫生注册登记手续。

1) 保税区与境外之间进出的应检物

(1) 从境外进入保税区的法定检验检疫对象,属于卫生和动植物检疫范围的,由检验检疫机构实施卫生和动植物检疫;应当实施卫生和动植物检疫除害处理的,由检验检疫机构进行卫生除害处理。

(2) 检验检疫机构对从境外进入保税区的可以用做原料的固体废物、旧机电产品、成套设备实施检验和监管,对外商投资财产按照有关规定进行价值鉴定,对未办理通关手续的货物不实施检验。

(3) 保税区内企业从境外进入保税区的仓储物流货物以及自用的办公用品,出口加工所需原材料、零部件,免予实施强制性产品认证。

(4) 从保税区输往境外的应检物,检验检疫机构依法实施检验检疫。

(5) 从非保税区进入保税区后不经加工直接出境的,保税区检验检疫机构凭产地检验检疫机构签发的《出境货物换证凭单》或"换证凭条"换证放行,不再实施检验检疫;如需要重新报检的,应按规定重新报检。

2) 输出保税区的法定检验检疫对象的检验检疫

(1) 法定检验检疫对象从中华人民共和国境内非保税区(不含港澳台地区)进入保税区时,不需要办理海关通关手续的,检验检疫机构不实施检验检疫;需要办理海关通关手续的,检验检疫机构按规定实施检验检疫。

(2) 从保税区输往非保税区的法定检验检疫对象,除法律法规另有规定的,不实施检疫:属于实施食品卫生监督检验和商品检验范围的,检验检疫机构实施检验;对于集中入境分批出区的货物,可以分批报检、分批检验;符合条件的,可以于入境时集中报检、集中检验,经检验合格的出区时分批核销。

(3) 从保税区输往非保税区的法定检验检疫对象,列入强制性产品认证目录的,应当提供相应的认证证书,其产品上应当加贴强制性产品认证标志。

(4)入境时已经实施检验的保税区内的货物输往非保税区的,以及从非保税区进入保税区的货物又输往非保税区的,不实施检验。

3)保税区内互流通的应检物

保税区内企业之间进行销售、转移的货物及其包装物、铺垫材料、运输工具、集装箱,检验检疫机构免予实施检验检疫,无须报检。

4)经保税区转口的应检物

(1)经保税区转口的动植物、动植物产品和其他检疫物,入境报检时应当提供输出国家或地区政府部门出具的官方检疫证书;转口动物应同时提供国家质检总局签发的《动物过境许可证》和输入国家或地区政府部门签发的允许入境的证明;转口转基因产品应同时提供国家质检总局签发的《转基因产品过境转移许可证》。

(2)经保税区转口的法定检验检疫对象,在保税区短暂仓储,原包装转口出境并且包装密封状况良好,无破损、洒漏的,入境时仅实施外包装检疫,必要时进行防疫消毒处理;如果由于包装不良以及在保税区内经分级、挑选、刷贴标签、改换包装形式等简单加工的原因转口出境的,检验检疫机构应实施卫生检疫、动植物检疫以及食品卫生检验。

(3)经保税区转口的法定检验检疫对象出境时,除法律法规另有规定和输入国家或地区政府要求入境时出具我国检验检疫机构签发的检疫证书或检疫处理证书的以外,一般不再实施检疫和检疫处理。

3. 报检应提供的单据

(1)保税区内货物出境报检时,报检人应填写《出境货物报检单》,并提供外贸合同、信用证、发票、厂检单等单据;申请重量鉴定的应提供磅码单;属商品检验和食品卫生检验范围内的应检货物,应提供《出境货物运输包装性能检验结果单》(正本)。

(2)保税区内货物入境报检时,报检人应填写《入境货物报检单》并提供外贸合同、发票、提(运)单等有关证单;保税区内出入境货物为旧机电产品的应按旧机电产品备案手续办理相关证明。

(二)出口加工区货物的报检

出口加工区是指专为发展加工贸易而开辟的经济特区。出口加工区的报检包括以下内容:

1. 报检范围

(1)出口加工区内列入《出入境检验检疫机构实施检验检疫的进出境商品目录》(以下简称《目录》)的出入境货物;

(2)虽未列入《目录》,但国家有关法律法规明确由检验检疫机构负责检验检疫的出入境货物;

(3)运输工具和集装箱;

(4)应实施检验检疫的包装物及铺垫材料。

2. 报检程序

出口加工区内的企业办理报检手续前,应向检验检疫机构办理备案或注册登记手续。货主或其代理人须向检验检疫机构申报或报检,海关凭出入境检验检疫机构出具的《入境货物通关单》或《出境货物通关单》验放。

加工区内的中外合资、合作企业及各种对外补偿贸易方式中,境外(包括我国港、澳、台地区)投资者以实物作价投资的或企业委托境外投资者用投资资金从境外购买的财产,应向检验检疫机构申报实施财产价值鉴定。

1) 加工区与境外之间进出的应检物

(1) 加工区内的企业为加工出口产品所需的货物以及其在加工区内自用的办公和生活消费用品,免予实施品质检验。但以废物作为原料的,按有关规定实施环保项目检验。

(2) 入境法定检验检疫的货物、集装箱以及运输工具,应当接受卫生检疫;来自检疫传染病疫区的、被检疫传染病污染的以及可能传播检疫传染病或者发现与人类健康有关的啮齿类动物和病媒昆虫的集装箱、货物,废旧物等物品以及运输工具应实施卫生处理。

(3) 入境动植物及其产品和其他检疫物,装载动植物、动植物产品和其他检疫物的装载容器、集装箱、包装物、铺垫材料,以及来自动植物疫区的运输工具,应实施动植物检疫及检疫监督管理。

(4) 从加工区出境的属商品检验和食品卫生检验范围的货物,有下列情况之一的,应实施品质检验或食品卫生检验:标明中国制造的;使用中国注册商标的;申领中国原产地证明书的;需检验检疫机构出具品质证书的。

(5) 对从加工区出境的,属卫生检疫和动植物检疫范围内的应检货物,按输入国家(或地区)要求和我国的有关规定实施检验检疫。

(6) 装运出境易腐烂变质食品、冷冻品的集装箱应实施适载检验。

2) 加工区与区外之间进出的应检物

(1) 境内区外运入加工区的任何货物,检验检疫机构不予检验检疫。

(2) 加工区运往区外的法定检验检疫的货物,视同进口,按如下要求办理报检手续:属商品检验范围的,须实施品质检验;属食品卫生检疫范围的,须实施食品卫生检验;属《中华人民共和国实施强制性产品认证目录》(以下简称《强制性产品认证目录》)内的,需按照规定办理强制性产品认证证书或相关的免办证明;属动植物检疫范围的,不再实施动植物检疫;属卫生检疫范围的,不再实施卫生检疫;从加工区运往区外的废料和旧机电产品,检验检疫机构按有关规定实施环保项目检验。要实施卫生注册登记和出口质量许可制度管理的企业,应按规定申请办理有关手续。用于食品、动植物产品的加工、存放场所应当符合食品卫生和动植物检疫的有关规定。

3. 报检应提供的单据

(1) 加工区内货物出境报检时,应填写《出境货物报检单》并提供外贸合同、信用证、发票、厂检单等单据;申请重量鉴定的应提供磅码单;属商品检验和食品卫生检验范围的货物,应提供包装检验合格单。

(2) 加工区内货物入境报检时,应填写《入境货物报检单》并提供外贸合同发票、提(运)单、发货单等有关证单;属《强制性产品认证目录》内的产品,需按照规定提供强制性产品认证证书或相关的免办证明。

(3) 入境的旧机电产品应按旧机电产品备案手续办理相关证明。

(三)边境贸易货物的报检

边境经济技术合作区、边境自由贸易区和边境特别管理区等区域有一定特殊性,其检验检疫管理具有一定的特点。依托以上区域开展的边境贸易,主要分为边民互市贸易和边境小额贸易。边民互市贸易,系指边境地在边境线20km以内、经政府批准的开放点或指定的集市上,在规定金额或数量范围内进行的商品交换活动。边境小额贸易,系指沿陆地边境线经国家批准对外开放的边境县(旗)、边境城市辖区内经批准有边境小额贸易经营权的企业,通过国家指定的陆地边境口岸,与毗邻国家边境地区的企业或其他贸易机构之间进行的贸易活动。边境贸易中的报检手续相对简化。

1. 报检范围

出入境检验检疫机构对边境贸易进出口商品实行全申报(报检)管理制度。

(1)边境小额贸易中属《出入境检验检疫机构实施检验检疫的进出境商品目录》内的进出口商品,边境小额贸易公司或其代理人应当依照有关法律、法规和规章的要求,向出入境检验检疫机构办理报检手续。

(2)边境小额贸易中不属《出入境检验检疫机构实施检验检疫的进出境商品目录》的进出口商品、边民互市贸易的所有进出口商品,边境小额贸易公司或其代理人、边民互市贸易的货主或其代理人应当向口岸出入境检验检疫机构如实申报进出口商品的品名、数量、金额、国别等信息。

2. 报检程序

边境小额贸易中货物的报检手续与一般贸易进出口货物的报检手续基本相同。由于边民互市贸易的形式比较灵活,批量小,批次多,一般没有正规的贸易合同和单据,因此报检手续较为简化。

3. 报检应提供的单据

(1)边境小额贸易的,应填制《出境货物报检单》或《入境货物报检单》,并提供边境贸易合同(合约、确认书),发票,装箱单,厂检单等。边民互市贸易的,应填写适用于边民互市贸易且符合检验检疫机构要求的申报单。

(2)属于实行检疫许可制度或者卫生注册登记制度管理的货物报检时,应提供检疫许可证明或者卫生注册登记证明。

(3)属于旧机电产品的应按旧机电产品备案手续办理相关证明。

(4)属于可用作原料的固体废物,应提供相关的证明文件。

边境小额贸易出口商品原则上应当在商品生产地检验,在口岸进行现场检疫和查验。边民互市贸易出口商品原则上在口岸实施检验检疫。

(四) 出入境快件的报检

《商检法》及其实施条例、《动植物检疫法》及其实施条例、《卫生检疫法》及其实施细则、《食品安全法》及其实施条例、《出入境快件检验检疫管理办法》等有关法律、法规和部门规章规定,出入境检验检疫机构依法对出入境快件实施检验检疫。

出入境快件,是指依法经营出入境快件的企业(简称快件运营人)在特定时间内以快速的商业运输方式承运的出入境货物和物品。

1. 出入境快件检验检疫范围

应当实施检验检疫的出入境快件包括:

(1)根据《动植物检疫法》及其实施条例和《卫生检疫法》及其实施细则,以及有关国

际条约、双边协议规定应当实施动植物检疫和卫生检疫的;

(2) 列入《出入境检验检疫机构实施检验检疫的进出境商品目录》内的;

(3) 属于实施强制性认证制度、进口安全质量许可制度、出口安全质量许可制度以及卫生注册登记制度管理的;

(4) 其他有关法律、法规规定应当实施检验检疫的。

2. 出入境快件的报检要求

1) 报检的时间与地点

检验检疫机构对快件运营人实行备案登记制度。快件运营人取得《出入境快件运营人检验检疫备案登记证书》后,方可按照有关规定办理出入境快件的报检手续。

快件出入境时,应由具备报检资格的快件运营人及时向所在地检验检疫机构办理报检手续,凭检验检疫机构签发的《出境货物通关单》或《入境货物通关单》向海关办理报关手续。

(1) 入境快件到达海关监管区时,快件运营人应及时向所在地检验检疫机构办理报检手续。

(2) 出境快件在其运输工具离境 4 小时前,快件运营人向离境口岸检验检疫机构办理报检手续。

(3) 快件运营人可以通过电子数据交换(EDI)的方式申请办理报检,检验检疫机构对符合条件的,予以受理。

2) 报检应提供的单证

快件运营人在申请办理出入境快件报检时,应提供报检单、总运单、每一批快件的分运单、发票等有关单证。属于下列情形之一的,还应向检验检疫机构提供有关文件:

(1) 输入动物、动物产品、植物种子、种苗及其他繁殖材料的,应提供相应的检疫审批许可证和检疫证明;

(2) 因科研等特殊需要,输入禁止进境物的,应提供国家质检总局签发的特许审批证明;

(3) 属于微生物、人体组织、生物制品、血液及其制品等特殊物品的,应提供有关部门的审批文件;

(4) 属于实施进口安全质量许可制度、出口质量许可证制度和卫生注册登记制度管理的,应提供有关证明;

(5) 其他法律、法规或者有关国际条约、双边协议有规定的,应提供相应的审批证明文件。

3. 检验检疫及处理

检验检疫机构对出入境快件的检验检疫监管,以现场检验检疫为主,特殊情况的,可以取样作实验室检验检疫。

(1) 入境快件经检疫发现被检疫传染病的病原体污染的或者带有动植物检疫危险性病虫害的以及根据法律法规规定须作检疫处理的,应当由检验检疫机构按规定实施卫生、除害处理。

(2) 入境快件经检验不符合法律、行政法规规定的强制性标准或者其他必须执行的检验标准的,必须在检验检疫机构的监督下进行技术处理。

(3) 出入境快件经检验检疫合格的,或检验检疫不合格,但经实施有效检验检疫处理,符合要求的,由检验检疫机构签发《出境货物通关单》或《入境货物通关单》,予以放行。对检验检疫不合格且不能进行技术处理,或经技术处理后重新检验仍不合格的,由检验检疫机构作退回或销毁处理,并出具有关证明。

(4) 对应当实施检验检疫的出入境快件,未经检验检疫或者经检验检疫不合格的,不得运递。

(5) 检验检疫机构对出入境快件需作进一步检验检疫处理的,可以予以封存,并与快件运营处办理交接手续。

(五) 出入境邮寄物的报检

随着经济全球化和国际交往的日益频繁,出入境邮寄物数量激增,邮寄物中夹带国家禁止邮寄出入的动植物及其产品、其他检疫物及特殊物品的现象呈上升趋势,外来有害生物及有毒有害生物随邮寄物传入我国的风险性随之加大。为防止传染病、寄生虫病、危险性病虫杂草及其他有害生物随邮寄物传入、传出国境,保护我国农、林、牧、渔业生产安全和人体健康,加强邮寄物检验检疫的任务非常艰巨。

1. 邮寄物检验检疫范围

邮寄物检验检疫是指对通过国际邮政渠道(包括邮政部门、国际邮件快递公司和其他经营国际邮件的单位)出入境的动植物、动植物产品和其他检疫物实施检验检疫。

邮寄物检验检疫的范围包括通过邮政寄递的下列物品:

(1) 进境的动植物、动植物产品及其他检疫物;

(2) 进出境的微生物、人体组织、生物制品、血液及其制品等特殊物品;

(3) 来自疫区的、被检疫传染病污染的或者可能成为检疫传染病传播媒介的邮包;

(4) 进境邮寄物所使用或携带的植物性包装物、铺垫材料;

(5) 含属于许可证制度管理或须加贴检验检疫标志方可入境的物品;

(6) 其他法律法规、国际条约规定需要实施检疫的进出境邮寄物;

(7) 可能引起生物恐怖的可疑进出境邮寄物。

2. 邮寄物检验检疫

1) 入境检疫

(1) 申报

邮寄物入境后,邮政部门应及时通知检验检疫机构实施现场检疫,并向检验检疫机构提供入境邮寄物清单。

由国际邮件互换局直分到邮局营业厅的邮寄物,由邮局通知收件人限期到检验检疫机构办理检疫手续。对须检疫审批的物品,收件人应向检验检疫机构提供检疫审批的有关单证。快递邮寄物,由快递公司、收件人或其代理人限期到检验检疫机构办理检疫手续。

(2) 检疫

对需拆包检的入境邮寄物,由检验检疫机构工作人员进行拆包、重封,邮政部门工作人员应在场给予必要的配合。重封时,应加贴检验检疫封识。对需作进一步检疫的入境邮寄物,由检验检疫机构同邮政部门办理交接手续后予以封存,带回检验检疫机构,并通知收件人。收件人应按检验检疫机构通知要求的限期办理审批和报检手续。

（3）放行和处理

检验检疫机构对来自疫区或者被检疫传染病污染的进境邮寄物实施卫生处理，并签发有关单证。对于入境邮寄物经检验检疫机构检疫合格或经检疫处理合格的，由检验检疫机构在邮件显著位置加盖检验检疫印章放行，由邮政机构运递。

但是入境邮寄物有下列情况之一的，由检验检疫机构作退回或销毁处理：未按规定办理检疫审批或未按检疫审批的规定执行的；国家质检总局公告规定禁止邮寄入境的；证单不全的；在限期内未办理报检手续的；经检疫不合格又无有效方法处理的；其他需作退回或销毁处理的。

对进境邮寄物作退回处理的，由检验检疫机构出具《检验检疫处理通知书》，并注明退回原因，由邮政机构负责退回寄件人。作销毁处理的，由检验检疫机构出具《检验检疫处理通知书》，并与邮政机构共同登记后，由检验检疫机构通知寄件人。

2）出境检疫

（1）申报

出境邮寄物有下列情况之一的，寄件人须向所在地检验检疫机构报检，由检验检疫机构按照有关国家或地区的检验检疫要求实施现场和实验室检疫：寄往与我国签订双边植物检疫协定等国家，或输入国有检疫要求的；出境邮寄物中含有微生物、人体组织、生物制品、血液及其制品等特殊物品的；寄件人有检疫需要的。

经检验检疫机构检疫合格的，由检验检疫机构出具有关单证，由邮政机构运递。

（2）检疫

出境邮寄物经检验检疫机构检疫合格的，由检验检疫机构出具有关单证，由邮政机构运递。经检疫不合格又无有效方法处理的，不准邮寄出境。

四、出入境报检单的填制

报检单填制是办理报检手续最基础的工作，同时，这也是非常重要的一个环节。报检单填制中一个小的错误或不规范都可能会对检验检疫工作产生非常大的影响。因此，报检单填制是每一名报检员必须熟练掌握的一项基本技能。报检员必须全面掌握各项要求，并在日常工作中严格按填制规范缮制报检单，为做好报检工作奠定基础。

（一）报检单填制的基本要求

（1）做到"三个相符"。报检单填制时，企业应按照检验检疫相关法律、法规的规定和要求，向检验检疫机构如实申报货物信息。报检单的填制必须真实，做到"三个相符"：

① 单证相符，即所填写报检单各栏目的内容必须与合同、发票、装箱单、提单以及批文等随附单据相符；

② 单货相符，即所填写报检单各栏目的内容必须与实际进出口货物的情况相符，不得伪报、瞒报、虚报；

③ 纸质报检单内容与电子数据信息相符。企业向检验检疫机构发送电子申报数据后，须打印纸质报检单并持报检单及相关随附单据办理报检手续。企业应保证纸质报检单内容与电子数据信息完全一致。

(2)填制内容应与随附单证相符。企业应按所申报货物的信息准确填制报检单。报检单填制应完整、准确、真实,不得涂改,对无法填写的栏目或无须填写内容的栏目,统一填制为"×××"。

(3)填制完毕的报检单应加盖报检单位公章或已经向检验检疫机构备案的"报检专用章",报检人应在签名栏手签,不得打印或代签。

(4)填制完毕的报检单在发送数据和办理报检手续前必须认真审核,检查是否有错填、漏填的栏目,所填写的各项内容必须完整、准确、清晰,不得涂改。

(二)报检单填制过程中易出现的问题

1. 纸质单据与电子数据不一致

有的企业在电子申报系统中录入报检数据时,可能会因为复制之前单据忘记修改或其他疏忽造成所发送的电子数据有误。报检员发现后,往往只是在打印纸质报检单时进行了修改,并打印出报检单,但是对电子数据却没有进行相应的修改。这是造成纸质单据和电子数据仍不一致最常见的原因。在日常工作中,企业必须按照成功发送的电子数据打印纸质报检单。对于已经受理报检的电子数据有误的,须填写更改单至检验检疫机构办理更改手续。

2. 空项

有的报检员在发送电子数据和填制报检单时,对系统设定的非必输项不录入任何数据。还有的,在应录入数据的项目内填制"×××",这都是不符合报检单填制要求的。

3. 填制不规范

报检员在填制报检单时,应根据检验检疫机构的要求规范地录入报检单。对于需要选择的项目,应按照实际情况选择最合适的项目。在填制和选择时,不能填制较笼统或不确切的内容。例如,有的报检员在填制报检单时,"用途"一栏不管什么货物一律都选择"其他",这种做法在日常工作中是必须要避免的。

(三)《出入境货物报检单》填制的具体要求

1. 编号

"编号"是指检验检疫机构受理本批货物报检后生成的正式报检号。

填报要求及注意事项:"编号"栏由检验检疫机构受理报检人员填写。实行电子报检后,该编号可在电子报检的受理回执中自动生成。报检单编号由 15 位数字组成,前 6 位为检验检疫机构代码,第 7 位为报检类别代码(1 代表入境、2 代表出境、3 代表包装),第 8、第 9 位为年度代码,第 10 至 15 位为流水号。如某批单据报检号为"110000110012345",通过报检号可知该份报检单是北京检验检疫局 2010 年受理的入境第 12345 批货物报检。

2. 报检单位(加盖公章)

报检单位是指在由检验检疫机构核准,在检验检疫机构备案或注册登记,有权从事报检业务的法人或其他组织。

填报要求及注意事项:"报检单位"栏填写报检单位的中文名称,并加盖报检单位公章或已向检验检疫机构备案的"报检专用章"。

3. 报检单位登记号

报检单位登记号是指报检单位在检验检疫机构备案或注册登记后取得的 10 位数代码。

填报要求及注意事项："报检单位登记号"栏应准确填写报检单位在检验检疫机构备案或注册登记的 10 位数代码。该登记号为 10 位数字，前 4 位为检验检疫机构代码，第 5 位为企业类别（9 代表代理报检单位、其他代表自理报检单位），后 5 位为流水号。如某企业备案登记号为"1100600001"，通过该代码可知该企业是在北京检验检疫局备案登记的自理报检单位。报检单位登记号必须准确填写，在系统中报检单位名称是由登记号自动带出的，如登记号填写错误，将导致报检单位名称错误。

4. 联系人

"联系人"指报检本批货物的报检员。

填报要求及注意事项："联系人"栏填写报检人员姓名。"电话"栏填写报检人员的联系电话。另外，企业通过复制以往单据的方式制单时，一般会显示以往报检单据中的信息。当企业报检员或联系电话发生变更时，应注意修改有关信息。

5. 报检日期

报检日期是指检验检疫机构接受进出口货物的收发货人或受其委托的代理报检企业报检的日期。

填报要求及注意事项：在日常业务中，许多报检员在填制报检单时，"报检日期"一栏打印的是制单日期或电子数据发送的日期。对于直通式电子报检而言，数据发送的日期一般情况下就是受理报检日期，但是对于非直通式电子报检，受理报检的日期和企业发送数据和制单的日期往往不一致，报检员对此应加以注意。

6. 收货人

出入境报检单的收货人都是指外贸合同中的收货方。

填报要求及注意事项：收货人填写要与外贸合同中的收货方一致。对于入境货物，有时会出现贸易商和最终生产加工单位不一致的情况。有的报检员在报检时将收货人填制为最终生产加工单位是不符合规定的。另外，在录入电子报检数据时，须同时录入收货人的备案登记号。对于出境货物的收货人一般为国外公司，许多公司没有相对应的中文名称，因此，收货人一栏可以填制"×××"。

7. 发货人

出入境报检单的发货人是指外贸合同中的发货方。

填报要求及注意事项：发货人填写要与外贸合同中的发货方一致。由于入境货物的发货人一般为国外公司，许多公司没有相对应的中文名称，因此，发货人中文一栏可以填制"×××"。对于出境货物，在录入电子报检数据时，须同时录入发货人的备案登记号。

8. 货物名称（中/外文）

货物名称是指国际贸易缔约双方同意买卖的货物的名称。货物名称一般取自主要用途、主要材料、主要成分或者货物的外观、制作工艺等。

填报要求及注意事项："货物名称"栏填写本批货物的品名及规格，应与进（出）口合同、发票所列一致。货物名称应能反映货物的具体特性，不得填写笼统的名称或与客户约定的代码。另外,有的报检员直接使用 H. S. 编码对应的品名,在多数情况下 H. S. 编码对应的品名过于笼统,是不符合填制要求的。如:某公司报检一批食品,H. S. 编码为2106909090,品名申报为该编码对应的"其他编号未列明的食品"就是不符合填制要求的,必须清楚写明具体的食品名称。

9. H. S. 编码

H. S. 编码是指由进出口货物的税则号列及符合海关要求的附加号码组成的 10 位编号。

填报要求及注意事项:H. S. 编码应填写所报检货物的 8 位税则号列,以及第 9、第10 位附加编号,此编码以海关公布的最新的商品税则编码分类为准。H. S. 编码应与货物报关时申报的编码一致。填制 H. S. 编码时,应注意编码的新旧问题,一般每年年初海关都会对部分编码进行一次较大的调整,之后还有可能对个别编码进行调整,在填制报检单时,如果填制了旧编码,将会造成电子通关数据在通关单联网核查时无法在海关正常申报。

10. 原产国(产地)

原产国(产地)是指本批货物的生产、开采或加工制造的国家或地区。对经过几个国家或地区的货物,以最后一个对货物进行实质性加工的国家或地区作为该货物的原产国。

入境报检单填报要求及注意事项:"原产国(产地)"栏填写时应按照"国别(地区)代码表"选择填报相应的国家(地区)中文名称。同一批货物的原产地不同的,应当分别填报原产国(产地)。在保税区(含保税港区、监管仓库)或加工区进行了实质性加工的货物出区输往国内时,原产国填制为"中国"。

出境报检单填报要求及注意事项:"产地"栏应填写本批货物的生产(加工)地,填写省、市、县名。填制时,一般应具体到县市行政区名称。对于同一县市行政区内有超过一个检验检疫机构的,应根据当地检验检疫机构的要求对目的地进行进一步细化。对于经过几个地区加工制造的货物,以最后一个对货物进行实质性加工的地区作为该货物的产地。难以判定具体行政区名称的货物,如海洋资源,可填制为"中国"。进口货物复出口的,产地填制"境外"。

11. 数/重量

数/重量是指所报检货物的数量/重量。

填报要求及注意事项:"数/重量"栏应填写本批货物的数/重量,注明数/重量单位,应与合同、发票或报关单上所列一致。重量一般填写净重。填制数/重量时,对于 H. S. 编码对应的第一计量单位必须输入,且不得对计量单位进行修改。第一计量单位填制完毕后,可以同时填制另一项数/重量。如:报检一批服装,H. S. 编码为 6201121000,1000件/500 千克。该编码的第一计量单位为"件",在填制报检单时必须填制数量:1000 件。而且数量单位必须为件,不得录入为"套""条"等数量单位。填制数量后,可以同时填制重量 500 千克。由于该编码的第一计量单位为"件",因此不能只填制重量而不填制数量。某些货物,数/重量可能无法同时填写,则只需填制其标准计量单位的一项。如:报检一批冻鱼片,H. S. 编码为0304299090,其对应的计量单位为"千克",在填制报检单时,按规范填制重量后,无须再填制数量。

12. 货物总值

货物总值是指进出口货物实际成交的总价。

填报要求及注意事项:"货物总值"栏应填报同一项号下进出口货物实际成交的货物价格。应按合同、发票所列的货物总值和币种填写。对于非贸易性进出口货物等没有合同、发票情况的,按报关价填制。

13. 包装种类及数量

商品的包装是指包裹和捆扎货物用的内部或外部包装和捆扎物的总称。一般情况,应以装箱单或提运单据所反应的货物处于运输状态时的最外层包装或称运输包装作为"包装种类"申报,并相应计算件数。

填报要求及注意事项:"包装种类及数量"栏应根据进出口货物的实际外包装种类和数镀,选择填写相应的包装种类及数量,注明包装的材质。如:包装为木箱,包装必须填制"木箱",不得填制为"箱"。对于在申报系统中无法选择对应的包装种类的,应选填"其他",并手填上具体的包装种类。

14. 运输工具名称号码

运输工具名称号码是指载运货物进出境所使用的运输工具的名称或运输工具编号,以及载运货物进、出境的运输工具的航次编号。

填报要求及注意事项:"运输工具名称号码"栏填写装运本批货物的运输工具的名称和号码。运输工具名称和号码应与提(运)单中所列一致。转船运输的,一般应填写最终航程运输工具的名称和号码。

15. 合同号

合同号是指在进出口贸易中,买卖双方或双方当事人根据国际贸易惯例或国家的法律、法规,自愿按照一定的条件买卖某种商品所签署的合同或协议的编号。

填报要求及注意事项:"合同号"栏填写对外贸易合同(包括协议和订单)的编号。特殊情况无合同号的,应注明原因。如:"长期客户无合同"。

16. 贸易方式

贸易方式是指该批进出口货物的交易方式。

填报要求及注意事项:"贸易方式"栏填写本批货物的贸易方式,根据实际情况选填一般贸易、来料加工、进料加工、易货贸易、补偿贸易、边境贸易、无偿援助、外商投资、对外承包工程进出口货物、出口加工区进出境货物、出口加工区进出区货物、退运货物、过境货物、保税区进出境仓储、转口货物、保税区进出区货物、暂时进出口货物、暂时进出口留购货物、展览品、样品、其他非贸易性物品、其他贸易性货物等。有的贸易方式直接与计费的优惠费率关联,录入时一定要选择正确的贸易方式。

17. 贸易国别(地区)

入境报检单的贸易国别(地区)一般是指外贸合同卖方所在的国家(地区)。填报时,"贸易国别(地区)"栏填写本批货物的真实的贸易国别(地区)。

18. 货物存放地点

出境报检单中的货物存放地点是指本批货物存放的具体地点、厂库。填报时应准确填写本批货物存放的具体地点。

19. 提单/运单号(入境)

提单/运单号是指进出口货物提单或运单的编号。

填报要求及注意事项:"提单/运单号"栏填写本批货物海运提单号、空运单号或铁路运单号。该号码必须与运输部门的载货清单所列相应内容一致(包括数码、英文大小写、符号、空格等)。转船运输一般应填写最终航程的提(运)单号。

20. 信用证号(出境)

填报要求及注意事项:填写本批货物对应的信用证编号。对于不以信用证方式结汇的,应注明结汇方式,如"T/T"。

21. 到货日期(入境)

到货日期是指运载所申报进口货物的运输工具到达进境口岸的日期。

填报要求及注意事项:"到货日期"栏填写准确的到达口岸的日期。日期均为 8 位数字,顺序为年(4 位)、月(2 位)、日(2 位)。企业通过申报系统填制报检单及发送电子数据时,系统默认显示的是当前的日期。

22. 发货日期(出境)

发货日期是指出境货物预定装运发货的日期。

填报要求及注意事项:日期均为 8 位数字,顺序为年(4 位)、月(2 位)、日(2 位)。企业通过申报系统填制报检单及发送电子数据时,系统默认显示的是当前的日期。

23. 启运国家或地区(入境)

启运国家或地区是指进口货物起始发出直接运抵我国的国家或地区,或者在运输中转国(地区)未发生任何商业性交易的情况下运抵我国的国家或地区。

填报要求及注意事项:"启运国家(地区)"应按照"国别(地区)代码表"选择填报相应国别(地区)的中文名称。对发生运输中转的货物,如中转地未发生任何商业性交易,则"启运国家"不变;如中转地发生商业性交易,则以中转地作为"启运国家"填报。从中国境内保税区、出口加工区入境的,填制"保税区"或"出口加工区"。如填制为"中国"则会造成通关单联网核查数据比对不成功。

24. 输往国家或地区(入境)

输往国家或地区是指出口货物离开我国关境直接运抵国家或地区,或者在运输中转国(地区)未发生任何商业性交易的情况下最后运抵的国家或地区。

填报要求及注意事项:"输往国家(地区)"栏应按照"国别(地区)代码表"选择填报相应国别(地区)的中文名称。填制出境货物最终输往的国家或地区。对发生运输中转的货物,如中转地未发生任何商业性交易,则"输往国家"不变;如发生商业性交易,则以中转地作为"输往国家"填报。此项应与企业报关时申报的"运抵国"一致,如不一致,会造成电子通关数据在通关单联网核查时无法在海关正常申报。出口到中国境内保税区、出口加工区的,填制"保税区"或"出口加工区"。

25. 许可证/审批号

入境许可证/审批号是指需办理进境许可证或审批的货物取得的相关许可证或审批的号码。出境许可证/审批号是指需办理加工单位注册登记、备案登记等许可手续的出境货物取得的相关许可证或审批的号码。

填报要求及注意事项:"许可证/审批号"栏应准确填写有关许可证号或审批号。如:对于需办理检疫审批手续的进境动植物产品,此栏中应填制已取得的《进境动植物检疫许可证》或农业、林业部门的检疫审批单的号码。

26．卸毕日期

卸毕日期是指本批货物在口岸卸毕的日期。

填报要求及注意事项："卸毕日期"应准确填写本批货物在口岸卸毕的日期。企业通过申报系统填制报检单及发送电子数据时，系统默认显示的是当前的日期。企业应根据实际情况填制准确的日期。

27．启运口岸（入境）

启运口岸是指装运本批货物的交通工具起始发出直接运抵我国的口岸。

填报要求及注意事项："启运口岸"栏应根据"国别（地区）代码表"选择填报相应口岸的中文名称。货物从内陆国家经陆运至他国海港口岸装船出运的，按第一海港口岸填制。如：货物从瑞士陆运至荷兰鹿特丹，从鹿特丹装船经新加坡转船运至国内口岸，则报检单中"启运口岸"应填制为"鹿特丹"。从中国境内保税区、出口加工区入境的，填制"保税区"或"出口加工区"。

28．入境口岸

入境口岸是指本批货物实际进入我国国境的口岸。

填报要求及注意事项："入境口岸"栏填写本批货物从运输工具卸离的第一个境内口岸。填写时要准确选择口岸检验检疫机构的名称及代码。

29．经停口岸

经停口岸是指货物随运输工具离开第一个境外口岸后，在抵达中国入境口岸之前所抵靠的发生货物（含集装箱）装卸的境外口岸。

填报要求及注意事项："经停口岸"应根据"国别（地区）代码表"选择填报相应口岸的中文名称，在抵达中国入境口岸之前未经停有关口岸的，此栏可填"×××"。

30．目的地

目的地是指已知的进境货物在我国国内的消费、使用地区或最终运抵的地点。

填报要求及注意事项："目的地"应准确填写进境货物在我国国内的消费、使用地区或最终运抵的地点。填制时，一般应具体到县市行政区名称。对于同一县市行政区内有超过一个检验检疫机构的，应根据当地检验检疫机构的要求对目的地进行进一步细化。

31．启运地（出境）

启运地是指出境货物的报关地。

填报要求及注意事项："启运地"栏应填制货物报关地的口岸。

32．到达口岸

到达口岸是指出境货物的境外运抵口岸。

填报要求及注意事项："到达口岸"栏应填写出境货物的境外运抵口岸。货物经海运至某口岸再陆运至最终收货地点的，按货物最终卸离船舶的口岸为到达口岸。如：货物先从海运经新加坡至荷兰鹿特丹，再陆运至瑞士。报检单中"到达口岸"应填制为"鹿特丹"。

33．生产单位注册号

生产单位注册号是指本批货物生产、加工单位在检验检疫机构备案登记的10位数代码。

填报要求及注意事项："生产单位注册号"栏应准确填写本批货物生产、加工单位在检验检疫机构的10位数备案登记代码。

34．索赔有效期至

索赔有效期是指贸易合同约定的进口货物不合格对外提出索赔要求的有效期限。

填报要求及注意事项："索赔有效期至"栏填写明确的期限,如 60 天、90 天等。合同中未约定索赔有效期的,应注明"无索赔期"。

35．集装箱规格、数量及号码

集装箱规格、数量及号码是指装载进出口货物(包括拼箱货物)的集装箱的具体规格、数量和集装箱体两侧标示的全球唯一编号。

填报要求及注意事项："集装箱规格、数量及号码"栏填写装载进(出)口货物(包括拼箱货物)的集装箱的箱体信息。数据应与提(运)单一致。

36．合同订立的特殊条款以及其他要求

合同订立的特殊条款以及其他要求是指合同中特别订立的有关质量、卫生等条款或报检单位对本批货物检验检疫、出证等工作的特殊要求。

填报要求及注意事项："合同订立的特殊条款以及其他要求"栏应准确填制合同中特别订立的有关质量、卫生等条款或报检单位对本批货物检验检疫、出证等工作的特殊要求。

37．用途

用途是指进出口货物的实际应用范围。

填报要求及注意事项："用途"栏应填写本批货物的用途。根据实际情况,按照"用途代码表"选填(1)种用或繁殖;(2)食用;(3)奶用;(4)观赏或演艺;(5)伴侣动物;(6)实验;(7)药用;(8)饲用、介质土、食品包装材料、食品加工设备、食品添加剂、食品容器、食品洗涤剂、食品消毒剂;(9)其他。对于选择"其他"的,应在报检单中手填具体的用途。

38．随附单据

随附单据是指报检企业实际向检验检疫机构提供的报检单据。

填报要求及注意事项："随附单据"栏填制时,应根据实际向检验检疫机构提供的单据,在对应的"□"内打"√"或补填。许多企业在填制报检单时,由于在系统中复制以往的单据,经常会出现随附单据选项不全或错误的情况,对此应特别注意。

39．标记及号码

标记及号码是运输标志的俗称。进出境货物报检单上的标记及号码专指货物的运输标志。

填报要求及注意事项："标记及号码"栏填写本批货物标记号码(唛头)中除了图形以外的所有文字和数字,应与合同、提单、发票和货物实际状况保持一致。若没有标记号码,填"N/M",不能填制为"×××"。表 9-5 为标记唛码的填报样例。

表 9-5　标记唛码的填报样例

填报格式	中文释义
Marks & No.	唛头
HAMBURG	中转港:汉堡
IN TRANSIT TO ZURICH SWITZERLAND	目的港:瑞士/苏黎世
C/NO. 1-533 MADE IN CHINA	件数:533 件 原产地:中国

40．外商投资财产

外商投资财产是确认进口的设备是否属于外商投资财产。

填报要求及注意事项："外商投资财产"栏本应由检验检疫机构受理报检人员填写,但企业通过申报系统填制报检单及发送电子数据时,可以在此项中选择"是"或者"否"。由于检验检疫机构已不再进行强制性的价值鉴定工作,因此,企业在填制报检单时均应选择"否"。

41．需要证单名称

需要证单名称是指报检企业向检验检疫机构申请出具的证单。

填报要求及注意事项："需要证单名称"栏应根据实际选择向检验检疫机构申请出具的证单,在对应的"□"内打"√"或补填,并注明所需证单的正副本数量。

42．报检人郑重声明

报检人郑重声明是报检员申报此批货物信息的确认。

填报要求及注意事项："报检人郑重声明"栏应由报检人员亲笔签名,不得打印。签名人应是取得"报检员证"并负责办理本批货物报检手续的人员。

43．检验检疫费

检验检疫费是对本批货物进行检验检疫应收取的费用。

填报要求及注意事项："检验检疫费"栏由检验检疫机构计/收费人员填写,应填写应收取的检验检疫费的实际费额。

44．领取证单

领取证单是领取证单报检员和领取证单的确定日期。

填报要求及注意事项："领取证单"由报检人员在领取证单时填写领证日期并签名。

第三节　岗位技能与实践

一、岗位技能实训项目:入境报检单的填制

● 实训目的

通过入境报检单填制的训练,进一步熟悉入境报检单的主要内容及其填制要求。

● 实训内容

1．工作情境

广州迅通服务有限公司的报检员王强,公司进口了一批无绳电话机,入境报关前需要报检。具体信息如下:

报检单位名称:广州迅通服务有限公司,登记号:4401003268,电话:67852418,中国的合同收货人:广州进出口贸易有限公司,合同发货人是:WORLD WIDE REPRODUCTIONS,广州进出口贸易有限公司从海外进口一批由英国生产的无绳电话机(H.S.8517110000),共50纸箱,2500台,净重为1682kgs,货值为6235美元,合同号为2010/06351,以一般贸易方式从英国利物浦码头经香港于2010年8月8日运至广州黄埔港,2010年8月9日卸毕。货物存放于黄埔码头,提单/运单号为:L22080098。

2．实训任务

根据给定的内容填制入境货物报检单。

中华人民共和国出入境检验检疫入境货物报检单

报检单位(加盖公章):					*编号_____
报检单位登记号:	联系人:		电话:		报检日期:____年__月__日

发 货 人	(中文)	
	(外文)	
收 货 人	(中文)	
	(外文)	

货物名称(中/外文)	H.S.编码	产地	数/重量	货物总值	包装种类及数量

运输工具名称号码		合同号	
贸易方式		贸易国别		提单/运单号	
到货日期		启运国家(地区)		许可证/审批号	
卸毕日期		启运口岸		入境口岸	
索赔有效期至		经停口岸		目的地	

集装箱规格、数量及号码	
合同、信用证订立的检验检疫条款或特殊要求		货物存放地点	
		用途	

随附单据(画"√"或补填)	标记及号码	*外商投资财产(画"√")	□是　　　□否
□合同　　　□到货通知 □发票　　　□装箱单 □提/运单　　□质保书 □兽医卫生证书　□理货清单 □植物检疫证书　□磅码单 □动物检疫证书　□验收报告 □卫生证书　　□ □原产地证　　□ □许可/审批文件		*检验检疫费	
		总金额(人民币元)	
		计费人	
		收费人	

报检人郑重声明: 1 本人被授权报检。 2 上列填写内容正确属实。 签名:_____	领 取 证 单	
	日期	
	签名	

注:有"*"号栏由出入境检验检疫机关填写　　　　　　◆国家出入境检验检疫局制

3. 实训教学建议

（1）教学方法

多媒体演示教学＋实践操作

（2）教学课时

实践学时：2课时

（3）教学过程

上课时首先由教师介绍任务背景，提出完成任务的目标和要求，而后学生独立完成情境式工作任务。建议：这部分课程可以选择让学生将报检单复印后在教室完成工作任务。

4. 实训成果

填制完整的出境货物报检单。

二、岗位技能实训项目：出境报检单的改错

● 实训目的

通过出境报检单改错的训练，进一步熟悉出境报检单的主要内容及其填制要求。

● 实训内容

1. 工作情境

山东启明进出口贸易公司（自理报检单位备案号3707600573）与香港华南贸易公司（HAWK-LAND TRADE COMPANY,HONGKONG）签订外贸合同出口工业级氢氧化钾。货物生产商为云南昆明华融化工有限责任公司（自理报检单位备案号5300600059）。材料如下：

SALES CONTRACT

NO.：201208QM275

DATE：Aug.15,2012

The Buyer：HAWK-LAND TRADE COMPANY,HONGKONG

The Seller：SHANG DONG QIMING IMP. & EXP.CORP

This contract is made by and between the Seller and the Buyer ,where by the Seller agrees to sell and the Buyer agrees to buy the under-mentioned goods according to the terms and conditions stipulated below：

（1）

Name of Commodity	Quantity/Weight	Unit Price	Total Price
POTASSIUM OF OXYGEN AND HYDROGEN (Industry Grade)	100,000kgs 100BAGS	US D7.6/kg	USD 760,000

（2）Packing：In P.P.BAGS

（3）Port of Loading：CHONG QING PORT,CHINA

（4）Port of Destination：NEWYORK PORT,U.S.

（5）Shipping Mark：HAEK-LAND

（6）Date of Shipment：Sep.2012/By Vessel

（7）Terms of Payment：L/C

（8）Documents Required：Certificate of Quality Issued By CIQ showing the number of L/C

The Buyer   The Seller

_____   _____

2. 实训任务

下表给是已经填制完成的一份出境报检单，请判断已填制的出境货物报检单的正误，并改正。

中华人民共和国出入境检验检疫
出境货物报检单

(1) 报检单位(加盖公章)：云南昆明华融化工有限责任公司　　　＊编　号＿＿＿＿＿＿＿＿

报检单位登记号：5300600059　　联系人：　　　电话：　　　报检日期：2012 年 8 月 29 日

(2) 发货人	(中文)	山东启明进出口贸易公司
	(外文)	SHANGDONG QIMING IMP. & EXP. CORP.
(3) 收货人	(中文)	香港华南贸易公司
	(外文)	HAWK-LAND TRADE COMPANY，HONGKONG

货物名称(中/外文)	(4)H.S.编码	(5)产地	(6)数/重量	(7)货物总值	(8)包装种类及数量
氢氧化钾(工业级)	2825909000	云南省昆明市	100 件	USD760000.00	100 编织集装袋

运输工具名称号码	船舶	贸易方式	一般贸易	货物存放地点	工厂仓库
(9)合同号	5300600059	(10)信用证号	＊＊＊	用途	其他
发货日期	2012.09.23	(11)输往国家(地区)	美国	许可证/审批号	＊＊＊
(12)启运地	重庆口岸	(13)到达口岸	纽约	(14)生产单位注册号	201208QM275

集装箱规格、数量及号码　　　　　　　　　　　＊＊＊

合同、信用证订立的检验检疫条款或特殊要求	(15)标 记 及 号 码	(16)随附单据(画"√"或补填)	
属于危险化学品工业用途	N/M	□合同✓ □信用证 □发票✓ □换证凭单 □装箱单✓ □厂检单✓	□包装性能结果单 □许可/审批文件 □ □ □ □

(17)需要证单名称(画"√"或补填)　　　　　　　　　＊检验检疫费

□品质证书✓　　　正　副	□植物检疫证书　　　正　副	总金额 (人民币元)	
□重量证书　　　正　副	□熏蒸/消毒证书　　　正　副		
□数量证书　　　正　副	□出境货物换证凭单　　正　副	计费人	
□兽医卫生证书　正　副	□		
□健康证书　　　正　副	□		
□卫生证书　　　正　副	□	收费人	
□动物卫生证书　正　副	□		

报检人郑重声明： 　1. 本人被授权报检。 　2. 上列填写内容正确属实，货物无伪造或冒用他人的厂名、标志、认证标志，并承担货物质量责任。 　　　　　　　　　签名：李明	领 取 证 单	
	日期	
	签名	

注：有"＊"号栏由出入境检验检疫机关填写　　　　　　◆国家出入境检验检疫局制

1. ( ) 2. ( ) 3. ( ) 4. ( ) 5. ( ) 6. ( ) 7. ( ) 8. ( )
9. ( ) 10. ( )11. ( ) 12. ( ) 13. ( ) 14. ( ) 15. ( )
16. ( ) 17. ( )

3. 实训教学建议

(1) 教学方法

多媒体演示教学＋实践操作

(2) 教学课时

实践学时:2 课时

(3) 教学过程

上课时首先由教师介绍任务背景,提出完成任务的目标和要求,而后学生独立完成情境式工作任务。建议:这部分课程可以选择在机房让学生在计算机上完成出入境报检单的填制,也可以将报检单复印后在教室完成工作任务。

4. 实训成果

完成出境货物报检单的改错。

本 章 小 结

本章第一部分概述报检的含义、内容、范围、方式以及报检业务的基本流程;第二部分主要介绍出入境报检的相关限制以及手续要求;第三部分的岗位技能第一个安排的是入境货物报检单的填制,第二个安排的是出境货物报检单的改错,通过出入境报检单填制以及改错的训练,进一步熟悉出入境报检单的主要内容及其填制要求。

【思考与练习】

一、单项选择题

1. 对于出境动物的检验检疫时间,以下哪个选项是正确的?( )

A. 报关或出境装运前 10 天,向检验检疫机构申请报检

B. 报关或出境装运前 60 天预报检,隔离前 7 天报检

C. 报关或出境装运前向口岸检验检疫机关报检或申报

D. 报关或出境装运前 7 天,向检验检疫机构申请报检

2. 对于入境的植物、种子、种苗及其他繁殖材料,应在入境前( )天报检。

A. 30   B. 15   C. 7

D. 索赔有效期前 20 天内向到货口岸或货物到达地的检验检疫机构报检

3. 对于大宗散装商品、易腐烂变质品、废旧物品、卸货时发现包装破损、重量短缺的商品,国家规定的报检地点是( )。

A. 在入境口岸检验检疫机构报检

B. 在收货人所在地的检验检疫机构报检

C. 在卸货口岸检验检疫机构报检

D. 在报关地检验检疫机构报检

4. 出境货物报检地点因出境对象的不同而不同。如果一批由内地运往口岸分批、并批的货物要出境,那么具体的报检地点应该在哪里(　　　)?

A. 在货物所在地检疫机构办理报检

B. 在口岸重新报检

C. 在产地办理预检,合格后方可运往口岸办理出境货物的查验换证手续

D. 在口岸直接报检

5. 出境的动物申报检验的时间要求是(　　　)。

A. 报关或出境装运前7天,向检验检疫机构申请报检

B. 报关或出境装运前60天预报检,隔离前7天报检

C. 报关或出境装运前30天预报检,隔离前7天报检

D. 报关或出境装运前向口岸检验检疫机关报检或申报

二、多项选择题

1. 填制报检单的时必须真实,做到"三个相符",包括(　　　)

A. 单证相符　　　　　　　　　　　B. 单货相符

C. 纸质报检单内容与电子数据信息相符　　D. 证证相符

2. 进出特殊监管区(包括保税区、出口加工区等)货物的报检范围包括(　　　)

A. 列入《法检目录》的应检物;

B. 虽未列入《法检目录》,但国家有关法律法规明确由检验检疫机构负责检验检疫的进出境货物;

C. 运输工具和集装箱;

D. 应实施检验检疫的包装物及铺垫材料。

3. 出入境商品检验检疫的主要内容包括(　　　)

A. 质量检验　　B. 数量和重量检验　　C. 包装检验　　D. 装运技术检验

三、简单题

1. 简述进出境货物检验检疫的流程。

2. 报检单的填制有哪些基本要求?

3. 出入境商品申报检验的内容有哪些?

4. 入境货物报检在时间上有哪些要求?

5. 出入境快件的报检时间和地点有哪些要求?

6. 经保税区转口的应检物应如何报检?

四、案例分析题

案例一:湖北A玩具生产厂委托上海B进出口贸易公司出口该厂生产的电动小汽车玩具,内包装为塑料袋,外包装为纸箱。该批货物用集装箱装运至宁波口岸出口美国。请根据上述情况判断以下内容对错。

1. A玩具生产厂无须办理报检单位备案登记。(　　　)

2. 该批货物应在湖北申请实施检验。(　　　)

3. 填制《出境货物报检单》时,包装种类应填写"塑料袋"。(　　　)

4. B进出口贸易公司应向宁波检验检疫机构办理报检单位备案登记。（　　　）

5. 检验检疫机构对出口玩具生产企业实施分类管理。（　　　）

6. 《出口玩具质量许可证书》有效期为 2 年。（　　　）

7. A 玩具生产厂应向湖北检验检疫机构申请出口玩具注册登记。（　　　）

8. B进出口贸易公司应向上海检验检疫机构申请出口玩具注册登记。（　　　）

案例二：某公司于 2019 年 3 月从新西兰进口一批绵羊生皮，4 月抵达上海港之后转关到宁波保税区，并办理了海关保税区进境备案。该公司将该批货物在未经检验检疫机构实施进境动植物检疫的情况下，擅自运递到保税区内仓库并拆箱存放。该企业的上述行为已违反了检验检疫法律法规的规定，破坏了动植物进口监管秩序，可能会造成损害人民群众健康安全的严重后果，因此，按照《进出境动植物检疫法》及其实施条例的有关规定，宁波检验检疫局依法对其予以行政处罚。由于动植物及动植物产品具有疫情传播的潜在危险性和国家生物安全的特殊性，进境的动植物及动植物产品必须接受检验检疫机构的检疫。保税区为"境内关外"的特殊监管区域，从境外进入保税区的动植物及动植物产品等应当接受检验检疫机构的动植物检疫。

思考题：

1. 特殊区域包括哪些区域？

2. 特殊区域出口的货物在报检方面有什么特殊规定？

3. 出口货物装运前检验有哪些具体的要求？

第四篇

综 合 篇

第十章

跨境电商与国际快递

【学习目标与要求】

1. 了解跨境电商的概念与模式；
2. 熟悉跨境电商物流的主要方式；
3. 掌握跨境电商物流方式的选择；
4. 掌握国际快递费用的计费；
5. 掌握国际快递的包装技巧。

 【导入案例】

前海跨境电商进出口额逾 1.3 亿美元，进出口额同比大增

2015 年 1—10 月，深圳前海湾保税港区实现跨境电商进出口额达 1.329 亿美元，是去年全年的四倍。

作为全国跨境电子商务试点城市之一，深圳分别于 2013 年 11 月和 2014 年 9 月取得跨境电商出口和进口的试点资格，并依托前海湾保税港区开展试点操作。深圳市委、市政府高度重视跨境贸易电子商务服务试点工作，在引导和扶持跨境电商产业发展、试点制度创新和流程优化方面做了大量的探索和尝试，出台了一系列具有深圳特色的政策法规和标准规范，建成与特殊区域出口和网购保税进口相配套的通关管理模式。

同时，深圳市还委托南方电子口岸搭建了深圳市跨境贸易电子商务通关服务平台，建设了跨境电子商务海关监管系统、检验检疫监管系统、可信交易保障系统，形成全市比较完善的跨境电子商务信息化支撑体系，营造出较好的跨境电商创新发展环境。

目前，深圳市跨境电商产业链集聚效应初见成效，涌现出一批本土跨境电商优秀企业，也吸引了聚美优品、小红书、e 万家等知名跨境电商进驻前海。

资料来源：广州日报

 思考题

1. 什么是跨境电商？跨境电商与国际物流的关系？
2. 跨境电商的物流模式？

第一节　跨境电商与国际快递概述

一、跨境电商

(一)跨境电商的概念

跨境电子商务是指分属不同关境的交易主体,通过电子商务平台达成交易、进行支付结算,并通过跨境物流送达商品、完成交易的一种国际商业活动。

(二)跨境电商的类别

我国跨境电子商务主要分为企业对企业(B2B)和企业对消费者(B2C)的贸易模式。B2B模式下,企业运用电子商务以广告和信息发布为主,成交和通关流程基本在线下完成,本质上仍属传统贸易,已纳入海关一般贸易统计。B2C模式下,我国企业直接面对国外消费者,以销售个人消费品为主,物流方面主要采用航空小包、邮寄、快递等方式,其报关主体是邮政或快递公司。

另外从进出口方向来分,跨境电商还可以分为出口跨境电商和进口跨境电商。

(三)跨境电商的发展历程

1. 跨境电商 1.0 阶段(1999—2003)

跨境电商1.0时代的主要商业模式是网上展示、线下交易的外贸信息服务模式。跨境电商1.0阶段第三方平台主要的功能是为企业信息以及产品提供网络展示平台,并不在网络上涉及任何交易环节。此时的盈利模式主要是通过向进行信息展示的企业收取会员费(如年服务费)。跨境电商1.0阶段发展过程中,也逐渐衍生出竞价推广,咨询服务等为供应商提供一条龙的信息流增值服务。

在跨境电商1.0阶段中,阿里巴巴国际站平台以及环球资源网为典型代表平台。其中,阿里巴巴成立于1999年,以网络信息服务为主,线下会议交易为辅,是中国最大的外贸信息黄页平台之一。环球资源网1971年成立,前身为Asian Source,是亚洲较早的提供贸易市场资讯者,并于2000年4月28日在纳斯达克证券交易所上市,股权代码GSOL。

在此期间还出现了中国制造网、韩国EC21网、Kelly search等大量以供需信息交易为主的跨境电商平台。跨境电商1.0阶段虽然通过互联网解决了中国贸易信息面向世界买家的难题,但是依然无法完成在线交易,对于外贸电商产业链的整合仅完成信息流的整合环节。

2. 跨境电商 2.0 阶段(2004—2012)

2004年,随着敦煌网的上线,跨境电商2.0阶段来临。这个阶段,跨境电商平台开始摆脱纯信息黄页的展示行为,将线下交易、支付、物流等流程实现电子化,逐步实现在线交易平台。

相比较第一阶段,跨境电商2.0更能体现电子商务的本质,借助于电子商务平台,通过服务、资源整合有效打通上下游供应链,包括B2B(平台对企业小额交易)平台模式,以及B2C(平台对用户)平台模式两种模式。跨境电商2.0阶段,B2B平台模式为跨境电商主流模式,通过直接对接中小企业商户实现产业链的进一步缩短,提升商品销售利润空间。2011年敦煌网宣布实现盈利,2012年持续盈利。

在跨境电商2.0阶段,第三方平台实现了营收的多元化,同时实现后向收费模式,将"会员收费"改以收取交易佣金为主,即按成交效果来收取百分点佣金。同时还通过平台上营销推广、支付服务、物流服务等获得增值收益。

3. 跨境电商3.0阶段(2013年至今)

2013年成为跨境电商重要转型年,跨境电商全产业链都出现了商业模式的变化。随着跨境电商的转型,跨境电商3.0"大时代"随之到来。

首先,跨境电商3.0具有大型工厂上线、B类买家成规模、中大额订单比例提升、大型服务商加入和移动用户量爆发五方面特征。与此同时,跨境电商3.0服务全面升级,平台承载能力更强,全产业链服务在线化也是3.0时代的重要特征。

在跨境电商3.0阶段,用户群体由草根创业向工厂、外贸公司转变,且具有极强的生产设计管理能力。平台销售产品由网商、二手货源向一手货源好产品转变。

3.0阶段的主要卖家群体正处于从传统外贸业务向跨境电商业务艰难转型期,生产模式由大生产线向柔性制造转变,对代运营和产业链配套服务需求较高。另外,3.0阶段的主要平台模式也由C2C、B2C向B2B、M2B模式转变,批发商买家的中大额交易成为平台主要订单。

(四)跨境电商物流的主要方式

1. 邮政快递

跨境电商物流用得最普遍的就是邮政快递,据不完全统计,中国跨境电商的出口业务70%的包裹都通过邮政系统投递,其中中国邮政占据50%左右的份额。虽然邮政网络基本覆盖全球,但相比较而言运输时间较长。

中国邮政快递目前针对跨境电商的物流产品主要有2种:特快专递与邮政小包。

2. 商业快递

商业快递主要指UPS、FedEx、DHL、TNT四大国际快递巨头。商业快递速度快、客户体验好,但价格昂贵。例如使用UPS从中国寄包裹到美国,最快可在48小时内到达。

扩展阅读10.1

视频:UPS上海国际转运中心

3. 海外仓

海外仓是指卖家先将货物存储到海外仓库,然后根据订单情况进行货物的分拣、包装以及规模化递送。虽然解决了小包时代成本高昂、配送周期漫长的问题,但也存在容易压货、运维成本高等问题。

4. 跨境专线物流

跨境专线物流一般是通过航空的包舱方式将货物运输到国外,再通过合作公司进行目的地国国内的派送。这种方式通过规模效应降低成本,但在国内的揽收范围相对有限,覆盖地区有待扩大。

5. 国内快递的国际化服务

国内民营快递陆续开始国际业务。申通、顺丰均在跨境物流方面早早布局,但由于并非专注跨境业务,覆盖的海外市场也比较有限。

二、国际快递

(一)概念

国际快递是指在两个或两个以上国家(或地区)之间所进行的快递、物流业务。国家与国家(或地区)传递信函、商业文件及物品的递送业务,即通过国家之间的边境口岸和海关对快件进行检验放行的运送方式。国际快件到达目的国家之后,需要在目的国进行再次转运,才能将快件送达最终目的地。

例如,意大利有一家专门经营服装的公司,它有 5000 家专卖店,分布在 60 个国家,每年销售的服装约 5000 万件。其总部在意大利,所有的工作都是通过 80 家代理商进行。若某一专卖店发现某一款式的服装需要补货,立即通知所指定的某一代理商,该代理商立即将此信息通知意大利总部,总部再把这一信息反馈给国际快递配送中心,配送中心便根据专卖店的需求在一定的时间内进行打包、组配、送货。整个快递过程可在一周内完成。

(二)特点

(1)差异性。不同的法律法规,不同的人文、习俗、语言、科技发展程度和硬件设施。

(2)系统的复杂性。快递本身的复杂性,加上国际快递的特殊性,操作难度较大,面临风险更多。

(3)信息化的先进性。国际快递对信息的提供、收集与管理有更高的要求,要求有国际化信息系统的支持。

总之,国际快递的特点是各国快递环境的差异,尤其是快递软环境的差异。不同国家的不同物流适用法律使国际快递的复杂性远高于一国的国内物流,甚至会阻断国际快递;不同国家不同经济和科技发展水平会造成国际快递处于不同科技条件的支撑下,甚至有些地区根本无法应用某些技术而迫使国际快递全系统水平的下降;不同国家不同标准,也造成国际间"接轨"的困难,因而使国际快递系统难以建立;不同国家的风俗人文也使国际快递受到很大局限。

(三)注意事项

(1)国际快递包裹重量分实际重量和体积重量两种,快递公司将以两种重量中大的一项为计费依据;

(2)体积重计算

① 四大国际快递 DHL、UPS、TNT、FedEx 包裹体积重量的计算方法:(长×宽×高)(cm)÷5000,注意长宽高单位是厘米;

② EMS 邮政速递,对长、宽、高三边中任一单边达到 60cm 或以上的包裹进行体积重量计算,其公式为:体积重量(kg)=长×宽×高(cm)÷6000;

(3) 国际快递包裹的货物不足 0.5 公斤的,按 0.5 公斤计费;

(4) 21kg(46.3lb)以下货物按照小货计费,按首重、续重计费,计费单位为 0.5kg(1.1lb),21kg 及 21kg 以上货物按大货计费;

(5) 国际快递包裹单件货物的规格必须保证:1 长+2 高+3 宽<330cm(各快递公司要求的规格不尽相同);

(6) 国际快递包裹单件超过或等于 68 公斤/件的,必须用有脚卡板进行包装(部分国家拒收原木卡板包装),否则快递公司拒收货物;

(7) 倘若有以下情况的国际快递包裹,需预先订舱:货物单件长度超过 330 厘米(10 英尺 25.2 英寸);货物单件重量超过 68 公斤;货物单件重量不超 68 公斤(149.9lb),但一票货物超过 300 公斤(661.4lb)。

(8) 国际快递价格资费变化较大,需发快递邮包时,请先联系所托运的国际快递公司业务员确认价格。

(四) 禁止快递的物品

(1) 难以估算价值的有价证券及易丢失的贵重物品,如:提货单、核销单、护照、配额证、许可证、执照、私人证件、汇票、发票、本国或外国货币(现金)、金银饰物、人造首饰、手机。

(2) 易燃易爆、腐蚀性、毒性、强酸碱性和放射性的各种危险品,如:火柴、雷管、火药、爆竹、汽油、柴油、煤油、酒精(液体和固体)、硫酸、盐酸、硝酸、有机溶剂、农药及其他列入《化学危险品实用手册》中的化工产品。

(3) 各类烈性毒药、麻醉药物和精神物品,如:砒霜、鸦片、吗啡、可卡因、海洛因、大麻等。

(4) 国家法令禁止流通或寄运的物品,如:文物、武器、弹药、仿真武器等。

(5) 含有反动、淫秽或有伤风化内容的报刊书籍、图片、宣传品、音像制品,激光视盘(VCD、DVD、LD)、计算机磁盘及光盘等。

(6) 妨碍公共卫生的,如尸骨(包括已焚烧的尸骨)、未经硝制的兽皮、未经药制的兽骨等。

(7) 动物、植物以及它们的标本。

(8) 难以辨认成分的白色粉末。

(9) 私人信函等。

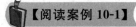【阅读案例 10-1】

TNT 中国全面升级上海浦东国际快递口岸

TNT 国际快递公司是全球最大的快递公司之一。每天递送近百万件包裹、文件和托盘货物。TNT 国际快递在欧洲、中东、非洲、亚太和美洲地区运营航空和公路运输网络。2014 年 TNT 快递全球实现营业额额达 67 亿欧元。

2015 年 9 月,TNT 中国宣布,投入 200 万欧元,对上海浦东国际快递口岸及其设施进行了全面升级。新升级的口岸位于上海浦东国际机场货运中心大楼,已于 9 月初投入运营。设施升级后,凭借先进的测量设备和精心设计的场地规划,TNT 每小时包裹处理量较之前将提高 50％。新升级的口岸拥有更强的分拣能力,TNT 上海地区的快递和经济型快递的取件时间由此可推迟一小时以上,从而为客户在发货准备上预留了更大的时间弹性。

TNT 中国大陆及香港董事总经理表示:"此次投资体现了 TNT 对中国市场的承诺。上海作为国际航空枢纽的地位日渐凸显,这为我们的客户与全球各地的互通往来提供了更为快速和广泛的链接。提高客户服务质量是 TNT Outlook 战略的核心,通过加强运营能力,TNT 将进一步缩短包裹处理时间,显著提升我们的服务和竞争力,最终使客户从中获益。这也将进一步巩固我们作为全球领先的快递公司的地位。"

TNT 上海浦东国际快递口岸拥有国际知名的运输资产保护协会(TAPA)颁发的 A 级认证。TAPA"A"在国际范围内得到广泛认可,这一认证是最严格和最具独立权威的物流和供应链的标准之一,它可帮助企业将供应链内的潜在损失和风险降至最低。

此外,TNT 浦东国际快递口岸设施符合五项国际知名管理标准:OHSAS 18001 职业健康安全管理体系、SA 8000 社会责任标准、"投资于人"员工个人成长标准、ISO 9001 卓越运营管理标准和 ISO 14001 环境管理体系。

资料来源:第一物流网

第二节　跨境电商及国际快递实务

一、跨境电商物流的选择

(一) 跨境电商物流存在的主要问题

1. 配送时间的问题

以跨境电商平台速卖通为例,一个俄罗斯客户从速卖通下单,可能要 3 个月之后才能收到商品。使用中邮小包或香港小包到俄罗斯等地,普遍的时间是在 40 天到 90 天之间;如果使用专线物流稍微快些,但也需要 16 天到 35 天左右。这些长达一个月甚至数月的跨境电商配送时间,在考验海外用户耐心的同时,也严重制约了跨境电商的进一步发展。

2. 全程跟踪的问题

跨境物流包括境内段和境外段。物流发达且语言较为方便的英美澳等国稍微好些,在拿到单号后可以去相关的英文网站查询;对于一些小语种国家以及俄罗斯、巴西等物流不发达国家,打开各种葡萄牙语、俄罗斯语、西班牙语网站,就算你看得懂这些国家的语言,有时也不一定能够查询到包裹的投递信息。

3. 跨境报关方面的问题

跨境物流需要通过两道海关关卡:出口国海关和目的国海关。在出口跨境电商物流的业务中,经常出现海关扣货查验的现象,处理的结果一般有三种:直接没收、货件退回发件地和要求补充文件资料再放行。"没收"和"退件"带来的损失都是卖家难以承受的,而"补充文件资料再放行"无疑延长了配送时间,可能导致买家投诉甚至拒付。

跨境物流中的报关障碍主要来自两个方面:

(1) 跨境电商卖家不重视进口国海关监管制度,比如低报货值或者没有取得相关产品认证。

(2) 目的国海关的贸易壁垒,比如巴西海关几乎对每票包裹都要查验,并要求提供商业发票、收件人税号、货物价值声明等资料,有时就算提供全部资料也可能被认为是作假。

4. 服务质量的问题

目前跨境电商物流的主要方式是邮政快递,在跨境物流的邮政系统中,从揽件到最终货物送达客户,往往需要经过四五道甚至更多次的转运,经常出现包裹的破损。除破损外,无论是邮政包裹还是专线物流,还都存在一定的丢包率。这些服务质量问题带来的不仅是客户的不良体验,也给卖家带来运费、客户流失等损失。

(二)跨境电商物流选择的原则

1. 从买家角度考虑

(1) 从运费、安全性、运送速度、是否有关税等方面做综合的考虑。

(2) 尽量在满足物品安全度和速度的情况下,选择运费低廉的服务。比如 EMS 无论服务还是时效性都比其他四大国际快递公司(UPS、DHL、TNT、FedEx)要逊色,但 EMS 的价格优势是非常明显的。

2. 从卖家角度考虑

(1) 商品运输无须精美的外包装,重点是安全快速地将售出的商品送达买家手中。

(2) 即使拥有再多的经验,也无法估计所有买家的情况,所以把选择权交给买家更为合适,只需要在物品描述中表明所支持的运输方式,再确定一种默认的运输方式,那么如果买家有别的需要自会联系卖家。

(3) 有的买家可能适合多种运送方式,您可以写出您常用的方式及折扣,为买家省去部分运费,也为您挣得更多的回头客。

(三)跨境电商常用物流方式的比较

1. 邮政包裹物流

邮政小包是跨境电商使用最广的物流产品,也是入门级别物流。通过对市面上主流邮政包裹产品特点、优势的比较分析,可以为跨境电商出口尤其是 B2C 物流解决方案的制定提供参考。常见邮政包裹物流方式比较如表 10-1 所示。

关于如何选择邮政包裹,有以下几点注意事项:

(1) 邮政小包容易丢包,中间环节多。经常能看到节点信息,却查不到哪个环节出了问题,因此更适合走货值较低的产品。

(2) 有些国家不能查妥投,挂号也不行,存在一定的风险。此外,有些国家延误严重,丢包率居高不下,建议这些国家不走小包。

(3) 不同的邮政小包在不同地区的清关、时效上有不同的优势,可以同时考虑、多渠道发货。用邮政小包,旺季是很大的挑战,建议多渠道分流,以及采用更好的物流产品分担压力,降低风险。

2. 商业快递物流

目前跨境电商市场上较为主流的国际快递有 DHL、UPS、FedEx、TNT、中国邮政 EMS 等,通过对其价格、时效、货物限制等进行比较,如表 10-2 所示。

表 10-1　常用邮政物流方式比较

邮政包裹方式	寄送时效	优　势	劣　势	备　注
中国内地邮政小包	到亚洲邻国 5～10 个工作日；到欧美主要国家 7～15 个工作日；到其他国家和地区 7～30 个工作日	线路覆盖广，最具价格优势	限制带电产品	市场占有率第一，包裹重量在 2kg 以内，上网时效为 1～2 个工作日
中国内地邮政大包	航空大包：10～15 个工作日；水陆大包：20～30 个工作日	价格较 EMS 稍低，不计算体积重量，没有偏远附加费	寄送稍慢	包裹重量在 2kg 以上，30kg 以内，上网时效为 3 个工作日
中国香港邮政小包	一般 5～14 个工作日	综合质量较高，时效、价格、清关等各个指标较稳定	限制带电产品	最早被用于跨境电商领域，超过 2kg 需要分多件，上网时效为 2～4 个工作日
新加坡邮政小包	一般 7～15 个工作日	对东南亚地区有优势，带电小包曾是其王牌，价格较优	比中邮小包挂号略贵	包裹重量在 2kg 以内
瑞典邮政小包、马来西亚邮政小包	一般 7～20 个工作日	较中国香港和新加坡小包便宜，可走带电货	寄送稍慢	包裹重量在 2kg 以内
德国、比利时、瑞士、荷兰小包	一般 8～15 个工作日	时效和稳定性要好很多，发欧洲尤其理想，可带电	价格优势不明显	比利时邮政小包和荷兰小包支持带电产品配送

表 10-2　常用商业快递比较

商业快递方式	优势区域	寄送时效	优　势	劣　势
FedEx	东南亚、北美洲	一般 2～4 个工作日	到中南美洲和欧洲价格较有竞争力；网站信息更新快，网络覆盖全，查询响应快	价格较贵，需要考虑产品体积重量，对托运物品限制也比较严格
UPS	北美、南美地区	一般 2～4 个工作日	速度快；服务好；查询网站信息更新快；遇到问题解决及时	运费较贵；要计算产品包装后的体积重；对托运物品限制较严格
DHL	欧洲、北美洲	一般 2～4 个工作日	速度快；可送达国家网点较多；货物状态查询更新较及时；遇到问题解决速度快	走小货价格较贵；需要考虑产品体积重量；对托运物品限制较严格；21kg 以上物品有单独大货价
TNT	西欧地区	一般 2～4 个工作日	速度较快；可送达国家比较多；查询网站信息更新快；遇到问题响应及时	需要考虑产品体积重量，对所运货物限制较多
中国邮政 EMS	亚洲、欧洲	一般 3～7 个工作日	运费比较便宜；可以当天收货，当天操作，当天上网；清关能力比较强	相比于商业快递速度偏慢；查询网站信息滞后；通达国家较少；重量上限 30kg，澳大利亚为 20kg

二、国际快递费用的计核

(一)国际快递运价表

从表 10-3 可以看出,国际快递的运费一般分为文件、小件包裹、大件包裹三种类型,下面以小件包裹为例进行分析,国际快递一般是以 0.5kg 作为计量单位,首重加续重的方式来进行计费及报价的。

表 10-3　DHL 国际快递公司的快递报价表　　单位:人民币(RMB)

区域	国家(地区)	文件		小件包裹		大件包裹						
		首重 0.5kg	续重 0.5kg	首重 0.5kg	续重 0.5kg	21～30kg	31～50kg	51～70kg	71～100kg	101～299kg	300～500kg	500kg 以上
1	中国澳门	188	30	88	51	54	51	51	49	46	46	44
2	新加坡,菲律宾,韩国,文莱,中国台湾,马来西亚,泰国	158	19	145	35	32	29	29	27	23	23	23
3	日本	173	26	188	50	31	28	28	27	23	23	20
4	澳大利亚,新西兰	173	26	158	53	33	33	32	32	30	30	30
5	印尼,柬埔寨,老挝,越南	173	26	138	53	54	51	51	49	46	46	46
6	东南亚,朝鲜,南太平洋等国家	254	41	279	70	77	75	75	74	71	71	71
7	印度,斯里兰卡	254	41	278	70	54	54	48	48	45	45	45
8	巴基斯坦	254	41	235	46	55	55	49	49	46	46	46
9	美国	199	28	145	35	51	51	51	51	51	53	53
10	加拿大	187	26	178	36	51	54	56	59	59	67	67
11	墨西哥	187	32	195	44	51	54	56	59	59	67	67
12	德国,比利时,英国,法国,意大利,卢森堡,荷兰,圣马力诺	197	24	145	35	48	48	48	50	50	53	53
13	奥地利,丹麦,芬兰,希腊,根西岛,爱尔兰,泽西岛,挪威,葡萄牙,西班牙,瑞典,瑞士	197	24	145	35	48	48	48	50	50	53	53

扩展阅读 10.2

中外运敦豪联手无人机巨头,智慧物流迎来新玩法

（二）国际快递运费的计算

国际快递运费计算方法分以下七步。

1. 计费重量单位

一般以每 0.5kg 作为一个计费重量单位。

2. 首重与续重

以第一个 0.5kg 为首重（或起重），每增加 0.5kg 为一个续重。通常起重的费用相对续重费用较高。

3. 实重与材积

实重，是指需要运输的一批物品包括包装在内的实际总重量。体积重量或材积，是指当需要寄递的物品体积较大而实重较轻时，因运输工具（飞机、火车、船、汽车等）承载能力及能装载物品的体积所限，需要采取物品体积折算成重量作为计算运费的重量的方法。轻抛货物，是指体积重量大于实际重量的物品。

4. 计费重量

根据实重与体积重量两者的定义，结合国际航空货运协会的规定，国际快递货物运输过程中计收运费的重量是按整批货物的实际重量和体积重量两者之中，较高的一方计算的。

5. 包装费

一般情况下，快递公司是免费包装的，提供纸箱、气泡等包装材料。一些贵重、易碎的物品，快递公司需要收取一定的包装费用。而包装费用一般不计入折扣。

6. 通用运费计算公式

（1）当需要寄递的物品实重大于材积时，运费计算方法为：首重运费＋（重量公斤×2－1）×续重运费，例如：5kg 货品按首重 150 元、续重 30 元计算，则运费总额为：150＋（5×2－1）×30＝420 元。

（2）当需寄递物品实际重量小而体积较大，运费需按材积标准收取，然后再按上列公式计算运费总额。

FedEx、UPS、DHL、TNT 的体积重量计算公式为：（公斤 kg）＝长（cm）×宽（cm）×高（cm）/5000，自 2012 年 7 月 1 日起，EMS 线上发货针对邮件长、宽、高三边中任一单边达到 60cm 以上（包含 60cm）的，都需要进行计体积重操作，体积重量（公斤 kg）＝长（cm）×宽（cm）×高（cm）/6000。长、宽、高测量值精确到厘米，厘米以下去零取整数。

（3）国际快递有时还会加上燃油附加费，例如，燃油附加费为 9% 时，还需要在公式（1）的结果加上：运费×9%。

7. 总费用

从上面的计算过程总结得出：国际快递的总费用＝（运费＋燃油附加费）×折扣＋包装费用＋其他费用。

【知识链接】

国际快递公司一般都是按首重 0.5kg，续重 0.5kg 的方式计价，但是对于大票货物一般会有特殊优惠价。例如，超过 21kg 时，可以以一个特定的统一价计费。不需要分首重续重,直接按每 kg 多少元的价格。当然,此种优惠价格,并不是所有公司每条航线都有。详细情况需要以具体快递公司报价为准。基本上各大快递公司的价格相近,但是如果有跟对应快递公司签订相应协议的话,会有比较优惠的协议价格。

【实践案例 10-1】

厦门某公司寄了 2 个包裹到美国的不同客户,一个 3kg,一个 25kg,公司选择 UPS 快递公司,报价为:首重 145 元/0.5kg,续重 35 元/0.5kg,超过 21kg 时,直接按 51 元/kg,燃油附加费 10%,折扣为 8 折。总运费多少?

[解答示范]

(1) 3kg 的包裹运费:145 元+(3×2-1)×35 元=560 元×(1+10%)×80%=281.60 元

(2) 25kg 的包裹费用:51 元×25=1275×(1+10%)×80%=1122 元

总费用=492.80+1760=2252.80 元

[模拟练习]

福建某公司寄了 2 个包裹到美国的不同客户,一个 10kg,一个 22kg,公司选择 DHL 快递公司,报价为:首重 145 元/0.5kg,续重 35 元/0.5kg,超过 21kg 时,直接按 51 元/kg,燃油附加费 10%,折扣为 7 折。总运费多少?

三、国际快递的包装技巧

(一) 包装原则

1. 保护货物

包装的目的在于防止和避免在运输中由于冲击或震动所产生的破损,兼顾防潮和防盗功能;包装在保证快件内容的使用特性和外观特性不被损坏的情况下,更要注意防盗——特别是对于高价值货物的包装。

2. 便于装卸

对快递货物特别是大件货物进行包装时需要考虑货物装卸的便利性,有效地提高货物的装卸效率,同时避免由于野蛮装卸而可能给货物带来的损害。

3. 适度包装

对货物进行包装时,要根据货物尺寸、重量和运输特性选用大小合适的包装箱及包装填充物,既要避免不足包装造成的货物破损,也要防止过度包装造成的材料浪费。

4. 注意方向

对于有放置方向要求的货物,在包装、储存和运输过程中必须保证按照外包装上的箭头标识正确放置货物,杜绝侧放和倒放。包装件的重心和其几何中心应该合一或比较接近,这样可以防止货物在运输过程中由于起动、转弯和刹车给货物带来的损失。

(二)包装步骤

1. 包装

如果有多件物品同时寄运,要把每件物品分开放置,为每件物品准备充足的缓冲材料

（泡沫板、泡沫颗粒、皱纹纸等）。需要注意的是颗粒缓冲材料可能会在运输过程中移动，所以采用颗粒材料，一定要压紧压实。

2. 打包

将需要打包的货物放入一个比较牢固的箱子，并使用缓冲材料把货物之间的空隙填满，但不要让箱子鼓起来。注意如果是旧箱子，要把以前的标签移除，而且一个旧箱子的承重力是有一定折扣的，需要确保它足够坚固。

3. 封装

最后用宽大的胶带（封箱带）来封装，不要用玻璃胶。再用封箱带把包装拉紧（封箱带用十字交叉的方法拉紧，如果用的是胶带，胶带至少要有 6 厘米宽）。

（三）包装箱的选择

常用的货物包装材料有纸箱、泡沫箱、牛皮纸、文件袋、编织袋、自封袋、无纺布袋等。常用的包装辅材有封箱胶带、警示不干胶、气泡膜、珍珠棉等。

其中以纸箱包装最为常用，下面重点介绍如何选择纸箱。

1. 按纸板层数分

按纸箱所使用的纸板（瓦楞板），可以分为三、五、七层纸箱，纸箱的强度以三层最弱、七层最高。服装等不怕压、不易碎的产品，一般用三层箱就够了；玻璃、数码产品、电路板等贵重物品，建议最好用五层纸箱再配以气泡膜，以确保产品在运输途中的安全性。

2. 按纸箱的形状分

按纸箱的形状可以分为普箱（或双翼箱）、全盖箱、天地盒、火柴盒、异型箱（啤盒）等同样大小的箱子，天地盒、异型箱（啤盒）的价格要高于普箱。因为其用料较多，侧面一般为二层纸板，故强度、密封性也高于普箱。普箱方便、便宜、环保的特性使得其应用范围最广。

卖家选购纸箱时最好是根据产品特征、买家要求，同时结合成本投入综合考虑。虽然强度高的纸箱安全性更高，但是成本也更高、物流费用也会增加。

卖家也可以订制自己的专用包装纸箱，印上自己的 Logo 等信息。这样可以让您的产品在物流全程中吸引更多眼球。

（四）不恰当的包装方式

1. 连体包装

以带子、绳索、胶带或气泡膜将两个相同或不同大小商品连体包装，容易出现松弛、分离等情况，需要根据实际情况确定是否更换包装。

2. 内件无定位包装

内件在包装内容易出现滚动、易损坏。一般需要附加缓冲防震材料或更换更加合适的包装箱。

3. 内件无内装保护

内件有锋利角部的物品如零件等，要先用胶带将瓦楞纸板片绑到所有锋利或凸起的边缘以进行保护，并在包装内填充足够的缓冲防震材料。

4. 内件无分隔

多件易碎品装入同一个包装时，需要采取相应的内件分隔措施。

5. 包装重心

货物笨重重心明显偏向一边或货物包装经积压或原始形状近圆形,容易滚动。需要更换包装。

6. 重货包装强度不够

重货必须选择强度达到要求的单层或双层瓦楞纸箱进行包装。

7. 没有内包装的小件物品

内件为手表、读卡器、纽扣、螺丝等小件物品时,必须首先按一定量分隔独立包装后,再外套包装箱,以免遗漏丢失。

8. 超出原包装箱容量的包装

对原包装箱进行裁剪后重新使用,如出现超出原包装箱容量的情况,为避免货物撑破包装,将视内件和外包装情况,更换新的外包装。

9. 商品包装与运输包装较紧密

商品包装与运输包装较紧密时也是一种不恰当包装,应在商品包装与运输包装之间填充缓冲材料,以免物流供应商或海关查验时划伤内件。

(五)不恰当的包装材料

(1)使用带子、绳索或胶带进行缠绕的商品包装。拆除带子、绳索,附加气泡膜、包装箱等。

(2)重复使用之盒子或箱子。必须去除包装外侧所有标签、号码、地址信息及一切有可能影响操作人员识别的粘贴物品和信息。

(3)易破损的材料。如保丽龙、塑料、编织袋等。

(4)公文包、行李袋、行李箱等。不接受公文包、行李袋作为外包装的货物。

(5)强度不足的包装。不接受客户使用有压垮痕迹、有破洞及有油渍、水渍的使用过的箱子(不影响签收)对货物进行包装,以及受潮或强度不够的瓦楞纸箱。

(6)商品包装。商品包装不能直接作为运输包装。

(7)打包带。使用不带铁箍的打包带,入库时需拆箱去除,非重货无须附加。

(8)木质包装。此类货物如异常,拆箱后无法还原,需确认无须拆箱并提。

(9)任何报刊、报纸、宣传海报等不能作为外包装。

扩展阅读 10.3

物流企业加速"出海"
谁能成为中国的 FedEx

四、国际快递的各国海关规定

(一)北美洲(部分代表性国家)

1. 美国

(1)所有进口至美国的鞋样必须提供详细的品名、成分、样式等物品资料,否则将导

致清关延误;

（2）禁止木质包装物品进口至美国,但非原木包装的物品目前仍可以通过 DHL 中转,请在发件时留意包装,避免产生问题;

（3）所有进口到美国的食品、动植物产品和化妆品一律不能以快件方式进口,否则,将可能被处 USMYM5000 到 USMYM10000 不等的罚金。

（二）西欧（代表性国家）

1. 法国

（1）高价值快件的进口:对于申报价值高于 USD20 的快件,在清关时需收件人提供相关文件协助的,若在 20 日之内未接到发件人或收件人关于如何处理的回复时,法国海关将会对此类扣关件做以下操作中费用较低的一种:①退回给发件人,退件费和关税全部由发件人支付;②在海关销毁,发件人需要支付 400 欧元的手续费;

（2）特殊费用征收:单件重量超过 30 公斤的货物,需加收 USD25 的特别操作费。

2. 英国

所有食品类产品（包括动物产品、鱼类、昆虫类、水果、蔬菜等）一律禁止进口英国,一旦发现,立即退回发件地,且英国卫生部门会征收最低 140 英镑的扣押费,相关费用将直接向发件公司收取。

3. 意大利

意大利海关最新规定:所有从中国进口至该国的纺织品恢复配额制度。从即日开始,海关只接受已有配额证的纺织品的进口申报,且相关外贸部门不再接受新的配额申请,否则将由海关自动退回或罚款,相关费用直接向发件公司收取。

（三）东欧（部分代表性国家）

1. 立陶宛

为了避免海关清关延误或产生关税,请发件人注意所有发给公司的圣诞礼物申报价值必须高于 40 欧元,发往私人的圣诞礼物申报价值必须高于 20 欧元。

2. 波兰

寄往波兰的包裹快件必须提供一式四份带有发件公司抬头的正本商业发票,且必须要有发件公司签字及盖章。

（四）亚洲（部分代表性国家）

印度

（1）所有进口至印度的木质包装的快件需要提供植物检验检疫证书,否则将会导致 3～4 天的清关延误及最少 40 欧元的罚款,相关信息请查阅 http://www.ippc.int 获取相关资料;

（2）所有进口至印度的快件运单及发票必须申报清楚品名、数量、单价等相关详细资料,只注明"样品"等不详的申报将会被当地海关拒绝清关。

(五)大洋洲(部分代表性国家)

澳大利亚

澳大利亚海关对所有进口至该国的物品(包括文件)进行严查。海关只接受详尽的进口申报,相关内容包括收、发件人,物品的详尽信息(包括发件人的公司名称、地址、联系人、联系电话,收件人公司名称、地址、联系人、联系电话、物品名称等详尽资料等)。否则将被海关扣件、自动退回或罚款,相关费用直接向发件公司收取。

(六)中东(部分代表性国家)

伊朗

(1) 凡单件重量超过 50kg 的快件必须提前向海关申报,否则将会自动退回发件地,相关退件费用直接向发件人收取;

(2) 如有涉及外交方面的包裹也必须预先向海关申报,否则也会自动退回发件地。

(七)非洲(部分代表性国家)

1. 埃及

凡是被埃及海关扣住的快件,均须在限定的时间内给予解决处理意见。若须收件人协助清关的,因收件人原因无法协助或拒绝配合的,海关将自动提供以下两种处理方案:①自动退回发件地,须收取 USD35 的手续费及退运费用;②自动销毁,将产生 USD12 的手续费。

2. 加纳

所有进口至加纳的高危性物品必须通过加纳当局相关标准部门查验方可进口,相关快件必须随货附上相关国家权威部门的检验或证明文件。以上海关规定会导致清关延误 48 小时以上,具体高危物品分列如下:①食品;②医药产品;③电气器材;④电缆;⑤液化石油配件;⑥玩具;⑦建筑材料;⑧旧物品;⑨非洲产地的纺织品。

3. 南非

(1) 所有属再进口或临时进口南非的快件(例如用于维修或退回的机器等),南非当地海关需要具有列明临时进口或再进口原因的发票进行清关,否则将会扣关待查。所需具体文件分列如下:①快件单号;②商业发票;③许可证。

(2) 凡进口至该国的用于转售的维生素、食品、草药、食品供应品等必须提供相关卫生产品的证明,对于用于私人用途的维生素、食品、草药、食品供应品等(只能 1~2 件),收件人必须填写卫生部门提供的相关表格,且会有 2~3 天的清关延误。

(八)中南美洲(部分代表性国家)

1. 阿根廷

(1) 所有通过快件形式(包括私人物品)进口至该国的物品申报价值不能超过 USD1000,否则必须通过正式清关才能进口;若同一收件人在一天内收到的物品的申报价值总和超过 USD1000,则部分物品必须通过正式清关渠道清关;

(2) 所有通过快件形式进口至该国的物品必须随货附上关税号或收件人的护照(或

公民证)复印件,否则会造成 24～48 小时的清关延误。

2. 巴西

(1) 巴西为保护本国的工业生产,对国外进口的货物采取了征税贸易保护政策;

(2) 所有进口到当地的快件运单及发票必须提供详细的收件人名、地址及美元申报价值,否则将会自动退回发件地,相关退件费用直接向发件人收取;

(3) 目前,寄往巴西的快件是经美国迈阿密中转,采用 EDI 电子报关进口,包裹类货物在经迈阿密中转时即已知关税金额,服务商会与收件公司联系确认关税的支付情况,在确认已收到收件人关税后,方可允许从迈阿密转进巴西,故将影响货物的派送时效。

(4) 所有进口至巴西的物品的发票及运单上必须注明收件人相关征税 ID 号码,以便收取相关关税。没有收件人征税 ID 的物品申报将被海关扣件 30 天,30 天后自动退回发件地,相关费用直接向发件公司收取。

【知识链接】

财政部、海关总署等机构联合发布了《关于完善跨境电子商务零售进口税收政策的通知》(财关税〔2018〕49 号)和《关于调整跨境电商零售进口商品清单的公告》(2018 年第 157 号),均自 2019 年 1 月 1 日起实施。

根据《通知》,完善跨境电子商务零售进口税收政策有关事项如下:

一、将跨境电子商务零售进口商品的单次交易限值由人民币 2000 元提高至 5000 元,年度交易限值由人民币 20000 元提高至 26000 元。

二、完税价格超过 5000 元单次交易限值但低于 26000 元年度交易限值,且订单下仅一件商品时,可以自跨境电商零售渠道进口,按照货物税率全额征收关税和进口环节增值税、消费税,交易额计入年度交易总额,但年度交易总额超过年度交易限值的,应按一般贸易管理。

三、已经购买的电商进口商品属于消费者个人使用的最终商品,不得进入国内市场再次销售;原则上不允许网购保税进口商品在海关特殊监管区域外开展"网购保税+线下自提"模式。

四、其他事项请继续按照《财政部 海关总署 税务总局关于跨境电子商务零售进口税收政策的通知》(财关税〔2016〕18 号)有关规定执行。

根据《公告》附件《跨境电子商务零售进口商品清单(2018 年版)》,最新的跨境电子商务零售进口商品清单包含 1321 项税号的商品,比 2016 年先后两次发布的跨境电子商务零售进口商品清单共增加了 28 项。

资料来源:海关总署网站

【阅读案例 10-2】

部分国家海关免税额规定

关税(tariff)是指进出口商品在经过一国关境时,由政府设置的海关向进出口国所征收的税收。国际贸易的商品进出口时,需向当地海关进行申报,申报价值较低的商品,可采取简易报关的方式(如快件报关),申报价值超过一定金额需作正式报关,并视情况缴纳关税。

一般而言,各国海关对进出境的商品设有一定的免税额,如出口物品超过出口国出口免税限值,出口人应向出口国海关缴纳出口税;进口物品超过进口国进口免税限值的,进口人应向进口国海关缴纳进口关税。以下是中国海关(出口)和部分进口国海关的免税额(请注意:各国海关可能会调整该限值,且该限值会随货物重量、尺寸、物品性质等因素而不同),以下信息供参考:

一、出口海关(中国海关)

中国海关为了照顾收件人、寄件人的合理需要,对进出境个人邮递物品作了如下规范:

个人寄自或寄往港、澳、台地区的物品,每次限值为800元人民币;寄自或寄往其他国家和地区的物品,每次限值为1000元人民币。(摘自《海关总署公告2010年第43号》,点击查看更多中国海关快递出口相关法律政策)

二、进口海关免税额规定

(1) 美国:200美元;

(2) 英国:15英镑;

(3) 欧盟:22欧元;

(4) 巴西:50美元;

(5) 俄罗斯:1000美元;

(6) 澳大利亚:1000澳币;

(7) 加拿大:50加元。

三、惩罚性关税

除正常的关税外,还有可能产生惩罚性关税,即当出口国家某种商品的出口违反了与进口国之间的协议,或者未按进口国的规定办理进口手续时,由进口国海关对该进口商品所征收的一种具有惩罚或罚款性质的进口附加税。举例:进口商品实际是手机,申报品名为手机配件,申报价值为20美元,进口时被海关查验,海关核定商品价值为200美元,明显与申报信息不符,此时海关会向进口人征收高于普通税额的惩罚性关税。

资料来源:速卖通网站

第三节　岗位技能与实践

一、实训项目:国际快递费用的计算

● 实训目的

通过训练,让学生加深对国际快递运费的理解,掌握国际快递运费的计算方法。

● 实训内容

1. 工作情境

厦门某公司寄了2个包裹到英国伦敦,一个5kg,箱规:40cm×30cm×50cm;一个22kg,箱规:40cm×40cm×60cm;公司选择FedEx国际快递公司,报价为:首重0.5kg220

元,续重每 0.5kg55 元,超过 21kg 时,直接按 60 元每 kg,燃油附加费 10％,折扣为 8 折。

2. 工作任务

请计算这两批货物分别的运费?(提示:需考虑体积重量)

3. 实训教学建议

(1) 教学方法

多媒体演示教学＋实践操作

(2) 教学课时

实践学时:2 课时

(3) 教学过程

上课时首先由教师介绍任务背景,提出完成任务的目标和要求,而后学生在课堂独立完成工作任务。

4. 实训成果

国际快递运费的计算结果。

二、实训项目:制作国际快递报价表

● 实训目的

通过训练,让学生加深对国际快递运费的理解,掌握国际快递报价表的制作。

● 实训内容

1. 工作情境

小江是 TNT 国际快递公司销售部的一名业务代表,他在联系拜访了 DELL 公司的物流部陈经理后,陈经理请他报一份国际快递报价表,并以邮件或传真方式发送给他。

2. 工作任务

制作一份国际快递报价表(至少包含欧洲、美国、加拿大、日本、澳大利亚、新西兰等)。

3. 实训教学建议

(1) 教学方法

多媒体演示教学＋实践操作

(2) 教学课时

实践学时:2 课时

(3) 教学过程

上课时首先由教师介绍任务背景,提出完成任务的目标和要求,而后学生独立完成工作任务。建议:这部分课程可以选择在机房让学生在计算机上完成国际快递报价表的制作,也可以布置学生课外完成国际快递报价表,以电子版的形式提交给老师。

4. 实训成果

国际快递报价表。

本 章 小 结

本章第一部分主要介绍跨境电商的概念、类别、发展历程、跨境电商物流的主要方式;

以及国际快递的概念、特点、注意事项等;第二部分的实务部分主要讲述跨境电商物流的选择、国际快递运费的计核、国际快递的包装、国际快递的海关管理规定等内容;第三部分的岗位技能实践部分,通过国际快递费用的计算以及报价表的制作两个内容的实践训练,加深对于国际快递运费知识及其实践应用的理解。

【思考与练习】

一、单项选择题

1. 国际快递一般以( )作为一个计费重量单位。

A. 1kg B. 0.5kg C. 2kg D. 3kg

2. 在国际快递运输时,采取物品体积折算成的重量称为( )。

A. 毛重 B. 体积重 C. 计费重 D. 实重

3. 最常用的包装材料是( )。

A. 泡沫箱 B. 牛皮纸 C. 纸箱 D. 编织袋

二、多项选择题

1. 跨境电商物流的主要方式有( )。

A. 邮政快递 B. 海外仓 C. 商业快递 D. 跨境专线物流

2. 以下( )属于禁止快递的物品。

A. 火柴 B. 大麻 C. 文物 D. 酒精

3. 国际快递的包装原则有( )。

A. 保护货物 B. 适度包装 C. 注意方向 D. 便于装卸

三、简答题

1. 什么是跨境电商?

2. 跨境电商物流的主要模式?

3. 跨境电商物流存在的主要问题?

4. 简述跨境电商物流选择的原则?

四、案例分析题

2015 年 8 月,全球领先的国际物流公司之一:德迅物流公司正式入驻阿里巴巴平台,国内中小企业将有机会借助阿里巴巴国际站的平台集约优势,享受到以往只为世界 500 强企业提供的优质外贸货运服务。德迅物流公司是阿里巴巴的第 11 家空运服务商,对阿里巴巴外贸物流来说可谓如虎添翼。德迅物流入驻阿里巴巴后,将为用户提供两种货运服务,覆盖全国 28 个省市,在全球范围内整合当地的运输渠道,计算出最快的转运方案和最低的转运成本,精确到小时的送达时间,以及实时追踪货物动态的优质服务。

在国际物流行业中,德迅物流是一个响当当的名字,分公司和配送中心遍布全球 100 多个国家。在阿里巴巴一达通的客户回访中,不少国际买家指定德迅物流发货,这是因为国际买家更注重服务质量而非价格导向。德迅物流入驻阿里巴巴后,将为国内外贸企业带来直接的高品质服务。

据了解,德迅物流入驻阿里巴巴,将提供两种货物运输服务,一种为 KN Extend 型,主要为时间要求宽松、价格敏感型的货物提供运输服务;另外一种为 KN Express 型,主要为高时效型货物提供特快运输服务。针对这两种服务,阿里巴巴的付费和免费用户均可使用,起运覆盖全国 28 个省市。

对于外贸企业来说,国际物流关心的无非是运输的速度和货物的保存质量两点。在速度方面,德迅物流拥有超过 85 000 条航线,是世界第二的空运服务商,能做到 80% 的货物到门准点率;此外德迅物流还能在全球范围内整合当地的运输渠道,计算出最快的转运方案和最低的转运成本,精确到小时的送达时间。在服务质量方面,德迅物流所有的空运委托都严格依照 CARGO 2000 的规定,提供高透明度的货物信息和物流监控,保障每一件货品不受运输过程中的损害。

而这些优质的服务,国内的中小企业以往很难享受到,因为德迅物流之前主要为世界500 强企业服务,很少直接服务于中小企业。此次阿里与德迅物流合作,阿里巴巴的大数据和平台集约优势将反哺两端:一方面,国内的中小企业可以借助阿里巴巴的平台集约优势,享受到以往享受不到的优质服务;另一方面,为德迅物流打开中小企业市场提供了契机。

2015 年上半年,阿里巴巴外贸物流动作频繁,堪称"海陆空全面覆盖"。据公开资料,6 月份阿里国际快递门到门 UPS 服务上线,由快递巨头 UPS 公司直接服务,不仅一价全程,而且所有航线均免除偏远地区、住宅派送等五项附加费。8 月中下旬,国际快递门到门 FedEx 上线,全面打开国际快递的"大门"。

同样在 2015 年 6 月,阿里海运上海、宁波、深圳、青岛、天津、厦门等 6 大起运港全新一站式(拖车＋报关)服务上线,覆盖东南亚、欧地、美加、非洲等 300 多个港口,7 月下旬还新增广州、福州 2 个起运港。空运方面,7 月份阿里空运服务上线,覆盖 170 个国家和区域,现在又新增德迅物流,阿里空运服务商达到 11 家,解决用户跨境物流的难题。

资料来源:根据中华网资料改编

思考题:
跨境电商物流的需求及其未来发展趋势?

第十一章

保税物流与自由贸易园区

【学习目标与要求】

1. 了解保税物流的概念及特点；
2. 了解保税物流园的概念及其管理；
3. 了解保税港的概念及其管理；
4. 了解自由贸易园区的概念及发展。

【导入案例】

厦门物流业搭上"自贸区快车"

在首批布局自贸试验区的福建国企队伍中,厦门海翼集团有限公司位列其中。"自贸试验区符合国企改革的方向和思路,是国企转型升级的新平台",海翼集团有关负责人表示,借鉴上海自贸试验区"分送集报"模式,效率提升,集团旗下海翼供应链管理有限公司已初尝"甜头"。

2014 年 11 月 20 日,海翼供应链管理有限公司收到来自泰国的 200 吨塑料米。与往常不一样的是,这批货物抵达厦门,在海关报备后直接运往位于海沧保税港区内的该公司仓库。然后,根据区外工厂的生产进度,适时进行分拨,到下个月再集中报关。

谈起海沧保税港区涉税"分送集报"的第一单,海翼供应链管理有限公司负责人介绍,涉税"分送集报"业务没有推出之前,公司每进口一批货,都要进行多次报关,"现在,客户来仓库提货,除非要验货,基本实现'零等待'。从进口、提货再到出区,几分钟就搞定,提货车辆进区不用排队办手续。"而按照以往的旧模式再加上海关报关、出关,所需时间就很难保证了。"分送集报"节省了时间成本、空间成本和人力成本。"受益于此,公司进口 200 吨的货物,一年下来,报关费就可以节省 70% 以上。"彭汉说,此外,公司运输费用也节省了 30%～50%。

不仅是成本上的节约,自贸试验区建设宽松的政策环境和政策支持也为供应链物流业带来了新的机遇。近年来,随着现代物流业的迅猛发展,供应链作为现代物流业中的一环,正在发挥着越来越重要的作用。按照已建成的自贸试验区经验来看,自贸试验区已经试行和即将试行的各项政策,不仅大幅降低物流成本,还将为物流产业高速发展带来动力。

资料来源:中国水运报

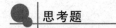

思考题

1. 什么是保税港？什么是自贸区？
2. 自贸区对于国际物流有什么影响？

第一节　保税货物

一、保税货物的含义

保税货物,是指经海关批准未办理纳税手续进境,在境内储存、加工、装配后复运出境的货物。保税制度在国际贸易中的广泛应用,使这一制度涉及的保税货物成为进出口货物中的一个重要内容。通关程序与一般进出口货物有着明显区别。保税货物的一般含义是指:"进入一国关境,在海关监管下未缴纳进口税捐,存放后再复运出口的货物。"《中华人民共和国海关法》对"保税货物"的定义是:"经海关批准未办理纳税手续进境,在境内储存、加工、装配后复运出境的货物。"

二、保税货物的特征

从海关法的定义可看出,保税货物具有以下三个特征。

1. 特定目的

我国《海关法》将保税货物限定为两种特定目的而进口的货物,即进行贸易活动(储存)和加工制造入库活动(加工、装配),将保税货物与为其他目的暂时进口的货物(如工程施工、科学实验、文化体育活动等)区别开来。

2. 暂免纳税

《海关法》第 43 条规定:"经海关批准暂时进口或暂时出口的货物,以及特准进口的保税货物,在货物收、发货人向海关缴纳相当于税款的保证金或者提供担保后,将予暂时免纳关税。"保税货物未办理纳税手续进境,属于暂时免纳,而不是免税,待货物最终流向确定后,海关再决定征税或免税。

3. 复运出境

复运出境是构成保税货物的重要前提。从法律上讲,保税货物未按一般货物办理进口和纳税手续,因此,保税货物必须以原状或加工后产品复运出境,这既是海关对保税货物的监管原则,也是经营者必须履行的法律义务。保税货物的通关与一般进出口货物不同,它不是在某一个时间上办理进口或出口手续后即完成了通关,而是从进境、储存或加工到复运出境的全过程,只有办理了这一整个过程的各种海关手续后,才真正完成了保税货物的通关。

三、保税货物的分类

保税货物可以划分为保税加工货物和保税物流货物两类,如图 11-1 所示。

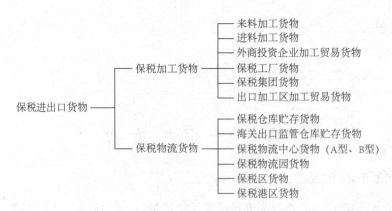

图 11-1　保税货物的分类

第二节　保税物流货物

一、保税物流货物概述

1. 保税物流货物的含义

保税物流货物是指经海关批准未办理纳税手续进境,在境内储存后复运出境的货物,也称作保税仓储货物。已办结海关出口手续尚未离境,经海关批准存放在海关专用监管场所或特殊监管区域的货物,带有保税物流货物的性质。

2. 保税物流货物的特征

(1) 进境时暂缓缴纳进口关税及进口环节海关代征税,复运出境免税,内销应当缴纳进口关税和进口环节海关代征税,不征收缓税利息。

(2) 进出境时除国家另有规定外,免予交验进出口许可证件。

(3) 进境海关现场放行不是结关,进境后必须进入海关保税监管场所或特殊监管区域,运离这些场所或区域必须办理结关手续。

3. 保税物流货物的范围

保税物流货物包括:

(1) 进境经海关批准进入海关保税监管场所或特殊监管区域,保税储存后转口境外的货物;

(2) 已经办理出口报关手续尚未离境,经海关批准进入海关保税监管场所或特殊监管区域储存的货物。

二、海关对保税物流货物的管理

海关对保税物流货物的监管模式有两大类:一类是非物理围网的监管模式,包括保税仓库、出口监管仓库;另一类是物理围网的监管模式,包括保税物流中心(含 A 型、B 型两种)、保税物流园区、保税区、保税港区等。

对各种监管形式的保税物流货物的管理,主要可以归纳为以下几点:

(一)设立审批

保税物流货物必须存放在经过法定程序审批设立的保税监管场所或者特殊监管区域。保税仓库、出口监管仓库、保税物流中心 A 型、保税物流中心 B 型,要经过海关审批,并核发批准证书,凭批准证书设立及存放保税物流货物;保税物流园区、保税区、保税港区要经过国务院审批,凭国务院同意设立的批复设立,并经海关等部门验收合格才能进行保税物流货物的运作。未经法定程序审批同意设立的任何场所或者区域都不得存放保税物流货物。

(二)准入保税

保税物流货物通过准予进入监管场所或监管区域来实现批准保税。这样,"准入保税"就成为海关保税物流货物监管的特点之一。海关对于保税物流货物的监管通过对保税监管场所或者特殊监管区域的监管来实现。以保税监管场所或者特殊监管区域实施监管成为海关对保税物流货物监管的重要职责,海关应当依法监管场所或者区域,按批准存放范围准予货物进入保税监管场所或者区域,不符合规定存放范围的货物不准进入。

(三)纳税暂缓

凡是进境进入保税物流监管场所或特殊监管区域的保税物流货物在进境时都可以暂不办理进口纳税手续,等到运离海关保税监管场所或特殊监管区域时才办理纳税手续,或者征税,或者免税。在这一点上,保税物流监管制度与保税加工监管制度是一致的,但是保税物流货物在运离海关保税监管场所或特殊监管区域征税时不需同时征收缓税利息,而保税加工货物内销征税(除出口加工区、珠海园区和边角料外)时要征收缓税利息。

(四)监管延伸

1. 监管地点延伸

进境货物从进境地海关监管现场,已办结海关出口手续尚未离境的货物从出口申报地海关现场,延伸到保税监管场所或者特殊监管区域。

2. 监管时间延伸

保税仓库存放保税物流货物的时间是 1 年,可以申请延长,延长的时间,最长 1 年;

出口监管仓库,存放保税物流货物时间是 6 个月,可以申请延长,延长的时间,最长 6 个月;

保税物流中心存放保税物流货物的时间是 2 年,可以申请延长,延长的时间,最长 1 年;

保税物流园区、保税区和保税港区存放保税物流货物的时间没有限制。

(五)运离结关

根据规定,保税物流货物报关同保税加工货物报关一样有报核程序,有关单位应当定期以电子数据和纸质单证向海关申报规定时段保税物流货物的进、出、存、销等情况。但是实际结关的时间,除外发加工和暂准运离(维修、测试、展览等)需要继续监管以外,每一批货物运离保税监管场所或者特殊监管区域,都必须根据货物的实际流向办结海关手续;

办结海关手续后,该批货物就不再是运离的保税监管场所或者特殊监管区域范围的保税物流货物。

第三节　保税物流园与保税港区

一、保税物流园

(一) 含义

保税物流园是指经国务院批准,在保税区规划面积或者毗邻保税区的特定港区内设立的、专门发展现代国际物流业的海关特殊监管区域。

扩展阅读 11.1

视频:厦门保税物流园区

(二) 业务范围

(1) 存储进出口货物及其他未办结海关手续货物;

(2) 对所存货物开展流通性简单加工和增值服务;

(3) 进出口贸易,包括转口贸易;

(4) 国际采购、分销和配送;

(5) 国际中转;

(6) 检测、维修;

(7) 商品展示;

(8) 经海关批准的其他国际物流业务。

园区内不得开展商业零售、加工制造、翻新、拆解及其他与园区无关的业务。法律和行政法规禁止进出口的货物以及物品不得进出园区。

(三) 海关管理

保税物流园区是海关监管的特定区域。园区与境内其他地区之间应当设置符合海关监管要求的卡口、围网隔离设施、视频监控系统及其他海关监管所需的设施。

海关在园区派驻机构,依据有关法律、行政法规,对进出园区的货物、运输工具、个人携带物品及园区内相关场所实行 24 小时监管。

1. 对园区企业的管理

(1) 保税物流园区行政管理机构及其经营主体、在保税物流园区内设立的企业等单位的办公场所应当设置在园区规划面积内、围网外的园区综合办公区内。

(2) 海关对园区企业实行电子账册监管制度和计算机联网管理制度。园区行政管理机构或者其经营主体应当在海关指导下通过电子口岸建立供海关、园区企业及其他相关部门进行电子数据交换和信息共享的计算机公共信息平台。园区企业应当建立符合海关监管要求的电子计算机管理系统,提供海关查阅数据的终端设备,按照海关规定的认证方式和数据标准与海关进行联网。

（3）园区企业应当依照法律、行政法规的规定,规范财务管理,设置符合海关监管要求的账簿、报表,记录本企业的财务状况和有关进出园区货物、物品的库存、转让、转移、销售、简单加工、使用等情况,如实填写有关单证、账册,凭合法、有效的凭证记账和核算。

2. 对园区的物流管理

（1）园区内设立仓库、堆场、查验场和必要的业务指挥调度操作场所,园区货物不设存储期限。但园区企业自开展业务之日起,应当每年向园区主管海关办理报核手续。园区主管海关应当自受理报核申请之日起30天内予以核库。企业有关账册、原始数据应当自核库结束之日起至少保留3年。园区企业应当编制月度货物进、出、转、存情况表和年度财务会计报告,并定期报送园区主管海关。

（2）经主管海关批准,园区企业可以在园区综合办公区专用的展示场所举办商品展示活动。展示的货物应当在园区主管海关备案,并接受海关监管。

（3）园区内货物可以自由流转。园区企业转让、转移货物时应当将货物的具体品名、数量、金额等有关事项向海关进行电子数据备案,并在转让、转移后向海关办理报核手续。

（4）未经园区主管海关许可,园区企业不得将所存货物抵押、质押、留置、移作他用或者进行其他处置。

（5）园区与区外非海关特殊监管区域或者保税监管场所之间货物的往来,企业可以使用其他非海关监管车辆承运:承运车辆进出园区通道时应当经海关登记,海关可以对货物和承运车辆进行查验、检查。

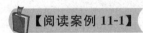
【阅读案例 11-1】

上海外高桥保税物流园区

上海外高桥保税物流园区是国务院批准的首家区港联动保税物流园区,是上海市"十五"期间重点规划的现代物流园区,国家促进国际港航产业与现代物流产业联动发展的先行先试示范区,同时也是中国(上海)自由贸易试验区的四大核心板块之一。

园区于2004年4月15日由海关总署等八部委联合验收封关运作,经过多年的开发建设,园区已经建成45万平方米仓库,14万平方米集装箱转运区以及卡口和关检等配套设施;引进中外物流企业30家,贸易公司50家,累计引进外资4亿美元;开发面积1.03平方公里,总投资33亿元人民币,2012年进出区货值1012亿美元,海关税收实现100亿元人民币。基本实现与港区的规划联动、信息联动、政策联动、业务联动和利益联动,充分体现了保税物流园区对国际现代物流业转移的承接能力和产业的集群效应,开拓了国际采购、国际配送、国际中转和转口贸易的功能,提高了政策应用能力,推进了服务管理创新。

资料来源:上海外高桥保税物流园区网站

二、保税港区

(一)含义

保税港区是经国务院批准设立的,在港口作业区和与之相连的特定区域内,集港口作业、物流和加工为一体,具有口岸功能的海关特殊监管区域。保税港区与保税区虽一字之差,但内涵相去甚远。从功能上讲,保税港区叠加了保税区、出口加工区、保税物流园区和港口各项功能,保税港区实现了保税区域与港口的实质联动。

保税港区是海关按照我国国情实际需要,借鉴发达国家海关的先进管理经验,与国际通行做法相衔接,适应跨国公司运作和现代物流发展需要的新兴监管区域,是我国目前港口与陆地区域相融合的保税物流层次高、政策优惠、功能齐全、区位优势明显的监管区域,是真正意义上的境内关外,是在形式上最接近自由贸易港的政策模式。

扩展阅读 11.2
广州南沙保税港区与马士基签署合作备忘录,拟设华南国际物流分拨配送中心

(二)业务范围

保税港区内可以开展下列业务:

(1) 存储进出口货物和其他未办结海关手续的货物;

(2) 对外贸易,包括国际转口贸易;

(3) 国际采购、分销和配送;

(4) 国际中转;

(5) 检测和售后服务维修;

(6) 商品展示;

(7) 研发、加工、制造;

(8) 港口作业;

(9) 经海关批准的其他业务。

(三)主要功能

保税港区政策着眼于充分发挥区位优势和政策优势,发展国际中转、配送、采购、转口贸易和出口加工等业务,拓展相关功能。

1. 国际中转功能

中国的贸易进出口已经发展到14000多亿美元,但在中国众多的港口城市当中没有具有成熟国际中转能力的港口,中国绝大部分的进出口货物都是通过周边国家进行输送,为了更好地参与国际间港口的竞争,首先要拥有具有国际中转能力的枢纽港口。保税港区的建立首先要担负起参与国际间港口竞争的功能,使我们自己拥有世界级的航运中心。

2. 国际配送功能

保税港区由于政策的支持和发展特点,已经具备了国际配送的要求。保税港区不但有现代化的港口,同时也拥有保税物流园区。在该园区内,世界各国的公司都可以开展国际配送的业务。

3. 国际采购的功能

保税港区的优惠政策规定,国内货物进入保税港区港口或区内卡口即可享受出口退税政策。采购进港口保税区内仓储物流园区的国内货物,可以进行出口集运的综合处理或商业性的简单加工,向世界外分销;采购进区的进口保税货物,同样可以在进行商业性的简单加工后,再向国外分销;需返销国内市场的货物,按规定办理进口手续。将来企业入驻后,不但可以发展进出口贸易,同样也可以发展区内企业之间的贸易,以及保税港区企业和境外企业之间的贸易。

4. 国际转口贸易的功能

在中国许多个省市,上千个港口开放城市当中,除了上海、重庆、天津、大连,还没有一个具有强大国际转口贸易功能的港口。保税港区的企业就可以从事转口贸易、交易、展示、出样、订货等经营活动。

5. 出口加工区功能

在保税港区陆上特定区域设立出口加工区,开展加工贸易。进口的原材料、零部件、元器件进港可予保税。保税货物和采购进区的国内货物可以在进口加工、装卸后出口。港区的众多优惠政策不是对现有的优惠政策简单叠加,而是从叠加中发挥更大的政策效应。

总而言之,保税港兼具保税区、出口加工区、保税物流园区的功能。与保税区相比,保税港区"区港一体"的优势得到充分发挥;与出口加工区相比,保税港区具有的物流分拨等功能,使其与境外、区外经济联系更加紧密;与保税物流园区相比,保税港区允许开展出口加工业务,使其更具临港加工优势。

(四) 税收政策

保税港区享受保税区、出口加工区相关的税收和外汇管理政策。主要税收政策为:

(1) 国外货物入港区保税;

(2) 货物出港区进入国内销售按货物进口的有关规定办理报关手续,并按货物实际状态征税;

(3) 国内货物入港区视同出口,实行退税;

(4) 港区内企业之间的货物交易不征增值税和消费税。

(五) 保税港的海关管理

保税港区实行封闭管理,港区和陆地区域参照出口加工区的标准建设隔离监管设施,货物和车辆通过通道时要有必要的监管设施和监管措施。当地人民政府要严格按照土地利用总体规划确定具体位置,严格控制规划用地面积,依法履行用地报批手续,并拟订保税港区建设实施方案。实施方案经海关总署会同有关部门审核同意后,由当地人民政府组织隔离监管设施的建设,待条件具备后,由海关总署会同有关部门按照出口加工区的建设标准联合验收。

在监管模式上,保税港区实行"一线放开、二线管住、区内自由"的监管模式,监管主要内容如表 11-1 所示。

表 11-1　保税港区的监管模式

特点	施行我国海关所有现行监管方式、功能最完备、电子数据联网管理的特殊监管区域
禁止项目	①保税港区内不许居住人员;②国家明令禁止进出口的货物不许进出保税港区;③除为保障区内人员正常工作、生活所必需的非营利性设施外,不得在区内建立营业性的生活消费设施和开展商业零售活动;④不许开展高能耗、高污染和资源性产品及列入《加工贸易禁止类商品目录》商品的加工贸易
园区管理	24 小时封闭式监管,区内设置保税港区海关,进出区通道设立卡口、物理围网、视频监控
特殊企业管理	申请在区内开展维修业务的企业应具有法人资格,并在海关登记备案。但其维修业务仅限于:我国出口的机电产品的售后维修,维修后的产品、所更换零配件和维修产生的物流需复运出境
税收外汇管理	①国外货物入港区保税;②货物出港区进入国内市场办理相关进口报关手续,按实际状态征税;③国内货物入港区视同出口,实行退税;④港区内企业间货物交易不征收增值税和消费税
加工贸易管理	保税港区内企业,不实行加工贸易保证金台账和合同核销制度,海关对港区内加工贸易货物不实行单耗标准管理,但企业需定期向海关报送货物进出区及储存情况
保税物流管理	①港区内货物不设存储期限,但存储期超过 2 年的需每年向海关备案;②区内货物可以自由流转,但转让和转移的双方企业应及时向海关报送货物的品名、数量、金额等电子数据;③经海关核准,区内企业可以办理集中申报手续,但应对一个自然月内的申报清单归并后填制进出口货物报关单,次月底前向海关办理集中申报手续

【知识链接】

保税港区与保税区的区别

从发展形态上讲,保税港区是我国保税经济区域的高级形态;从功能上讲,保税港区叠加了保税区、出口加工区、保税物流园区各项功能政策;从发展趋向上讲,保税港区是未来我国建设自由贸易区的先行实验区;从运作模式上讲,保税港区实现了保税区域与港口的实质联动。

保税港区正以其最齐全的功能、最优惠的政策、最大的开放度,成为我国继保税区之后,最为特殊的外向型经济区域。"保税区"与"保税港区"虽一字之差,但内涵相去甚远。

(六)我国保税港区的发展情况

自 2005 年 6 月中国政府批准在上海洋山港设立我国第一个保税港以来,我国陆续在天津、大连、海南洋浦、宁波等地共设立了 14 个保税港区,具体如表 11-2 所示。

表 11-2　中国保税港区的发展概况

序　号	批复时间	名　称	规划面积（平方公里）
01	20050622	上海洋山保税港区	8.14
02	20060831	天津东疆保税港区	10.00
03	20060831	辽宁大连大窑湾保税港区	6.88
04	20070924	海南洋浦保税港区	9.21
05	20080224	浙江宁波梅山保税港区	7.70
06	20080529	广西钦州保税港区	10.00
07	20080605	福建厦门海沧保税港区	9.51
08	20080907	山东青岛前湾保税港区	9.72
09	20081018	广东深圳前海湾保税港区	3.71
10	20081018	广东广州南沙保税港区	7.06
11	20081112	重庆两路寸滩保税港区	8.37
12	20081118	江苏张家港保税港区	4.10
13	20090922	山东烟台保税港区	7.26
14	20100518	福建福州保税港区	9.20

1. 上海洋山保税港区

上海洋山港保税港区是经国务院批准设立的国内首个保税港区，由规划中的小洋山港口区域、东海大桥和与之相连接的陆上特定区域组成。其中，小洋山港口区域面积达2.14平方公里；陆地区域位于上海市南汇芦潮港，面积6平方公里。洋山保税港区实行出口加工区、保税区和港区的"三区合一"，更凸显区位优势和政策优势。洋山保税港区的设立和洋山海关的开通，对于充分发挥洋山港区的区位优势和功能作用，大力发展国际中转、配送、采购转口贸易和出口加工等业务，拓展相关功能，实现港口经济与产业经济的联动发展，全面提升上海港的国际竞争力，进一步确立上海国际航运中心的地位和提高我国对外开放的水平具有十分重要的意义。

2. 天津东疆保税港区

天津东疆保税港区是继上海洋山保税港区后，中国批准设立的第2个保税港区，也是目前中国面积最大的保税港区。东疆港区位于天津港东北部，为浅海滩涂人工造陆形成的三面环海半岛式港区，面积30平方公里。规划为码头作业区、物流加工区、综合配套服务区"三大区域"。其中，物流加工区和码头作业区的一部分将建设成为保税港区，天津东疆保税港区规划建设面积为10平方公里，2007年底封关运营。东疆港区具有独特的区位优势，毗邻天津开发区、保税区，三面环海，一面与陆地相通，港区内两条货运干道和两条客运干道既充分保证集疏运交通的需要，又实现了客货运交通的分离。

3. 辽宁大连大窑湾保税港区

2006年8月31日经国务院批准设立，规划面积6.88平方公里，将建设成为东北亚资源性商品集散地、东北亚重要国际航运中心的核心功能区。构建以大窑湾保税港区为龙头,以沈阳、长春、哈尔滨等腹地保税物流中心和内陆干港为节点的东北保税物流网络。

4. 海南洋浦保税港区

2007年10月经国务院批准设立,规划面积9.2036平方公里,成为环北湾地区最为开放的航运中心和石油、天然气、化工、矿产资源、浆纸等能源、原材料保税仓储、中转交易的物流中心及出口加工基地;建成为我国南海油田资源开发提供国际采购、国际配送、保税仓储、保税加工以及开采船舶的维修、补给等提供后勤保障基地;建成为面向东南亚的进出口贸易基地,带动海南热带高效农业和劳动密集型出口加工业发展。

5. 浙江宁波梅山保税港区

2008年2月24日,国务院批准设立宁波梅山保税港区,这是继上海洋山、天津东疆、大连大窑湾、海南洋浦之后的中国第五个保税港区。宁波梅山保税港区位于梅山岛,规划面积7.7平方公里,四至范围:东到码头岸线(含泊位),南至南峰路,西北以沿港路、梅山大道、港区路围合为界。宁波梅山保税港区实行封闭管理,其功能和有关税收、外汇政策执行《国务院关于设立洋山保税港区的批复》的相关规定。

6. 广西钦州保税港区

2008年5月29日,国务院批准设立广西钦州保税港区,规划面积10平方公里,这是继上海洋山、天津东疆、大连大窑湾、海南洋浦、宁波梅山之后的全国第六个保税港区,也是我国中西部地区唯一的保税港区。功能定位:广西钦州保税港区是广西北部湾经济区开放开发的核心平台;是中国-东盟合作以及面向国际开放开发的区域性国际航运中心、物流中心和出口加工基地。

7. 福建厦门海沧保税港区

2008年6月5日,国务院批准设立厦门海沧保税港区,规划面积9.5092平方公里。成为全国第七个保税港区。厦门海沧保税港区核定规划面积9.5092平方公里,包括A、B、C三个区域,即嵩屿港区、海沧港区1♯～8♯泊位及已建仓储物流园区;已建成的厦门海沧出口加工区;海沧港区14♯～19♯泊位港区。这三个地块将以全封闭高架道路(地道)连接形成封闭的统一监管区域。海沧保税港区总体规划于2008年1月31日通过厦门港口管理局和规划局联合审查,项目预计总投资约50亿元。厦门海沧保税港区主要开展集装箱港口运输装卸、货物的国际中转、国际配送、国际采购、国际转口贸易和出口加工业务,以及与国际航运配套的金融、保险、代理、理赔、检测等服务业务。保税港区按照海关"一线放开、二线管住、区内自由、入港退税"的监管原则,实行全域封闭化、信息化、集约化的监管,并且做到进口货物入港保税、出口货物入港退税。

8. 山东青岛前湾保税港区

2008年9月27日,国务院下发《关于同意设立青岛前湾保税港区的批复》,青岛前湾保税港区正式获准建设,成为我国第8个保税港区,也是全国唯一一家按照"功能整合、政策叠加"要求,以保税区、保税物流园区以及临近港口整合转型升级形成的保税港区。前湾保税港区的设立,对于提升青岛这座百年港城的国际化水平、推动环渤海经济圈竞合发展、辐射带动沿黄流域九省区开发开放具有重要意义。

9. 广东深圳前海湾保税港区

2008 年 10 月 18 日获国务院正式批复同意设立。这是继青岛前湾保税港区后由国务院批准的国内第 9 个保税港区。据了解,该保税港区位于深圳港西部港区,规划控制面积 3.71209 平方公里,其功能包括国际中转、配送、采购、转口贸易和出口加工等业务,同时享受保税区、出口加工区有关"国外货物入港区保税"等税收和外汇管理政策。根据国务院的批复要求,该保税港区将实行封闭管理,并严格实施土地利用总体规划和深圳市城市总体规划,其不仅要按规定程序履行具体用地报批手续,而且要求拟订保税港区的开发实施方案和产业发展规划。此外,该港区将按照海关特殊监管区域有关规定组织保税港区隔离监管设施的建设。

10. 广东广州南沙保税港区

2008 年 10 月 18 日,国务院下发了《国务院关于同意设立广州南沙保税港区的批复》,这是继 2005 年 6 月以来,上海洋山、天津东疆、大连大窑湾、海南洋浦、宁波梅山、广西钦州、厦门海沧、青岛前湾保税港区、深圳前海湾保税港区后,由国务院批准设立的国内第 10 个保税港区。广州南沙保税港区位于广州市南沙区龙穴岛上,珠江出海口,规划面积 7.06 平方公里。南沙保税港区实行封闭式管理,并按照海关特殊监管区域有关规定组织保税港区隔离监管设施的建设,享受的主要税收政策为:国外货物入港区保税;货物出港区进入国内销售按货物进口的有关规定办理报关手续,并按货物实际状态征税;国内货物入港区视同出口,实行退税;港区内企业之间的货物交易不征增值税和消费税。

11. 重庆两路寸滩保税港区

2008 年 11 月 12 日经国务院批准设立。该保税港区规划控制面积 8.37 平方公里,是唯一一个位于中国内陆地区的保税港区,是第一个采取"水港+空港"的保税港区。重庆保税港区包括寸滩港、两路空港两大组成部分,名为"两路寸滩保税港区"。重庆的目标是将其打造成中西部地区功能最全、效率最高、政策最优的特殊监管区,通过区域通关改革,形成出海大通道,变内陆口岸为开放前沿。

12. 江苏张家港保税港区

总面积 4.1 平方公里,是在原有的张家港保税区和保税物流园区的基础之上建设的。1992 年以来,张家港先后设立了保税区和保税物流园区。其中,保税区已引进三资企业近 500 家,包括世界 500 强企业 20 家;保税物流园区的货运总量和海关税收连续三年居全国同类区域之首。这些都为整合后的保税港区的发展提供了良好的基础。据悉,在张家港保税港区获批之前,全国共有上海洋山、天津东疆等 11 家保税港区。

13. 山东烟台保税港区

烟台保税港区是全国第一家以出口加工区和临近港口整合转型升级形成的保税港区,规划面积 7.26 平方公里,划分为港口作业区、物流作业区、公共查验区、出口加工作业区等四大功能区,其中港口作业区 2.5 平方公里。该保税港区集保税区、保税物流园区、港口、出口加工区等优势于一体,预计用 3~4 年时间实现封关运营,实行全域封闭化、信息化、集约化监管,烟台港将成为东北亚地区重要的集装箱中转枢纽港之一,成为沿黄九省区进出口贸易集散中心和功能最全、规模最大、政策最优惠、服务最便捷的综合性大港。

14. 福建福州保税港区

福州保税港位于福清的福州新港(江阴港区),总面积9.2平方公里,由福州保税物流园区、铁路物流园区、福清出口加工区及福州新港1♯至9♯码头等四个区域整合,在港口作业区和与之相连的特定区域内。福州保税港区具备港口作业、国际中转、国际配送、国际采购、转口贸易、出口加工、商品展示七大功能。在便捷通关方面,将允许来自台湾的货物或台资企业经营的其他货物经保税港区运往大陆其他地区时,实行"分批出货、定期集中报关";对台湾地区与保税港区之间往来货物,进入保税港区后,实施"一次申报、一次查验、一次放行"的通关模式。2010年5月5日,在福建省赴台投资企业授牌暨闽台合作项目签约仪式上,福州保税港区与台湾基隆自由贸易港区签订《两区对接协议》,两区对接旨在率先开展涉及两岸现代物流各个领域的广泛合作,力争开两岸自由贸易港区对接先河。

【阅读案例 11-2】

总投资 2800 万美元,丹马士梅山国际物流中心项目奠基

2018年6月13日,丹马士梅山国际物流中心项目在梅山保税港区举行奠基仪式。丹马士梅山国际物流中心项目是由丹马士环球物流香港有限公司和宁波梅山保税港区泉合投资有限公司各占50%投资设立,用地150亩,总投资2800万美元。拟建约5万平方米的现代化高货架仓库及相关设施,主要从事进出口物流、国际集拼、国际中转、跨境电商、国际贸易等业务。

据悉,丹马士环球物流香港有限公司是马士基集团旗下专业为全世界客户提供供应链管理和货运代理服务的国际性物流运输公司。作为世界级物流龙头企业,当前丹马士环球物流正在向仓库自动化、管理数据化、客户精准化方向发展。特别是在国际集拼、国际中转等国际物流业务领域,拥有先进的管理模式和全球化的网络系统,与梅山发展国际供应链创新试验区的需求高度契合。

资料来源:宁波晚报

第四节　自由贸易园区

一、自由贸易园区的内涵

【知识链接】

FTA 与 FTZ 的区别

自由贸易区有两个本质上存在差异很大的概念:一个是FTA,另一个是FTZ。由于中文名称一样,会造成理解和概念上的混乱。

FTA(Free Trade Area):源于WTO有关"自由贸易区"的规定,最早出现在1947年的《关税与贸易总协定》里面。该协定第24条第8款(b)对关税同盟和自由贸易区的概念作了专门的解释:"自由贸易区应理解为在两个或两个以上独立关税主体之间,就贸易

自由化取消关税和其他限制性贸易法规。"其特点是由两个或多个经济体组成集团,集团成员相互之间实质上取消关税和其他贸易限制,但又各自独立保留自己的对外贸易政策。目前,世界上已有欧盟、北美自由贸易区等 FTA。还有中国东盟自由贸易区也是典型的 FTA。

FTZ(Free Trade Zone):源于 WCO 有关"自由区"的规定,世界海关组织制定的《京都公约》中指出:"FTZ 是缔约方境内的一部分,进入这部分的任何货物,就进口关税而言,通常视为关境之外。"其特点是一个关境内的一小块区域,是单个主权国家(地区)的行为,一般需要进行围网隔离,且对境外入区货物的关税实施免税或保税,而不是降低关税。目前在许多国家境内单独建立的自由港、自由贸易区都属于这种类型。如德国汉堡自由港,巴拿马科隆自由贸易区等。

国务院于 2013 年 8 月 22 日正式批准设立中国自由贸易区,消息公布后,各方普遍认为,中国自由贸易区是打造中国经济"升级版"的"聚焦点"。正如加入世界贸易组织进一步激发了中国经济的活力,自贸试验区建设也将促进包括服务业在内的市场经济大发展。专家认为,在自由贸易试验区内,以政府放权为标志的改革将进一步深化。原先受到较多管制的创新类金融服务、商务服务、文化娱乐教育和医药医疗护理业等,将获得很大的发展机会。表 11-3 为 FTA 与 FTZ 的比较。

表 11-3 FTA 和 FTZ 的比较

		FTA	FTZ
相异	设立主体	多个主权国家(或地区)	单个主权国家(或地区)
	区域范围	两个或多个关税地区	一个关税区内的小范围区域
	国际惯例依据	WTO	WCO
	核心政策	贸易区成员之间贸易开放、取消关税壁垒,同时又保留各自独立的对外贸易政策	海关保税、免税政策为主,辅以所得税税费的优惠等投资政策
	法律依据	双边或多边协议	国内立法
相同		两者都是为降低国际贸易成本,促进对外贸易和国际商务的发展而设立的	

二、国际典型自由贸易园区

近年来,随着全球化浪潮风起云涌和国际贸易的迅猛发展,全球自由贸易园区的发展日新月异,逐渐成为各国贸易发展的重要平台。在金融危机之后,自由贸易园区越来越成为世界各国和地区为扩大国际贸易、吸引外国资本、实施新经济政策以及振兴本国经济并促进整个国家或地区发展而普遍采用的方法,在促进全球产业结构调整、便利国际物流运作、反对贸易保护主义等方面也发挥着越来越重要的作用。

(一)巴拿马科隆自贸区

巴拿马科隆自贸区成立于 1948 年,是西半球最大的自由贸易区,同时也是全球第二大转口站。科隆自贸区位于距巴拿马首都巴拿马城约 50 英里的第二大城市科隆的市区。从地理上看,科隆自贸区具有很好的贸易优势:巴拿马原本就是连接中、南美洲的桥梁,闻名世界的巴拿马运河则是太平洋与大西洋最接近的地方,科隆港正位于这条运河靠近大西洋的一侧。这使得科隆港一度成为历史上航运业最为繁忙的港口。

科隆自由贸易区所批发的商品大多来自亚洲地区,采购客户主要来自中南美洲。对于来自亚洲、欧洲与美洲的出口商来说,将货物进口至科隆自贸区,和一两个区域内主要商户进行沟通,而不需要处理与中南美洲的无数终端进口商之间的生意往来,减少了运营成本。同时,大批货物的规模性订购成为可能,出口商的合同安全与货款回收也得到区域内不少政策的保障。除此之外,目前这一区域的物流服务逐渐成为关键性的经济活动。

科隆自贸区大约有 30%的货物来自于大型的物流运作,公司利用自贸区作为集中整合各个生产基地货物的平台,这一业务目前的比例还在增加。自由贸易区货物进口自由,无配额限制、不缴进口税;用于转口的货物自由、不缴税,自由贸易区内货物自由流动,所得税为 8.6%。

(二)德国汉堡自由港

德国汉堡自由港是欧洲经济自由区的典型,建于 1888 年,为世界上最早的自由港,面积为 15 平方公里,主要功能是货物中转、仓储、流通、加工和船舶建造。汉堡港位于德国北部易北河下游的右岸,是德国最大的港口,也是欧洲第二大集装箱港,在自由港的中心有世界上最大的仓储城。汉堡港也是欧洲最重要的中转海港。

汉堡自由港依托汉堡港而建立,由一条被称为"关界围墙"(长 23.5 公里,高 3 米)的金属栅栏与其他港区隔开,进出自由港的陆上通道关卡有 25 个,海路通道关卡有 12 个。汉堡自由港面积 16.2 平方公里,拥有 180 多万平方米储存区,建有 160 万平方米的集装箱中心,并设有火车站,可开展货物转船、储存、流通及船舶建造等业务。汉堡自由港的优势在于其物流效率,对进出的船只和货物给予最大限度的自由,这种自由贯穿于货物卸船、运输、再装运的整个过程中。

汉堡港自由贸易区成立的主要原因就是为了转口贸易,特别是欧盟各国间的转口贸易,这一块货物量约占汉堡港自由贸易区货物运输量的 2/3。但是,随着欧盟 28 国统一市场的形成和完善,自贸区避税效应消失殆尽。相反,由于围栏的存在,进出区内外道路的交通堵塞等一系列问题难以解决,进出检查耗时低效,影响城市综合效率,总体上已经得不偿失。2013 年 1 月 1 日,有 125 年历史的德国汉堡港自由贸易区走到了生命尽头,德国联邦议院和联邦参议院已经批准关闭这一自由贸易区,其约 20 公里的围栏也将拆除。这是国家在不同发展阶段、依据不同需求所表现出来的不同政策取向。

(三)美国纽约港自贸区

在美国,自由贸易区也叫对外贸易区,是在港口或机场划出一块特别区域,凡是依法进入该区的货物都可以免报关或缴纳关税;货物从区内转口货运到国外也不用交税;经海关许可,货物出入对外贸易区视同出口。1936 年,美国首个自由贸易区——纽约 1 号对外贸易区面世。历经数十年发展,美国自由贸易区大体形成两类:一种是综合性自贸区

（即对外贸易区），主要从事贸易，意在方便货物进出、提高货物流转速度和国际贸易效率等；另一种是单一性自贸区，侧重加工业，以提高产品附加值、扩大出口为目的。

作为美国最大的自贸区之一，纽约港自由贸易区通常以围网分隔封闭，发挥着货物中转、自由贸易功能，境外货物出港（进入美国）前不收关税。区外设置了若干分区，主营进出口的加工制造，包括手表、汽车、石化、制药、饮料等加工业务。为吸引更多企业进入自贸区，美国自贸区给出了许多税收减免政策，比如延迟缴纳进口关税；通过在自贸区开厂，企业可以在支付原料的税率和成品的税率之间自由选择，进而可以选择税率更低的支付方式。

（四）中国香港自由港

香港是亚太地区最重要的国际金融、贸易、航运、信息服务枢纽之一，是跨国公司云集的地区总部。香港实行对外完全开放的自由港政策，大多数货物进出香港自由，仅需提前14天报关，外国人也可以自由进行投资、生产。如今，金融服务、贸易物流、旅游、专业服务已成为香港服务业的四大支柱产业。

（五）新加坡自由港

新加坡采取的是自由港的发展模式。1969年，新加坡在裕廊工业区的裕廊内划设了第一个自由贸易区，随后发展成为一个高度开放的贸易自由港，为进一步打造国际级货物集散基地，吸引世界各地销往亚太地区商品到新加坡进行中转、运输，新加坡在《新加坡海关法》《新加坡进出口商品管理法》等法规的基础上制定了《自由贸易区法令》。如今，新加坡自由港已成为全球贸易最自由的地区之一，国外直接投资占据制造业投资总额的七成。与德国、美国的自贸区不同，新加坡的自由贸易区并非是依靠税务优惠来吸引外资进行加工制造的生产基地，而主要是提供一个免税区，方便商家把货物存放在区内，以重新分类、鉴别、包装和展示，然后再出口或转口贸易。在新加坡，进口产品一般没有配额限制，大部分货物无须许可证即可免税进口（危险品、医药品、军火等产品必须办理进口许可证）。

（六）迪拜杰贝阿里自贸区

迪拜地处亚、非、欧三大洲交会的咽喉要道，优越的战略位置使其成为衔接东西方交通和时区的纽带。1996年阿联酋正式加入世界贸易组织，凭借开放的经济体系、宽松的营商环境和持续增长的国民经济，不断吸引着各国企业和投资者。

迪拜杰贝阿里港于1979年开始投入使用，是世界最大的人工港和高效的货运中心。经过20多年的努力，杰贝阿里港不仅成为波斯湾地区的第一大港，在世界港口航运业中也占有举足轻重的地位。

迪拜杰贝阿里自贸区成立于1985年，面积135平方公里，现已成为集仓储物流、进出口贸易、生产加工等多功能为一体的大型自由经济区，被公认为运营最为规范、经济自由度最高、开发开放价值最为突出的自由贸易港区。区内没有烦琐的官僚程序，提供高效、动态的管理系统，包括一站式服务点，使投资者能够节省时间、精力和成本，快速创建企业并专注于自身业务。迪拜杰贝阿里自贸区有可以进出各种船舶的港口，67个泊位，15公里长的码头，一个集装箱站和现代化的装卸设备。

（七）爱尔兰香农自贸区

1959 年，为吸引外资、促进经济发展，爱尔兰政府决定成立香农自由空港开发公司负责推进当地航空业的发展。1960 年，香农开发公司围绕香农机场进行深层开发，在紧邻香农国际机场的地方建立了世界上最早以从事出口加工为主的自由贸易区，以其免税优惠和低成本优势吸引外国特别是美国企业的投资。香农自由贸易区占地 600 英亩，拥有国际先进水准的基础设施，航空运输、陆运与海运交通极为便利；周边高校科研力量雄厚，有着良好的科研与实业相结合的传统；区内提供优惠的鼓励投资的税收、融资、财政等方面经济支持，有着健全高效的配套服务业。

（八）韩国釜山镇海经济自由区

韩国釜山镇海经济自由区位于在建中的釜山新港周围，包括釜山市江西区以及庆尚南道镇海市各一部分。总面积 104 平方公里。自由区分为物流流通区、商务居住区、海洋运动娱乐休闲区、专业教育研发区、知识产业区等 5 个区，区域之间互相联合。自由区税收 7 年减 100％之后 3 年减 50％。租用期为 50 年，每年按照土地价格 1％为基准，政府还对土地收购费及建筑物租用费的各 30％、50％进行 2 年补贴。此外还有雇佣补助金、教育训练补助金、顾问费用等资金方面的支援。

（九）荷兰阿姆斯特丹港自贸区

商品进入该区可免交进口税，储存在仓库的商品可以进行简单包装、样品展示，也可做零件装配，具备减免关税和提供转口的各种优惠条件。阿姆斯特丹港与机场空港自由贸易区业务联系紧密，推动了海空两港物流的联动发展。

（十）巴西马瑙斯自由贸易区

巴西国会于 1957 年通过法令成立马瑙斯自由港，并于 1967 年将自由港改为自由贸易区。马瑙斯自由贸易区面积 1 万多平方公里，亚马孙黄金水道使万吨远洋巨轮可直达这里。自由贸易区由工业区、商业区和农牧区三部分组成：马瑙斯自由贸易区内生产并销售于本国的产品，免征工业产品税；对以农业和亚马孙地区植物为原料加工而成的产品，免征工业产品税。企业 10 年内免征所得税，此后 5 年内只征 50％。所有外来投资企业免征城市房地产税、垃圾服务税、公共清洁税、公共场所和道路保养税，以及营业执照税。

【阅读案例 11-3】

成功复制自贸区"货物分类监管"经验 费斯托亚太物流中心在金桥南区奠基

2019 年 5 月 27 日，位于上海金桥出口加工区（南区）（以下简称"金桥南区"）的费斯托亚太物流中心正式奠基。项目计划建设周期 2 年，将于 2021 年投入运营，届时将大幅提升该公司在亚太地区产品的供应链运营能力。

来自德国的费斯托集团是在金桥逐步壮大起来的一家外资企业，该公司聚焦全球工业自动化领域,为全球 30 多万客户提供 3 万余种不同产品和服务。

据介绍,费斯托集团位于金桥南区,总共购置有近 6 万平方米土地,并于 2007 年 5 月在金桥南区正式成立费斯托(中国)自动化制造有限公司,其亚洲技术中心以及区域配送服务中心也坐落于此。

2017 年,出于对中国市场的重视,费斯托集团决定投资 3500 万欧元,在金桥南区建立一个为亚洲市场服务的亚太物流和定制产品生产中心,提升公司的仓储、物流和定制服务水平。

据悉,费斯托亚太物流中心项目计划在现有土地上新建 4.2 万平方米厂房,引入最前沿的 AutoStore 轻载存储拣选系统以及相关的全自动仓储设备等。该项目的业务内容与范围也将大幅拓展,发货对象将遍布费斯托中国大陆多个分拨中心和最终客户,以及日本、韩国、新加坡、印度尼西亚、印度、澳大利亚等众多国家和地区的费斯托物流中心和最终客户,预计各种保税区物流和非保税区物流数量将持续增长。进出口物流中,不但包含元器件,还包括定制中心为中国和亚太客户按需生产的"客制化"产品,以及出口东南亚、澳大利亚、新西兰的系统集成产品。

资料来源:上海自由贸易试验区网站

三、内地自由贸易园区概况

随着中国经济的高速时代的终结,中国经济发展进入一个长期的"新常态",除了以新兴产业作为突围重点,自贸区对中国区域经济发展的拉动也将有望成为新的增长点之一。2013 年 8 月中国第一个自由贸易区终于落户上海。2014 年 12 月 26 日,第十二届全国人民代表大会常务委员会第十二次会议审议了中国(广东)自由贸易试验区、中国(天津)自由贸易试验区、中国(福建)自由贸易试验区以及中国(上海)自由贸易试验区扩展区域相关法律实施调整的草案,广东、天津、福建三个自贸区获国务院批准设立,具体如图 11-2 所示。在上海自贸试验区运作一年之后,国家再设三大自贸试验区,在战略层面上,必要且迫切。

2016 年 8 月 31 日,商务部部长高虎城接受新华社记者采访时说,近日,党中央、国务院决定,在辽宁省、浙江省、河南省、湖北省、重庆市、四川省、陕西省新设立 7 个自贸试验区。这代表着自贸试验区建设进入了试点探索的新航程。

2017 年 3 月 31 日,《国务院关于印发中国(辽宁)自由贸易试验区总体方案的通知》《国务院关于印发中国(浙江)自由贸易试验区总体方案的通知》《国务院关于印发中国(河南)自由贸易试验区总体方案的通知》《国务院关于印发中国(湖北)自由贸易试验区总体方案的通知》《国务院关于印发中国(重庆)自由贸易试验区总体方案的通知》《国务院关于印发中国(四川)自由贸易试验区总体方案的通知》《国务院关于印发中国(陕西)自由贸易试验区总体方案的通知》印发。

2018 年 5 月 23 日,国务院发布《国务院关于做好自由贸易试验区第四批改革试点经验复制推广工作的通知》。

2018 年 10 月 16 日,国务院发布《国务院关于同意设立中国(海南)自由贸易试验区

120.72 平方公里

主要范围：
原范围（外高桥、
洋山港、
浦东机场保税区
扩至陆家嘴、张江、
金桥地区

上海自贸区

119.9 平方公里

主要范围：
天津港片区、
天津机场片区、
滨海新区中心商务片区

天津自贸区

118.04

主要范围：
厦门片区、平潭片区、
福州片区

福建自贸区

116.2 平方公里

主要范围：
南沙新区、
前海蛇口片区、
珠海横琴新区

广东自贸区

图 11-2　中国自贸区概况

的批复》，实施范围为海南岛全岛。

2019 年 8 月 26 日，《国务院关于同意新设 6 个自由贸易试验区的批复》印发，同意设立中国（山东）自由贸易试验区、中国（江苏）自由贸易试验区、中国（广西）自由贸易试验区、中国（河北）自由贸易试验区、中国（云南）自由贸易试验区、中国（黑龙江）自由贸易试验区。截至 2019 年，中国总共拥有 5 批 18 个自由贸易试验区。

（一）中国（上海）自由贸易试验区

中国（上海）自由贸易试验区［China (Shanghai) Pilot Free Trade Zone］，简称上海自由贸易区或上海自贸区，是中国政府设立在上海的区域性自由贸易园区，位于上海市浦东新区内，上海市东部，长江三角洲东缘。2013 年 9 月 29 日中国（上海）自由贸易试验区正式成立，面积 28.78 平方公里，涵盖上海市外高桥保税区、外高桥保税物流园区、洋山保税港区、上海浦东机场综合保税区等 4 个海关特殊监管区域和金桥出口加工、张江高科技园区和陆家嘴金融贸易区，共 7 个区域。2014 年 12 月 28 日全国人大常务委员会授权国务院扩展中国（上海）自由贸易试验区区域，将面积扩展到 120.72 平方公里。

截至 2014 年 11 月底，上海自贸试验区一年投资企业累计 2.2 万多家、新设企业近 1.4 万家、境外投资办结 160 个项目、中方对外投资额 38 亿美元、进口通关速度快 41.3%、企业盈利水平增 20%、设自由贸易账户 6925 个、存款余额 48.9 亿元人民币。

上海自贸区的成立，在浦东新区之后，为上海打造国际金融中心加了"一把力"。2013 年 7 月 3 日，国务院常务会议通过的《中国（上海）自由贸易试验区总体方案》中便提到将为上海自贸区设立 21 项激励措施，其中多项涉及金融方面，以吸引海外投资，并涵盖金融服务、大宗商品交易等。而金融创新也恰好是上海自贸区的核心优势所在，金融创新、打好金融改革牌，上海打造国际金融中心的蓝图将持续为自贸区加力。

此外，上海自贸区辐射范围不再仅仅是狭义的沪、苏、浙长三角，而是长江经济带、沪苏浙皖经济区,远至长江中上游地区。背靠沪苏浙皖经济区,人力资源丰富,成本较低;水、电等资源承载能力有限。由于作为先期确立的自贸区,所以缺乏后三者自贸区优惠政策的虹吸能力。

2013 年 9 月 29 日,上海市政府发布《中国(上海)自由贸易试验区外商投资准入特别管理措施(负面清单)(2013 年)》(以下简称"负面清单"),以外商投资法律法规、《中国(上海)自由贸易试验区总体方案》《外商投资产业指导目录(2011 年修订)》等为依据,列明中国(上海)自由贸易试验区(以下简称"自贸试验区")内对外商投资项目和设立外商投资企业采取的与国民待遇等不符的准入措施。负面清单按照《国民经济行业分类及代码》(2011 年版)分类编制,包括 18 个行业门类。S 公共管理、社会保障和社会组织、T 国际组织 2 个行业门类不适用负面清单。首个负面清单有 190 条特别监管措施,2014 年版已缩减到 139 条,政府正在积极扩大开放度和透明度。

(二) 中国(天津)自由贸易试验区

2014 年 12 月 12 日决定设立该试验区,该试验区总面积为 119.9 平方公里,主要涵盖 3 个功能区,天津港片区(30 平方公里)、天津机场片区(43.1 平方公里)以及滨海新区中心商务片区(46.8 平方公里)。2015 年 4 月 21 日中国(天津)自由贸易区实验区(简称"天津自贸区")正式挂牌。

作为北方首个自贸区,天津的战略定位将挂钩京津冀协同发展。在学习和复制上海自贸区经验基础上,将重点摸索天津特色,包括:用制度创新服务实体经济;借"一带一路"契机服务和带动环渤海经济;突出航运,打造航运税收、航运金融等特色。天津自贸区着力打造成为北方国际航运中心和国际物流中心,在国际船舶登记制度、国际航运税收、航运金融业务和租赁业务四个方面进行政策创新试点,积极开展建设中国特色自由贸易港区的改革探索。

天津自贸区着眼京津冀的协同发展,服务于华北、东北老工业基地、西北等三北地区,促进环渤海经济带的产业结构调整,并且面向东北亚。作为京津冀经济区联动发展的新引擎,将有效吸引北京的产业外溢,对接日韩东北亚经济圈。有数据显示:中韩自贸区与天津自贸区相结合后,天津港与仁川港对接,进出口产品出库时间将从一个工作周节省到 24 小时。

(三) 中国(福建)自由贸易试验区

2014 年 12 月 12 日,国务院决定设立中国(福建)自由贸易试验区[China (Fujian) Pilot Free Trade Zone],也是位置上最接近台湾的自由贸易园区。中国(福建)自由贸易试验区包括了福州片区、厦门片区和平潭片区。福建自贸区着重进一步深化两岸经济合作。总面积 118.04 平方公里,包括平潭片区 43 平方公里、厦门片区 43.78 平方公里、福州片区 31.26 平方公里。2015 年 4 月 21 日,福建自贸试验区揭牌仪式在福州马尾的福建自贸福州片区举行,与此同时,厦门片区、平潭片区同步进行揭牌仪式。

福建作为中国重要的对台交流省份,在整体的区域经济格局中,中央对福建赋予了新的任务和角色——到 2020 年,福建经济总量将超过台湾。这也意味着,中央将会配套系列经济鼓励政策作为"大礼包"送给福建。从目前看来,批准设立自贸区可能是最为直接的红利。因此福建自由贸易试验区拟以"对台湾开放"和"全面合作"为方向,在投资准入政策、货物贸易便利化措施、扩大服务业开放等方面先行先试,率先实现区内货物和服务贸易自由化。

福建自贸区最为迫切的任务应当在于进一步促进两岸经贸活动自由化、便利化。此前,两岸经贸合作主要通过两岸经济协议谈判(ECFA)推动,但由于当下台湾地区政局变化而受阻。在此背景下,两岸经贸的破冰理应由福建自贸区先行先试来继续推进。目前,厦门、平潭等地,在经贸、文化、教育等方面的对台交流合作发展十分快速。自贸区辐射区域虽有限,但自贸区的效应可以密集辐射到全省、辐射台海,将有利于促进两岸区域经济合作和城市交流朝着更深层次发展。福建自贸区无疑是厦门经济特区、海峡西岸经济区、平潭综合实验区基础之上的促进台海经济发展的升级版。

【阅读案例 11-4】

全国首单"区域外发保税维修"业务在厦启动

2019 年 12 月 13 日,在完成海关相关监管手续之后,成都综保区双流园区内四川国际航空发动机维修有限公司的一批组件运抵厦门霍尼韦尔太古宇航有限公司,进行"保税维修",这也标志着全国首单"区域外发保税维修"业务顺利启动。

据介绍,以往,海关特殊监管区域内企业外发区外维修的货物,企业需要以"修理物品"监管方式向海关办理货物出区的报关和税款担保手续,而且区外承接企业维修过程中使用的进口航材无法享受保税政策,需要征税后使用。然而,由于税收成本过高,容易导致航维企业在与境外企业争抢市场"蛋糕"时丧失竞争力。

厦门海关在调研中了解到企业上述困境后,研究提出采用"区域外发保税维修"模式的解决途径,即区外企业承接的区域内外发维修货物和维修过程中使用的进口航材由海关实施保税监管,维修完成运返园区后,对维修货物和使用的进口航材免税核销。经争取,商务部批准在厦门自贸片区试行这一政策。

四川国际航空发动机维修有限公司是成都综保区双流园区内企业。日前,该企业向海关办理了一套价值 20 万美元的飞机发动机液压机械组件出海关区外发维修的监管手续。与此同时,厦门霍尼韦尔太古宇航有限公司则以"保税维修"方式承接维修业务,并完成海关监管手续。随后,该组件从成都运入霍尼韦尔公司。霍尼韦尔公司关务经理刘大荣介绍,采用"区域外发保税维修"业务模式后,每年可以为公司减少 250 万元的关税成本,既扭转了发国内维修税收成本高的劣势,又叠加了发国内维修的物流成本和时效优势,使区域内外发企业和区外承接企业同时受益。

资料来源:厦门日报

(四) 中国(广东)自由贸易试验区

2014 年 12 月,国务院决定设立中国(广东)自由贸易试验区,广东自贸区涵盖四片区:广州南沙新区片区(广州南沙自贸区)、深圳前海蛇口片区(深圳前海蛇口自贸区)、珠海横琴新区片区(珠海横琴自贸区)、汕头海湾新区(华侨经济文化合作试验区),总面积116.2平方公里,广东自贸区立足面向港澳台深度融合。上海、广东、天津、福建四个自贸区将在2015年使用同一张负面清单。2015年4月21日,中国(广东)自由贸易试验区在广州南沙区举行挂牌仪式,标志着广东自贸区正式启动建设。

广东自由贸易区主打港澳牌,拟以"对港澳开放"和"全面合作"为方向,在投资准入政策、货物贸易便利化措施、扩大服务业开放等方面先行先试,率先实现区内货物和服务贸易自由化,建立粤港澳金融合作创新体制,以及通过制度创新推动粤港澳交易规则的对接,特别是加强对香港澳门高端服务业的开放、衔接、转移。高端服务业的开放将进一步提升广东制造业的实力和活力。

新一轮的三家自贸区在东南沿海没有选择在广西、海南,而是选择在了广东。这就意味着,广东自贸区面向东盟是应有之义。未来,广东自贸区与已有的中国东盟自贸区相接,将进一步推动我国与东盟的经贸合作。此外,广东作为海上丝绸之路的重要节点,自贸区平台也将发挥桥头堡的作用。

广东自贸区港澳、珠江三角区、广西、湖南、江西、贵州、云南等大西南地区,对接中国东盟自贸区。广州至贵州等地高铁的开通,使得广东自贸区的人力资源极大丰富。资源腹地进一步扩大。借力前海、横琴特区新区等粤港澳合作,民营经济活跃,创新力加强。广东自贸区亟待对深圳前海、珠海横琴等开放区域在功能方面进行整合。

(五)中国(辽宁)自由贸易试验区

战略定位。以制度创新为核心,以可复制、可推广为基本要求,加快市场取向体制机制改革、积极推动结构调整,努力将自贸试验区建设成为提升东北老工业基地发展整体竞争力和对外开放水平的新引擎。

发展目标。经过三至五年改革探索,形成与国际投资贸易通行规则相衔接的制度创新体系,营造法治化、国际化、便利化的营商环境,巩固提升对人才、资本等要素的吸引力,努力建成高端产业集聚、投资贸易便利、金融服务完善、监管高效便捷、法治环境规范的高水平、高标准自由贸易园区,引领东北地区转变经济发展方式、提高经济发展质量和水平。

实施范围。自贸试验区的实施范围119.89平方公里,涵盖三个片区:大连片区59.96平方公里(含大连保税区1.25平方公里、大连出口加工区2.95平方公里、大连大窑湾保税港区6.88平方公里),沈阳片区29.97平方公里,营口片区29.96平方公里。

功能划分。按区域布局划分,大连片区重点发展港航物流、金融商贸、先进装备制造、高新技术、循环经济、航运服务等产业,推动东北亚国际航运中心、国际物流中心建设进程,形成面向东北亚开放合作的战略高地;沈阳片区重点发展装备制造、汽车及零部件、航空装备等先进制造业和金融、科技、物流等现代服务业,提高国家新型工业化示范城市、东北地区科技创新中心发展水平,建设具有国际竞争力的先进装备制造业基地;营口片区重点发展商贸物流、跨境电商、金融等现代服务业和新一代信息技术、高端装备制造等战略性新兴产业,建设区域性国际物流中心和高端装备制造、高新技术产业基地,构建国际海铁联运大通道的重要枢纽。

(六) 中国(浙江)自由贸易试验区

战略定位。以制度创新为核心,以可复制、可推广为基本要求,将自贸试验区建设成为东部地区重要海上开放门户示范区、国际大宗商品贸易自由化先导区和具有国际影响力的资源配置基地。

发展目标。经过三年左右有特色的改革探索,基本实现投资贸易便利、高端产业集聚、法治环境规范、金融服务完善、监管高效便捷、辐射带动作用突出,以油品为核心的大宗商品全球配置能力显著提升,对接国际标准初步建成自由贸易港区先行区。

实施范围。自贸试验区的实施范围 119.95 平方公里,由陆域和相关海洋锚地组成,涵盖三个片区:舟山离岛片区 78.98 平方公里(含舟山港综合保税区区块二 3.02 平方公里),舟山岛北部片区 15.62 平方公里(含舟山港综合保税区区块一 2.83 平方公里),舟山岛南部片区 25.35 平方公里。

功能划分。按区域布局划分,舟山离岛片区鱼山岛重点建设国际一流的绿色石化基地,鼠浪湖岛、黄泽山岛、双子山岛、衢山岛、小衢山岛、马迹山岛重点发展油品等大宗商品储存、中转、贸易产业,海洋锚地重点发展保税燃料油供应服务;舟山岛北部片区重点发展油品等大宗商品贸易、保税燃料油供应、石油石化产业配套装备保税物流、仓储、制造等产业;舟山岛南部片区重点发展大宗商品交易、航空制造、零部件物流、研发设计及相关配套产业,建设舟山航空产业园,着力发展水产品贸易、海洋旅游、海水利用、现代商贸、金融服务、航运、信息咨询、高新技术等产业。

(七) 中国(河南)自由贸易试验区

战略定位。以制度创新为核心,以可复制、可推广为基本要求,加快建设贯通南北、连接东西的现代立体交通体系和现代物流体系,将自贸试验区建设成为服务于"一带一路"建设的现代综合交通枢纽、全面改革开放试验田和内陆开放型经济示范区。

发展目标。经过三至五年改革探索,形成与国际投资贸易通行规则相衔接的制度创新体系,营造法治化、国际化、便利化的营商环境,努力将自贸试验区建设成为投资贸易便利、高端产业集聚、交通物流通达、监管高效便捷、辐射带动作用突出的高水平高标准自由贸易园区,引领内陆经济转型发展,推动构建全方位对外开放新格局。

实施范围。自贸试验区的实施范围 119.77 平方公里,涵盖三个片区:郑州片区 73.17 平方公里(含河南郑州出口加工区 A 区 0.89 平方公里、河南保税物流中心 0.41 平方公里),开封片区 19.94 平方公里,洛阳片区 26.66 平方公里。

功能划分。按区域布局划分,郑州片区重点发展智能终端、高端装备及汽车制造、生物医药等先进制造业,以及现代物流、国际商贸、跨境电商、现代金融服务、服务外包、创意设计、商务会展、动漫游戏等现代服务业,在促进交通物流融合发展和投资贸易便利化方面推进体制机制创新,打造多式联运国际性物流中心,发挥服务"一带一路"建设的现代综合交通枢纽作用;开封片区重点发展服务外包、医疗旅游、创意设计、文化传媒、文化金融、艺术品交易、现代物流等服务业,提升装备制造、农副产品加工国际合作及贸易能力,构建国际文化贸易和人文旅游合作平台,打造服务贸易创新发展区和文创产业对外开放先行区,促进国际文化旅游融合发展;洛阳片区重点发展装备制造、机器人、新材料等高端制造业以及研发设计、电子商务、服务外包、国际文化旅游、文化创意、文化贸易、文化展示等现代服务业,提升装备制造业转型升级能力和国际产能合作能力,打造国际智能制造合作示范区,推进华夏历史文明传承创新区建设。

(八) 中国(湖北)自由贸易试验区

战略定位。以制度创新为核心,以可复制、可推广为基本要求,立足中部、辐射全国、走向世界,努力成为中部有序承接产业转移示范区、战略性新兴产业和高技术产业集聚区、全面改革开放试验田和内陆对外开放新高地。

发展目标。经过三至五年改革探索,对接国际高标准投资贸易规则体系,力争建成高端产业集聚、创新创业活跃、金融服务完善、监管高效便捷、辐射带动作用突出的高水平高标准自由贸易园区,在实施中部崛起战略和推进长江经济带发展中发挥示范作用。

实施范围。自贸试验区的实施范围 119.96 平方公里,涵盖三个片区:武汉片区 70 平方公里(含武汉东湖综合保税区 5.41 平方公里),襄阳片区 21.99 平方公里(含襄阳保税物流中心〔B 型〕0.281 平方公里),宜昌片区 27.97 平方公里。

功能划分。按区域布局划分,武汉片区重点发展新一代信息技术、生命健康、智能制造等战略性新兴产业和国际商贸、金融服务、现代物流、检验检测、研发设计、信息服务、专业服务等现代服务业;襄阳片区重点发展高端装备制造、新能源汽车、大数据、云计算、商贸物流、检验检测等产业;宜昌片区重点发展先进制造、生物医药、电子信息、新材料等高新产业及研发设计、总部经济、电子商务等现代服务业。

(九) 中国(重庆)自由贸易试验区

战略定位。以制度创新为核心,以可复制、可推广为基本要求,全面落实党中央、国务院关于发挥重庆战略支点和连接点重要作用,加大西部地区门户城市开放力度的要求,努力将自贸试验区建设成为"一带一路"和长江经济带互联互通重要枢纽、西部大开发战略重要支点。

发展目标。经过三至五年改革探索,努力建成投资贸易便利、高端产业集聚、监管高效便捷、金融服务完善、法治环境规范、辐射带动作用突出的高水平高标准自由贸易园区,努力建成服务于"一带一路"建设和长江经济带发展的国际物流枢纽和口岸高地,推动构建西部地区门户城市全方位开放新格局,带动西部大开发战略深入实施。

实施范围。自贸试验区的实施范围 119.98 平方公里,涵盖 3 个片区:两江片区 66.29 平方公里(含重庆两路寸滩保税港区 8.37 平方公里),西永片区 22.81 平方公里(含重庆西永综合保税区 8.8 平方公里、重庆铁路保税物流中心〔B 型〕0.15 平方公里),果园港片区 30.88 平方公里。

功能划分。按区域布局划分,两江片区着力打造高端产业与高端要素集聚区,重点发展高端装备、电子核心部件、云计算、生物医药等新兴产业及总部贸易、服务贸易、电子商务、展示交易、仓储分拨、专业服务、融资租赁、研发设计等现代服务业,推进金融业开放创新,加快实施创新驱动发展战略,增强物流、技术、资本、人才等要素资源的集聚辐射能力;

西永片区着力打造加工贸易转型升级示范区，重点发展电子信息、智能装备等制造业及保税物流中转分拨等生产性服务业，优化加工贸易发展模式；果园港片区着力打造多式联运物流转运中心，重点发展国际中转、集拼分拨等服务业，探索先进制造业创新发展。

（十）中国（四川）自由贸易试验区

战略定位。以制度创新为核心，以可复制、可推广为基本要求，立足内陆、承东启西，服务全国、面向世界，将自贸试验区建设成为西部门户城市开发开放引领区、内陆开放战略支撑带先导区、国际开放通道枢纽区、内陆开放型经济新高地、内陆与沿海沿边沿江协同开放示范区。

发展目标。经过三至五年改革探索，力争建成法治环境规范、投资贸易便利、创新要素集聚、监管高效便捷、协同开放效果显著的高水平高标准自由贸易园区，在打造内陆开放型经济高地、深入推进西部大开发和长江经济带发展中发挥示范作用。

实施范围。自贸试验区的实施范围 119.99 平方公里，涵盖三个片区：成都天府新区片区 90.32 平方公里（含成都高新综合保税区区块四〔双流园区〕4 平方公里、成都空港保税物流中心〔B 型〕0.09 平方公里），成都青白江铁路港片区 9.68 平方公里（含成都铁路保税物流中心〔B 型〕0.18 平方公里），川南临港片区 19.99 平方公里（含泸州港保税物流中心〔B 型〕0.21 平方公里）。

功能划分。按区域布局划分，成都天府新区片区重点发展现代服务业、高端制造业、高新技术、临空经济、口岸服务等产业，建设国家重要的现代高端产业集聚区、创新驱动发展引领区、开放型金融产业创新高地、商贸物流中心和国际性航空枢纽，打造西部地区门户城市开放高地；成都青白江铁路港片区重点发展国际商品集散转运、分拨展示、保税物流仓储、国际货代、整车进口、特色金融等口岸服务业和信息服务、科技服务、会展服务等现代服务业，打造内陆地区联通丝绸之路经济带的西向国际贸易大通道重要支点；川南临港片区重点发展航运物流、港口贸易、教育医疗等现代服务业，以及装备制造、现代医药、食品饮料等先进制造和特色优势产业，建设成为重要区域性综合交通枢纽和成渝城市群南向开放、辐射滇黔的重要门户。

（十一）中国（陕西）自由贸易试验区

战略定位。以制度创新为核心，以可复制、可推广为基本要求，全面落实党中央、国务院关于更好发挥"一带一路"建设对西部大开发带动作用，加大西部地区门户城市开放力度的要求，努力将自贸试验区建设成为全面改革开放试验田、内陆型改革开放新高地、"一带一路"经济合作和人文交流重要支点。

发展目标。经过三至五年改革探索，形成与国际投资贸易通行规则相衔接的制度创新体系，营造法治化、国际化、便利化的营商环境，努力建成投资贸易便利、高端产业聚集、金融服务完善、人文交流深入、监管高效便捷、法治环境规范的高水平高标准自由贸易园区，推动"一带一路"建设和西部大开发战略的深入实施。

实施范围。自贸试验区的实施范围 119.95 平方公里，涵盖三个片区：中心片区 87.76 平方公里（含陕西西安出口加工区 A 区 0.75 平方公里，B 区 0.79 平方公里，西安高新综合保税区 3.64 平方公里和陕西西咸保税物流中心〔B 型〕0.36 平方公里），西安国际港务区片区 26.43 平方公里（含西安综合保税区 6.17 平方公里），杨凌示范区片区 5.76 平方公里。

功能划分。按区域布局划分，自贸试验区中心片区重点发展战略性新兴产业和高新技术产业，着力发展高端制造、航空物流、贸易金融等产业，推进服务贸易促进体系建设，拓展科技、教育、文化、旅游、健康医疗等人文交流的深度和广度，打造面向"一带一路"的高端产业高地和人文交流高地；西安国际港务区片区重点发展国际贸易、现代物流、金融服务、旅游会展、电子商务等产业，建设"一带一路"国际中转内陆枢纽港、开放型金融产业创新高地及欧亚贸易和人文交流合作新平台；杨凌示范区片区以农业科技创新、示范推广为重点，通过全面扩大农业领域国际合作交流，打造"一带一路"现代农业国际合作中心。

（十二）中国（海南）自由贸易试验区

战略定位。发挥海南岛全岛试点的整体优势，紧紧围绕建设全面深化改革开放试验区、国家生态文明试验区、国际旅游消费中心和国家重大战略服务保障区，实行更加积极主动的开放战略，加快构建开放型经济新体制，推动形成全面开放新格局，把海南打造成为我国面向太平洋和印度洋的重要对外开放门户。

发展目标。对标国际先进规则，持续深化改革探索，以高水平开放推动高质量发展，加快建立开放型、生态型、服务型产业体系。到 2020 年，自贸试验区建设取得重要进展，国际开放度显著提高，努力建成投资贸易便利、法治环境规范、金融服务完善、监管安全高效、生态环境质量一流、辐射带动作用突出的高标准高质量自贸试验区，为逐步探索、稳步推进海南自由贸易港建设，分步骤、分阶段建立自由贸易港政策体系打好坚实基础。

实施范围。自贸试验区的实施范围为海南岛全岛。自贸试验区土地、海域开发利用须遵守国家法律法规，贯彻生态文明和绿色发展要求，符合海南省"多规合一"总体规划，并符合节约集约用地用海的有关要求。涉及无居民海岛的，须符合《中华人民共和国海岛保护法》有关规定。

功能划分。按照海南省总体规划的要求，以发展旅游业、现代服务业、高新技术产业为主导，科学安排海南岛产业布局。按发展需要增设海关特殊监管区域，在海关特殊监管区域开展以投资贸易自由化、便利化为主要内容的制度创新，主要开展国际投资贸易、保税物流、保税维修等业务。在三亚选址增设海关监管隔离区域，开展全球动植物种质资源引进和中转等业务。

第五节　自由贸易园区的物流创新案例

一、上海畅联国际物流股份有限公司：第三方物流服务创新

（一）企业概况

上海畅联国际物流股份有限公司（以下简称"畅联物流"）于 2001 年 5 月 22 日成立，由上海浦东新区国资委、上海仪电集团与上海外高桥保税区联合发展有限公司共同投资

设立,主要提供第三方物流服务。

(二)创新案例

上海畅联国际物流股份有限公司计划依托上海自贸试验区的创新政策,为德国博世集团在洋山综合保税港区设立亚太第一个分拨中心。该分拨中心直接归属于博世集团,主要服务于亚太区域汽车零部件售后市场。博世集团的货物一部分从国外进境,一部分由国内供应商出口至上海自贸试验区,在区域分拨中心整合后,根据国外订单进行分拣、包装,然后通过海空运至亚太地区的各个经销商。通过这个分拨中心,博世集团能有效地整合全球资源配置,公司运费等物流成本大幅降低。这个项目的成功运行,能吸引集团其他事业部门也加入区域分拨中心,更有效地节约运作成本。

为帮客户建立针对性的解决方案,畅联与博世一起和海关、商检进行了大量的前期研究,制定了包括海关新制度的解读、货物差异处理、出口东南亚如何签发 Forma 等实际操作方案。但在运营环节上仍有不便,例如,往往会出现国内外供应商由于发货差错造成的实收货物数量与向海关申报数量存在差异的情况,特别是对于国外进境备案的货物,如果发生实际收货数量与申报数量有差异,当时的做法是只能通过事后改单来解决差异部分,但整个改单的流程复杂,先要出具理货报告,再申请改单,周期在两周左右,影响到客户的交货期。

上海海关 2014 年 4 月出台"先进区、后报关"的创新政策,对于进境备案的货物可以采取先进区后报关的模式进行操作。公司应用该项政策对博世亚太分拨中心形成了针对性的解决方案:海运整箱货物在货物到港后,凭舱单等信息如实填制"提货申请单"并发送至主管海关;接收到核准信息后可前往口岸提货,待货物入库后,可立即开始清点。进区报关可在申报进境之日起 14 日内向主管海关申报进境备案。目前,集装箱到达港口后,1天内可以完成运输入库,仓库可立即开始实物清点,待清点后,企业可以根据实际收到的货物数量向海关进行申报,如果发生有数量差异的,也可直接与国外供应商立即沟通核对,及时更正交易数量及发票后再进行申报。

新的运作模式不仅提高了博世分拨中心的货物分拨效率,及时满足客户需求,还为企业降低 20% 左右的物流成本。畅联物流将把该创新模式逐步推广至所有客户,依托上海自贸试验区的改革创新政策和先行先试优势,帮助客户优化现有的操作模式,吸引更多跨国集团的分拨中心在自贸试验区内运作。

二、索尼物流贸易(中国)有限公司:亚太营运总部供应链管理创新

(一)企业概况

索尼物流贸易(中国)有限公司成立于 1998 年,是由日本索尼集团投资的全资子公司。主要负责索尼集团电子产品及相关零部件在中国的国际贸易及物流操作业务。

(二)创新案例

索尼物流主要业务模式是将物流、贸易、资金结算三位一体结合,目前是索尼在全球

业务量最大的供应链管理整合平台。依托中国上海、浦东新区及外高桥保税区的政策优势在最近 8 年不断地进行业务整合及流程创新，奠定了集团内第一位的海外运营基地地位。

供应链的高效整合，需要依靠通关速度和总部职能资金结算等各个方面的全面提升。索尼物流是自贸试验区新型监管模式"先入区后报关"的试点企业。试点企业可先凭进口舱单信息将货物提运入区，再在规定时限内向海关办理进境备案清单申报手续，减少了在港口等待时间，进口货物到港后，之前港口提货需要 1 个工作日，现在只需要 2 个小时，且区内索尼自有仓库的费用比港口存储便宜 15％～20％自贸试验区成立后，根据外汇管理实施细则，索尼可以进行外汇资金集中收付汇业务，包括外汇集中收付及轧差净额结算，年财务费用节省约 24 万元。例如，索尼物流可以使用国内资金池统筹总公司外汇存款，定时归集、统一支付，以此减少因结付汇产生的汇率差和手续费等成本。索尼还可以通过与第三方公司协调，达成收款付款抵冲的协议，实现轧差净额结算，以此来避免因为金额过大和付汇过晚带来的损失。

索尼利用这些新政后，外汇付款流程得到简化，无须人工逐笔确认，免除审单可直接收付款，单证以备案方式留存归档，节省了大量的人力物力。索尼物流之前只是中国区总部，随着中国业务的增加，索尼物流利用了亚太运营商计划的优惠措施，例如，协调员制度和无纸化通关推广等新政策，提高了索尼竞争力，于是开始整合整个亚太业务，目前中国台湾和韩国已经整合进了索尼物流(中国)，2014 财年新增 1 亿美元的业务。

三、曼恩供应链管理(上海)有限公司:船用发动机保税维修创新

(一)企业概况

曼恩供应链管理(上海)有限公司成立于 2013 年，是德国 MAN 集团在自贸试验区设立的独资子公司，主要从事船用发动机保税维修业务，并租赁了洋山保税港区的仓库。

(二)创新案例

曼恩公司计划依托上海自贸试验区的优势，为到洋山深水港及中国船厂的全球船东提供船用柴油机、增压器及船舶自动控制设备系统的专业维修保养服务，其中"一站式快速维修"(PIT-STOP)维保业务即是其中最具代表性的一项集准确、快速、无等待的高端船舶维保修理服务。

公司成立之初，虽租用了区内保税仓库，但实质性业务一直无法展开。关键在于，例如船用发动机配件出洋山保税仓库时，其性质为货物；当该配件装上船舶替换受损零件时，其性质自动成为了国际交通运输工具的组成部分，是船舶物料。根据现行海关相关法规，上述不同性质的同一货物，有完全不同的监管方法。因此，虽然货物上了外籍船舶，理论上是出口行为，但由于没有运单等报关资料，所以海关部门无法核销。而商检部门也存在同样的单据和系统问题而无法进行有效监管。

曼恩在获悉 2013 年 10 月相关部门印发的有关在自贸试验区开展全球维修的实施意见，以及试验区出台的一系列贸易便利化制度创新后，结合"PIT-STOP"业务的特点，向

相关监管部门提出了解决方案,即对于从洋山保税港区仓库内运出的专用船舶设备,在上海洋山港或者外高桥港,可以保税状态供船。凭货物确已上船的船监章和海关章,洋山海关进行仓库核销。借助上述相关政策,船东可以通过曼恩在洋山的保税仓库从上海港直接获取相关的备件,不再需要通过额外完税清关的方式来获得维修好的配件,享受减免17%的海关增值税及8%的进口关税费用的优惠,极大方便了船舶维修业务。公司业务成效显著,去年在中国的产值即达到人民币2.15亿元。预计其相关维修保养业务会增加50%以上,即每年的销售额将达到3亿元以上。

下一步,曼恩供应链管理(上海)有限公司计划继续依托上海自贸试验区的改革创新政策和先行先试优势,开展"PIT-STOP"维保等新的业务,进一步为到洋山深水港及中国船厂的全球船东提供船用柴油机、增压器及船舶自动控制设备系统的专业维修保养服务,有望逐步发展为曼恩集团全球服务网络中最大的船舶维修服务网点。

扩展阅读 11.3

德国费斯托集团亚太物流中心在上海金桥出口加工区南区奠基

第六节　岗位技能与实践

岗位技能实训项目：保税物流园区海关监管手续的办理

● 实训目的

通过实训,理解掌握保税物流园区的海关监管及手续的办理。

● 实训内容

1. 工作情境

来自福州海关的统计数字显示,福州保税物流园区封关运作1年左右,已累计完成进出口业务1万多票,进出货物34万件,货运量近9万吨,货值逾16亿美元,成为海峡西岸现代化物流又一条"黄金通道"。

福州保税物流园区的政策功能优势初步显现,园区的业务辐射面不断加大。据透露,福州海关还将进一步试行区港联动通关模式,发挥保税物流园区国际采购、配送的功能优势,逐步推动出口集拼和集中申报业务的开展,推进福州保税物流园区与福州新港的一体化进程,促进以港口为依托、以临港工业和物流园区为核心的现代化物流综合服务体系的形成,打造具有国际竞争力的规模化、专业化、信息化的福州保税港。

从福州保税物流园区立项、报批、建设直至正式封关运作以来,福州海关充分发挥保税物流园区的政策优势,为企业量身定制个性化服务:推行"以核代验"监管模式;采取实时监控、定期核查和随机抽查相结合的方式对企业仓库进行重点监管;加快园区企业为下游厂商配送生产料件的速度;缓解企业车辆调配压力;降低企业的运输成本。据估算,该模式1年可为企业节省运输成本120多万元人民币。

2. 实训任务

讨论货物进出保税物流园区该怎么办理海关监管手续,并填写完成表 11-4 的空白部分。

表 11-4　保税物流园区货物海关监管手续

进 出 方 向	监 管 手 续
从境外运到园区	
从园区运到境外	
从园区运往境内区外	
从境内区外运到园区	

3. 实训教学建议

(1)教学方法

讨论＋实践操作

(2)教学课时

实践学时:2 课时

4. 实训成果

讨论意见及填表

本 章 小 结

本章第一部分概述保税物流货物的概念、分类及海关对保税物流货物的管理;第二部分主要介绍保税物流园的含义、范围、海关管理和保税港区的含义、范围、功能、管理以及中国保税港区的发展等;第三部分主要讲述自由贸易园区的概念、国际典型自贸园区以及国内自由贸易园区的发展概况等;第四部分是上海畅联、索尼物流、曼恩供应链等企业的物流创新案例分析;第五部分的岗位技能实践是保税物流园区海关监管手续的办理内容,通过实训进一步理解掌握保税物流园区的海关监管及手续的办理。

【思考与练习】

一、单选题

1. 一般情况下,保税物流园区允许存放保税物流货物的时间是(　　)。

A. 1 年　　　　　　　　　　　B. 2 年

C. 4 年　　　　　　　　　　　D. 没有限制

2. 经国务院批准,在保税区规划面积内或毗邻保税区的特定港区内设立的、专门发展现代国际物流的海关特殊监管区域,是指(　　)。

A. 保税区　　　　　　　　　　B. 保税物流中心

C. 保税物流园区　　　　　　　D. 保税港区

3. 中国最早设立的保税港区的是(　　)。

A. 天津东疆　　B. 深圳前海湾　　　C. 上海洋山　　　D. 大连大窑湾

二、多选题

1. 保税物流的特征包括(　　)。

A. 暂缓纳税　　　　　　　　　　　B. 海关放行即结关

C. 可免进出口许可证　　　　　　　D. 不免进出口许可证

2. 保税港的功能包括(　　)。

A. 国际中转　　　　　　　　　　　B. 国际采购

C. 转口贸易　　　　　　　　　　　D. 国际分销与配送

3. 我国的自由贸易园区包括(　　)。

A. 上海自由贸易区　　　　　　　　B. 深圳自由贸易区

C. 天津自由贸易区　　　　　　　　D. 福建自由贸易区

三、简答题

1. 简述保税物流货物的概念及特征。

2. 什么是保税港区,我国现有哪些保税港区?

3. 什么是自由贸易园区,我国现有哪些自由贸易园区?

四、案例分析题

某日资大型集团在东莞设立了一家电子器件加工厂,原料全部由其设在日本的另一家下属工厂提供。由于产品技术含量高,料件要求的精度也非常严格。以前原料经多次转运后再报关进境入厂,总会发现有一定比例不能符合生产要求。此种料件单位价值很高,工厂想将不合格品退回换新,但由于原料是由合同手册报进,一旦退港需要向海关层层申报、逐级审批,操作起来很不现实,即使工厂接受损失放弃退料,可生产出口的成品数量就无法达到合同手册的规定,仍需要向海关进行大量的解释举证才能避免嫌疑。

后来深圳盐田保税港设立后,工厂货到深圳盐田码头后直接运进保税港区存放,在保税港区进行 QC 质检,合格品报关入工厂,不符品退港,既保证了原料质量,又避免了不必要的麻烦。

思考题:

(1) 货物到港后运进保税港区与报关进境入厂对企业来说有什么区别?

(2) 保税港区为什么可以处理货物的进口业务?

第十二章

国际物流与跨国供应链

1. 了解跨国供应链的概念、类型与特征；
2. 理解跨国供应链面临的挑战；
3. 熟悉跨国采购、跨国生产、跨国配送等跨国供应链业务；
4. 熟悉跨国供应链的运营模式。

【导入案例】

跨国公司的业务外包模式

许多跨国公司在经营活动中，都采用"业务外包"的做法，将采购部门从单纯服务于生产的职能中解放出来。耐克（NIKE）公司就是一个广为人知的极端例子。这家世界运动鞋霸主没有直接的原材料供应商，甚至没有自己的工厂。在很多发展中国家的工厂里，耐克鞋被日夜不停地生产出来，而工厂的主人却不是耐克。这些工厂拥有自己的原料供应商——布匹、塑料、生产设备等。这些供应商们也同样拥有自己的供应商。耐克无疑是成功的。从 1992 年到 1998 年，这家公司的股东获得了超过 30% 的股本收益。

在美国微软公司全球的三万余名雇员中，有超过一半的雇员是从事软件开发的，一万人左右做市场和销售工作，另有 4000 人左右从事财务、人事、办公室管理和物流管理工作。其他业务和资源全部通过跨国采购获得。

世界饮料工业的头号巨人可口可乐公司也采取了同微软类似的做法。它虽然保留了"可口可乐"工厂，保留了诸如财务、人事等管理职能，但始终把大部分精力投入市场和销售领域。即使在市场部门的工作中，工作的主要内容也是保证利用通过采购获得的消费者研究、零售研究、竞争对手等研究结果的准确性，并保证能够应用到公司的渠道策略、广告策略和新产品开发策略中去。这几年来，可口可乐公司也开始对生产进行采购，即进行"合作生产"，如"天与地""醒目"等。

微软注重研发，可口可乐注重市场，这样的模式并非偶然。提到微软，人们首先想到的是好用的软件；提到可口可乐，人们首先想到的是充满活力的广告和地道的美国文化，大概除了供应商本身，没有人会去注意"Office 软件的包装是哪里生产的""可口可乐的水是哪条河里的"等问题。

成熟的跨国公司而言,他们把资源和注意力更多地放在"核心能力"上面,而对于那些与核心能力无关的业务,则尽量通过外包获得,这是他们的普遍战略,而跨国供应链是实现企业经营的关键。

资料来源:王松林主编,物流案例与实践,上海交通大学出版社,2008.

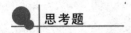

思考题

跨国公司业务外包的原因是什么?

第一节　跨国供应链概述

一、跨国供应链的概念

由于跨国公司的全球运作,形成了全球性生产链与供应链,使全球的市场竞争出现了新的形式,从过去的国家与国家的竞争、企业与企业的竞争,转变为现在的全球范围内的生产链与生产链之间的竞争,供应链与供应链之间的竞争,在全球范围内形成了跨国供应链。

跨国供应链即国际供应链,是指一个国际化的企业通过掌握全球最经济的原料,在最经济的国家生产,以最经济的方式,满足全球的需要。

二、跨国供应链产生的背景

跨国供应链作为经济一体化的产物,对世界经济的发展起着举足轻重的作用,其通过对外直接投资,在世界各地设立分支机构或子公司,从事国际化生产和经营活动,是一体化的最直接表现。跨国供应链的产生背景和原因主要归结如下两个方面:

(一)跨国公司对世界经济发展的影响越来越大

随着经济全球化的发展,企业竞争也日趋激烈,迫使企业不得不走出本土,在世界范围内寻找需求市场和供给资源。经历了一个多世纪,跨国公司由小到大,由少到多获得了举世瞩目的发展。据联合国跨国公司中心统计,20 世纪 60 年代后期,西方发达国家有跨国公司 7276 家,受其控制的国外子公司 27300 家;到 20 世纪 70 年代末 80 年代初,跨国公司的数量已增到 1 万多家,由其控制的国外子公司和分支机构已达 10 万家。而到 1996 年,跨国公司则增至 4.4 万家,受其控制的子公司则达 28 万家,其在全世界的雇员也增长到 7000 多万人。进入 21 世纪,跨国公司持续增长;截至 2008 年,全球跨国公司总数已超过 8 万家。跨国公司控制了世界工业生产总值的 40%~50%,国际贸易的 50%~60%,对外直接投资的 90%,且拥有全球 90% 的技术转让份额。跨国公司在国际经济活动中的主体地位日益显著。

(二)跨国供应链管理是跨国公司打造核心竞争力的重要手段

跨国公司之所以能维系强大的竞争力,在于其建立供应链管理的基础上,即在全球范围内配置资源,整合供应链各个环节,从而实现快速响应市场、提供用户所需产品。跨国公司在跨国经营过程中,通过出口(Exporting)、合资(Joint Venture)、并购(M&A)和独资(Greenfield investment)等方式,进入目标东道国,构建相关企业,来优化其供应链。特别是在经济飞速发展的发展中国家(如中国),市场和资源(如劳动力资源)双重重要的前提下,尤其成为跨国企业嵌入其供应链的关键区域。

三、跨国供应链的类型

跨国供应链类型包括,从较为初级的国际配送,到较为高级的真正的全球性供应链等形式。下列四种类型各有其特点。

(一)国际配送系统

国际配送系统是在全球经济合理的区域范围内,根据用户要求,对物品进行拣选、加工、包装、分割、组配等作业,并按时送到指定地点的物流活动。跨国配送中心作为国际物流的重要节点,在优化外向型企业的物流系统,合理配置库存资源,及时掌握国际市场动态,提高物流的共同化程度等方面发挥重要作用。

(二)国际供应商

随着国际贸易发展,基于成本效益,企业开始寻找世界各地的供应商,寻找质量最好、价格最合理的产品(货物和服务),采用国际供应商的模式,原材料与零部件由海外供应商提供,但最终的产品装配在国内完成。一些情况下,产品装配完成后,会再运回到海外市场。

(三)离岸外包加工

离岸外包指外包商与其供应商来自不同国家,外包工作通过跨国模式完成。用离岸外包加工一般是指把资源成本从一个发达的国家转移到低成本的发展中国家。在该模式下,产品生产的整个过程一般都在海外的某一地区,成品最终运回到国内仓库进行销售与配送。

(四)全球性供应链

以上三种方式都是企业在初期采取的跨国供应链类型。由于全球经济一体化的快速推进,及国际贸易组织的扩张和互联网技术的发展,使采购和销售在全球范围内进行,国际化供应链管理已经从这些初始的模式逐渐发展到今天跨国集团的设计、采购、生产、配送和销售、服务等业务遍及全球的较为高级的跨国供应链的运作和管理模式。这种系统中,产品的进货、生产、销售的整个过程都发生在全球性的不同工厂。真正意义的全球性供应链流程并非不考虑国界的限制,实际上,全球性供应链价值的实现就在于利用国与国之间的边界。

四、跨国供应链的特征

在经济日益全球化的今天,贸易壁垒的不断消除,贸易自由化程度不断得到提高,资金大范围流动也更趋于便利,这些都为企业间相互合作提供了可能性,为了实现效益最大化,跨国公司不断向海外扩展其原材料采购网络、成品经销网络和销售网络,使得资源的配置不断得到优化,其企业规模也迅速扩大。在此背景下,跨国公司的供应链发展具有以下的特点:

(一)注重核心业务

许多大型跨国公司,尤其是高科技类产品的跨国公司,更多地将其资源集中在能带来高附加值的研发环节、市场销售等环节,而将那些附加值低且其他企业能完成的环节外包出去。在全球范围内选择外包服务商,降低企业的各项成本,实现企业较优的资源分配,强化公司核心能力,从而获取更高的回报。

(二)产业集群化发展

1890 年英国著名经济学家马歇首次提出了"产业区"(lndustrial District)的概念。在欧美许多国家完成工业化,产业集群也在这些国家大量出现并成型。当波特教授在 1990 年用"产业集群"(lndustrial Cluster)来界定这种现象时,跨国供应发展引领产业集群在世界其他地区产生了,事实证明产业集群可以带动经济腾飞的规律。在当今世界经济更加紧密的时代,基于跨国企业的产业集群以其特有的本质,继续推动世界经济的发展。

(三)生产环节转向低成本区域

许多技术含量较高或是资本规模比较大的企业,从自身战略考虑,在全球范围内进行生产选址,以此来不断降低成本或者占领市场。特别是考虑到对于区域经济发展状况不同的海外市场,实行不同技术层次的梯度布局策略,即国内作为企业技术最高层次,通过技术的领先而不是成本领先,获取市场高额垄断利润;随着技术优势的逐步丧失,以成本优势来取代技术优势,即将该技术产品转移到低成本的国家或区域进行生产。

五、发展跨国供应链管理的意义

在经济全球化条件下,国际竞争日益激烈,企业仅仅依靠自身的能力难以在国际市场上站稳脚跟。企业的成功也不仅仅取决于自身的优势,更取决于所在供应链具备的竞争优势。未来的竞争是全球化的供应链竞争。跨国供应链管理通过自身的系统运作机制,对企业国际竞争力的提高有着积极的作用,是企业参与全球化竞争的基石。

(一)有利于企业获得时间优势

跨国供应链管理可减少从原材料供应到销售点的物资流通时间。跨国供应链管理能适应全球市场快速变化的形势,供应链上的企业通过对消费者需求做出快速反应,实现供应链各环节即时出售、即时生产、即时供应,也就是在需求信息获取和随后所作出的反应尽量接近实时及最终消费者,将消费者需求的消费前置时间降低到最低限度,从而赢得消费者的青睐,为企业在国际市场中占有更大的份额创造条件。要实现这点,必须通过供应链的企业共享信息,全方位对上下游市场信息作出快速反应,共同对外营造一种群体氛围,将消费者所需的产品按需求生产出来,并及时送到消费者手中。

(二)有利于降低企业总成本

跨国供应链管理可减少社会库存,降低成本。供应链通过整体合作和协调,在加快物流速度的同时,也减少了供应链各个环节上的库存量,避免了许多不必要的库存成本的消耗。另外,供应链的形成消除了非供应链合作关系中上下游之间的成本转嫁,从整体意义上降低了各自的成本,使得企业将更多的周转资金用于产品的研制和市场开发上,以保证企业获得长期发展。

(三)有利于提高企业的产品质量

在供应链伙伴的选择中,会注重合作伙伴是否拥有某项技术和某种产品的核心能力,其产品设计、生产工艺、质量是否处于国际同行业领先地位。供应链管理就是通过这样的选择和设计,借助网络技术,使分布在全球不同地区的供应链合作伙伴,在较大区域范围内进行组装集成制造(OEM)或系统集成,制造出质量近乎完美的产品。如果产品的零部件由一个厂家生产,或由一些专业化程度不高的厂家生产,则产品总体质量很难得到保证。

(四)简化企业组织,提高管理效率

供应链管理的实施需要互联网技术作为支撑,才能保证供应链中的企业实时获取和处理外界信息及链上信息,使企业高层管理者可以通过供应链中的企业内部网络随时了解下情,而基层人员也可以通过网络知道企业有关指令和公司情况。因此,企业的许多中间协调、传送指令管理机构就可削减,企业管理组织机构可由金字塔型向扁平型方向发展。组织结构简化,层次减少,使企业对信息反应更快,管理更为有效,有效地避免传统企业机构臃肿、人浮于事的现象,适应现代企业管理的发展趋势。

六、跨国供应链管理面临的挑战

(一)供应链整体与个体利益冲突

为了达到供应链的整体效用最优化,供应链整体利益往往会与链上个别利益产生冲突。例如,在某跨国供应链上,中国工厂是整个供应链上单位库存成本最低的环节,为了降低成本,运营经理在设计供应链的库存目标时,会将整个供应链上所有的缓冲库存都集中在中国工厂,造成该公司承担过多的资金周转等财务费用问题并影响了公司的经营业绩,被管理者一方面为继续持有该项业务只能接受不利的要求;另一方面为了自己的利益常常会私下做些"小动作",如截停上游供应商的供货,或者在月度盘点前大量出货等。这些行为都不同程度地损害了供应链的整体利益,但往往很难控制。因此,如何平衡好供应链整体与个体利益是供应链管理工作中一个非常关键的问题。

在全球采购问题上也往往产生利益冲突。全球集中采购制度有效地利用了全球的优势资源,增加了采购的谈判砝码,但是由于职能采购部门与位于供应链上的需求单位分别归属于不同的部门对应着不同的职责,供需双方在工作中往往因为追求不同的工作目标

而发生冲突。采购部门一般注重于供应商能否及时供货,采购的价钱是否便宜,品质是否有保障;但是真正的需求单位则会就自己的运营情况对供应商在交货期方面提出更高的要求,一旦供应商的行为损害了自己的利益,则会采取一些有可能破坏供应商关系的手段来维护自己的利益,从而可能导致供应链整体受损。

(二) 供应链信息共享存在困难

有关学者常常形容信息在供应链中代替了库存,信息共享已经成为跨国供应链竞争优势的重要标志。它直接反映了跨国供应链的集成及自动化程度。跨国供应链中合作伙伴之间需要共享的信息包括库存、销售、需求预测、订货状态、产品计划、后勤和生产进度等。目前,由于技术与财务等方面的原因,跨国供应链中合作伙伴之间的信息不对称和不愿意共享信息使得供应链的管理面临着运行效率低下和效果不佳的缺憾。克服这些问题的有效办法就是建立起包括库存水平、生产计划以及预测信息的供应链集成数据库来保证对其运行的控制。当今的供应链数据流是纸张和事件驱动的,而经营环境的动态性要求供应链的管理者能够在事件之前获得和控制数据流。因此,很有必要开发出基于互联网的能够不间断地传递从原材料到消费者信息流的系统来应对跨国供应链中信息共享问题的挑战。

同时,跨国供应链主体在信息传递中也存在许多无法克服的问题。供应链条过长容易导致信息传递环节过多,从而出现信息失真;由于各国沟通语言和习惯存在差异,使得在信息沟通中容易出现误解;在跨国经营中,信息量巨大且随着供应链上成员的不断增加而增加,都会给信息传递带来困难;通信技术发展的滞后会导致信息传递时发生扭曲。所谓的牛鞭效应也正是由信息传递的困难而造成的。

(三) 全球性售后服务体系有待建立

实现跨国供应链管理的企业需要建立完善的全球售后服务体系,以保证物流畅通和树立良好的企业形象。一些大型跨国公司逐渐在世界各地建立了售后服务中心,但各售后服务中心相对比较独立,各司其职,没有形成统一的服务标准和体系。跨国供应链的发展要求跨国企业全球性的售后服务体系,保证供应链终端部分的通畅,提高逆向物流的效率,提高企业服务的质量。我国的海尔集团成功打入国际市场,关键之一就在于其完善的全球售后服务体系。海尔在跨国竞争中非常注意售后服务工作,使任何国家和地区购买海尔产品的顾客都能获得满意的服务。服务至上是海尔成功进行跨国经营的秘诀之一。

在跨国供应链条件下建立高水平的全球售后服务体系将面临更多的挑战。跨国供应链中往往存在较长的提前期,更多的库存,以及多变的顾客需求,既要在缩短提前期的前提下提高顾客满意度,又能将库存成本控制到最低,对跨国供应链具有较高的要求。

(四) 配套的国际物流还有待发展

国际物流的发展是跨国供应链发展的基本条件。目前跨国供应链的迅速发展对国际物流提出了更高的要求。由于跨国供应链跨越不同的国家和地区,国际物流环境十分复杂。物流过程要经过海关、机场、港口等,涉及汽车、飞机、轮船等多种运输工具;此外,各国物流适用法律不同、不同科技条件支撑、不同商业现状、不同风俗人文等都造成国际物流复杂而且难度大。此外,国际物流还将面对政治风险、经济风险、自然风险等多种风险。复杂的物流环境导致物流费用和时间占用太大,物流过程的效率变低。为了提高物流效率,必须建立全球化的物流合作网络,通过和当地的物流部门进行合作,把部分业务外包给当地企业,如代理销售、代理运输、代理库存管理等,或建立联合经营体,如地区分销中心等,从而大大提高物流系统的效率。同时,国际物流需要更高信息技术的支持。由于管理困难、投资巨大、各地区信息水平不均衡等因素使信息系统建立困难,因此只有高科技作后盾才有可能完成。另外,国际物流需要以统一的国际物流标准作为其制度保证。

国际物流的壁垒主要来源于三个方面:一是营销和竞争方面的壁垒,主要是由于一国对本国相关方面的保护,比如对国外投资者进入的限制;二是金融方面的壁垒,主要来自于推动物流成长的金融机构的基础结构不完善,没有同物流相匹配的银行、保险公司、法律顾问和运输承运人的业务衔接,更没有相关的法律体系;三是配送渠道方面的壁垒,主要表现在各国经济基础存在差异。只有以上三方面的壁垒逐渐消失,才能促使国际物流更顺畅地快速发展。

第二节　跨国供应链业务

一、跨国采购

随着世界经济的发展及信息技术的应用,打破企业整个采购流程,淡化了时间、空间的限制,国与国之间的咨询、报价、样品传送、订单下达、关税上报等环节变得越来越简单和易于操作,从而使整个世界成为一个紧密联系的经济整体。企业间相互依赖、相互影响、相互制约的特征伴随全球化趋势日益明显。近年来为了更有效地降低采购成本,扩大供应商的选择空间,保障所购产品的质量,跨国企业已经将采购范围从本国国内扩展到了全球。

(一)跨国采购的概念

所谓的跨国采购,是指利用全球的资源,在全世界范围内寻找供应商,寻找质量最好、价格合理的产品。互联网和电子商务的出现为跨国采购创造了非常便利的条件,这种快捷信息交换方式大大缩短了买卖双方的时间和空间的距离,使买方能够在更为广泛的空间范围内找到自己所需的相对更为经济的资源,并可以通过集中采购的方式来降低采购费用,通过跨国的供应链网络与供应商进行协同运作,缩短供应商的供货时间,及时获取所需的货物。同样,卖方也可以利用跨国的供应链网络与其客户进行协同运作,及时了解和把握客户的需求信息,按时将产品交到客户手中。

(二)跨国采购的范围

所谓采购范围是指采购的对象或标的,涵盖了有形的物品和无形的劳务。

1. 有形物品

(1)原料

原料是指直接用于生产的原材料,也是构成产品的最主要成分。通常,原料是产品的制造成本中比率最高的项目。例如织布用的棉纱、生产橡胶用的高密度聚乙烯(HDPE)等都是各该项产品的主要原材料。

(2) 副料

在产品制造过程中,除了原料之外所耗用的材料均属副料。有些副料与产品的制造有直接关系,但是产品制好时,副料本身已经消失,例如化学制品所需的催化剂。有些虽然还附着在产品上,但因其价值不高,仍然以副料视之,如成衣上的纽扣或拉链等。此外,包装材料也归属于副料,如纸箱、塑料袋、包装纸、打包带等。

(3) 机具及设备

指制造产品的主要工具或提供生产环境所不可或缺的设施。前者如人造纤维的聚合设备、生产活塞的万能研磨机、生产钢铁制品的炼钢电炉设备及连续铸造机、个人电脑的表面黏着剂等。后者如生产集体电路的无尘室、生产各种疫苗的无菌室。这些机具及设备对产品的产量及品质会产生直接的影响。

(4) 事务用品

凡办公室和生产线人员在文书作业上所需的设施及文具、纸张以及任何其他杂项购置。前者例如桌椅、圆珠笔、账册、计算器、个人电脑、信封信纸、打字机等。后者如茶壶、扫帚、衣架、时钟、卫生纸、清洁剂等。

2. 无形的劳务

(1) 技术

技术是指取得能够正确操作或使用机器、设备原料等的专业知识(Know-How)。唯有取得技术,才能使机器或设备发挥效能,提高产品的产出率或确保优良的品质,降低材料损耗率,减少机器或设备故障率,如此才能达到减少投入和增加产出的目的。

(2) 服务

服务包括售前服务、售后服务、专业服务和勤务服务。

售前服务是指卖方在交易前提供产品的资讯,包括产品说明、操作示范、制作过程或材料规范、参观设施等。此项服务可增加采购人员对产品的专业知识,对将来的采购决策有帮助。

售后服务是指卖方提供机器和设备后的安装或修护、操作或使用方法的教育训练、运送及退换货品等。此项服务可使买方达到机器、设备等正常使用状况,并延长使用寿命。

专业服务是指聘律师、管理顾问、建筑师、会计师、电气技师、广告设计以及程序设计等专业人员所提供的特殊服务。办理专业服务前,申请部门必须提供工作说明及验收程序,而采购人员必须了解真正的需求,包括设计的美观、技术的优秀、服务的适时以及成本的最低等要素。

勤务服务是指日常作业性质的服务,包括资讯传达、膳食服务、搬运、清洁、警卫等。此类服务经常受到公司管理方式、劳工法令、作业实际状况、费用变动等因素的影响。因此,勤务服务采购的成功之道在于指明服务的详细工作项目,要求服务提供者本身具有必需的配备及工作经验,并对服务绩效有一套奖惩办法等。

(3) 工程发包

包括厂房、办公室等建筑的营造与修缮以及配管工程、机器储槽架设工程、空调或保温工程、动力配线工程及仪表安装工程等。工程发包有时要求承包商连工带料，以争取完工实效。有时自行备料，仅以点工方式计付工资给承包商，如此可节省工程发包的成本。但是规模较大的企业，本身兼具机器制造及维修能力，就有可能购入材料自行施工，从而在完工品质、成本及时间等方面，均有良好的管制与绩效。

（三）跨国采购的优势

1. 提高采购效率，降低采购成本

受地理位置、自然环境以及经济发展差异等因素的影响，各个国家和地区的资源优势是不同的。企业可以通过跨国采购，跨国采购可以充分利用各国的资源优势并加以合理的组合，并对全球范围内对有兴趣交易的供应商进行比较，从而以较低的价格获得较高质量的商品和服务，极大地提高了企业的经济效益。

2. 进一步降低产品的购买成本

贸易合同从签订到实施具有时间间隔，而国际汇率又在不断变化，因此在选择以何种货币作为支付工具时，应考虑在该时段内国际金融市场汇率的变动趋势，以便从中获得收益。因此，在签订国际间商品买卖合同时，应考虑到汇率变动对购买成本的影响。

3. 实现从预测驱动到订单驱动的转变

基于全球电子商务模式，采购活动是以订单驱动方式进行的。制造订单的产生是在用户需求订单的驱动下产生的。然后，制造订单驱动采购订单，采购订单再驱动供应商。这种准时化的订单驱动模式可以准时响应用户的需求，从而降低了库存成本，提高了物流的速度和库存周转率。

4. 实现采购过程的公开化和程序化

跨国采购可以实现采购业务操作程序化，这有利于进一步公开采购过程，实现适时监控，使采购更透明、更规范；企业在进行跨国采购时，按软件规定的流程进行，这大大减少了采购过程的随意性。跨国采购还可以促进采购管理定量化、科学化。实现信息的大容量与快速传送，为决策提供更多、更准确、更及时的信息，决策依据更充分。

5. 实现采购管理向外部资源管理转变

因为与供需双方建立起了一种长期的、互利的合作关系，所以采购方可以及时把质量、服务、交易期的信息传送给供方，使供方严格按要求提供产品与服务。根据生产需求协调供应商的计划，实现准时化采购。

（四）跨国采购风险

跨国采购风险定义为：在企业采购实践中实际采购结果与预期采购目标之间可能出现的偏差。采购风险按照类型通常包括人为风险、经济风险和自然风险，这是目前比较流行的风险化分方法，具体表现为采购预测不准导致所采购的物料难以满足生产要求或超预算，原材料上涨或下跌对供货价格的影响，供应商群体产能下降导致物料供应不及时，货物不符合订单要求，呆滞物料增加，支付货币汇率变化对贸易的影响，采购人员工作失误或与供应商之间存在不诚实甚至违法行为，采购合同的投机与诈骗行为。以上情况都会影响采购预期目标的实现。

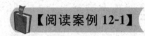

【阅读案例 12-1】

惠而浦跨国采购业务

惠而浦(Whirlpool)是全球最大的家用电器制造商,公司成立于 1911 年,总部设在美国密歇根州,20 世纪 90 年代初在新加坡成立总部和产品开发/技术中心,并在香港、新德里和东京设办事处。后来,惠而浦在中国和印度地区获得了五个合资企业的控股权,扩展了其在亚洲的生产基地。1996 年,惠而浦合并了其在亚洲的公司,将总部从新加坡转移到香港。2004 年,惠而浦的总部又转移到上海。

惠而浦在全球拥有 47 个生产基地、26 个研发中心、4 个设计中心,分别位于美国、加拿大、德国、法国、意大利、中国、巴西和印度等 13 个国家。年产出 6000 万台家用电器产品,其中 70％在美国和墨西哥市场销售,20％在欧洲市场销售,拉丁美洲和亚洲的销售量也正在逐渐上升。

惠而浦采购的直接生产用零部件达 1 亿种,采购金额高达 100 亿美元,供应商遍布全球各地,主要供应商集中在北美的密歇根州、欧洲的意大利,近年来呈逐步向中国转移趋势。其中有像松下(Panasonic)、伟创力(Flextronics)等大型跨国企业,也有一些规模较小的本土企业。有美国、欧洲的企业,也有东南亚以及日本、韩国、中国等亚洲的企业。供应商的管理水平参差不齐,各地区的供应商企业文化也有着很大的差别。惠而浦运用科学方法对供应商进行评估选择,在价格管理、合同管理、国际结算管理方面对供应商进行日常管理,并定期进行供应商绩效考核,辅以高度信息化的采购物流管理体系。通过实施跨国采购,惠而浦公司有效降低了采购成本,提升了产品竞争力。

资料来源:上海交通大学中国企业发展研究院.上海交通大学 MBA 经典案例集 6[M].生活·读书·新知三联书店,2016.

二、跨国生产

跨国生产是经济全球化的主要特征之一。在跨国生产的进程中,跨国公司是重要的一环。因为跨国公司拥有国际化的生产体系,它与外界的交流,总公司和分公司、分公司与分公司之间的交流都具有跨越国境的性质。因此,跨国公司不仅能广泛深入国际市场,还能把外部市场转变为公司的内部市场。

【知识链接】

跨国生产当地化

对于跨国企业经营,其战略重点是强调各国的差异性和对各国当地市场的适应能力。推行生产的当地化,降低产品的标准化程度,是有效实施这种战略的前提。

跨国生产的当地化首先表现在产品的设计和生产上。由母公司提供的产品技术要根据当地市场需求的特点进行适应性调整。因此,同一品牌、规格的产品在不同国家可能具有不同性能或特征。为了在当地市场中获得尽可能多的份额,新产品的设计和开发、品牌的建立都要体现当地特色。由此产生的结果是生产中使用的机器设备都可能是非标准化的。

强调技术的适用性是生产当地化的第二种表现。世界上没有普遍适用的生产技术，适合于某一国家文化、经济和政治环境的技术并不一定适用于另一地区。这意味着，即使生产相同产品，在不同国家也可能需要采用不同的技术。例如，在教育水平高、经济较发达国家采用资本密集型技术，在经济较落后的发展中国家采用劳动力密集型技术。

生产系统相对独立是生产当地化的第三种表现。由于强调根据东道国当地经营环境自主发展，子公司的生产系统往往自成体系，追求小而全。结果往往是组织机构尤其是职能部门设置与母公司重叠，导致效率低下。

资料来源：原毅军，跨国公司管理（第五版），大连理工大学出版社，2010．

（一）跨国生产的特点

跨国生产是经济全球化的核心内容。所谓跨国生产有两层含义：一是指单个企业（主要指跨国公司）的跨国生产向纵深推进，其跨国经营的分支机构在数量上和地域上有极大扩展，在组织安排和管理体制上无国界规划的动态过程；二是指借助于跨国公司及其分支机构之间多种形式的联系，以价值增值链为纽带的跨国生产体系逐步建立的过程。在全球范围内跨国公司在优化资源配置的基础上进行各类生产，并协调其生产经营活动，得益于交通运输和信息通信技术的发展。因此，单单靠公司本身的资源，一个企业要在这种环境中生存下去明显是不够的，只有战略性地将全球公司各个分部、分公司、联盟公司组合成全球性的网络，才能对全球任何一个区域的市场需求做出快速的反应，并提供高水平的产品和服务。

在跨国公司经营网络中，有一部分专门负责全球性的物料采购、生产制造、产品改良、配送和研发，而另一部分负责当地市场上的销售与售后服务。在全球性的网络中，资金、公司的资源如：原材料、零部件和产成品、信息、创新、人力资源等在各个分部之间不断地交流着。因此如何以高效整合的方式组织跨国生产运作，是跨国公司竞争优势的关键所在。

跨国生产一般有两种形式：一种形式是利用其他国家或地区的廉价劳动力资源和优惠政策，在当地自己投资建厂，组织生产活动；另一种形式就是跨国的业务外包，例如，许多欧美日企业把产业外包到东南亚那些包括中国在内的发展中国家。这种产业外包最明显的特点就是将自己的非核心业务及技术以较低的成本费用外包给更专业的企业来完成。这种外包的地域范围已经从本国扩展到了整个世界的范围。

【阅读案例 12-2】

巴西航空工业公司："Azul 的天空"

在葡萄牙语里，Azul 的意思是"蓝色的"，对于巴西航空制造业和全球空中旅行来说，天空当然最好是蓝色的。

巴西的制造业在南美是最大、最多样化的,最显著的是飞机制造。最大的一家是巴西航空工业公司 Embraer。Embraer 公司是世界第三大飞机制造商,仅次于波音公司和空客公司。从 1992 年私有化以来,该公司开始了全球生产和外购战略,这一战略逐渐成为被许多人称为的"拉丁跨国公司"的典型代表。

Embraer 公司正在扩张进入许多新市场。到 2010 年中期,公司获得来自印度的 40 架飞机的订单。中国对商用飞机的需求在未来两年里估计是 800 个单位。

该公司还与中国航空工业集团公司(AVIC)合作建立哈尔滨 Embraer 飞机工业公司(HEAI),并在中国建立一家工厂。虽然 Embraer 公司在该国生产的是 50 个座位的 ERJl45 客机,它还是希望得到中国政府的授权,制造载客在 120 人以上的大一些的喷气式飞机。

Embraer 公司也期望在俄罗斯制造小型喷气式客机(最多 50 个座位),卖给飞支线航线的国内航空公司。这是因为俄罗斯还没有能力生产这种类型的喷气客机。中东和拉美市场也对 Embraer 公司展示出发展前景。

在西欧和北美阵地,该公司在葡萄牙与欧洲宇航防务集团(EADS)合资成立了葡萄牙航空工业公司(OGMA),这是一家飞机制造和维修公司,在这家公司里,它拥有 65% 的股权。它还在建设三个工业单位,两个在葡萄牙,一个在美国。

在美国佛罗里达州墨尔本市的制造厂将覆盖美国商务机的生产,公司在这上面投资了 5 000 万美元。在 2011 年投入运营的这一生产设施包括 Phenom100 和 300 商务机的总装生产线。这一新工业设施还包括喷漆车间、客户设计中心及送货中心。公司的商用航空分部只有 10 年的历史,出产 Phenom 和 Legacy 飞机系列以及 Lineage1000 机型。

虽然在全球经济萧条时期,公务飞机旅行总的来说受到不利影响,而它却在 2010 年迎来"第二春"。事实上,公司正将其公务机和国防机推到前沿,并以商务机为中心,这些在过去一直是主要收入来源。事实是,商务机航空的全球市场价值 2019 年达到 1 900 亿美元,这对 Embraer 是个好兆头。

举例来说,如航空业的全球性质所表明的,Embraer 公司的一个客户是巴西航空工业公司。由捷蓝航空公司的创始人兼前首席执行官,巴西出生的戴维·尼尔曼创建的 Azul 公司在 2008 年 12 月 15 日开始服务运营,并订购了 76 架 Embraer195 喷气式客机。尽管被认为是一个有风险的举动,Azul 公司(在取名比赛中获得的此名)运营良好。在其第一个全年服务中,Azul 公司获得了 3.82% 的国内市场份额。到 2010 年 8 月,其市场份额达到了 6.14%。在第一年同期,Azul 还以 79.71% 的乘坐率位居巴西市场前列。它还成为世界第一家在其第一年运营中就获得运送超过 200 万乘客佳绩的航空公司。

观察家已经看到了 Embraer 公司发展成全球"支线飞机"制造商的潜力。虽然总部在巴西,Embraer 公司已将它的业务和客户扩展到全球。

资料来源:(美)查尔斯·W.L.希尔(Charles W.L. Hill),(美)威廉·埃尔南德斯-雷克霍著;曹海陵、刘萍译,现代国际商务(原书第 7 版),机械工业出版社,2012.

(二)跨国生产的优势

跨国企业在全球范围内组织生产、展开竞争,经济全球化的发展为跨国企业的经营创造了条件。跨国企业在全球范围内组织生产具有如下优势：

1. 更好地接近市场，满足当地消费者的需求

跨国生产和在一国国内组织生产比较起来，通过产品出口的形式进入国际市场更能满足消费者的需求。随着国际流行周期的缩短，以及市场的扩张和越来越多的季节性、风俗性、时令性消费的出现，国际市场消费者的购买模式呈现出多样化、个性化的趋势，这不仅要求企业建立起与之相适应的柔性生产体系，更重要的是要能及时应对这种市场要求的变化。而跨国生产体系与国际市场的紧密结合满足了这一要求。如快餐食品、饮料和食品原料等，这些商品不能长时间储存或进行长途运输，但是顾客却分布在世界各地，为了更好地接近或维持国外销售市场，跨国公司实行就地生产就地消费的模式，以便于提供新鲜食品。

2. 获取资源优势，降低生产成本

跨国生产能充分利用世界上各个国家和地区的生产要素优势以达到降低生产成本，使企业资源达到最佳配置的目的。由于全球范围内自然条件和经济发展的不平衡导致各个国家和地区所拥有的生产要素（包括资本、技术、劳动力、土地、自然资源、信息、管理等）存在一定的差异。只有将本国的优势生产要素和他国的优势生产要素相结合，才能弥补国内生产要素的困境而获得更大的收益。

3. 避开东道国的贸易壁垒限制，更顺利地进入国际市场

一般来说，各国为了保护本国市场会采取一定的贸易保护措施，关税壁垒和非关税壁垒是最常见的贸易壁垒。当企业通过产品出口的形式进入东道国时可能会遭遇贸易障碍，但生产要素的进入往往不受贸易壁垒的限制，尤其是资本要素的输出是受到世界上绝大多数国家欢迎的，为了吸引外资，很多国家都采取了一定的优惠政策及措施，如设立自由贸易区、保税区、出口加工区等，因此跨国生产可以绕过贸易壁垒的限制，顺利地进入国际市场。

4. 可以提升产品的国际竞争力

产品国际竞争力来源于高性价比，因此提升产品国际竞争力的关键在于在保证产品品质的基础上如何全面降低成本。跨国生产可以降低运输、储存、搬运、装卸等物流费用，企业通过跨国生产降低成本；此外跨国生产可以在更接近消费市场的地方组织生产，缩短产品的运输路程并减少相应的环节，从而在很大程度上节约物流费用。

5. 可以获取先进的技术和管理经验

企业通过跨国生产，往往可以获取和利用国外先进的技术、生产工艺、新产品设计和先进的管理经验等。有些先进的技术和管理经验很难通过公开购买的方式获取，但可以通过与掌握这些先进技术的其他跨国公司合资建厂或并购当地企业的方式获取。通过获取和利用这些管理经验，可以提高跨国公司的本地生产能力，提高其竞争能力。

6. 可以获得东道国的政策优惠

利用东道国政府的政策优惠以及本国政府的鼓励性政策是跨国公司进行对外投资的主要目的。东道国政府常会制定一些对外来投资者的优惠政策，为了吸引外来投资，如为外来投资者提供优惠的税收和金融政策，提供优惠的土地使用政策，为外来投资者创造良好的投资软、硬环境等。这些优惠政策尤其是税收上的优惠政策会诱导外国投资者作出投资决策。在这些优惠政策的吸引下,跨国公司将某种产品的生产基地设在东道国,实行跨国经营战略。同样,刺激跨国公司作出对外投资决策的还有本国政府对对外投资的鼓励性政策,如鼓励性的税收政策、金融政策、保险政策以及海外企业产品的进口政策等。

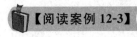 【阅读案例12-3】

耐克生产外包

随着耐克在全球的知名度提高,有一句话也变得非常有名:"耐克公司从来不生产一双耐克鞋。"也有一则家喻户晓的耐克神话:在美国俄勒冈州的比弗顿市,四层楼高的耐克总部里看不见一双鞋。那么全球畅销的耐克鞋是怎样生产出来的呢?答案就在生产外包。

耐克公司最初和其他制鞋企业一样,有厂房,有工人,生产的鞋也主要是供给国内的消费者。但是美国国内市场的需求毕竟有限,而且在阿迪达斯和彪马两大巨头的打压下,耐克能拥有的市场份额就更加有限了。要改变这种状况,除了要在国内和两大著名厂商竞争外,更重要的是开拓海外市场,这部分市场的潜力要比美国本土大得多。耐克公司非常重视海外这部分市场,希望能够找到一条打通贸易壁垒,进入世界市场的方法。

日本市场在众多企业眼中是一个非常排外的市场,其门户关闭之紧,令很多企业大为头疼。但是日本的体育潮流却紧随美国,这就为美国的体育用品商提供了机会。日本的很多企业都想和耐克公司合作,而耐克对每个潜在的对象都进行了详尽的考察。几经筛选,耐克看中了日本的岩井公司。岩井公司是日本第六大公司,拥有非凡的人力、财力、物力,各种条件都非常优越。经过洽谈,岩井决定和耐克公司合作。1981年10月,耐克和岩井的联营公司——耐克日本公司正式成立,耐克日本公司成立以后,耐克公司控制了这家公司50%的股权,并把日本橡胶公司原有的耐克公司产品配销权转移到新公司名下。

用这种"借鸡下蛋"的方法,耐克避免了高关税,打开了贸易壁垒,轻松进入了一向封闭的日本市场。用同样的方法,先是日本、西欧,其后是韩国、中国台湾,接着是中国大陆、印度,到20世纪90年代,耐克开始看好越南等劳动力更为廉价的东南亚国家。

耐克公司自己不设厂,不仅所有的产品都是外包给其他生产厂家制造,甚至连公司设计的样品都是由台湾试制的。耐克向外部借力,通过整合外部资源,为其所用,从而扩展自己的疆域;利用外部的能力和优势来弥补自身的不足。这样一来,耐克公司节省了大量的生产基建资产、设备购置费用以及人工费用,利用全球最廉价的劳动力为其制造产品。耐克公司的高级职员只需要坐飞机来往于世界各地,把公司设计好的样品与图纸送到已经与公司签订合约的厂家,最后验收产品,贴上"耐克"的标签就可以了。

针对接包商的不同情况,耐克公司采取不同的态度。对于一些高档的发达的企业,耐克公司让其生产最新的和最贵的"代言产品"。这种接包商数量较少,能够承担较高的生产成本,它们通常与耐克公司共同开发新产品,并在新技术方面与耐克公司共同投资。对大规模的接包方来说,它们一般只生产某一种类型的鞋,如篮球鞋,并且是纵向联合的。耐克公司没有与其联合开发产品,因为每个厂家可能要为七八个其他发包方生产以保证其规模。

对于发展中国家的接包方,耐克公司认为其是最有吸引力的。因为它们的劳动成本低,地点分布广泛。这些公司都是专门承接耐克公司的发包业务的,耐克公司用一个个有效的指导计划把它们发展成更高级的供应商。为了帮助发展中国家和发达的伙伴国,耐克公司努力把双方连接起来,发达的伙伴国通过提供培训,协助融资以及把自己的一些劳动密集型生产活动转给这些单位来帮助发展中国家。

资料来源:吴照云,舒辉,胡大立等编著,战略管理(第 2 版),中国社会科学出版社,2013.

三、跨国配送

跨国配送是根据用户要求,在全球范围内对物品进行拣选、加工、包装、分割、组配等作业,并按时送到指定地点的物流活动。跨国配送对提高跨国供应链运行效率起着非常重要的作用。

(一)跨国配送的特点

1. 国际性

跨国配送跨越不同地区和国家,跨越海洋和大陆,运输距离长,运输方式多,这就需要合理选择运输路线和运输方式,尽量缩短货物的运输距离和货物的在途时间,加速货物的周转以降低物流成本。

2. 复杂性

由于各国社会制度、自然环境、经营管理方法以及生产习惯不同,一些因素变动较大,因而在国际间组织货物从生产到消费的流通是一项复杂的工作。再加之各国物流环境的差异,不同国家适用的不同法律、不同标准、不同的经济条件和科技发展水平以及不同的风俗文化都使得跨国配送的复杂性远远高于国内配送方式。物流环境的差异性迫使一个国际物流系统需要在几个不同法律、人文、习俗、语言、科技、设施的环境下运行,有时甚至会阻断国际间的物流配送。

3. 风险性

跨国配送风险性包括政治风险、经济风险和自然风险。政治风险主要指由于所经关境或国家的政局动荡,如罢工、战争等原因造成货物可能受到的损害或灭失;经济风险又可以分为汇率风险和利率风险,主要是指从事国际物流必然要发生的资金流动,从而产生的货币风险;自然风险指配送过程中,可能因不可抗的自然因素如台风、暴雨等而引起的风险。

4. 广泛性

由于配送的功能要素、系统与外界的沟通本身已经很复杂,而跨国配送又在复杂的基础上涉及不同的国家,这不仅使地域和空间的范围变大,而且所涉及的多种内外因素也更多,难度加大,风险更多。跨国配送所涉及的领域远远超过了企业和城市配送,其研究对象是国际贸易中的物流配送和规律。

5. 标准化

统一标准是跨国配送畅通无阻的前提。目前,美国、欧洲基本实现了配送工具和设施的统一标准,如托盘采用 1000mm×1200mm、集装箱的几种统一规格及条形码技术等,如此一来,不仅运输费用大大降低,运转的难度也大为降低。

6. 国际化信息系统作支撑

国际化信息系统是跨国配送重要的支付手段,此外国际化信息系统可为跨国配送决策提供支持。在电子商务环境中,以网络为主体的商务活动已经极大地解决了同种信息系统中信息传递的问题。在电子商务中以网络信息为特征而开展的商务活动和结算方式,需要具备与物流活动相适合的综合信息和物流经济体系。创造一个与电子商务活动相适应的国际物流中心会更好地解决跨国配送的问题。

7. 时间性强

在当前国际商品市场竞争十分激烈的情况下,跨国企业需要加快运输,抢行应市,以快取胜。因此,按时装运,及时将货物由启运地运至目的地,对顺利完成出口任务,满足市场需求,提高竞争能力等,都有非常重要的意义。

(二)跨国配送的模式

跨国配送是国际物流领域的一种以社会分工为基础的综合性、完善化和现代化的送货活动。跨国配送的本质即通常所说的送货,由于这项物流活动涉及全球范围,所以跨国配送带给企业更大的经济效益的同时也在管理上带来了更大的困难。所以对跨国公司来说,如何有效地组织跨国配送活动,是一件非常重要的物流问题。根据配送的组织形式,跨国配送可分为以下几种模式:

1. 独立配送模式

独立配送模式是指在一定区域内,配送企业依靠自身的力量各自进行配送,独立开拓市场和联系用户,建立自己的业务渠道和网络。这种配送是一种竞争性的配送方式,这种配送的优势是用户可以根据配送企业的服务水平和自身的利益进行抉择,它有利于形成一种竞争机制,也有利于用户与配送企业建立纵向的联合或集团关系。不足的地方是有时受客源的限制可能会出现人力、设备和运力上的浪费。而且,独立配送作为一种分散型的物流配送活动,如果缺少调控机制或者调控措施不力,会出现过度竞争的局面,进而降低流通的社会效益。

2. 集团配送模式

集团配送模式是指由配送企业以一定的形式建立起联系紧密、指挥协调的企业集团,在较大范围内统筹配送企业结构、配送网点、配送路线和配送用户,更加完善和优化配送的一种组织形式。集团配送是一种高水平的配送形式,它可以获取较理想的规模优势和协作优势。集团配送是一种典型的规模经济经营活动,其服务对象一般是大型的跨国公司和国际企业集团。在集团配送的模式下,为了满足用户的生产需要或市场需要,通常都采用"定时、定量"方式和"即时配送"等方式。

采用集团配送模式进行跨国配送,不仅要具备良好的外部环境条件,还必须建立高效率的指挥系统和信息系统。因此,若要组织起这种类型的物流配送活动,须具备强大的经济实力和完善、先进的管理体系。国际性的大型零售企业或大型连锁超市,如家乐福、沃尔玛等都采用这种配送模式以实现跨国配送。

3. 共同配送模式

共同配送模式是指几个配送中心联合起来,共同制订计划,在具体执行时共同使用配送车辆,共同对某一地区用户进行配送的组织形式。根据日本工业标准(JIS)的解释,共同配送定义为"提高物流效率,对许多企业一起进行配送"。比如,在用户不多的地区,如果各个企业单独配送,就会因车辆利用率低而影响配送经济效益。如果把配送企业的用户集中到一起,就能更有效地实施配送。还有一种方式是可以把双方的用户进行合理分工,实行就近配送,以降低配送成本。各配送企业可以按一定的比例对共同配送的收益进行分成。共同配送最早产生于日本等发达国家,发达国家共同配送发展的实践表明:按照共同配送模式运作,不但可以利用距离最近的配送中心开展配送活动,以大大降低配送成本,而且可以发挥企业的整体优势以及缓解交通拥挤的矛盾。

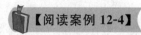

【阅读案例 12-4】

瑞士莲巧克力的全球配送

瑞士莲巧克力公司创立于 1845 年,总部位于瑞士苏黎世。目前瑞士莲巧克力公司欧洲公司年产品销售总额为 12.3 亿美元,其巧克力加工厂规模最大、产量最高的是在瑞士本土。瑞士莲巧克力加工制造厂的巧克力最近几年的年产量达到 5 584 吨,分装为 20 英尺(约 6.096 米)集装箱 250 个和 40 英尺(约 12.192 米)集装箱 250 个,全部都是冷藏集装箱设备。瑞士莲巧克力公司以"瑞士莲"(Lindt Chocolate)命名的绝大部分巧克力产品从欧洲出口到美洲、澳大利亚、亚洲和中东海湾地区。

为了世界各地消费者能够品尝到瑞士莲牌的巧克力,其物流配送中心从原来的家庭作坊发展成覆盖全球市场的大型专业食品集团公司。根据当前国际市场发展需要,其巧克力物流配送中心分别设置在英国、奥地利、加拿大、西班牙、波兰、中国香港;在美国和中东地区的阿联酋迪拜设立巧克力销售办事处,在全球范围内各国和地区所经营的瑞士莲牌巧克力营销和配送等业务全部由独立分销商网络负责操作。瑞士莲牌巧克力公司的跨国配送保证了其产品品质。现在,世界各地的消费者只要在专卖店和独立分销商处买到瑞士莲牌巧克力都会放心地确信这是真正地道的瑞士莲牌巧克力,就像在专卖店和分销商那里购买瑞士生产的品牌钟表一样。

资料来源:牛鱼龙.欧洲物流经典案例.重庆大学出版社,2007.

第三节　跨国供应链的运营模式

一、推动式与拉动式供应链

从产品的角度出发,可将供应链运作模式划分为推动式和拉动式两种。这种划分来自 20 世纪 80 年代的制造革命,在最近的几年里,相当一部分公司开始实行这两种模式的混合形式:推动式与拉动式供应链运作模式。在本章中,我们在对推动式、拉动式和推拉结合的供应链模式进行阐述的基础上,描述这种供应链划分模式在跨国供应链中的应用。

(一)推动式的跨国供应链

传统的供应链运作模式基本上都采用了推动的方式。首先,在这种方式下,生产先于需求。制造商作为驱动源点,通过提高销售量、降低生产成本来获得利润。其次,制造商利用零售商的历次订单需求的品种和数量来预测市场的需求,并根据长期预测进行生产决策。

当供应链的合作范围从国内扩大到全球,试图在世界范围内整合各家企业资源,以高质量的产品和较低的运营成本,对瞬息万变的市场形成快速反应。而这一切的实现都有赖于信息技术和交通运输工具的创新,同时此类创新为推动式供应链的实现提供了更好的实践环境。

当代的推动式跨国供应链主要体现出以下三个方面的特色:

首先,零售商通过 POS 系统、CRM 系统以及电子服务终端采集全球各地客户消费商品的历史信息,并通过互联网迅速将这一信息传递到供应链的各个节点,这使得市场终端的信息得以在供应链上的各个企业间共享,提高了各节点企业市场预测的准确性,抑制了"牛鞭效应"的影响。

其次,信息共享降低了信息在供应链中传递的延迟,海陆空交通工具结合形成多式联运,以及物流管理的发展,大大提高了产品的运输效率和整个供应链提供产品的速度。

最后,信息的透明度与可得性降低了产品的库存,从而大大降低了产品积压和仓储的库存成本。

(二)拉动式的跨国供应链

拉动式供应链(Pull Supply Chain)是以消费端的客户需求为中心,强调对市场的响应性,目的在于缩短订货提前期,按市场当期的实际需求拉动供应链运作。该方式以销售商为驱动源点,通过尽可能提高生产和市场需求的协调一致性来减少供应链上的库存积压,从而降低单件产品成本而获利。首先,在拉动式供应链中,需求是先于生产的,它的运作从响应客户的订单开始,这时的需求是实际的客户当期需求而非预测得到的,这是一种需求沿供应链向上游层层拉动产品的生产和服务。其次,在拉动式供应链中,生产和分销是由当期需求驱动的,驱动力直接来自最终顾客的当期需求。

在全球一体化环境下,企业要参与世界范围的经营与竞争,就必须在世界范围内选择供应商和发展客户,并寻求生存和发展的机会,也要求企业形成跨国供应链,尤其是跨国的拉动式供应链,这就要求跨国界的供应链节点企业成员(例如,供应商、分销商、第三方物流企业等)形成战略联盟,各成员在整个联盟利益的前提下制订长期规划,保证整个联盟产、供、销等物流运作的同步化和一体化。我国企业在进行跨国拉动式供应链管理中需要注意以下几点

1. 信息的共享和协调

在拉动式供应链中,信息的交互和共享十分关键。特别是跨国拉动式供应链,往往比国内的供应链更长、更复杂,制造商与终端的消费者时空距离遥远,这就需要各成员企业利用各种信息技术把掌握到的外部客户的需求及时地传递到整个供应链,使供应链上的

各项运作与客户的需求相一致。另外,还需要将供应链上产品的库存和各项数据等信息及时地传递给销售商,使营销活动建立在可靠的数据基础上,最终保证跨国拉动供应链上需求信息、生产信息和销售信息的一致,监测各个环节的变化,及时调整生产和销售计划。

2. 及时搜集客户需求信息

在企业的跨国运营中,客户遍布世界各地,这就为搜集他们的具体需求造成了一定的困难。幸亏有互联网和程控电话网等工具,企业有必要充分利用现有的技术手段结合传统的信息搜集方式来取得更多的客户信息,以指导生产和经营。

3. 物流系统的完善

不同业务和产品对生产、运输环节的要求是不一样的,但是由于跨国供应链比国内供应链更长,涉及环节更多,管理也更为复杂,因此必须按照准时化的思想尽可能消除一切浪费。体现在物流系统方面就是,依托管理和计算机等各项技术,使供应链的各个运输环节始终处于快速响应的最佳匹配状态,以低成本、高速度的方式为客户送去产品。

(三)推拉相结合的跨国供应链

拉动式供应链反应能力一般较好,库存水平较低并且库存过时的风险也较小,其订货提前期较短,服务水平较高,相比推动式供应链更能适应多变的市场环境,因此也越来越受到各企业的关注。然而,在实际操作过程中可以发现,虽然拉动式供应链能更好地满足客户的需求,却无法产生较理想的运输及制造的规模经济;推动式供应链虽然反应能力较差、库存水平较高、库存过时的风险较大、订货提前期较长、服务水平较低,但对提前期长的产品支持较好,有较高的运输和制造的规模经济。因此,在现实中跨国企业往往将推动式和拉动式两种供应链模式结合起来,这种将推动式供应链和拉动式供应链结合的方式也称为"延迟差异策略"或"推迟差异化步骤"。

具体来说,跨国企业的延迟差异策略就是指通过产品设计和工艺流程的安排,将某种具体产品的差异化策略延迟到开始生产之后的各个环节,例如,设计延迟、采购延迟、制造延迟、装配延迟、配送延迟等。在供应链中,推拉分界线前的部分主要生产无差异化的大规模通用化半成品,是推动式的阶段,能形成规模经济,生产按预测进行;越过推拉分界线,跨国企业开始根据顾客当期的实际需求,对前期的半成品进行差异化的加工、装配和运送,实现快速有效的顾客反应。跨国企业的这种延迟差异化战略形成的"推-拉供应链"综合了推动式供应链的规模经济的优点和拉动式供应链快速反应的优点,供应链中从生产差异化之前的部分是推动式供应链,从开始差异化的部分就是拉动式供应链了。

二、有效性与反应性供应链

跨国企业之间的竞争已不再单纯追求成本最小化,而是以客户为中心,提供客户满意的产品和服务,产品的市场竞争能力已经成为跨国企业运营成败与否的关键。因此,供应链的竞争也必须制定与客户需求相匹配的战略,在满足客户需求的同时为跨国企业创造更多的价值。根据供应链的功能模式(物理功能和市场中介功能),可以把供应链划分为两种:有效性供应链(Efficient Supply Chain)和反应性供应链(Responsive Supply Chain)。若客户潜在需求变化大,则要建立强调反应速度的反应性供应链战略;若客户潜在需求变化不大,则要建立强调成本以追求营利为目的的有效性供应链战略,从而保持供应链的竞争优势。

(一)有效性供应链

跨国企业有效客户响应的含义是:跨国企业根据最终客户需求信息作出快速灵敏的反应,使供应商、制造商和零售商都能高效率地补货,保持必要的周转库存量,从而节省大量成本,实现供应链整体利益的最大化。

有效客户响应是跨国企业满足客户需求的解决方案和核心技术。供应链上的各个企业紧密协作,在充分了解客户需求的基础上形成以消费者需求为基础和具有快速反应能力的系统。它是一种完全以客户需求和满意度为驱动的管理方法,通过让销售商与供货商共享销售信息数据系统,以分析消费者的需求为基础来提高流通效率,其目的在于通过减少流通过程中不必要的浪费降低销售成本,提高产品的市场适应能力。

有效性供应链主要体现供应链的物料转换功能,强调按部就班地对原材料、半成品和产成品进行采购、生产、存储和运输,最终完成将产品送达消费者手中的使命。其目的在于以最低的成本将原材料转化成零部件、半成品、产成品以及在供应链中的运输等。整个运营模式更加强调成本概念,而不强调时间成本,不强调及时交货,甚至允许短暂的缺货,这些并不影响整体有效性供应链的运作。这种运作模式适合需求预测性确定性较高、预测错误率低、产品周期长、新产品引进不频繁和产品多样性较弱的情况。生产的输出一般存入库存以满足需求,交付订单的周期短。有效性供应链设计符合重视低成本运作和准时交货等竞争优势。有效性供应链设计特点包括流水线、低库存缓冲和低库存投资。

有效性供应链所支持的产品属于功能性产品,产品的生命周期较长,产品革新少,需求比较稳定且易于准确预测;有效性供应链在运作过程中,主要站在核心制造商的角度看问题,追求产品成本最小化,行业竞争激烈,供应链各节点跨国企业的边际利润较低,属于成本导向。

(二)快速响应与反应性供应链

快速响应是指在供应链中,销售商与供应商密切合作的策略。它们之间通过共享POS 信息,预测未来需求的发展变化,以便对消费者的需求做出快速响应。美国纺织服装联合会对"快速响应"的定义为:"制造者为了在精确、熟练、质量和时间的条件下为客户提供产品,将订货提前期、人力、材料和库存的花费降到最小;同时为了满足竞争市场不断变化的要求而强调系统的柔性。"在具体操作上,要想实现快速响应,供应链上的各成员都需要使用电子数据交换(EDI)来加快信息的流动,并且对以前的业务活动进行重组,以缩短订货提前期,加速无纸化交易的实现,在提高效率的同时降低成本。

反应性供应链的运作过程突出的是供应链的整合功能,把产品分配到满足用户需求的市场中,对未预知的需求做出快速响应,即在正确的时间、正确的地点,将正确数量的正确产品提供给消费者,准确地满足每一个客户的需求和期望。其运营模式更强调时间概念,要求紧抓整个供应链的每一个环节,着重强调各个环节之间的协调性,从而最终实现快速响应市场变化、及时满足客户需求的核心目标。反应性供应链的运作可以在采购、生产、运输等环节较少地考虑成本,甚至采用奢侈的操作方式,而在销售环节从产品附加值中赚取大量的利润。反应性供应链的目的是对市场需求迅速做出反应,适于需求预测性较差、预测错误率较高、产品周期短、新产品引进频繁,以及产品多样性较强的情况。

反应性供应链适用于创新性产品的生产,产品生命周期较短,更新速度快,需求波动非常大。在跨国企业实施过程中,须以客户为核心,供应链各节点上的跨国企业有灵活的应变能力,增加库存和生产能力储备,以应对不确定的需求,生产系统具有柔性和敏捷性的特点,行业产品差异化显著,以满足客户需求的服务和速度为导向,产品边际利润大。

【阅读案例 12-5】

戴尔的快速反应供应链

当供应链遇到灾难事件或其他突发性障碍,供应链程序应该怎样应对呢?"9·11"和SARS 等一系列危机不但没有给戴尔公司带来重大损失,反而孕育了无限的商机,这有赖于戴尔所构建的快速反应供应链。

首先,计划先行、临危不乱。戴尔公司的全球供应链监督小组时刻关注全球动向,一旦意外发生,立即组织危机处理小组,减小或转移危机。"9·11"事件后,美国立即封锁各机场,并暂停接纳所有飞入美国的飞机。戴尔的危机处理小组及全球供应链监督小组立即发挥计划作用,与加工厂商密切合作,找出绕道飞行的货运飞机,将笔记本电脑等以空运为主的产品,先运至美洲其他国家,再以货运方式运进美国。"9·11"事件中,恐怖分子破坏的是美国的金融中心,不少遭到波及的金融业者紧急向 PC 制造商下订单。交货速度最快的戴尔电脑,便成了其中最大的赢家。

其次,战略合作、上下协同。在供应链中,战略伙伴关系就意味着厂商与供应商不仅仅是买家和卖家的关系,更重要的是一种伙伴甚至是朋友关系。戴尔供应链高度集成,上游和下游联系紧密,围绕客户与供应商建立了自己完整的商业运作模式,以至于在危难时能很快地做出反应。如在"9·11"事件之后,戴尔立即调整公司的运营,找出哪里的供应商可能会出现中断,并迅速调动和加大在欧洲和亚洲工厂的生产能力,满足订单的需求。

最后,直销模式、贴近用户。戴尔的直销模式确保了戴尔能够快速了解危机中客户的实际需求,获得来自客户的第一手反馈信息,并按需定制产品。产品的直接递送,让产品直接从工厂送到客户手中,由于消除了流通环节中不必要的步骤,缩短了流通时间,帮助客户及时解决困难,减少危机造成的损失。SARS 肆虐期间,戴尔通过平均 4 天一次的库存更新,及时把最新相关技术带给客户,并通过网络的快速传播性和电子商务的便利,为客户搭起沟通桥梁。虽然在 SARS 期间不少客户推迟了他们购买产品的计划,但电话咨询明显增多,这也培养了不少潜在客户。所以,当戴尔在制定二季度的销售计划时,发现与市场的反应是保持一致的。根据相关的统计数据显示,SARS 风暴并未对戴尔上半年的业绩造成什么影响。SARS 风暴发生年度,戴尔的第一季度营业额为 95 亿美元,比上财年同期增长 18%;出货量同比增长 29%,公司第一财季运营利润占总收入的比例为8.5%,是两年半以来的最高纪录,而运营支出占总收入的比例从一年前的 9.9% 降低到9.8% 的历史性新低。

资料来源:孙家庆,物流风险管理(第 3 版),东北财经大学出版社,2015.

三、精细与敏捷供应链

20世纪90年代以来,由于市场的全球化竞争日趋激烈,消费者对产品的个性化要求增多,迫使跨国企业不断提高产品开发能力,大幅缩短研制周期。产品的生命周期越来越短,造成大量生产方式的不适应现象更加明显。大量生产的专用而高效设备缺乏柔性,为保证不间断生产,需要各种缓冲,造成库存过剩、供应厂家过多、工人过剩、生产场地过大等弊端。传统的基于大量生产的推动式供应链模式已经难以应对,因此,人们提出供需协调和快速响应市场需求的运作理念,推行精细和敏捷供应链的运作模式。

(一)精细供应链

精细供应链是指以客户需求为中心,从供应链整体的角度出发,对供应链的每一个环节进行分析,把产品的全部物流流程所必需的环节整合起来,节点跨国企业之间通过合作改善伙伴关系,联合计划,同步化生产,小批量运输协调物流,快速响应多变的市场需求。其关键是找出不能提供增值的浪费所在,根据精细思想制定解决方案,减少整个供应提前期和供应链中的各级库存,适时提供仅由供应链需求驱动的高效率、低成本的服务,并努力追求完美。

精细思想的精髓可用一句话概括为"消灭浪费,创造价值"。实现精细思想要遵从五个原则:精确地确定特定产品的价值;识别出每种产品的价值链;使价值链不间断地流动;让消费者的需求拉动价值链;不断完善而追求尽善尽美。精细思想包括精细生产、精细管理、精细设计和精细供应等一系列思想。与资源消耗型的大量生产方式相比,精细生产方式的特点有以下几个方面。

1. 准时化的生产方式

准时化最初是日本丰田为消除生产过程中各种浪费现象而推行的一种综合管理技术,它表示只在需要的时候,按需要的数量和质量,生产和交递所需的产品和服务。在当今自然资源短缺、原材料成本难以降低的情况下,生产型跨国企业为了提高竞争力,只能从生产过程和采购、库存、运输过程中降低成本,提高产品利润。

2. 推行全面质量管理

精细生产采用的是全面质量管理,由所有人员共同参与并贯穿于从设计到制造的全过程中,强调全员树立"第一次就做对"的思想。生产现场的"工作小组"一般运用质量控制(QC)小组形式进行自我质量检验与改善,取消昂贵的专用检验场所和修补加工区,既保证了质量,又降低了成本。

3. 团队组织并行工程

团队工作(Team Work)和并行工程(Concurrent Engineering)是产品开发的主要形式与工作方式,虽然小组成员保持与各自的职能部门的联系,但他们的工作完全在产品开发项目负责人的控制之下,工作业绩也由项目负责人进行考核,小组成员间相互合作、相互沟通、协同工作,大大缩短了开发周期,提高了产品的可制造性、可销售性。生产的主要任务和责任下放到具有多种技能的员工上,激发了员工的热情。

4. 成组技术组织生产

成组技术(Group Technology)是一门生产科学技术,也是一项综合性的现代组织管理技术,它是提高柔性制造系统(Flexible Manufacturing System)有效性和经济性的重要基础。在生产制造方面,按照工艺的相似性分类,将同一零件族中生产量小的零件汇集成生产量大的组,从而使小批量生产能够获得接近于大批量生产的经济效益;在生产管理方面,编制成组生产计划,组织成组生产,节省设备投资,从而达到经济和高效的目的。

(二)敏捷供应链

在敏捷制造和虚拟企业的基础上,美国斯坦福大学首先提出了敏捷供应链(Agile Supply Chain,ASC)的概念:通过综合计算机技术、信息技术与管理技术建立敏捷供应链管理系统来加快供应链中各种流(信息流、物流、资金流)的速度(如缩短生产周期等),降低供应链中各合作伙伴的生产与流通成本。

所谓敏捷制造,就是跨国企业在无法预测的持续、快速变化的竞争环境中生存、发展并扩大竞争优势的一种新的经营管理和生产组织模式——全球化敏捷制造模式。它强调跨国企业通过与市场用户和合作伙伴在更大范围、更高程度上的集成与联合来赢得竞争;强调通过产品制造、信息处理和现代通信技术的集成,来实现人、知识、资金和设备的集中管理和优化利用,最大限度地满足用户的需求。

敏捷供应链源于敏捷制造,是指在竞争、合作、动态的市场环境中,由若干供方、需方等实体构成的快速响应市场环境变化的动态供需网络,是一个极具竞争力的战略联盟。其采用基于时间的竞争战略,追求"零时间",主要着眼于供应链的"时间缩短",零时间是指从顾客下达订单到顾客拿到产品的时间缩短为零,既包括订货提前期,又包括了配送时间,尽量缩短响应时间。

敏捷供应链以跨国企业增强对变化莫测的市场需求的适应能力为导向,进行快速的重构和调整,促进跨国企业间的合作和生产模式的转变,提高大型跨国企业的综合管理水平和经济效益。从执行层面,提高生产作业效率,缩短加工时间、降低成本;又从战术层面,提高设备的柔性,缩短调整转换时间;还从战略层面,运用先进的设计技术,缩短新产品开发周期;最终从宏观层面,提高供应链整体反应性,建立敏捷供应链组织,缩短响应客户需求总周期。敏捷供应链通过跨国企业内外部的合作来提升竞争力,快速了解顾客的个性化需求,并做出快速反应。当经营环境面临突如其来的变化和前所未有的威胁时,跨国企业可以持续存活并从变化中快速取得优势。

四、定制式与延迟化供应链

随着生活水平的提高,人们对个性化的消费越来越推崇,几乎没有人愿意跟别人穿一样的衣服,用相同的手机,"定制化"已成为产品生产的一个重要目标与方式。在这一背景下,跨国企业必须以"订单需求为中心",改进和提高其自身的制造和服务能力以适应市场竞争,从而以合理和有竞争力的价格为客户提供真正满足需求的个性化产品和服务,实现大量定制。

(一)定制式供应链

跨国企业的供应链管理与其定制战略具有很强的耦合性。顾客订单分离点

(Customer Order Decoupling Point,CODP)即生产经营活动中由基于预测的库存生产转向响应顾客需求的定制化生产的转换点,按照顾客订单分离点定制点在价值链中的位置不同,可以分为按订单销售(Sale-to-Order)、按订单装配(Assemble-to-Order)、按订单制造(Make-to-Order)和按订单设计(Engineer-to-Order)四种类型,其中按订单制造又可分为按订单加工(Finish-to-Order)和按订单采购(Build-to-Order)两种方式。

1. 按订单销售

按订单销售(STO)又可称为按库存生产或备货型生产方式。这是一种大量生产方式,只有销售活动是按客户需求驱动的。生产和分销都是根据长期预测结果做出的。制造商利用从零售商处获得的订单进行需求预测,制订相应的生产计划,然后将产品分销给各级销售商,最终推向市场。通常是标准化地、大批量地进行轮番生产,其运作效率比较高;但是,按订单销售对市场变化做出反应需要较长的时间,这可能会导致:不能满足顾客变化了的需求模式,并且当某些产品的需求消失时,会使供应链产生大量的过时库存。因此,它的一切以生产为中心的做法忽视了供应链运作的最终目标——满足客户的真实需求,并导致了存货数量逐级放大的"牛鞭效应"的发生。此种模式常见于需求平稳的商品的生产模式,例如,日常生活用品、家用电器等产品。

2. 按订单装配

按订单装配(ATO)又称订货组装方式,定制化发生在成品装配环节。它是预先生产出半成品存货,然后根据顾客要求组装成不同的定制化产品。这是一种常见的定位,也是实现大规模定制最常用的手段。在这种生产方式中,装配及其下游的活动是由客户订货驱动的,跨国企业通过客户订单分离点位置往组装上游移动而减少现有产品的零部件和模块库存。订货组装方式在性质上类似于备货生产方式,其零部件的标准化和通用化程度较高,生产批量较大,具有推动式系统的较高生产效率优点;又具有拉动式系统的优点,即可满足顾客的不同要求。它代表了一种产品设计和制造综合改进的方向。一般来说,可模块化的产品(例如,汽车、个人电脑等产品)的生产适用于ATO模式。例如,在汽车工业中,先生产相同的底盘、发动机,配以不同的车身和内部装饰,组装成不同型号的产品,大大增加了汽车的种类。

3. 按订单加工

按订单加工(FTO)又称订货制造方式,定制化发生在零件生产加工环节。它是在收到顾客的订单之后,再按具体订单进行零件生产加工及之后的装配活动。由于产品是预先设计好的,对于按订单加工方式而言,生产准备工作,例如,原材料采购和外协件的加工,可以根据市场预测按计划提前进行,这样产品的生产期限基本上等于生产周期,有利于缩短交货期。但由于是根据预测进行原材料采购,如果预测得不准确,会造成原材料和外协件的库存积压,生产与作业管理的重点是加强预测工作和缩短采购提前期和生产周期。按订单加工方式一般发生在按订单制造方式中,常见于机械产品、一些软件系统,如跨国企业资源计划、制造资源计划等产品的生产中。

4. 按订单采购

按订单采购(BTO)方式下,顾客对产品的原材料、加工装配工艺有特殊要求,因此,原材料采购和外协件加工,都需要根据客户订单进行特殊选择,定制点就前移到采购环节。

5. 按订单设计

按订单设计(ETO)方式下,产品设计以及其下游的采购、生产等业务均按客户的特定要求进行,此种生产模式属于客户定制化程度最高的模式,定制化发生在产品设计环节。ETO常见于大型机电设备和船舶等产品的生产,以及居住房屋和建筑行业等不可复制的产品中。以建筑为例,在收到客户订单后设计部门先要进行工程图设计,待工程图绘出后,才进行供应商的选择、材料的采购、外协、生产技术准备和制造。订货工程方式的生产周期长,运营管理的重点是如何缩短设计周期,提高零部件的标准化和通用化水平,如采用计算机辅助设计可以大大缩短设计周期,如果再能结合计算机辅助工艺设计,则可进一步缩短生产技术准备周期,使制造系统的整体响应速度大大提高。

一般来说,按订单销售生产方式是"以生产为中心",不能满足顾客的多样化需求,属于存货型生产方式,不适合运用于跨国公司的跨国供应链运作模式中;而其他的生产方式都在一定程度上包含着以客户需求为驱动的因素,属于订货型生产模式,能在高效的供应链运作下,有效地满足顾客的多样化需求。顾客订单分离点的定位既要考虑到生产规模以及生产效率的因素,又要结合具体产品和服务的结构与顾客需求的特点,在权衡利弊、综合分析后,才能加以确定。

(二)延迟化供应链

在供应链上,需求存在产品成型、物流环节的差异性,物流环节差异主要是产品发送时间和空间地点的差异性。因此,延迟化供应链(Postponement Supply Chain)是把顾客需求的差异性尽可能向供应链下游延迟。这是一种低成本、即时性满足顾客需求差异性的供应链运作模式,较多应用于订货性生产跨国企业的客户定制供应链的运作中。但是,订货点和延迟点可能重叠为一点,也可以是订货点在前,而延迟点在后。

延迟策略本质是延迟差异化需求。根据应用于不同领域的延迟措施,延迟策略有两种类型:生产延迟和物流延迟。

1. 生产延迟

生产延迟的目标在于获得生产过程的规模经济,同时最优地满足客户对产品的个性化需求,采用生产延迟的措施主要体现在生产过程和方式下。生产延迟可以由产品设计的变化、生产流程的变化或者由两者共同推动。

采用生产延迟的措施,需要确定最优的订单分离点,使订单分离点的上游操作标准化,生产的零部件也标准化;在订单分离点的下游,掌握客户订单对产品特定款式和功能的要求后,例如,产品颜色、包装、特殊功能需要等,再进行进一步加工生产,及时地满足顾客需求。

生产延迟的影响主要有:减少根据市场预测确定的零部件种类数;同时,流程变更可以使产品尽可能在接近于最终消费者处进行差异化生产。这些都可以降低商品流通供应过程中的不确定性和风险。

2. 物流延迟

物流延迟的目的,在于获得物流过程的规模经济,并努力满足客户对物品发送的个性化需求,采用的延迟措施主要体现在物流或地理位置方面。物流延迟的基本思路是在一个或多个战略库存点对全部货物的需求先进行预先估计,而将下一步的库存部署,延迟到收到客户订单之时。这样,既获得了全部货物库存的规模经济,又更快更好地提供了货物配送服务。物流延迟着眼于产品地理位置,推迟产品的发运,包括发送时间延迟、空间地点延迟、标记延迟和包装延迟。

【阅读案例 12-6】

惠普的延迟供应链

惠普公司创办于 1939 年,总部设于美国加州帕洛阿托市,经过 70 年的稳步发展,惠普公司的产品从电子测试测量设备到计算机及其外围产品,其中惠普打印机最为消费者所熟知。惠普温哥华分部位于华盛顿州的温哥华市,负责喷墨打印机的设计和制造。温哥华分部把其工厂的生产模式定为准时生产制,维持 0.9 个月的库存,成为看板工艺的典范工厂。惠普在喷墨打印技术方面有着丰富的知识和实施经验,同时制造物流工艺的物流路线安排合理,这使它逐渐成为喷墨打印机市场领先者。在制造喷墨打印机过程中有两个关键阶段:(1)打印电路板的安装和测试(PCAT);(2)总装和测试(FAT)。这两个阶段的部件需要从惠普的其他分部以及全世界范围内的外部供应商处采购。

在生产销往欧洲的台式喷墨打印机时,需要进行定制化生产以满足当地语言和电力供应的要求,这个过程称为“本地化”。20 世纪 90 年代初,工厂的制成品包括三类已经完成了本地化的打印机,它们通过海运方式分别运送至北美、欧洲和亚太地区的三个配送中心。整个生产周期大约为一周。从温哥华运送到美国的配送中心时间为一天左右,而运送至亚洲和欧洲需要 4~5 周。由于打印机行业竞争很激烈,所以对惠普产品的用户(中间商)而言,如何保证最终用户一定水平可获得性的前提下,将库存水平降低至关重要。因此,惠普需要在配送中心为中间商提供高水平的可获得性。所以三个配送中心运营模式为按库存备货(make to stock),以确保为中间商提供高的服务水平。三个配送中心设置了目标库存水平;与配送相反,台式喷墨打印机的制造是按订单式生产(make to order),美洲经销商、欧洲代理商、亚洲代理商向设在温哥华的惠普总装商订货,总装厂生产计划按周设置,适时给配送中心补货,维持其目标库存水平。由于欧洲和亚太配送中心的提前期很长,这导致配送中心对不同产品较大的需求变动反应十分有限,为了保证高服务水平,欧洲和亚洲配送中心不得不维持很高的目标库存(约 7 周的库存量),以满足分销中心的周转库存和安全库存。

更多的库存意味着问题的扩大,因此,惠普的管理层们考虑到另外一种生产延迟方案。在此方案下:温哥华生产总厂转而生产通用打印机,即未本土化的打印机,运往欧洲、亚太配送中心后,进行本土化。具体运作流程如下:美洲经销商、欧洲配送中心、亚洲配送中心向温哥华的总装厂订购通用打印机,以维持目标库存,总装厂按订单生产;欧洲配送中心、亚洲配送中心获得通用打印机之后,实行延迟策略组织分销物流,将变压器、电源插头说明书的差异性需求的配置延迟。将通用打印机和差异化配件在欧洲和亚太分销中心进行最后的组装配置。

通过延迟最终产品的装配,有效地减少从“定制点”到“延迟点”的产品种类,从而降低产成品库存量,更好地使生产与需求相匹配。各分销中心只需保持5周的库存量就能保证98％的服务水平,一年库存成本节省3000美元。延迟化供应链的最大优势在于降低供应链中的库存,从而减少产品滞销风险。通过确定新的安全库存,可以发现实施延迟策略可以大大降低安全库存。

资料来源:谢家平,魏航,跨国公司全球供应链运营模式,上海财经大学出版社,2010.

第四节　"一带一路"与跨国供应链

【知识链接】

"一带一路"产生的背景

"一带一路"(The Belt and Road,缩写B&R)是"丝绸之路经济带"和"21世纪海上丝绸之路"的简称,2013年9月和10月由中国国家主席习近平分别提出建设"新丝绸之路经济带"和"21世纪海上丝绸之路"的合作倡议。依靠中国与有关国家既有的双多边机制,借助既有的、行之有效的区域合作平台,"一带一路"旨在借用古代丝绸之路的历史符号,高举和平发展的旗帜,积极发展与沿线国家的经济合作伙伴关系,共同打造政治互信、经济融合、文化包容的利益共同体、命运共同体和责任共同体。

"丝绸之路经济带"的重点在陆地。主要有三条走向:从中国出发,一是经中亚、俄罗斯到达欧洲;二是经中亚、西亚至波斯湾地区;三是中国到东南亚、南亚。"21世纪海上丝绸之路"的重点在海上。主要有两条走向:一是从中国沿海港口过南海到印度洋,延伸至欧洲;二是从中国沿海港口过南海到南太平洋。"一带一路"西端是发达的欧洲经济圈,东端是极具活力的东亚经济圈,由此来带动中亚、西亚、南亚以及东南亚的发展,并且辐射到非洲,通过海陆两条线推动形成欧亚非大陆的经济整合。

一、"一带一路"与跨国供应链形成的关联性

发达国家跨国公司在全球竞争优势明显,在跨国供应链中一般具有较强的话语权。"一带一路"沿线国家多数属于发展中国家,在全球竞争格局中,这些国家所属的企业一般处于全球价值链的低端地位或者根本未参与全球价值链,在全球供应链网络中处于边缘位置,缺乏竞争优势,在供应链中分享的利润非常有限。因此,"一带一路"为沿线发展中国家提供了合作的舞台,跨国供应链的构建将不再是发达国家跨国企业的专利。

"一带一路"是一个区域经济合作的宏大战略,它既包含各国之间开展合作的宏观战略,包含中国国内各地区提升开放经济水平,促进沿线各国投资贸易合作的中观战略,也包含促进中国企业"走出去"和各国企业来华投资的微观战略。同时,跨国供应链也是一个极为复杂的战略安排,它既是沿线各国企业的国际化发展战略;是促进跨国产业链合作,实现产业价值链合理分工的中观战略;也是确保各国经济社会发展安全的宏观战略。因此,"一带一路"与跨国供应链形成在目标、过程、内容和原则等方面,不仅具有较强的内

在关联性,而且是相互促进、相互影响、相互耦合的复合系统。

(一)目标的统一性

从中国来看,"一带一路"是中国融入世界经济体系的全球化战略,从这个意义上,"一带一路"本身即包含中国企业的"走出去"战略和国际化战略。中国企业"走出去"战略的成功与国际化水平的提高,即标志着"一带一路"的成功,同时也说明跨国供应链的形成。从国际来看,"一带一路"是中国对世界各国发出的合作倡议,中国将会同参与共建国家进行深度合作,这其中也包含企业之间的深度合作,无论是作为国家还是跨国企业,尽管合作的范围不同,但合作的目标即建立战略伙伴关系,国家之间建立战略伙伴关系,标志着"一带一路"各国从政治上达成了一致性意见,将共同实现利益共同体、命运共同体和责任共同体。跨国企业之间建立供应链伙伴关系,则同样标志着供应链成员企业之间达成了契约,将共同实现利润共享,同时风险共担。因此,"一带一路"与跨国供应链形成的目标具有统一性。

(二)过程的同步性

"一带一路"过程是中国不断融入世界经济体系的过程,同时也是中国引领"一带一路"沿线各国开展区域经济合作的过程。近年来,中国一直处于全球价值链的低端,被称为世界加工厂,虽然处于全球供应链的关键位置,但是在全球供应链中并没有主导权和话语权,是嵌入发达国家主导构建的全球供应链之中的,中国企业始终处于跟随和学习的阶段。在全球市场出现波动时,由于缺少供应链话语权,利益首先被侵占或排挤,有时甚至面临倒闭、破产的危险。"一带一路"将促进中国与各国之间的产业链合作,促进全球价值链的重构,这个过程将是企业从嵌入全球供应链逐步向主动构建跨国供应链转变的阶段,"一带一路"为沿线国家之间的合作提供了平台,通过项目合作,企业之间的合作关系得以建立。因此,"一带一路"与全球供应链形成的过程具有同步性。

(三)内容的耦合性

中国政府倡议"一带一路"的主要内容是以政策沟通、设施联通、贸易畅通、资金融通、民心相通为主。其中,政策沟通是重要保障,设施联通是优先领域,贸易畅通是重点内容,资金融通是重要支撑,民心相通是社会根基。国家之间的政治互信是企业开展深入合作,构建跨国供应链的前提条件。"一带一路"沿线各国的设施联通是提升国际物流效率的重要保障,中国与中亚、西亚各国的设施联通将促进中国向西开放水平的提高,有利于中国企业"走出去"与外国企业"引进来"。贸易畅通包括投资贸易便利化、拓宽贸易领域、拓展投资领域、优化产业链分工布局等主要内容,这些内容同时也是构建跨国供应链的关键内容。降低通关成本,减少非关税壁垒,积极探索新的商业业态和投资贸易合作,推动产业集群发展等这些是跨国供应链形成的关键所在。资金融通是跨国供应链形成的重要支撑条件,能有效降低企业经营和供应链管理成本。民心相通能不断缩短供应链成员企业之间的文化距离,是跨国供应链稳定、高效的基础和保障。因此,"一带一路"与跨国供应链形成在内容上具有耦合性。

（四）原则的一致性

中国政府倡议"一带一路"要遵循五项原则，即恪守《联合国宪章》的宗旨和原则、坚持开放合作、坚持和谐包容、坚持市场运作、坚持互利共赢。以上五项原则对国家而言，无论是开放合作还是市场运作，更多地体现在制度性安排方面。实际上，跨国供应链构建也是一种制度性安排，不能将跨国供应链仅仅理解为跨国企业的事务，"一带一路"中的跨国供应链更多体现在各国政府的制度安排。如：汇率、关税、通关、物流通道网络等不是跨国企业能够左右的。"一带一路"沿线国家多数为发展中国家，市场化水平还不高，政府在经济发展中的作用非常关键，有时对跨国供应链的构建起着决定性作用。跨国供应链构建是企业之间从初步合作到不断建立信任关系的过程，这与国家之间的信任关系建立是具有相似性的，而且，企业之间合作关系的建立也有利于国家之间的信任关系建立。因此，跨国供应链的构建原则与"一带一路"原则是一致的。

【阅读案例 12-7】

中俄打造"一带一路"供应链

为了更好地参与到中国提出的"一带一路"倡议中来，不少外资企业都专门就"一带一路"主题制订了发展计划，俄罗斯依利姆集团就是其中之一。其日前透露，为更好地服务"一带一路"倡议，集团特别针对中国市场打造了一套供应体系。依利姆集团是纸浆生产企业。据其透露，他们发现，中国的新疆地区有夯实的纸巾生产基础，中国政府也提出要逐步增加新疆地区黏胶纤维的产量。在此背景下，他们希望通过"一带一路"倡议将自身纸巾生产和新疆进行对接，进而打开整个中国市场。具体构想是，通过与中国服务商合作，为客户开发出一条供应链整体服务方案，包括物流、信贷、技术、海关以及信息服务。比如沿中国哈萨克斯坦铁路，通过位于丝绸之路经济带中的阿拉山口口岸，面向中国市场提供纸浆等产品。

北京嘉阳创业经贸有限公司总经理程明则认为，中俄在地理位置上的独特优势为双方在"一带一路"倡议下加强合作提供了先天优势。除了阿拉山口口岸外，中俄间还可以开通多个陆海口岸，比如二连浩特和青岛等。三都纸业集团总经理徐秀敏则表示，中国东北地区正在加快融入"一带一路"倡议，中俄应以中俄蒙经济走廊建设为抓手，创新产业合作方式，积极创设、开辟新的统一市场，形成资金供给、能源开发和销售市场一体化链条。双方若能破除体制机制障碍，建立和完善公平竞争、合作共赢的机制，减少各种市场进入壁垒，将为"一带一路"倡议在中国东北区、华北区、西北区域的落实提供示范。

资料来源：杨舒，俄企打造"一带一路"供应链，国际商报，2017.

二、"一带一路"背景下跨国供应链形成的有利因素

（一）"一带一路"沿线各国的合作不断升级

"一带一路"以优化实施沿线国家之间基础设施的互联互通，将极大改善沿线国家基

础设施,逐步形成跨国物流通道网络。由中国倡导的 400 亿丝路基金将大规模地促进中亚地区基础设施的建设,欧洲在中亚也有大量的援助计划。2013 年以来,中国与"一带一路"沿线各国之间投资贸易合作不断深入,中国与沿线各国的国际产能合作不断深入,建立了中哈(哈萨克斯坦)产能合作专项基金、中阿(阿联酋)共同投资基金、中非(非洲)产能合作基金和中拉(拉美)产能合作基金。2015 年中国制造业对外投资额达到 143.3 亿美元,同比增长 105.9%。2016 年,中国制造业对外投资为 310.6 亿美元,占中国对外直接投资总额的比重从 2015 年的 12.1% 上升为 18.3%。因此,随着"一带一路""五通"水平的不断提升,国家、地区、企业层面的互利共赢、共同发展的格局将逐步实现,跨国供应链的形成将水到渠成。

(二)"一带一路"沿线各国经济发展的内生动力

"一带一路"沿线各国大多是新兴经济体或发展中国家,总人口约 30 亿,经济总量约占世界的四分之一。从总体上看,这些国家经济发展水平普遍较低,经济发展方式较为粗放,人均 GDP 只有世界平均水平的一半左右。这些国家的产业结构比例大部分处于失调状态,第一产业和第二产业增加值在 GDP 中的比重较高,而第三产业增加值在 GDP 中的比重则较小,甚至显著低于世界平均水平。但是"一带一路"沿线大部分国家或地区的经济发展并未停滞不前,在过去的一二十年里,尽管有时受到内外部环境的影响出现一些波动,但是大部分国家经济实现快速增长,部分国家的 GDP 年均增长率甚至达到世界 GDP 平均增速的两倍,成为世界经济区域中比较有活力的地区。这些国家普遍具有大力发展经济的动力,出台发展经济及改善人民生活水平的规划或计划,如哈萨克斯坦提出的"哈萨克斯坦—2050 战略""光明之路"新经济计划、"百步计划"等,俄罗斯提出的"欧亚经济联盟"等。

(三)国际投资及物流环境的逐步改善

国际投资与贸易环境主要包括各国在投资与贸易领域的政策和法律法规,"一带一路"过程中,中国与沿线各国签订的双边投资或贸易协定在不断增加,这为中国与沿线国家之间构建跨国供应链奠定了基础。据《World Investment Report》(2016)相关数据显示,当前大多数国家投资政策是积极推动经济全球化和促进开放的,而且国际投资协定的数量和影响不断扩大。2015 年,85% 的投资政策的目的是扩大开放和促进投资的,各国共缔结了 31 个新的协定,全球国际投资协定总数达到了 3304 项。国际物流环境的显著改善是跨国供应链高效运作的基础,"一带一路"中优先启动的领域是基础设施的互联互通,目标就是尽快改善国际合作中的物流环境,提高沿线国家的基础设施质量,促进各国物流服务质量的提升,加强各国海关清关效率和便利性等。据世界银行《Connetcting to Comete:Trade Logistics in the Global Economy》(2016)数据显示,近些年来,"一带一路"沿线大部分发展中国家物流绩效指数得到不同程度的改善,如中国、印度、印度尼西亚等国家。因此,"一带一路"沿线国际投资及物流环境的逐步改善,为跨国供应链的形成和高效运作提供了有利条件。

（四）"一带一路"为跨国企业形成完整供应链提供资源

1. 跨国企业采购

获取资源是企业国际化的动机之一，跨国采购是在全球范围内获取资源的一个过程。"一带一路"沿线各国资源禀赋不同，各国资源分布差异较大，而且各国在全球中的国际分工地位差异较大。"一带一路"沿线国家的能源资源较为丰富，比如伊朗、伊拉克、哈萨克斯坦以及俄罗斯的石油存储量较大，在世界各国中排名均处在前 10 位；伊朗、俄罗斯和土库曼斯坦的天然气存储量在世界各国中排名第一、第二和第四位，约占全球的 50%；中国、俄罗斯、哈萨克斯坦和乌克兰以及印度的煤炭存储量占世界各国已探明煤炭储量近一半。因此，这些地区将可能成为能源资源行业跨国采购的最佳目的地，成为跨国供应链中重要的节点。

2. 跨国企业生产

跨国生产网络布局是企业国际化发展的高级形式。企业将研发总部置于科技较为发达的国家或地区，而将加工和装配环节置于劳动力成本较低的国家或地区，这是 20 世纪 90 年代以来东亚地区的中国香港、台湾以及大陆等相继成为世界加工制造中心的主要推动力。正是由于同一产品的不同生产环节在空间上的分离，导致跨国企业必须建立高效的跨国供应链才能保持研发、生产、销售、配送等各环节的无缝连接和快速响应，所以，企业跨国生产的布局是跨国供应链形成的主要内部推动力。"一带一路"沿线国家多为新兴经济体或发展中国家，具有一定低成本优势，为跨国供应链的形成奠定了基础。

3. 跨国企业营销

由于各国经济发展阶段不同，导致了产品生命周期在各国表现的阶段也各不相同。这恰好为企业扩展海外市场提供了机会，在本国淘汰的产品，可能正是别国所需要的产品，因此，通过跨国营销不仅为企业降低了风险，而且获取了更多的利润。企业通过成立销售公司，以纵向一体化模式替代市场交易，这也是企业国际化的高级阶段，在国外成立的销售公司更加有利于寻找客户，建立相应的供应链伙伴关系。"一带一路"沿线各国人口近 30 亿，拥有巨大的市场空间和潜力。因此，跨国营销体系的构建，将促进企业生产、运营及物流环节的国际化布局，从而推动跨国供应链的形成与管理实践。

三、"一带一路"背景下跨国供应链形成的不利因素

（一）道路互联互通程度不高

目前中国与中亚各国，以及中亚各国与周边国家或地区之间，在铁路、陆路、管道、空中通道的互联互通程度还不能满足现实需求，中亚各国的交通运输还主要以公路为主，铁路的基础设施建设较为滞后，部分设施急需更新，各国铁路的轨距仍沿用苏联的标准，电气化铁路缺乏，沿线国家之间的基础设施联通还未到位，各国海关的通关效率普遍不高。当然，这跟这些国家安全形势也有较大关系，为确保各交通要道的安全，常常采取比较严格的审查，这也影响了通关效率。

此外，由于中亚各国经济发展水平不高，消费能力不强，中亚国家的市场容量有限。

通过大陆桥去往欧洲各国的铁路班列,多数存在单程货物满车,返程空车返回的窘境,企业运营能力有限导致空车率较高,企业运营成本较高。因此,道路互联互通的程度不高,对跨国供应链形成及运作产生了一定限制,但是,"一带一路"的重点就是基础设施建设,随着时间的推移,这种制约将渐渐成为优势。

(二)文化语言交流障碍

"一带一路"沿线国家的语言,或者各个国家通用的语言约有 50 种,而且各个国家内部不同民族可能还有地区性的语言,语种更加复杂,语言之间的差异,导致文化交流的困难。"一带一路"沿线国家宗教种类众多,世界上主要的宗教几乎遍布在"一带一路"沿线各个国家,而且各个宗教内部的不同派别也有着不同的信仰和风俗习惯,使得文化交流之间的障碍难以逾越。宗教派别之间的差别,导致各种文化冲突,给文化交流也带来一定不利影响。虽然民族文化差异性给世界文化增添了许多色彩,但是文化差异性同时也引起各民族之间的敌视和纷争,给企业跨国经营带来重重压力,也为跨国供应链的形成带来不利影响。

(三)国际市场竞争激烈

"一带一路"为企业带来巨大的投资空间,以中国企业为例,在基础设施投资和建设领域,得益于大项目合作以及中国资金的支持,中国对外承包工程行业取得较好成绩,在交通运输、房屋建筑、电力能源、装备制造等保持了 10% 以上的高速增长。同时,中国企业外部竞争日趋激烈,日本、韩国、土耳其等国是中国企业主要竞争对手,中国企业在面临其他发展中国家承包商低价竞争时,发达国家承包商也加入其中,而且他们也通过给予企业补贴、出口设备退税等方式支持本国企业参与竞争。另外,由于中国企业在对外直接投资中缺乏合作,有些甚至出现竞相压价的情况,让别国企业坐收渔翁之利。因此,竞争加剧导致企业建立合作关系的难度增大,对"一带一路"跨国供应链的构建带来压力。

第五节　岗位技能与实践

岗位技能实训项目:香港利丰集团全球供应链管理的案例分析报告

● 实训目的

通过利丰集团供应链管理的案例分析,提高运用所学知识分析与解决案例问题的能力。

● 实训内容

1. 工作情境

A 集团国际供应链管理问题制约了其业务的发展,现向你所在的咨询公司需求解决方案,你的上级领导要求你提供相应的建议;鉴于 A 集团和利丰集团公司的发展历程类似,你决定通过剖析利丰集团公司的供应链案例来获得启发。

2. 案例任务

(1)思考以下问题

① 利丰集团的跨国供应链的形成经历了什么样的过程,其关键点在哪里?

② 利丰集团跨国供应链的上中下游职能分别是什么？

③ 利丰集团跨国供应链的创新体现在哪里？

（2）编写一份案例分析报告，谈谈利丰集团国际供应链管理经验对 A 集团的借鉴作用。

3. 实训成果

案例分析报告

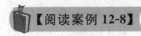【阅读案例 12-8】

利丰集团公司的全球供应链管理

利丰集团是一家跨国商贸集团，为香港上市公司及香港恒生指数成分股企业。利丰集团运用供应链管理的概念经营出口贸易、经销及零售三项核心业务，迄今已有逾百年历史。集团 2002 年营业额逾 58 亿美元，雇用员工超过 18 000 名。利丰集团于 1906 年在广州成立，是中国当年首批从事对外贸易的华资公司，打破了当时外国洋行对中国对外贸易的垄断。

从 1906 年至今，利丰集团的业务角色经历了从简单的采购代理到全球性的供应链管理者的演变。在业务角色经历演变的同时，利丰集团为客户提供的增值服务日益增加，利丰集团创造的附加值也不断增长。

一、利丰的贸易业务转变

（一）采购代理

利丰初成立的时候，只是充当客户和供货商之间买卖的中介人角色，由于利丰的创办人通晓英文，利丰成为了厂家及海外买家的桥梁。随后，利丰逐渐把简单的采购代理扩展到其他更广泛的业务。

（二）采购公司

第一阶段，利丰扮演一家采购公司，即地区性的货源代理商的角色，通过在亚洲的不同地区，如中国大陆、中国台湾、韩国和新加坡，开设办事处来拓展业务。除了不时提供市场最新信息给买家之外，利丰所提供的服务也包括对不同的厂家作出产品、生产力及质量方面的评估，然后向买家提供适合的厂家及供货商。利丰还代表买家向厂家商讨价钱及做品质的管理工作，以使它们可以合理的价钱采购到所需的产品。另外，利丰协助工厂做生产管理以及帮助买家监控工厂在劳工法例、生产环境及环保方面所作出的处理，以保证它们符合国际的要求标准。总括而言，作为一家采购公司，利丰主要的目标是希望能够建立起厂家及买家长期的伙伴关系而达到双赢的局面。利丰在发展过程之中不断引进一些先进的业务及管理概念，从而带领利丰进入了一个新的发展阶段。

（三）无疆界生产

除了作为一家采购公司，利丰于 20 世纪 80 年代向前迈进了一步，成为无疆界生产计划管理者与实施者,客户会给予利丰一个初步产品概念,例如,产品的设计、外形、颜色和质量方面的要求等,再由利丰为客户制订一个完整的生产计划,根据客户市场及设计部门所提出的草案,利丰会进行市场调查,在各地采购合适的配件,例如,布料、花边等,以及提供一个最适合的成品制造商。在生产过程之中,利丰亦会对生产工序作出规划及监控,以确保产品质量和及时交货。

在这种无疆界生产模式之下,利丰在中国香港从事如设计和质量控制规划等高附加值的业务,而将附加值较低的业务,例如,生产工序,分配到其他最适合的地方,例如,中国内地,使整个生产程序及流程实现真正的全球化。

(四)虚拟生产

在推行无疆界生产计划及管理的基础上,利丰又发展了另外一个业务模式,称为虚拟生产。在这种模式之中,利丰不再是一个中介人或代理采购者,而是客户的供货商,利丰会直接和海外买家签订合同,利丰依旧不会拥有工厂,但是会把生产任务外包给有实力的工厂,而利丰会负责统筹并密切参与整个生产流程,从事一切产品设计、采购、生产管理与控制,以及物流与航运的其他支持性的工作。

(五)整体供应链管理

虚拟生产型跨国企业实际上已经是某个产品全面的供应链管理者。在虚拟生产模式的基础上,为了使整条供应链的运作更加合理与顺畅,利丰继续开发更全面的供应链服务。除了负责一系列以产品为中心的工作(包括市场调查、产品设计与开发、原材料采购、选择供货商和生产监控)外,利丰还监管一系列的进出口清关手续和当地物流安排,包括办理进出口文件、办理清关手续、安排出口运输和当地运输等。另外,利丰会选择性地对有潜质的原材料供货商、工厂、批发商和零售商等进行挑选。为这些在供应链中占据关键位置的企业进行融资,使供应链上供求双方的各个节点的企业能够以最佳状态运作。事实上,在整体供应链的规划上面,利丰会对整条供应链进行进一步分解,对每个环节进行分析与计划。例如,制订策略性的库存安排和库存补充方案,力求不断优化供应链的运作。简单归纳,利丰供应链管理的主要目的是使境外买家以合理的价格采购合适的产品并缩短交付周期。可以说,利丰供应链的原动力来自客户的订单,根据客户的需求,利丰为每一份订单都创造一条最有效益的供应链,为客户提供具有成本竞争力的产品。

二、利丰全球供应链管理组成

在不断地发展及演进之下,利丰已经发展成为一个全球商贸供应链的管理者,其网络已遍布全球38个国家和地区,设有68个分公司和办事处。现在,利丰的客户包括欧美著名的品牌,例如,金宝贝、阿贝克隆比和费奇、玩具"反"斗城、柯尔、雅芳、锐步、可口可乐、埃斯普利特、德本汉姆,等等。部分客户(如可口可乐)都把其部分采购业务外包给利丰,这种做法体现了跨国企业把非核心业务外包给专业产品公司的供应链管理概念,跨国企业可以专注发展其核心业务,提升本身的竞争力。

从一个传统贸易商发展成为现代跨国商贸集团,利丰是在实际的市场运作中实践供应链管理的概念和操作方法的,其成功在于利用深厚的商业关系、敏锐的市场触角和创新的流程设计,恰当地处理好与客户和供应商之间的互动关系。作为商贸跨国企业的供应链管理者,利丰协调着供应链的每个流程,使在其供应链网络上的客户和生产商能更加专业化,从而结合成为具有国际竞争力的供应链。

如图 12-1 所示,利丰集团由许多不同部分组成,各个分支公司都有其特殊的供应链运作模式,以适应其所处的市场环境。

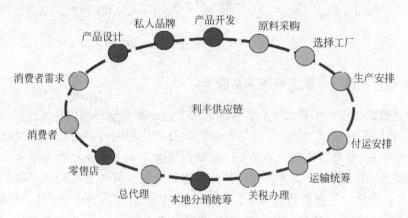

图 12-1　利丰集团供应链构成图

(一) 利丰贸易——供应链的上游段落

如今的利丰集团所属的利丰贸易公司业务遍布全球,为世界最具规模的消费产品采购公司之一,专为零售商以及知名品牌提供环球供应链管理,业务范围以成衣为主,并采购其他非成衣消费品,如时尚饰品、礼品、手工艺品、家具用品、宣传商品、玩具运动用品、鞋类及旅游用品等系列的产品。

利丰贸易的主要客户是欧美的零售商,包括美国的 Gymboree、Abercrombie&Fitch、迪士尼、乐口可乐等。这些客户对市场非常了解,知道如何销售他们的产品和服务,但其对生产国的情况并不了解,自行管理生产,一是成本高,二是不能因地制宜,便指定像利丰这类公司代劳。利丰会帮助客人选择合适的生产商和供应商,安排生产计划及设计流程;品质监督和生产时间控制;包装直至装运出口。这种操作模式使得贸易商不再是简单的中间商,而是提供各种计划和协调的供应链管理者。有的客户还会要求更多的增值服务,例如产品设计、面料开发。客户只是提供些想法、创意和设计,由利丰贸易使之成为现实。利丰可以在自己的样品车间,按客人不同的设计、创意做成不同的产品。让客户可以根据样品直观地做出决定。在生产方面,由于利丰控制了面料、辅料及工艺,可以通过外包,在不同的国家,不同的厂商生产出相同的产品。这样,利丰赚取的并不是佣金而是产品的利润。

在整条供应链管理实施中,利丰贸易是处于供应链上游段落的上市公司,主要业务是在中国及其他低成本国家采购货品,其供应链结构如图 12-2 所示。

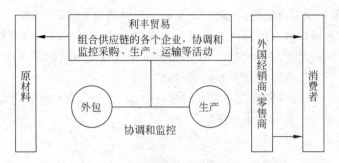

图 12-2　利丰集团供应链上游结构图

（二）利和经销——供应链的中游段落

利和经销的核心业务是为世界各地的品牌产品在亚太地区提供批发经销一站式的代理服务,包括生产制造、品牌推广、营销渠道管理及物流配送等各种组合。其业务宗旨是协助客户更迅速、更有效地把产品从工厂送到消费者手中。利和经销为全球 400 家跨国公司提供服务,利用覆盖主要零售店和其他渠道的分销网络协助它们将产品分销到亚太20000 多个客户处。利和经销通过生产、物流和销售三方面的业务组合,合理配置资源,为代理的产品提供一站式的配套生产、市场推广和物流服务。其间,又通过完成收购欧美几大物流营运商之后,利和经销打开了通往世界最大的物流市场之门。处于供应链中游段落的利和经销与利丰贸易代理国外采购不同,利和经销是品牌厂家和零售商中间的桥梁,主要负责推广生产商和供货商的产品,为产品打开销售渠道,其供应链结构如图 12-3所示。

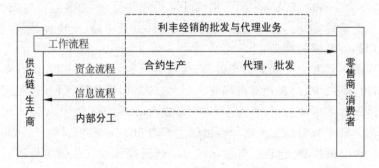

图 12-3　利丰集团供应链中游结构图

（三）利丰零售——供应链的下游段落

利丰零售于 1985 年成立,是利丰集团自 20 世纪 80 年代以来与多个世界级机构合作发展形成的业务单位。以现代化营销管理概念和技术经营不同形式的连锁店,包括 OK便利店、Branded Lifestyle、圣安娜饼屋及利邦有限公司。现已有 1000 多个零售点。

利丰零售则处于供应链中的下游段落,拥有旗下利亚零售和利邦两家上市公司。零售店直接面对消费市场,针对目标客户的需求,建立零售店的品牌形象及销售策略,与供货商紧密合作,降低成本为整条供应链创造效益,其结构图如 12-4 所示。

建立从采购、经销到零售的一条完整的供应链的组织管理架构,重视并不断强化企业的核心业务和核心竞争力。从 80 年代涉足零售业的 OK 便利店和 90 年代的玩具反"斗"城及 90 年代收购英之杰的亚太区的市场推广和相关业务从而形成了从采购、经销到零售的整条供应链管理。

图 12-4　利丰集团供应链下游结构图

三、利丰供应链管理创新

(一)通过分散式生产重组和优化其价值链

在 20 世纪 80 年代早期,利丰在中国香港地区设计了一款流行的和芭比娃娃类似的儿童玩具。由于分散生产这种玩具需要精密的机器,因此,利丰又制作了模具,然后把模具运到中国内地以完成诸如上塑、装配、画像、着装等劳动密集型工作。但是玩具娃娃还需要运回香港地区进行测试、检测和包装;之后,利丰利用香港地区发达的银行业和运输设施把产品运往世界各地。现在,这条价值链中劳动密集的中间部分的生产在内地南方进行,而前后部分的工作则在香港地区完成。

不断寻找新的、更好的供给来源是利丰公司的原则。1995 年,利丰公司买下了 IBS 公司,使公司的规模翻了一番,并扩展了地理范围,因而其产量也发生了飞跃。这一业务的获得使公司在欧洲建立了客户基地,从而可以补充美国客户的需要,这种无国界生产的模式已成为整个地区的新的范例。

(二)通过供应链管理控制成本和缩短周期

良好的供应链管理可以缩短产品交付周期并降低成本。现在,消费者的主导地位越来越强。在过去,一年中只有两三个购买旺季,现在则有六七个。一旦生产周期缩短,商品过时的问题就会更加严重,不只是零售业,其他商业也面临着这种压力。现在,消费者的口味变化得越来越快,市场越来越细分,许多商品都变得具有时尚性,这更凸显了供应链的价值,因为供应链管理的内容是买进合适的产品并缩短交付周期。它要求深入到供应商内部以确保产品及时交付并达到足够高的质量水平。

如今,供应链管理的控制也降低了成本。利丰公司把供应链管理看成是努力减少 3 美元的一种手段。如果一种消费品的出厂价是 1 美元,那么,其零售价通常是 4 美元。多年来,人们一直在为降低单位生产成本而努力,这里面已经没有太大的空间,而降低分配流通环节中的 3 美元成本却值得考虑,它提供了一个大得多的空间。供应链管理是为客户有效节约资金的好方法。

资料来源:改编自朱鹏频.利丰集团的供应链管理案例分析.[D]上海外国语大学,2013.

本 章 小 结

本章第一部分主要介绍跨国供应链的概念、类型、特征以及面临的挑战等基础知识;第二部分则讲述跨国采购、跨国生产、跨国配送等跨国供应链业务的概念、优势、模式等内容;第三部分主要讲述推动式与拉动式供应链、有效性与反应性供应链、精细与敏捷供应链、定制式与延迟化供应链等跨国供应链运营方式;第四部分的实践部分通过利丰集团公司供应链管理的案例分析,提高学生运用所学知识分析与解决案例问题的能力。

【思考与练习】

一、单选题

1. 供应链形成的背景说法不正确的是(　　)。

A. 经济全球化　　　B. 社会大分工的形成　　C. 社会信息化　　　D. 知识创新

2. 下列说法正确的是(　　)。

A. 企业实行业务外包是为了分担风险　　　　B. 竞争力就是核心竞争力

C. 全球的业务外包不可能形成　　　　　　　D. 合作伙伴关系很难建立

3. 物流业务外包的主要目的是(　　)。

A. 通过将物流业务外包来获得高水平的服务和实现高质量的物流运作,同时减少成本,避免在物流设施建设中投入大量资金

B. 通过将物流业务外包来获得高水平的服务和实现高额利润,同时减少成本,避免在物流设施建设中投入大量资金

C. 通过将物流业务外包来获得高水平的服务和实现高质量的物流运作,同时降低资金投入,避免在物流设施建设中投入大量资金

D. 通过将物流业务外包来获得高水平的服务和实现高质量的物流运作,同时减少成本,避免在物流管理中投入大量资金

4. 供应链管理的最高层次是(　　)。

A. 企业内部供应链管理　　　　　　　　　　B. 全球网络供应链管理

C. 产业供应链管理　　　　　　　　　　　　D. 区域供应链管理

5. 下列发展跨国供应链管理的意义错误的为(　　)。

A. 跨国供应链管理有利于跨国企业获得时间优势

B. 跨国供应链管理有利于降低跨国企业总成本

C. 跨国供应链管理有利于提高跨国企业的产品质量

D. 跨国供应链管理可简化跨国企业组织,提高管理效率

6. 实施跨国采购的原因是(　　)。

A. 价格

B. 某些货物在国内无法得到

C. 更快的交货、更完善的技术服务和供应的连续性

D. A＋B＋C

7. 下列不属于跨国供应链的特征的是(　　)。

A. 跨国供应链涉及多个国家,覆盖的地理范围大

B. 跨国供应链涉及国际间的经济活动,涉及不同的社会制度、自然环境、经营管理方法、生产技术和习惯,是一项相当复杂的工作

C. 跨国供应链涉及多种风险,主要包括政治风险、经济风险和自然风险

D. 跨国供应链技术含量高,标准化要求不高

8. 某品牌汽车在德国设计,在美国生产燃油泵,在澳大利亚生产发动机……从设计到装配,涉及 8 个国家,这反映了(　　)。

A. 生产的全球化　　　　　　　　　　B. 市场的全球化

C. 资金的全球化　　　　　　　　　　D. 科技开发和应用的全球化

9. 国际物流的壁垒主要来源于(　　)。

A. 是营销和竞争方面的壁垒　　　　　B. 是金融方面的壁垒

C. 是配送渠道方面的壁垒　　　　　　D. ABC

10. 下列说法正确的是(　　)。

A. 在拉动式供应链中,生产和分销是由当期需求驱动的,驱动力直接来自最终顾客的当期需求

B. 在推动式的跨国供应链这种方式下,需求先于生产

C. 推动式供应链反应能力较快、库存水平较高、库存过时的风险较大、订货提前期较长、服务水平较低

D. 拉动式供应链能更好地满足客户的需求,可以产生较理想的运输及制造的规模经济

二、简答题

1. 跨国供应链的概念。

2. 跨国采购的优势。

3. 跨国供应链的运营模式。

三、案例分析题

1. 在快速响应用户需求的整个供应链上,产品分销环节的地位越来越重要。但是,传统的分销与库存管理模式并不能满足这一要求。例如:在英国举办的供应链管理专题会议上,一位与会者提到,在他的欧洲日杂公司,从渔场码头得到原材料,经过加工、配送到产品的最终销售需要 150 天时间,而产品加工的整个过程仅仅需要 45 分钟。以美国食品业的麦片粥为例,产品从工厂到超级市场,途经一连串各有库房的批发商、分销商、集运人,居然要走上 104 天。

另有统计资料表明,在供应链的增值过程中,只有 10％的活动时间是产生增值的,其

他 90% 的时间都是浪费的。

思考题:

(1) 请简述产生上述现象的原因并提供解决方案。

(2) 请阐述对供应链的理解。供应链有哪几种模式?

2. 派顿公司是一家跨国化学公司,其主要产品是一种 PVB(聚乙烯醇缩丁醛)塑料,是汽车行业风挡玻璃的重要原料。派顿公司的产品销往世界各地,主要客户是汽车行业的风挡玻璃制造商。派顿在欧洲最大的客户是贝科公司,该公司总部位于伦敦,是欧洲最大的风挡玻璃制造商。尽管两家公司有长期的供货关系,但是它们之间一直相互敌对、矛盾重重。然而随着市场需求的变化加快以及竞争的加剧,派顿公司出现了产品品类较多、前置时间较长的问题,加上预测误差较大,库存积压经常出现,库存成本居高不下。而对于贝科公司而言,不和谐的供需关系,不顺畅的供应链运营过程,也直接影响了该公司产品的质量和稳定性,顾客满意比较低。在这种情况下,双方都认识到只有建立起供应链伙伴关系才能解决这些问题,为公司带来更大的收益。

为此两家公司决定摒弃前嫌,建立供应链联盟,并成立由双方管理人员参加的供应链协同团队。团队成立后首先做的事情是对供货品类进行合理化调整,改进效果非常明显。派顿公司仓储的品类数大大减少,库存水准下降 75%;贝科公司运营的稳定性大幅提升,库存成本下降。而且,由于双方建立了良好的协作机制,贝科公司推出新产品的速度也加快了,顾客满意度也有显著提高。

尝到甜头的两家公司决定进行更深层的合作,目标是对双方的供应链运营体系进行全方位的整合。为此,协作团队又开始了新一轮的规划和设计。

思考题:

(1) 促使派顿公司主动寻求与贝科公司建立供应链合作伙伴关系的原因是什么?

(2) 实施供应链运营整合分别能为两家公司带来哪些收益?

(3) 协同团队在推进供应链运营整合时,应坚持哪些基本原则?

(4) 两家公司在实施供应链运营整合时可能遇到哪些障碍?

参 考 文 献

[1] 尤盛东.国际贸易业务教程[M].北京:北京师范大学出版社,2008.

[2] 逯宇铎,陈阵.国际物流管理实务[M].上海:格致出版社,2013.

[3] 陈言国.国际货运代理实务(第2版)[M].北京:电子工业出版社,2017.

[4] 蒋长兵.国际物流学教程(第2版)[M].北京:中国财富出版社,2012.

[5] 周哲,申雅君.国际物流[M].北京:清华大学出版社,2007.

[6] 柴庆春.国际物流管理(第2版)[M].北京:北京大学出版社,2017.

[7] 报关员资格考试委员会.报关员资格全国统一考试教材(2020年版)[M].北京:中国海关出版社,2020.

[8] 报检员资格考试委员会.报检员资格全国统一考试教材(2013年版)[M].北京:中国标准出版社,2013.

[9] 牛鱼龙.美国物流经典案例[M].重庆:重庆大学出版社,2006.

[10] 沈露莹.世界空港经济发展模式研究[J].世界地理研究,2008.

[11] 朱前鸿.国际空港经济的演进历程及对我国的启示[J].学术研究,2008.

[12] 舒慧琴.空港物流园区影响因素分析及规模确定方法研究[D].同济大学学位论文.

[13] 卢国能.浅谈中国自由贸易区(FTZ)的类型及其发展[J].经济研究导刊,2010.

[14] 王任祥.国际物流[M].杭州:浙江大学出版社,2013.

[15] 逯宇铎,鲁力群.国际物流管理(第3版)[M].北京:机械工业出版社,2015.

[16] 曹军,张莉莉.国际物流管理[M].北京:中国财富出版社,2011.

[17] 顾永才,陈幼端.国际物流与货运代理[M].北京:首都经济贸易大学出版社,2007.

[18] 张良卫.国际物流[M].北京:高等教育出版社,2011.

[19] 戴海珊.国际贸易实务(第四版)[M].大连:大连理工出版社,2014.

[20] 李秀华.国际物流报关与报检[M].北京:清华大学出版社,2013.

[21] 顾永才,王斌义.国际物流实务[M].北京:首都经济贸易大学出版社,2010.

[22] 孙家庆.国际物流操作风险防范[M].北京:中国海关出版社,2009.

[23] 张海燕,吕明哲.国际物流(第2版)[M].大连:东北财经大学出版社,2013.

[24] 王胜华.国际商务单证操作实训教程[M].重庆:重庆大学出版社,2008.

[25] 王春豪.丝绸之路经济带建设中跨国供应链形成机制及影响因素研究[D].对外经济贸易大学,2017.

[26] 蔡进."一带一路"与国家供应链发展战略[J].中国流通经济,2016.

[27] 优酷网.https://www.youku.com/.

教师服务

感谢您选用清华大学出版社的教材！为了更好地服务教学，我们为授课教师提供本书的教学辅助资源，以及本学科重点教材信息。请您扫码获取。

▶▶ 教辅获取

本书教辅资源，授课教师扫码获取

▶▶ 样书赠送

物流与供应链管理类重点教材，教师扫码获取样书

 清华大学出版社

E-mail: tupfuwu@163.com

电话：010-83470332 / 83470142

地址：北京市海淀区双清路学研大厦 B 座 509

网址：http://www.tup.com.cn/

传真：8610-83470107

邮编：100084